collana
TestProfessionali

I nuovi test attitudinali

del concorso RIPAM per la Regione Campania

edizioni

Alpha Test

Via Mercalli, 14 – 20122 – Milano (Italy)
Tel. 02 5845981 – fax 02 58459896
servizi@alphatest.it
www.alphatest.it

ISBN 978-88-483-2191-4

Prima edizione: aprile 2019

Progetto grafico, composizione e impaginazione: Alpha Test S.p.A, Milano

Stampato da New Press Cermenate (CO)
per conto di Alpha Test S.p.A.
nell'aprile 2019

Indice

PREFAZIONE

Con Delibera della Giunta Regionale n. 625 del 09/10/2018 la Regione Campania ha affidato al Formez, attraverso il progetto **RIPAM** (Commissione Interministeriale per l'attuazione del Progetto di Riqualificazione delle Pubbliche Amministrazioni) la gestione della selezione di circa 10.000 dipendenti pubblici da immettere negli organici della Pubblica Amministrazione Campana e degli enti locali campani.

La prima prova selettiva comune a tutti i candidati è una **prova attitudinale** che prevede quesiti critico verbali, logico matematici e di abilità visiva.

I test di logica non richiedono particolari conoscenze specifiche, ma capacità di analisi delle informazioni, a volte proposte in modo volutamente parziale dagli esercizi, al fine di trarne le corrette conclusioni.

Al fine di preparare al meglio la prova attitudinale per questa selezione, il volume presenta, in ogni capitolo, una parte di spiegazione e una serie di esercizi commentati oltre a svariati test di verifica. Il libro offre una panoramica su tutte le diverse tipologie di esercizi presentando circa **1.000 quesiti risolti** e in gran parte corredati da un **commento esplicativo** delle tipologie utilizzate nei concorsi **RIPAM**.

Negli anni passati i quesiti dei tali concorsi potevano essere riassunti nelle seguenti tipologie:

- ragionamento critico numerico: interpretazione di tabelle e grafici;
- ragionamento verbale: proporzioni tra parole;
- ragionamento numerico: serie di numeri e lettere;
- ragionamento numerico deduttivo: matrici di numeri;
- comprensione verbale: sinonimi, contrari, parole da scartare;
- ragionamento critico verbale: comprensione di un testo;
- ragionamento astratto: esercizi di attenzione e precisione.

Ultimamente, però, sono stati **introdotti** anche esercizi inerenti a:

- ragionamento **matematico**: percentuali, probabilità, calcolo combinatorio;
- ragionamento **logico**: condizioni sufficienti e necessarie, problem solving, negazioni, deduzioni logiche ecc.

Di seguito alcuni esempi delle tipologie che verranno trattate nel volume.

RAGIONAMENTO CRITICO-NUMERICO

I quesiti proposti fanno riferimento a dati riportati in tabelle.

Aliquote IVA per diversi prodotti.

	Imponibile	IVA
Prodotto A	150	4%
Prodotto B	70	10%
Prodotto C	120	20%
Prodotto D	50	4%

1 **A quanto ammonta l'IVA per il prodotto A?**

A 4,5 euro
B 12,5 euro
C 6 euro
D 0,6 euro

RAGIONAMENTO VERBALE

Per ogni quesito sono mostrati tre parole e un punto interrogativo posti su uno schema a croce, due di queste parole sono legate da una relazione, possono per esempio essere una l'opposto dell'altra nel significato, una il sinonimo dell'altra, anagrammi, cambi di lettere, oppure avere un legame di tipo logico.

ESEMPIO

2 **Individuare il termine mancante:**

luce	?
caldo	buio

A freddo
B lampada
C notte
D alba

COMPRENSIONE VERBALE

Per ogni quesito è mostrata una parola, tra le 5 alternative proposte trovare, il SINONIMO.

ESEMPIO

3 **Dispendio**

A fine
B sperpero
C utilità
D consumismo
E sperequazione

RAGIONAMENTO NUMERICO

I quesiti sono composti da numeri posti in serie. Da ogni serie è stato omesso un numero. Occorre individuare il criterio logico e/o matematico in base al quale la serie è stata costruita e trovare, tra le 5 alternative di risposta proposte, il numero che la completa correttamente.

ESEMPIO

---

4 **Individuare il numero mancante: 19, 4, 38, ?, 76, 36**

A 40 B 25 C 18 D 12 E 20

RAGIONAMENTO NUMERICO DEDUTTIVO

Ogni quesito è costituito da più righe di numeri. Accanto a ciascuna riga, è posta l'indicazione «più» o «meno» che significa che la riga contiene qualcosa (uno o più elementi che la compongono, la loro posizione, una regola, logica o matematica, secondo cui sono ordinati) che la rende valida «più» o non valida «meno» ai fini della soluzione del quesito.

ESEMPIO

5

48	12	32	più
34	16	12	meno
77	14	45	meno
91	10	9	più

A 12, 51, 13
B 61, 8, 19
C 36, 9, 11
D 64, 10, 25
E 37, 10, 21

RAGIONAMENTO CRITICO-VERBALE

Sono proposti dei brani a vario contenuto. Ogni brano è seguito da diverse domande che fanno riferimento al brano stesso, ciascuna con 5 alternative di risposta.

ESEMPIO

Pochi aspetti della vita quotidiana ci appaiono tanto inevitabili quanto la circolazione del denaro. Per decine, se non per centinaia di volte al giorno, cediamo denaro in cambio di beni e servizi o ne accettiamo come compensazione per le più varie prestazioni. L'apparente "naturalezza" di questo meccanismo tende a farci dimenticare che la circolazione – e per la verità l'esistenza stessa – del denaro è una delle più complesse e delicate operazioni di ingegneria sociale mai realizzate dall'umanità. Il denaro è allo stesso tempo, e tra le altre cose, un mezzo di pagamento e una riserva di valore; eppure, non è altro che un rettangolo di carta filigranata la cui unica qualità è appunto quella di essere universalmente accettato come corrispettivo per la cessione di qualunque bene o servizio. In altre parole, il denaro è un classico esempio di convenzione sociale: uno stato di cose abituale, atteso, che si autoalimenta.

6 **Quotidianamente:**

A riflettiamo sulla circolazione del denaro
B autoalimentiamo le convenzioni sociali
C nessuna delle alternative proposte
D scambiamo denaro con beni e servizi
E consideriamo il denaro come un semplice rettangolo di carta filigranata, dimenticando che è anche una riserva di valore

RAGIONAMENTO ASTRATTO – ABILITÀ VISIVA

I quesiti di questo gruppo completano gli aspetti del ragionamento verbale e numerico. Essi implicano l'abilità di operare a diversi livelli mentali di analisi, di comprendere flessibilmente l'evoluzione di principi senza far uso del linguaggio, di individuare relazioni, differenze, mancanze in serie predeterminate, di possedere capacità di concentrazione. I quesiti di queste tipologie sono formulati in maniera tale da fornire ai candidati gli elementi necessari a individuare la risposta esatta.

ESEMPIO

7 **Se "RIPROVANTE" corrisponde a "7307165249" allora "PRENOTARVI" corrisponde a:**

A 0972145763
B 0791245763
C 0792154763
D 0792145763
E 7792145763

RAGIONAMENTO LOGICO MATEMATICO

Si tratta di quesiti che spaziano dalle percentuali e variazioni percentuali al calcolo delle probabilità o a quello combinatorio, dagli esercizi risolvibili con equazioni ai problemi di lavoro o a quelli sulla distanza, velocità e tempo.

ESEMPIO

8 **A una festa con 10 invitati, quante strette di mano si contano se ognuno dei 10 stringe la mano a tutti gli altri?**

A 50
B 100
C 99
D 45
E 90

RAGIONAMENTO LOGICO

Si tratta di quesiti che cercano di verificare le capacità deduttive del candidato. Le tipologie utilizzate riguardano la capacità di distinguere una condizione sufficiente da una necessaria, quella di individuare relazioni nascoste tra elementi, di negare affermazioni, di individuare il procedimento per risolvere un problema.

ESEMPIO

9 **"Se c'è lo sciopero degli assistenti di volo, rinvio la partenza per il ponte". In base alla precedente affermazione, è necessariamente vero che:**

- **A** l'unica possibilità che io rinvii la partenza per il ponte è che ci sia lo sciopero degli assistenti di volo
- **B** rinvio la partenza per il ponte solo se c'è lo sciopero degli assistenti di volo
- **C** se non ho rinviato la partenza, significa che non c'è stato lo sciopero degli assistenti di volo
- **D** se non c'è lo sciopero degli assistenti di volo, non rinvio la partenza per il ponte
- **E** se rinvio la partenza per il ponte, vuol dire che c'è lo sciopero degli assistenti di volo

Le soluzioni degli esercizi sono: 1, **C**; 2, **A**; 3, **B**; 4, **D**; 5, **E**; 6, **B**; 7, **D**; 8, **D**; 9, **C**

Per continuare a migliorare la qualità delle proprie pubblicazioni, Alpha Test considera estremamente prezioso il parere dei propri lettori ai quali chiede la cortesia di esprimere un giudizio su questo libro nell'apposita sezione "Valuta un libro" del sito alphatest.it. Per ogni valutazione ricevuta Alpha Test devolverà 2 euro alla **Fondazione Francesca Rava–NPH Italia Onlus** che aiuta i bambini orfani, abbandonati o ammalati, in Italia e nei paesi più poveri del mondo (www.nphitalia.org).

La ringraziamo anticipatamente per la collaborazione.

Per informazioni aggiornate sui libri di Alpha Test i lettori possono visitare il sito internet www.alphatest.it o richiedere il catalogo gratuito a:

Alpha Test S.p.A.
via Mercalli, 14 – 20122 Milano
tel. 02 5845981 – fax 02 58459896
servizi@alphatest.it

INTRODUZIONE

1 AFFRONTARE UNA PROVA SELETTIVA A TEST

Per affrontare al meglio un test costituito da quesiti a risposta multipla è importante conoscere preventivamente le modalità di svolgimento e la natura delle diverse tipologie di esercizi, nonché opportune "strategie" per ottimizzare il proprio rendimento nella prova a test.

1.1 Criteri di selezione e preparazione

I test possono venire impiegati per selezionare i candidati o per preselezionarli, cioè per individuare, dal gruppo iniziale, il numero più ristretto da valutare nelle fasi successive della selezione. I criteri utilizzati per valutare i concorrenti sono di due tipi: *assoluto* oppure *comparativo*.

Il primo viene impiegato prevalentemente nelle prove di preselezione e consiste nel fissare un *punteggio-soglia* che il candidato deve raggiungere comunque per poter essere ammesso alle successive fasi selettive: tutti i concorrenti che raggiungono tale soglia sono "promossi".

Il secondo criterio, spesso impiegato tanto nelle prove preselettive quanto in quelle finali, prevede invece che sia formata una graduatoria dei punteggi ottenuti dai candidati: vincitori risultano i concorrenti meglio classificati, sino a coprire tutti i posti messi a concorso o previsti per l'accesso alle prove successive. In questo caso non si tiene dunque conto del valore assoluto del punteggio conseguito dal candidato, ma si effettua una comparazione dei punteggi. Per essere vincitori, occorre quindi svolgere la prova meglio degli altri concorrenti.

Un terzo criterio possibile è quello, per così dire, *misto*: in base a esso, da una parte si fissa il numero massimo di persone che possono superare la prova, dall'altro si stabilisce come condizione che il candidato, per essere effettivamente promosso, consegua in ogni caso un punteggio minimo, senza il quale, a prescindere dalla posizione ottenuta in graduatoria rispetto agli altri concorrenti, il candidato è comunque escluso.

1.1.1 Regolamento e istruzioni per lo svolgimento della prova

In sede d'esame, prima dell'inizio della prova, vengono presentate ai candidati le **istruzioni** e le **norme alle quali attenersi durante lo svolgimento del test**. Tali norme riguardano, per esempio, il tempo a disposizione per lo svolgimento della prova, le modalità con cui indicare le risposte sull'apposita scheda e altre indicazioni su come comportarsi in sede d'esame e al termine del test.

È necessario prestare la massima attenzione a tali informazioni per evitare di commettere errori banali (per esempio, la compilazione errata della scheda delle risposte), che potrebbero compromettere l'esito dell'esame.

Talvolta, all'interno del test vero e proprio, ogni singola batteria di esercizi è preceduta da dettagliate istruzioni circa le **modalità di risoluzione dei quesiti** e in alcuni casi anche da un esempio risolto. È importante non aver fretta di cominciare a risolvere i quesiti e dedicare la cura necessaria alla lettura di queste istruzioni, indispensabili per capire la logica degli esercizi e rispondere correttamente alle domande.

1.1.2 Gestione del tempo a disposizione

Il tempo è uno dei principali fattori critici nello svolgimento delle prove a test, concepite perché solo parte dei concorrenti riesca a risolvere nel tempo a disposizione la totalità dei quesiti: la prima abilità del candidato consiste quindi proprio nell'impiego razionale del tempo a disposizione.

Occorre dunque, prima di iniziare la prova, calcolare rapidamente il tempo medio da dedicare a ogni quesito (che si ottiene dividendo i minuti totali a disposizione per il numero di quesiti). Nella fase di risoluzione degli esercizi, si dovrà perciò evitare il più possibile di indugiare su un quesito per un tempo superiore a quello medio che, come insegna l'esperienza, nei concorsi pubblici oscilla in genere tra i 50 secondi e i 2 minuti.

Tuttavia, non bisogna essere troppo rigidi nell'applicare questo principio: infatti, in ogni batteria di test sono presenti domande più facili della media, che vengono risolte più rapidamente, liberando minuti aggiuntivi che è possibile utilizzare per la soluzione dei quesiti più laboriosi.

1.1.3 Quesiti omessi o da verificare

Durante lo svolgimento della prova è frequente il caso in cui il candidato decida di tralasciare alcuni quesiti per affrontarli in un secondo momento.

In questi casi, è molto utile annotare il numero di tali quesiti o evidenziarli sul foglio, per poterli ritrovare poi velocemente. Ciò vale anche per le risposte di cui il candidato non è certo e che, compatibilmente con il tempo residuo, vorrebbe verificare.

1.1.4 Compilazione della scheda delle risposte

Unitamente al fascicolo contenente gli esercizi (**questionario**) ogni concorrente riceve una **scheda per le risposte** (si veda la Fig. 1 nella pagina seguente), sulla quale devono essere riportate le risposte prescelte per ogni quesito.

La compilazione della scheda è un momento delicato, in quanto capita, molto più spesso di quanto non si creda, che vengano commessi errori penalizzanti per il candidato o addirittura determinanti la sua esclusione dal concorso.

Questi errori, giova ripeterlo, sono puramente materiali, legati alla semplice compilazione formale della scheda: essi non dipendono cioè dall'inesattezza delle risposte date, bensì dalla mancata comprensione delle modalità di compilazione della scheda o perfino da semplice distrazione o disordine.

Gli **errori** tipici di questa fase sono:

- marcare le caselle delle risposte con un simbolo diverso da quello richiesto (per esempio, apporre una croce anziché annerire il quadratino ecc.);
- apporre altri segni o simboli in altre parti della scheda delle risposte o addirittura sporcarla, piegarla ecc.;
- firmare la scheda (in tal caso l'esclusione dal concorso è automatica);
- smarrire la corrispondenza tra il numero della domanda e quello della casella di risposta (marcando cioè la risposta nella casella correlata a un altro quesito).

PROVA 1	PROVA 2	PROVA 3	PROVA 4
1. A B C D E	1. A B C D E	1. A B C D E	1. A B C D E
2. A B C D E	2. A B C D E	2. A B C D E	2. A B C D E
3. A B C D E	3. A B C D E	3. A B C D E	3. A B C D E
4. A B C D E	4. A B C D E	4. A B C D E	4. A B C D E
5. A B C D E	5. A B C D E	5. A B C D E	5. A B C D E
6. A B C D E	6. A B C D E	6. A B C D E	6. A B C D E
7. A B C D E	7. A B C D E	7. A B C D E	7. A B C D E
8. A B C D E	8. A B C D E	8. A B C D E	8. A B C D E
9. A B C D E	9. A B C D E	9. A B C D E	9. A B C D E
10. A B C D E	10. A B C D E	10. A B C D E	10. A B C D E

ATTENZIONE

IL FOGLIO DELLE RISPOSTE È A RILEVAZIONE OTTICA: VOGLIATE SEGUIRE SCRUPOLOSAMENTE LE SEGUENTI AVVERTENZE:

- **USARE ESCLUSIVAMENTE LA PENNA FORNITA**
- **RIEMPIRE LA LISTELLA CORRISPONDENTE ALLA RISPOSTA SOLO QUANDO SI È SICURI DELLA PROPRIA SCELTA**
- **MARCARE LE LISTELLE COMPLETAMENTE E CORRETTAMENTE, COME DA ESEMPIO:**

SI NO NO NO NO

- **PER EVENTUALI CORREZIONI MARCARE COMPLETAMENTE LA LISTELLA POSTA SULLA RIGA INFERIORE E CORRISPONDENTE ALLA NUOVA RISPOSTA SCELTA, COME DA ESEMPIO:**

B C D E

LA RISPOSTA RITENUTA VALIDA È: C

- **PER ANNULLARE LA RISPOSTA DATA, MARCARE COMPLETAMENTE UNA QUALUNQUE ALTRA LISTELLA POSTA SULLA RIGA SUPERIORE, COME DA ESEMPI:**

C D E   B C E

IN QUESTO MODO AI QUESITI NON RISULTERÀ DATA ALCUNA RISPOSTA IN QUANTO È STATA MARCATA PIÙ DI UNA LISTELLA SULLA RIGA SUPERIORE.

IL LETTORE OTTICO REGISTRA COME SCORRETTE LE RISPOSTE CONTRASSEGNATE IN MODO IMPRECISO. NON PIEGARE O GUALCIRE IL FOGLIO DELLE RISPOSTE. (POTETE UTILIZZARE IL FASCICOLO COME MINUTA).

Fig. 1. Esempio di scheda delle risposte. Lo strumento di scrittura da utilizzare, la possibilità o meno di effettuare correzioni e la modalità con cui contrassegnare le risposte possono variare da concorso a concorso a seconda delle scelte della commissione e del tipo di lettore ottico utilizzato per la correzione.

1.1.5 Errori e correzioni

A dispetto di tutte le precauzioni, può capitare che il candidato si accorga di aver sbagliato nell'indicare la risposta e desideri correggerla. I regolamenti di molte prove non consentono di modificare una risposta una volta che sia stata segnata sulla scheda; in alcuni casi, tuttavia, tale possibilità esiste, e si possono fare correzioni, secondo regole che vengono chiarite dalla commissione. In ogni caso, si raccomanda al concorrente di:

- contrassegnare la casella della risposta solo quando è ragionevolmente certo di non volerla più modificare;
- seguire scrupolosamente le modalità per effettuare le correzioni;
- limitare in ogni caso al minimo le correzioni, in quanto gli elaboratori elettronici che valutano le prove potrebbero essere comunque indotti in errore, soprattutto se le correzioni sono state eseguite con sistemi rudimentali (per esempio gomme, bianchetti ecc.).

1.2 Migliorare il proprio rendimento

Nelle selezioni effettuate mediante test di quesiti a risposta multipla, il candidato deve dare soluzione a **domande chiuse**, cioè indicare quale tra le risposte predefinite sia quella *corretta*. Questo è un vantaggio rispetto ai test costituiti da **domande aperte**, per le quali non sono fornite alternative di scelta e a cui il candidato può rispondere soltanto sulla base della propria memoria. Nel caso di **domande a scelta multipla**, il candidato può invece operare anche in modo diverso. Si ipotizzi per esempio di dover rispondere al seguente quesito:

---

1 Individuare il sinonimo di *effimero*.

A Effigie B Fuggevole C Efficienza D Efficacemente

In questo caso è possibile determinare la risposta corretta procedendo in due modi distinti:

- rispondendo come se si trattasse di una risposta aperta: sapendo che effimero ha il significato di breve, passeggero, fuggevole è possibile rispondere senza tener conto delle diverse alternative proposte e *indicare* quindi *direttamente la risposta corretta* (alternativa B);
- individuando la risposta corretta seguendo *un procedimento di eliminazione*: effimero è un aggettivo, mentre le alternative A, C e D propongono sostantivi o avverbi; per esclusione si può concludere che la risposta esatta è la B (l'unica che propone un aggettivo).

1.3 Gestire i quesiti irrisolti

Per un'accorta gestione della prova e, in particolare, delle domande rimaste senza risposta, è opportuno considerare quali siano i criteri seguiti per la valutazione della prova stessa. Essi possono essere di due tipi, il primo dei quali è il più diffuso.

- A tutti i quesiti viene attribuito **lo stesso valore** (normalmente un punto per ogni risposta esatta). In questo caso è più conveniente, a parità di tempo impiegato, risolvere due esercizi semplici piuttosto che un esercizio più complesso, e l'obiettivo da raggiungere è risolvere il maggior numero possibile di domande; in tal senso è preferibile, compatibilmente con i vincoli imposti dalle modalità di svolgimento della prova, affrontare dapprima gli esercizi che il singolo candidato ritiene di poter risolvere più facilmente e velocemente e lasciare per ultimi quelli più complessi, che richiedono un dispendio di tempo maggiore.

- Ai quesiti viene attribuito **un punteggio commisurato alla difficoltà**: le domande più complesse hanno, in questo caso, un valore maggiore delle altre. Di conseguenza, è conveniente dedicare alle domande più difficili un tempo superiore rispetto al tempo medio.

Oltre al punteggio positivo per le risposte corrette, in alcuni casi è prevista anche l'attribuzione di una **penalità**, cioè un punteggio negativo, per le risposte errate (generalmente quantificato in una frazione di punto). Ai quesiti omessi, a cui cioè non si è risposto, viene invece attribuito un punteggio nullo. Riassumendo, si potrebbe avere:

- risposta esatta: + 1;
- risposta errata: – 1/4;
- risposta omessa: 0.

Generalmente, il punteggio negativo collegato a ogni risposta errata è pari al reciproco del numero delle alternative proposte per ogni quesito meno uno. Per esempio, se le alternative sono 5, la penalità è pari al reciproco di: (5 – 1) = 4, ossia 1/4.

Scopo di questo sistema di valutazione è neutralizzare l'effetto delle risposte casuali. Infatti, si supponga di rispondere in maniera completamente casuale a 20 quesiti: se le alternative per ogni quesito sono 5, per il calcolo delle probabilità si indovineranno 4 quesiti (cioè 20/5) e si sbaglieranno i restanti 16. Il punteggio totalizzato sarebbe dunque pari a:

- risposte esatte: $4 \times (+1) = +4$;
- risposte errate: $16 \times (-1/4) = -4$;
- risposte omesse: $0 \times 0 = 0$;
- punteggio totale: 0.

In alcuni concorsi, tuttavia, non è prevista penalità per le risposte errate e in altri il punteggio negativo non è stabilito sulla base del criterio descritto.

Occorre allora enunciare una regola generale per individuare il comportamento più conveniente da tenere nel caso delle domande irrisolte:

> Conviene rispondere "a caso" ogni volta che il numero di alternative tra cui si è indecisi è pari o inferiore al reciproco del punteggio negativo attribuito alle risposte errate.

Detto in termini più semplici: se la penalità è pari a "–1/4", è conveniente rispondere casualmente ogni volta che il numero delle alternative tra cui si è indecisi è pari o inferiore a 4 (cioè 4, 3 o 2). Nel caso di punteggio negativo pari a "–1/3", sarà conveniente rispondere casualmente in presenza di 3 o 2 alternative, e così via.

Il metodo migliore per gestire un quesito di cui non si conosce la risposta è dunque quello di eliminare tutte le alternative che possono essere scartate con sicurezza e, applicando la regola sopra enunciata, valutare se è conveniente rispondere a caso (è evidente che se non è prevista l'attribuzione di penalità per le risposte errate, rispondere a caso è sempre vantaggioso).

Per concludere, ecco un esempio pratico di applicazione della regola enunciata.

Un candidato deve affrontare un test di 20 quesiti a risposta multipla, ciascuno dei quali proponga cinque risposte alternative. Si supponga che il sistema di attribuzione dei punteggi positivi e delle penalità sia:

- risposta esatta: + 1 punto;
- risposta sbagliata: – 1/4;
- risposta omessa: 0 punti.

Si supponga anche che il candidato sia in grado di scartare, per ogni quesito, un'alternativa, sicuramente sbagliata e che, tra le rimanenti quattro, risponda casualmente. In termini probabilistici, potrà indovinare 5 risposte e sbaglierà le rimanenti 15.

Il punteggio totalizzato sarà dunque:

- risposte esatte: $5 \times (+1) = +5$;
- risposte errate: $15 \times (-1/4) = -15/4$;
- risposte nulle: $0 \times 0 = 0$;
- punteggio totale: $+5 - 15/4 = +5/4$.

Il punteggio conseguito, quindi, è positivo.

Naturalmente, quante più alternative si scarteranno con sicurezza, tanto maggiori saranno le possibilità di indovinare la risposta esatta e, conseguentemente, di realizzare un punteggio via via maggiore. Il lettore può verificare da sé, infatti, come il punteggio totale, nell'esempio fatto, cresca se le alternative dubbie vengono portate a tre o a due.

2 FRAZIONI E PERCENTUALI

Alla base dei quesiti sui grafici e sulle tabelle, ma anche di quelli più complessi su calcolo della probabilità, gli esercizi con frazioni e percentuali richiedono poche nozioni di matematica di base e una certa abilità nel fare i calcoli e capacità di effettuare semplificazioni.

2.1 Problemi con frazioni

I problemi con frazioni sono semplici quesiti basati sull'utilizzo dei rapporti tra numeri interi. Al candidato generalmente è richiesto di individuare, tra più frazioni, quella maggiore o minore, o di effettuare semplici calcoli con numeri frazionari.

ESEMPI

---

1 **Quale tra le seguenti frazioni è la maggiore?**

- A 5/6
- B 3/4
- C 9/8
- D 5/4
- E 6/6

Per poter confrontare tra loro più frazioni è sufficiente fare in modo che abbiano lo stesso denominatore (si calcola quindi il loro minimo comune multiplo) e confrontare i numeratori. Nell'esempio considerato le cinque frazioni sono rispettivamente uguali a:

$$20/24;\ 18/24;\ 27/24;\ 30/24;\ 24/24$$

La frazione maggiore è quella che possiede il numeratore maggiore, dunque quella indicata nella risposta D.

Nel caso in cui le frazioni da confrontare siano solo due *(a/b, c/d)*, è possibile procedere in un altro modo: si confrontano i prodotti $a \cdot d$ e $b \cdot c$: la frazione più grande è quella il cui numeratore ha determinato il prodotto maggiore. Per esempio, per stabilire quale frazione è maggiore tra 5/13 e 2/5, è possibile applicare il criterio appena esposto:

$$5 \cdot 5 = 25;\ \ 2 \cdot 13 = 26 \ \Rightarrow\ 2/5 \text{ è maggiore di } 5/13.$$

---

2 **Trovare i 2/9 di 54.**

A 14 B 68 C 12 D 24 E 18

Per risolvere l'esercizio occorre semplicemente moltiplicare 54 per 2/9. Si ottiene:

$$\frac{2}{9} \text{ di } 54 = \frac{2}{9} \cdot 54 = 2 \cdot 6 = 12 \text{ (risposta C).}$$

3 Claudia e Mauro vanno a fare compere. Nel primo negozio Mauro spende 12 euro che sono 1/4 di quanto spende Claudia. Nel secondo negozio Claudia spende il triplo di Mauro che ha speso la metà della somma spesa da Claudia nel primo negozio. Quanto hanno speso in totale insieme Mauro e Claudia?

A 196 euro
B 96 euro
C 180 euro
D 120 euro
E 156 euro

Nel primo negozio Mauro spende 12 euro, mentre Claudia ha speso 4 volte tanto, ossia 12 x 4 = 48 euro. Nel secondo negozio Mauro spende la metà di quanto Claudia ha speso nel primo negozio (cioè 48 : 2 = 24 euro) che spende a sua volta il triplo di Mauro e quindi 24 x 3 = 72 euro. In totale i due hanno quindi speso: 12 + 48 + 24 + 72 = 156 euro. La soluzione al quesito è fornita dall'alternativa **E**.

Nei problemi con frazioni il concetto chiave è il resto: data una frazione p/q, è detto resto il numero dato da 1 – p/q. Per esempio se i 2/5 di un bicchiere sono pieni, i restanti (1 – 2/5) = 3/5 sono vuoti.

2.2 Percentuali e loro applicazioni

Le percentuali vanno viste come frazioni. *Per cento* significa *diviso per cento*. Per esempio:

$$25\% = \frac{25}{100} \text{ ; } 2000\,\% = \frac{2000}{100} \text{ ; } 0,3\,\% = \frac{0,3}{100} = \frac{3}{1000}$$

Una percentuale è pertanto una frazione con denominatore pari a 100. È possibile esprimere le percentuali sia come frazioni che come numeri decimali.

Dal momento che 100% rappresenta l'unità, moltiplicare o dividere un numero qualsiasi (intero, decimale o frazionario) per 100% non ne cambia il valore. Quindi:

- per convertire un numero (intero, decimale o frazionario) in percentuale lo si moltiplica per 100% (ossia si moltiplica per 100 e si affianca il simbolo di percentuale);
- per convertire una percentuale in un numero lo si divide per 100% (ossia si divide per 100 e si toglie il simbolo di percentuale).

ESEMPI

1 Convertire 1/5 in percentuale.

A 0,20
B 20%
C 0,20%
D 20 · 100
E 2,0%

La risposta esatta è la **B**. Infatti 1/5 · 100 = 20, da cui 1/5 = 20%.

2 Convertire 35% in frazione.

A 35 B 35/10 C 2/5 D 3/10 E 7/20

La risposta esatta è la E. Infatti si ha:

$$35\% = \frac{35}{100} = \frac{7}{20}$$

In altre parole, per convertire una percentuale in un numero decimale è sufficiente eliminare il segno di percentuale (%) e spostare la virgola di due posizioni a sinistra (il che equivale a dividere per cento):

$$25\% = 0,25 \; ; \; 2000\% = 20 \; ; \; 0,3\% = 0,003$$

La maggior parte dei problemi con le percentuali è riconducibile all'espressione:

Il tasso T percentuale di B è A

↓ ↓ ↓ ↓

il 10 % di 60 è 6

Generalmente sono date due variabili ed è richiesto di calcolare la terza. Sebbene molti di questi esercizi possano essere risolti con un semplice ragionamento, le formule a cui fare riferimento sono le seguenti:

$$A = T \cdot B \; ; \; B = \frac{A}{T} \; ; \; T = \frac{A}{B} \qquad [1]$$

dove T rappresenta il tasso percentuale espresso in numero decimale.

3 Giovanni ha acquistato una casa. Dopo un anno decide di venderla e vuole realizzare un guadagno del 20% sul prezzo pagato un anno prima. Alla fine riesce nel suo intento vendendo la casa a 204.000 euro. Qual era il costo sostenuto da Giovanni per l'acquisto della casa?

A 180.000 euro
B 160.000 euro
C 163.200 euro
D 170.000 euro
E 200.000 euro

Giovanni realizza un guadagno del 20% sul prezzo pagato un anno prima, quindi 204.000 euro sono pari al prezzo pagato più il 20% dello stesso, cioè:

$$204.000 = X + 20\% \, X$$

dove X è il prezzo di acquisto della casa.
Si può quindi dire che:

$$204.000 = 120\% \, X$$

dunque:

$$204.000 = 12/10 \, X.$$

Risolvendo questa equazione si ottiene 204.000/12 · 10 = 170.000 euro che corrisponde alla cifra pagata da Giovanni un anno fa. La D è la soluzione del quesito.

2.3 Problemi di sconto

Assimilabili ai problemi con le percentuali sono i problemi di sconto in cui si richiede al candidato di compiere una semplice operazione di calcolo di una percentuale o di un ammontare di uno sconto sul costo di un prodotto.

ESEMPI

1 **Un libro che costa 34 euro è scontato del 12%. A quanto ammonta lo sconto?**
A € 32,80 B € 4,14 C € 29,92 D € 4,08 E € 0,48

La formula da applicare in questo tipo di problemi è la seguente:

sconto = costo · tasso di sconto

Essendo il tasso di sconto espresso in termini percentuali, la formula equivale alla relazione già incontrata: A = T · B. Per calcolare a quanto ammonta lo sconto se un libro che costa 34 euro è scontato del 12%, si applica la relazione vista e si ottiene:

sconto = 34 · 0,12 = 4,08

La risposta esatta è pertanto la D.

2 **Fausto acquista un'auto con il 20% di sconto pagandola 2.500 euro. Qual era il costo pieno dell'auto prima dello sconto?**
A 3.125 euro B 4.000 euro C 2.700 euro D 2.750 euro

Per risolvere l'esercizio si deve risolvere la seguente equazione:

x – 20%x = 2.500

dove x è il costo dell'auto prima dell'applicazione dello sconto del 20%.
Risolvendo l'equazione si ha che

x = 2.500/0,80

che da come risultato:

X = 3.125 euro.

La soluzione al quesito è quindi fornita dall'alternativa A.

2.4 Problemi di interesse

Anche in questo caso c'è un tasso espresso in percentuale e il modo di procedere è analogo a quello visto in precedenza. Tuttavia, nella formula da applicare per il tasso di interesse, compare un nuovo elemento da considerare attentamente: il *tempo*.

interesse = somma · tempo · tasso

Il tasso di interesse va inteso come *tasso annuale*, a meno che il problema non ne specifichi uno diverso. Di conseguenza, tutti i tempi devono essere convertiti in anni (o frazioni di anno).

ESEMPI

1 **Qual è la somma che, impiegata per 3 mesi a un tasso di interesse del 7%, frutta 700 euro?**
A 40.000 euro B 4.000 euro C 30.000 euro D 49.000 euro

Dalla formula appena vista si ha:

$$\text{somma} = \frac{\text{interesse}}{\text{tasso} \cdot \text{tempo}} = \frac{700}{7\% \cdot \frac{1}{4}} = \frac{700}{7} \cdot 100 \cdot 4 = 40.000$$

La risposta corretta è dunque la **A**. È opportuno infine ricordare la formula per ottenere la *variazione percentuale di una variabile* di cui si conoscono il valore iniziale e quello finale (ammontare originale e nuovo ammontare). Essa è la stessa sia che si consideri un *incremento* sia che si consideri un *decremento* percentuale. L'unica differenza che si osserva è il segno della variazione percentuale (positivo nel primo caso, negativo nel secondo).

$$\text{variazione percentuale} = \frac{\text{nuovo ammontare} - \text{ammontare originale}}{\text{ammontare originale}} \cdot 100$$

---

2 Il fatturato di un'azienda è passato da 40 a 60 milioni di euro. Calcolare l'incremento percentuale del fatturato.

A + 20 **B** 30% **C** 40 **D** – 20% **E** 50%

Le alternative **A** e **C** possono essere facilmente eliminate poiché non esprimono una percentuale. Applicando la formula dell'incremento si ottiene:

$$\text{variazione percentuale} = \frac{60 - 40}{40} \cdot 100 = 50\% \text{ (incremento)}$$

La risposta esatta è dunque la **E**.

---

3 Il valore di un'azione è sceso da 3 a 2,4. Calcolare la variazione percentuale.

A 20% **B** – 20% **C** 6 **D** – 6 **E** 25%

Anche in questo caso, è possibile eliminare le alternative **C** e **D** poiché non presentano valori percentuali. La risposta esatta è la **B**, a cui si arriva applicando la formula:

$$\text{variazione percentuale} = \frac{2{,}4 - 3}{3} \cdot 100 = -20\% \text{ (decremento)}$$

- Quando la domanda e le alternative sono espresse come percentuali, può risultare vantaggioso usare un valore numerico (solitamente 100) da attribuire alla quantità a cui si riferisce il problema ed effettuare poi i ragionamenti del caso.
- **Non confondere decimali con percentuali**. Per esempio, la percentuale 0,3% è uguale a 0,003 (decimale).
- Ove possibile, usare il senso comune e **valutare se sia possibile scartare alcune soluzioni proposte** sulla base della semplice osservazione dei dati.
- Memorizzare le **formule relative allo sconto, all'interesse e alla variazione percentuale** riportate nel capitolo.

2.5 Esercizi svolti

1 **Trovare il 15% di 50.**

A 7,5 B 75 C 0,75 D 0,075 E 750

2 **I dipendenti dell'aeroporto di Tuku vengono suddivisi in tre categorie contrattuali: tecnici, impiegati e dirigenti. I tecnici sono i 2/7 del totale, gli impiegati sono i 3/5 del totale e i dirigenti sono 16. Quanti sono in totale i dipendenti dell'aeroporto?**

A 130

B 4/35

C 31/35

D 140

E 210

3 **Il 25% degli atleti della società sportiva Lambda hanno meno di 14 anni. Di questi il 20% sono ragazze. Sapendo che i ragazzi (di sesso maschile) sotto i 14 anni appartenenti alla società sportiva Lambda sono 40, quanti sono in tutto gli atleti della società sportiva?**

A 50 B 100 C 125 D 150 E 200

4 **Sara possiede un numero di gatti pari alla metà dei cani di Alessia. Chiara ha un numero di gatti che è la metà del numero dei propri cani che, a sua volta è pari a 1/3 dei cani di Alessia. Quanti sono i gatti in totale posseduti dalle tre persone sapendo che i cani in tutto sono 16?**

A 2

B 6

C 8

D 10

E 15

5 **In un magazzino all'ingrosso un paio di scarpe del prezzo di 120 euro viene venduto in saldo con uno sconto del 25%. Alla cassa viene successivamente aggiunta l'IVA del 20%. Quanto spende il cliente per quel paio di scarpe?**

A 116 euro

B 108 euro

C 104 euro

D 118 euro

E 90 euro

6 **Per la scelta della facoltà dopo il diploma, in una classe del quinto anno di un liceo, i 6/11 degli studenti ha scelto di iscriversi alla facoltà di Economia, i 4/11 alla facoltà di Ingegneria e 3 studenti ad altre facoltà. Qual è il numero di studenti della classe?**

A 25
B 22
C 33
D 27
E 44

7 **Ogni anno, il valore di un appartamento diminuisce del 20%. Qual è il suo valore in percentuale, rispetto al valore iniziale, dopo 3 anni?**

A 33,3%
B 40%
C 48,8%
D 66,6%
E 51,2%

8 **In una scuola elementare, gli alunni della prima classe sono 40. Sapendo che 26 di questi hanno imparato entro i primi due mesi dell'anno scolastico a scrivere, qual è la percentuale degli alunni che non ha imparato entro i primi due mesi a scrivere?**

A 65%
B 14%
C 40%
D 25%
E 35%

9 **Una borsa costava 235 euro, viene venduta a 47 euro. Qual è stata la percentuale di sconto?**

A 80%
B 88%
C 47%
D 16%
E 94%

10 **L'affitto di una casa vacanze su un sito internet specializzato è di 860 euro. Sapendo che le commissioni da corrispondere al sito sono pari al 6%, quale sarà il ricavo netto del proprietario?**

A 846,00 euro
B 844,00 euro
C 844,30 euro
D 834,60 euro
E 808,40 euro

2.6 Soluzioni e commenti

1 La risposta esatta è la A. Infatti si ha: Tasso (T) = 15% = 0,15; Base (B) = 50; sapendo che Ammontare (A) = T x B si ottiene: A = 0,15 · 50 = 7,5.

2 Il numero totale di dipendenti dell'aeroporto deve evidentemente essere un numero intero: pertanto le alternative B e C possono essere eliminate a priori poiché indicano come soluzione del problema due valori frazionari. Se i tecnici sono i 2/7 del totale e gli impiegati i 3/5, significa che la somma di queste due categorie di persone è pari ai 31/35 del totale e quindi i restanti 16 dirigenti sono pari ai 4/35 del totale. Ma allora per trovare il totale basta dividere 16 per 4 e moltiplicarlo per 35 ottenendo come soluzione 140 (risposta corretta D).

3 I ragazzi sotto i 14 anni sono 40 e rappresentano l'80% degli atleti sotto i 14 anni (infatti il 20% sono ragazze). Si può dunque dedurre che il numero di atleti che hanno meno di 14 anni è pari a 50 (basta risolvere l'equazione 40 = 80% X). Poiché i ragazzi sotto i 14 anni sono 1/4 del totale (25% in forma di frazione è pari proprio a 1/4), il totale degli atleti sarà pari a 50 x 4 = 200. La soluzione al quesito è fornita dall'alternativa E.

4 Se i cani sono 16 e quelli di Chiara sono 1/3 di quelli di Alessia, allora Chiara ne possiede 4 e Alessia 12. I gatti di Sara sono, allora, 6 (la metà dei cani di Alessia) e quelli di Chiara (metà dei propri cani) 2. In totale i gatti sono, quindi, 8 (C soluzione del quesito).

5 Uno sconto del 25% è pari allo sconto di 1/4 del prezzo iniziale. Il paio di scarpe viene quindi venduto a 90 euro (120 – 30). Se su questo prezzo si applica l'IVA del 20%, si deve aggiungere un'ulteriore spesa di 18 euro (pari appunto al 20% di 90). L'esborso totale per l'acquisto delle scarpe è, dunque, di 108 euro e la B è la soluzione del quesito.

6 I ragazzi della classe che hanno deciso di iscriversi a Economia o Ingegneria sono, in totale, pari ai 10/11 (6/11 + 4/11) della classe. I 3 ragazzi rimanenti corrispondono, quindi, a 1/11 del totale dei ragazzi della classe che è, dunque, composta da 33 ragazzi (C soluzione).

7 Si supponga che il valore dell'appartamento sia inizialmente pari a 100. Se il primo anno diminuisce del 20%, allora il suo valore diventa pari a 80 (il 20% di 100 è appunto pari a 20). Il secondo anno perderà il 20% del valore a cui è arrivato, cioè di 80, registrando, quindi una perdita pari a 16 (il 20% di 80) e arrivando a valere 64. Il terzo anno si registrerà una perdita pari al 20% di 64, cioè 12,8 e l'appartamento varrà adesso 51,2. Rispetto ai 100 iniziali il valore dell'appartamento è quindi il 51,2% (E soluzione del quesito).

8 Il numero degli alunni che non ha imparato a scrivere entro i primi due mesi è pari 14 (40 – 26). La percentuale è quindi pari a 14/40, cioè dividendo per 4 numeratore e denominatore, pari a 3,5/10, quindi il 35% (E soluzione del quesito).

9 Lo sconto applicato alla borsa è pari a 188 euro (235 – 47), per cui la percentuale da calcolare è pari a 188/235 (cioè lo sconto sul prezzo iniziale). Il risultato di tale divisione è pari a 0,8, quindi corrisponde a una percentuale dell'80% (A soluzione del quesito).

10 Per calcolare il 6% di 860 si può calcolare prima l'1% pari a 8,6 euro e poi moltiplicare questo valore per 6, ottenendo 51,6 euro. Il ricavo netto è quindi pari a 808,4 euro (860 – 51,6) e quindi l'alternativa E è la soluzione cercata.

2.7 Esercizi proposti

1 **A quanto ammonta lo sconto se una cucina che costa 10.000 euro è scontata del 15%?**

A Euro 1.200
B Euro 1.000
C Euro1.500
D Euro 2.000
E Euro 750

2 **Se il 30% di *x* è 210, allora 75% di *x* è:**

A 47
B 158
C 525
D 560
E 700

3 **Negli ultimi vent'anni la popolazione della città A è aumentata di circa il 5%, arrivando a 340.000 abitanti; la città B ha visto invece una leggera riduzione, scendendo sotto i 700.000, mentre la città C ha triplicato i suoi abitanti, arrivando a 42.000. Sulla base di questi dati qual era la popolazione delle tre città vent'anni prima?**

A A 323.000; B 702.000; C 14.000
B A 300.000; B 702.000; C 22.000
C A 323.000; B 695.000; C 44.000
D A 255.000; B 695.000; C 22.000
E A 357.000; B 715.000; C 14.000

4 **Un vestito costava 84 euro e con i saldi il suo prezzo è diminuito di 1/3. A quanto ammonta lo sconto applicato?**

A 21 euro
B 33 euro
C 56 euro
D 30 euro
E 28 euro

5 **Un telefonino acquistato con il 20% di sconto è stato pagato 144 euro. Qual era il prezzo di listino del telefonino?**

A 170 B 180 C 124 D 190 E 108

6 **Un pensionato ha passato la sua vita per un quarto da ragazzo, per un ottavo da giovane, per metà al lavoro. Da 9 anni non lavora più. Quanti anni ha adesso?**

A 64
B 66
C 68
D 72
E 74

7 **In una comunità di 5000 persone il 5% dei membri viene colpito da una malattia infettiva, che richiede il ricovero nel 50% dei casi; quanti ricoveri sono avvenuti?**

A 50
B 100
C 125
D 150
E 200

8 **Gli iscritti a una scuola di lingue straniere sono passati da 250 a 350 unità. Quanto vale l'incremento percentuale delle iscrizioni?**

A 30%
B 33%
C 35%
D 40%

9 **Un fruttivendolo ha venduto 200 mele in settembre e 270 in ottobre. A quanto ammonta l'incremento percentuale delle vendite da un mese all'altro?**

A 70%
B 40%
C 27%
D 35%

10 **Un tram ha percorso 1/3 del suo tragitto. Se ha percorso 1.200 metri, quanti chilometri deve ancora percorrere per completare il tragitto?**

A 3,6
B 1,2
C 2,4
D 1.800

11 **Un negozio ha venduto 700 smartphone in luglio e 910 in agosto. Qual è stato l'incremento percentuale delle vendite da un mese all'altro?**

A 23%
B 25%
C 21%
D 28%
E 30%

12 **Un investimento azionario è costato 10.000 euro. Il primo mese ha prodotto un rendimento del 20%, il secondo mese del 50% e il terzo mese del 10%. Sapendo che, alla fine di ogni mese, il rendimento è reinvestito, qual è il valore finale dell'investimento?**

A 18.000 euro
B 19.200 euro
C 19.800 euro
D 19.000 euro
E 12.000 euro

13 **Nel 2016, il 45% dei 60 iscritti a un'associazione sportiva erano tennisti. Nel 2018 il 25% dei 144 iscritti erano tennisti. Qual è l'aumento percentuale nei due anni del numero di tennisti iscritti?**

A 37%
B 20%
C 33,33%
D 25%
E 58,5%

14 **Se aggiungiamo al numero X la sua metà si ottiene il numero Y. Quale percentuale di X è Y?**

A 75%
B 50%
C 100%
D 150%
E 125%

15 **In una scuola, gli alunni hanno i capelli o neri o biondi o castani. I 3/10 hanno i capelli neri e 1/7 dei rimanenti hanno i capelli biondi. Qual è la percentuale di alunni con i capelli castani?**

A 40%
B 35%
C 25%
D 33%
E 60%

2.8 Tabella delle risposte

Domanda	Risposta
1	C
2	C
3	A
4	E
5	B
6	D
7	C
8	D
9	D
10	C
11	E
12	C
13	C
14	D
15	E

3 RAGIONAMENTO CRITICO NUMERICO

Questa tipologia di quesiti è stata molto utilizzata negli anni passati nei concorsi della Pubblica Amministrazione gestiti dal Formez. Si tratta di esercizi che proponendo grafici o tabelle, richiedono al candidato di individuare le informazioni necessarie per calcolare percentuali o variazioni percentuali.

3.1 Principali tipologie di grafici

Dal momento che le prove di selezione possono proporre grafici di diversa natura, vengono illustrate di seguito le principali tipologie, accompagnate da alcune indicazioni in merito alla loro lettura e interpretazione.

Grafico lineare

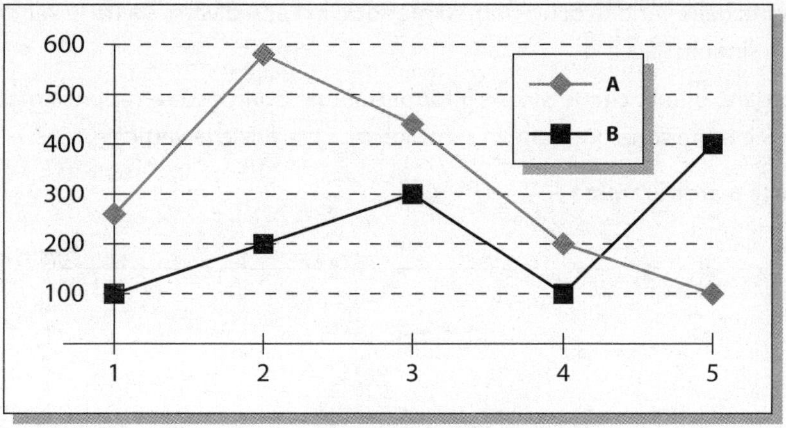

Quello **lineare** è forse il tipo di grafico più diffuso, soprattutto perché è il modo migliore per *rappresentare quantità che mutano nel tempo*. Generalmente, infatti, si può leggere sull'asse delle ascisse una scala temporale (annuale, mensile, settimanale o oraria), mentre sull'asse delle ordinate è rappresentato il valore delle variabili di cui si studia l'andamento (queste variabili potrebbero essere espresse anche in forma percentuale). Naturalmente le varie linee rappresentate sul grafico non sono altro che l'unione dei punti definiti dalle coppie *tempo-valore* e quindi mostrano l'andamento temporale delle variabili in esame.

Per esempio, il grafico sopra riportato potrebbe essere utilizzato per rappresentare l'andamento del prezzo di due titoli azionari (A e B) nei primi cinque mesi dell'anno (1, 2, 3, 4, 5).

Grafico a barre verticali o istogramma

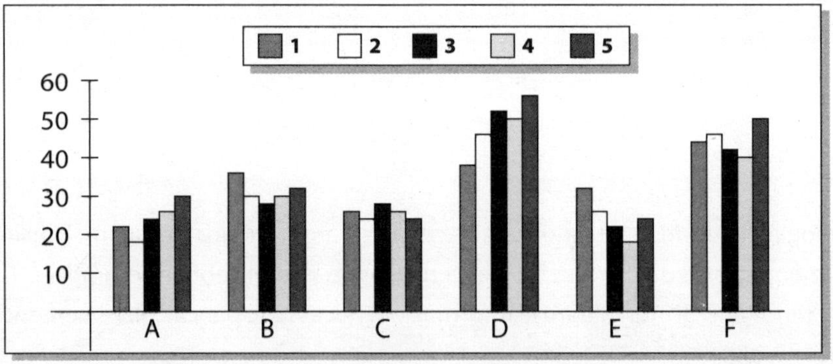

Anche l'*istogramma* è alquanto comune ed è utilizzato prevalentemente per il *confronto di variabili diverse in tempi o luoghi diversi*.

Nel caso riportato nella figura, ogni variabile indicata con un numero da 1 a 5 potrebbe indicare le vendite di un prodotto, mentre le variabili indicate dalle lettere potrebbero indicare diversi Paesi. Il grafico rappresenterebbe dunque il volume delle vendite di ogni prodotto in ciascun Paese. Si noti che attraverso questo tipo di grafico, si rende possibile un confronto sia tra valori assunti dalle vendite di un singolo prodotto in Paesi diversi, sia tra le vendite dei vari prodotti in un singolo Paese.

Occorre ricordare, infine, che le stesse informazioni possono essere rappresentate da istogrammi in cui le barre sono orientate in senso orizzontale anziché verticale.

Grafico a torta o areogramma

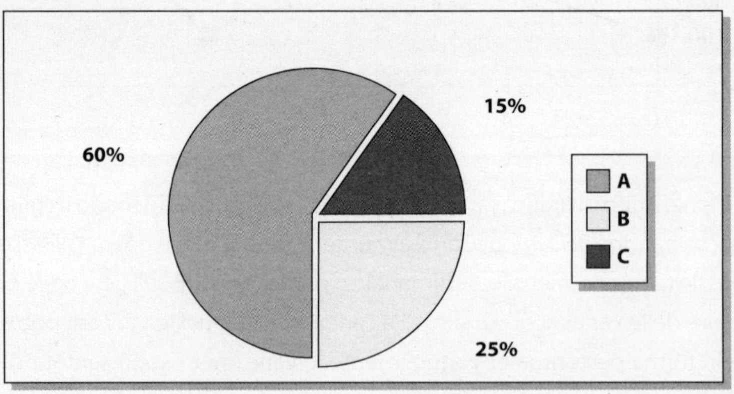

Il grafico *a torta* viene utilizzato per *mostrare la suddivisione di una variabile nelle sue particolari componenti*. Nel caso sopra riportato, per esempio, la componente B rappresenta il 25% del fenomeno considerato nel suo insieme.

Grafico ad aree

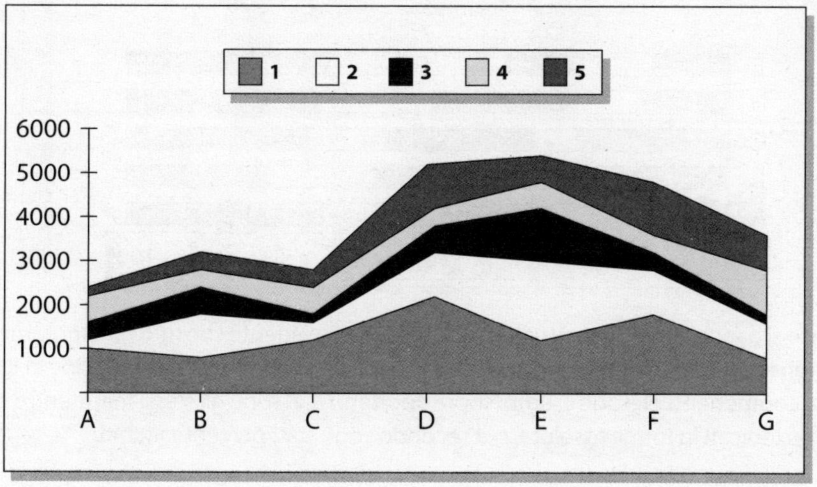

Anche questa tipologia è utilizzata frequentemente. L'informazione che offre è assai *simile a quella dei grafici cumulativi*, dal momento che, per ogni variabile (A, B, C ecc.), vengono sommate le varie componenti (1, 2, 3 ecc.).

Vengono quindi uniti i punti che definiscono le componenti e colorate le aree comprese tra le linee così definite, con il risultato di *mettere in maggior risalto le componenti anziché le singole variabili.*

Dal grafico in esame si deduce, semplicemente osservando la grandezza delle aree, qual è la componente che ha maggior peso nel complesso di tutte le variabili.

Grafico a barre cumulative o sovrapposte

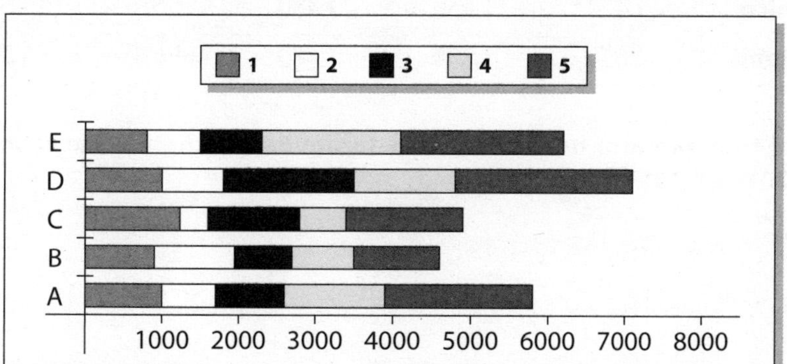

In questi grafici, che potrebbero presentarsi anche in forma verticale, per ogni variabile viene disegnato un istogramma la cui *lunghezza totale è data dalla somma delle varie componenti* (le singole porzioni colorate in modo diverso) *della variabile stessa.*

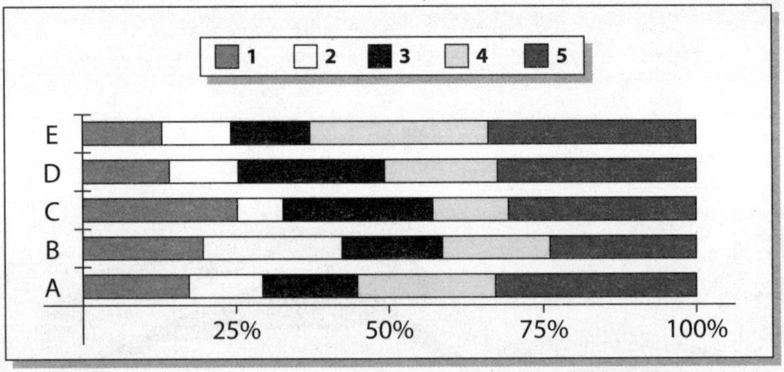

In questo caso si hanno barre percentuali sovrapposte ed è evidente che tutti gli istogrammi hanno la stessa lunghezza (100%) mentre ciò che varia è la composizione percentuale, cioè la lunghezza delle singole componenti. Nei due esempi sopra riportati, i dati sono gli stessi ma, mentre nel primo caso vengono indicati in forma assoluta, nel secondo sono stati percentualizzati.

ESEMPI

Dall'osservazione dei dati riguardanti il costo di pacchetti vacanza in Australia di alcuni tour operator si ricavano i seguenti dati:

	Costo in euro dei pacchetti vacanze in Australia				
	2011	**2012**	**2013**	**2014**	**2015**
Appentour	1.450	1.380	1.530	1.530	1.690
Turisabbia	1.480	1.400	1.500	1.600	1.590
Viaggirosa	1.250	1.330	1.300	1.280	1.400
Abanico	1.420	1.450	1.480	1.510	1.510
Giorgioblu	1.650	1.780	1.670	1.670	1.700

1 **Quanti tour operator hanno ridotto le tariffe dei pacchetti vacanza in Australia tra il 2012 e il 2013?**

A 1

B 2

C 3

D 4

E 5

Osservando la tabella e concentrando l'attenzione sui dati riportati dalle colonne 2012 e 2013 ci si accorge facilmente che sono 2 (B soluzione del quesito) i tour operator che hanno abbassato le tariffe tra questi due anni: Viaggirosa a Giorgioblu.

2 Se nel 2016 Viaggirosa aumenta del 20% rispetto al 2015 le tariffe e incassa per i pacchetti in Australia 33.600 euro, quanti viaggi avrà venduto?

A 5
B 10
C 15
D 20
E 25

Se nel 2015 il costo di un pacchetto vacanze per l'Australia costa con Viaggirosa 1.400 euro, aumentando del 20% viene a costare, nel 2016, 1.680 euro. Si può ora ragionare nel seguente modo. Se Viaggirosa vendesse 10 pacchetti vacanze per l'Australia incasserebbe, nel 2016, 16.800 euro, per cui per incassare 33.600 (il doppio) ha venduto in quell'anno 20 pacchetti (D soluzione del quesito).

3 La variazione di prezzo per il pacchetto vacanze in Australia applicata da Appentour tra il 2013 e il 2012 è stata:

A di poco inferiore all'11%
B di poco inferiore al 5%
C pari al 15%
D circa il 13,8%
E di poco superiore al 16%

Appentour nel 2012 faceva pagare il pacchetto vacanze in Australia 1.380 euro, contro un prezzo di 1.530 euro nel 2013. In termini assoluti questa variazione è pari a 150 euro che sono poco più del 10% ma poco meno dell'11% di 1.380 (150/1.380 = 0,1086 x 100 = 10,86%). La soluzione al quesito è, quindi, fornita dall'alternativa A.

In base alle tabelle e ai grafici riportati di seguito, rispondere alle successive domande.

Tabella 1: distribuzione della popolazione del Paese Alpha in fasce di età.

Fasce di età	2012	2013	2014	2015
(0 - 12)	5%	7%	6%	8%
(13 - 25)	10%	11%	14%	13%
(26 - 40)	12%	16%	22%	14%
(41 - 65)	50%	48%	45%	51%
oltre i 65	23%	18%	13%	14%

Tabella 2: popolazione complessiva del Paese Alpha

Anno	Popolazione
2012	100.000
2013	120.000
2014	90.000
2015	110.000

Grafico 1: numero di reati commessi nel Paese Alpha nei diversi anni

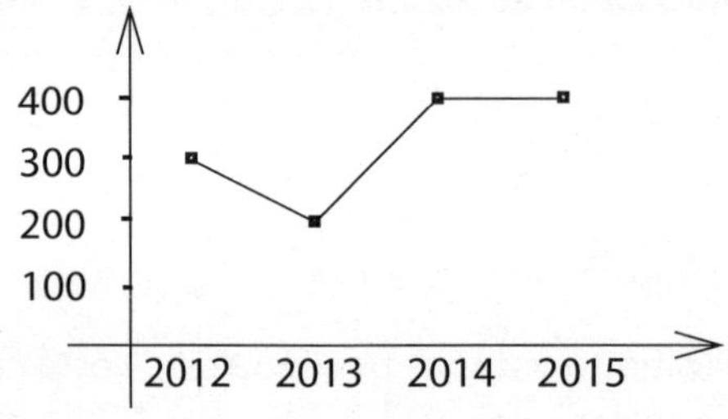

4 Nel 2013, quante persone in più, rispetto all'anno 2012, hanno un'età compresa tra i 13 e i 25 anni?

A 1.000 B 3.200 C 2.000 D 4.400

Per risolvere l'esercizio è necessario considerare congiuntamente la seconda riga della prima tabella proposta e le prime due righe della seconda tabella.

Si osserva così che nel 2012 il numero di persone di età compresa tra i 13 e i 25 anni è pari a 10.000, cioè il 10% della popolazione (pari a 100.000 unità).

Nel 2013 tale percentuale è aumentata all'11% di una popolazione (anch'essa cresciuta) di 120.000 unità. Quindi in termini assoluti nel 2013 il numero di persone appartenenti a tale fascia di età è pari a 13.200 e, dunque, nel 2013 ci sono 3.200 persone in più rispetto al 2012.

La soluzione al quesito è fornita, quindi, dall'alternativa B.

5 In quale anno si è registrata la più alta percentuale di crimini rispetto al totale della popolazione di quell'anno?

A 2015 B 2014 C 2013 D 2012

La soluzione al quesito è facilmente intuibile senza dover fare calcoli. Il valore ricercato (percentuale di crimini) è, infatti, fornito dal rapporto tra il numero di crimini (numeratore) e la popolazione dell'anno (denominatore). Tale rapporto è tanto più alto quanto maggiore è il numeratore e/o minore il denominatore. Dai dati dell'esercizio si osserva che nel 2014 il numero di crimini è stato più alto che negli altri anni (uguale a quello del 2015) e che la popolazione è la meno numerosa dei quattro anni considerarti.

Si può concludere che la B rappresenta la soluzione del quesito.

6 In quale fascia di età e in quale anno, rispetto all'anno precedente, si è registrata la variazione percentuale più elevata di unità appartenenti alla fascia di età?

A (41 - 65); (2015 - 2014)

B (oltre i 65); (2013 - 2012)

C (13 - 25); (2014 - 2013)

D (26 - 40); (2015 - 2012)

L'esercizio richiede l'individuazione di una variazione percentuale, quindi è sufficiente considerare solamente la prima tabella. Il metodo più veloce per risolvere l'esercizio è quello di partire dalle alternative proposte e verificare nella tabella la variazione avvenuta.

Si osserva così facilmente che la **A** rappresenta la soluzione al quesito: dal 2014 al 2015 la fascia di età 41-65 ha registrato una variazione del 6%, percentuale non raggiunta in nessuna delle altre alternative proposte.

Si osservi che l'alternativa **D** è chiaramente errata, in quanto il testo richiede un periodo di due anni consecutivi, mentre l'alternativa considera un periodo di quattro anni.

---

7 In quale anno, rispetto al precedente, e in quale fascia di età la popolazione è cresciuta di più in valore assoluto?

A (13 - 25); (2015 - 2014)

B (13 - 25); (2014 - 2013)

C (0 - 12); (2015 - 2014)

D (oltre i 65); (2015 - 2014)

La soluzione al quesito è fornita dall'alternativa **C**. L'esercizio richiede l'individuazione di una variazione assoluta, quindi è necessario considerare sia la prima che la seconda tabella.

Alcune considerazioni preliminari consentono di arrivare in modo più rapido alla soluzione. Se si considera uno stesso periodo di tempo (e quindi una stessa variazione della popolazione) come nelle alternative **A**, **C** e **D**, allora è sufficiente verificare in termini percentuali quale classe prevede la maggiore differenza positiva rispetto all'anno precedente. Si osserva facilmente come la **C** sia da preferire alle altre due alternative. La stessa **C** è anche da preferire alla **B** in quanto, sebbene quest'ultima preveda un maggiore scarto percentuale (3 punti i confronto ai 2 della **C**), fa però riferimento a una popolazione (a cui tale tasso è applicato) che nell'arco temporale considerato diminuisce del 25%.

---

8 Se i crimini del 2015 sono stati commessi ognuno da una diversa persona in età tra i 13 e i 25 anni, qual è la percentuale di persone in quella fascia di età che ha commesso un crimine?

A Circa 2,8%

B Circa 7%

C Circa 10%

D Circa 1,4%

Per rispettare le ipotesi formulate nel testo dell'esercizio le persone nella fascia di età tra i 13 e i 25 anni che hanno commesso un reato nel 2015 sono pari a 400 unità.

Osservando le prime due tabelle si vede, inoltre, come le unità totali che compongono tale fascia siano pari a 14.300 (il 13% di 110.000). Quindi per calcolare la percentuale di persone, rispetto alle appartenenti alla fascia, che hanno commesso un crimine basta dividere 400 per 14.300, ottenendo circa il 2,8%. La soluzione al quesito è pertanto fornita dall'alternativa **A**.

Nel rispondere alle domande successive si considerino i dati riportati nella tabella che segue.

Quantità di grano (in tonnellate) prodotta in alcuni Paesi dal 2012 al 2015.

	Anno			
Paese	2012	2013	2014	2015
A	9,8	7,5	6,7	6,9
B	7,3	6,6	7,2	8,9
C	8,7	5,0	5,4	5,7
D	6,7	6,3	5,7	7,2
E	7,2	6,6	6,6	7,5

9 In quale anno si è verificata la massima differenza in valore assoluto di produzione tra i Paesi considerati?

A 2012
B 2013
C 2014
D 2015
E Con i dati in possesso non è possibile rispondere al quesito

Nel 2012 la differenza massima si ha tra Paese A e Paese D e ammonta a 3,1 tonnellate; nel 2013 tra A e C e ammonta a 2,5 tonnellate, nel 2014 tra B e C ed è pari a 1,5 tonnellate, mentre nel 2015 tra B e C e ammonta a 3,2 tonnellate (D soluzione del quesito).

10 Quale Paese è stato più produttivo sia nel 2012 sia nel 2013?

A B
B A
C C
D E
E D

Il Paese A ha ottenuto 9,8 tonnellate nel 2012 (valore più alto per quell'anno) e 7,5 tonnellate nel 2013 (valore più alto per quell'anno). La soluzione al quesito è, quindi, fornita dall'alternativa B.

11 In quale anno si è prodotta la quantità maggiore di grano nei cinque Paesi considerati?

A 2012
B 2013
C 2014
D 2015
E Con i dati in possesso non è possibile rispondere al quesito

Senza fare tutti i calcoli, si osserva che nel 2012 i valori registrati nei diversi Paesi sono sempre più alti rispetto agli stessi valori registrati negli altri anni, tranne che nel 2015 dove alcuni Paesi hanno ottenuto una produzione maggiore di grano. Confrontando solo il 2012 e il 2015 si trova che l'anno più produttivo è stato il primo (A soluzione del quesito).

12 Considerando solo il 2012 e il 2015, quale dei seguenti Paesi ha ottenuto il maggior incremento in valore assoluto di produzione di grano?

A E
B D
C A
D B
E C

Si può scartare subito l'alternativa C, infatti il Paese A ha avuto un decremento nella produzione di grano. La soluzione è, invece, fornita dall'alternativa D, avendo il Paese B ottenuto un incremento pari a 1,6 tonnellate, maggiore sia delle 0,6 tonnellate ottenute da D sia delle 0,3 ottenute da E.

13 In base alla tabella si può affermare con certezza che:

A il Paese D nei quattro anni considerati ha sempre ridotto la produzione di grano
B il Paese C nei quattro anni considerati ha sempre ridotto la produzione di grano
C il Paese A nei quattro anni considerati ha incrementato la produzione di grano solo dal 2014 al 2015
D il Paese B nei quattro anni considerati ha incrementato la produzione di grano solo dal 2014 al 2015
E il Paese E tra il 2012 e il 2013 ha aumentato la produzione di grano

Non è vero che nei quattro anni considerati i Paesi C e D hanno sempre ridotto le quantità prodotte di grano perché tra il 2014 e il 2015 le hanno entrambi incrementate (alternative A e B errate). È anche falso quanto affermato dalla alternativa D (infatti il Paese B ha incrementato la produzione sia dal 2013 al 2014 sia dal 2014 al 2015) e dalla E (avendo il Paese E diminuito la produzione tra il 2012 e il 2013). È, invece, vero quanto affermato dall'alternativa C (soluzione del quesito) avendo A incrementato la produzione solo dal 2014 al 2015.

Rispondere alle domande sulla base del grafico in figura, che rappresenta l'andamento delle presenze registrate in una sala cinematografica, dove il mercoledì è il giorno di riposo.

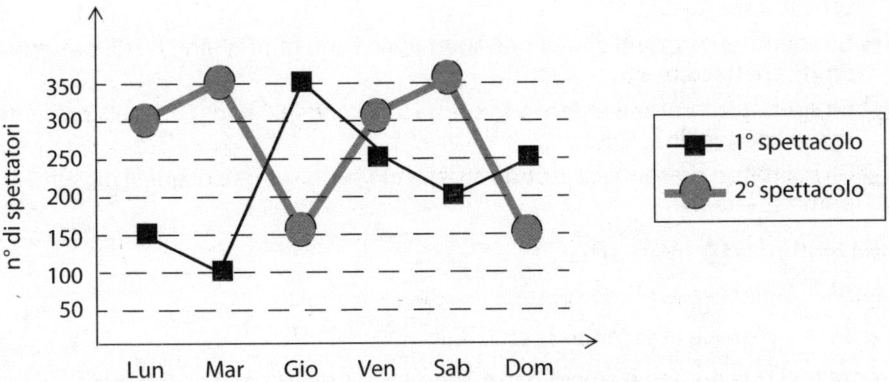

14 In quale giornata si registra il numero massimo di presenze, considerando entrambi gli spettacoli?

A Lunedì
B Venerdì e sabato
C Giovedì
D Lunedì e martedì
E Domenica

Dal grafico si osserva che ogni simbolo indica il numero di spettatori presenti in sala in un dato giorno e a un dato spettacolo. Sommando le presenze registrate nei due spettacoli di ciascuna giornata si ottiene:

lun = 450; mar = 450; gio = 500; ven = 550; sab = 550; dom = 400.

La soluzione cercata è quindi la B.

15 Qual è la percentuale di spettatori che decide di andare al cinema nel week-end (sabato e domenica)?

A Più del 50% del numero totale di spettatori settimanali
B Circa il 63 % del numero totale di spettatori settimanali
C Circa il 33% del numero totale di spettatori settimanali
D Circa il 23% del numero totale di spettatori settimanali
E Meno del 30% del numero totale di spettatori settimanali

Nel fine settimana gli spettatori sono 950 mentre nell'intera settimana sono 2900. Per stabilire a quale percentuale di 2900 corrisponde 950 bisogna effettuare la seguente operazione: $(950/2900) \cdot 100 = 32{,}8\%$

La risposta corretta è dunque la C.

16 Considerando le presenze lungo l'intera settimana, quale delle seguenti affermazioni è corretta?

A Gli spettatori presenti al secondo spettacolo sono il doppio di quelli presenti al primo spettacolo
B Gli spettatori presenti al primo spettacolo sono 300 in più di quelli presenti al secondo spettacolo
C Gli spettatori presenti al secondo spettacolo sono tanti quanti quelli presenti al primo spettacolo
D Gli spettatori presenti al secondo spettacolo sono 300 in più di quelli presenti al primo spettacolo
E Gli spettatori presenti al secondo spettacolo sono la metà di quelli presenti al primo spettacolo

La risposta esatta è la D, infatti si ha:

- presenze complessive al primo spettacolo: 1300;
- presenze complessive al secondo spettacolo: 1600.

La differenza tra i due numeri è quindi pari a 300 a favore del secondo spettacolo.

Suggerimenti

Alcuni consigli generali possono risultare molto utili al fine di una corretta interpretazione delle tabelle e dei grafici.

- Leggere attentamente i **titoli delle colonne** nelle tabelle, come pure le variabili rappresentate sugli **assi dei grafici** o le eventuali note.
- Fare attenzione a quali **unità di misura** sono usate per esprimere le quantità rappresentate nelle tabelle e nei grafici (percentuali, anni, migliaia di lire, metri ecc.).
- Prima di effettuare calcoli, **leggere le risposte alternative**, dal momento che spesso sono richiesti valori approssimati. In questo modo è possibile "arrotondare", guadagnando tempo.
- **Non confondere decimali con percentuali**. Se per esempio una colonna rappresenta cifre in forma percentuale, un numero come 0,2 significa 0,2% e quindi è uguale a 0,002.
- Quando il grafico è costituito da più serie di dati (per esempio più linee o più barre), è conveniente **"etichettare" ogni serie in accordo con la legenda del grafico**, in modo da distinguere velocemente le diverse serie di dati quando si risponde alle domande.
- Quando in un esercizio vengono presentati più grafici, è opportuno **individuare con attenzione il grafico da utilizzare** per rispondere a ogni domanda.
- Per confrontare colonne o righe non adiacenti in una tabella o in un grafico, può essere utile utilizzare la matita o la penna come righello.

3.2 Esercizi svolti

Nel biennio 2014-2015 è stato lanciato sul mercato mondiale un nuovo tipo di macchina fotografica digitale, chiamata Visor. Al termine del 2015 la casa produttrice ha deciso di verificare l'andamento delle vendite in alcuni dei principali Paesi. I risultati dello studio sono espressi nel grafico seguente.

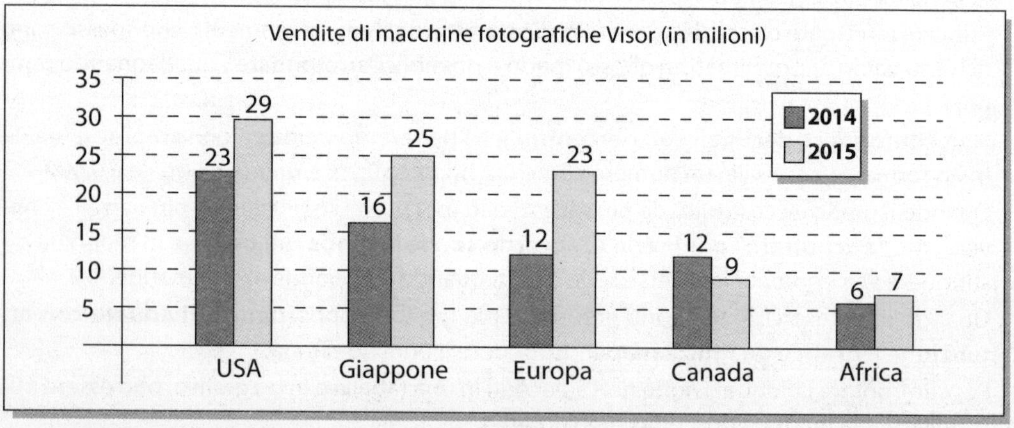

1 **Nel biennio considerato, quante Visor sono state vendute in Canada?**

A 21
B 2.100
C 21.000
D 2.100.000
E 21.000.000

2 **Nel 2015, qual è stata la percentuale di Visor vendute negli USA, rispetto al totale dell'anno?**

A Circa il 20%
B Circa il 25%
C Circa il 30%
D Circa il 40%
E Circa il 45%

3 **A quanto ammonta la variazione percentuale delle macchine fotografiche Visor vendute nel 2015 rispetto a quelle vendute nel 2014 considerando tutti i Paesi sopra esaminati?**

A A circa il 20% in più
B A circa il 26% in più
C A circa il 35% in più
D A circa il 2% in meno
E A circa il 50% in più

4 Dal grafico si possono trarre tutte le seguenti conclusioni tranne una. Quale?

A Tra il 2014 e il 2015, il maggior incremento percentuale nel numero di macchine fotografiche Visor si è avuto in Europa

B Il numero di macchine fotografiche Visor vendute in Canada è diminuito dal 2014 al 2015

C Nel biennio considerato, sono state vendute più macchine fotografiche Visor in Giappone che in Europa

D Tra il 2014 e il 2015, il numero di fotografi è aumentato negli USA più che negli altri Paesi

Leggere il testo del seguente problema e rispondere alle domande successive.

Il grafico riporta i valori medi (espressi in milligrammi per centimetro cubo di sangue) dell'ormone melatonina rilevati negli uomini e nelle donne nell'arco delle 24 ore.

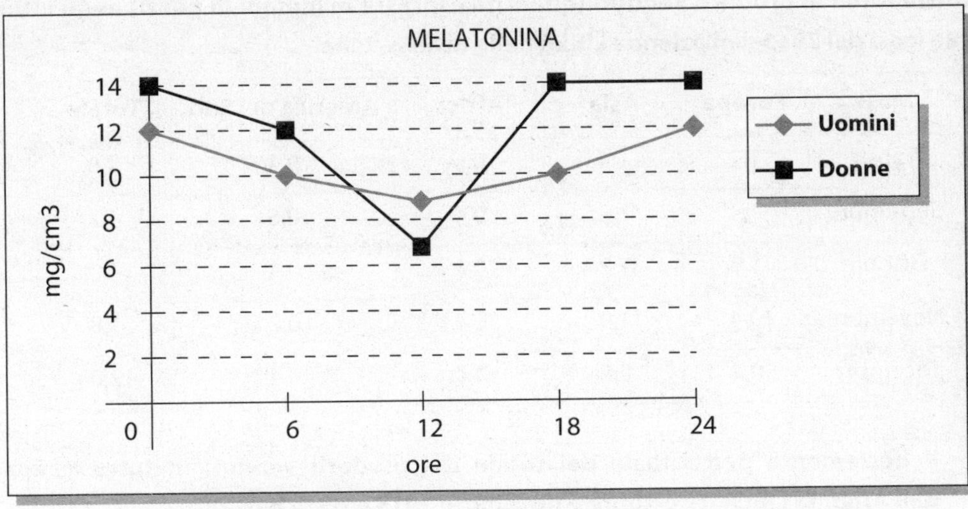

5 Quale delle seguenti affermazioni è falsa sulla base dei dati riportati nel grafico?

A Alla sera le donne hanno una concentrazione di melatonina superiore a quella degli uomini

B La concentrazione di melatonina negli uomini non cresce in modo costante nel corso delle 24 ore

C La concentrazione di melatonina negli uomini è inferiore a quella delle donne solo a mezzogiorno

D Durante la notte, le donne hanno una concentrazione di melatonina superiore a quella degli uomini

6 Esiste una pillola che innalza il valore di ormone melatonina di un milligrammo e tale effetto dura per tutte le ore della giornata. Qual è il numero minimo di pillole che dovrebbe assumere una donna, con valori ormonali pari alla media femminile, per registrare valori di melatonina superiori alla media maschile in ogni ora della giornata?

A 2
B 3
C 4
D 8
E 9

Quantità totali di prodotti venduti (quantità espresse in milioni di pezzi) negli ultimi cinque mesi del 2015 dall'azienda LIBER nelle diverse zone.

Mese	Europa	Asia	Africa	America del Sud	Totale
Agosto	1,2	1,4	0,6	0,4	3,6
Settembre	1,4	1,8	0,4	0,6	4,2
Ottobre	1,8	1,2	0,6	0,4	4,0
Novembre	0,4	1,0	0,2	0,2	1,8
Dicembre	0,4	0,8	0,4	0,4	2,0

7 Il decremento percentuale del totale dei prodotti venduti in tutte le zone dall'azienda LIBER tra ottobre e novembre 2015 è stato pari al:

A 22%
B 44%
C 55%
D 66%
E 33%

8 Negli ultimi cinque mesi del 2015 l'azienda LIBER ha venduto in Europa:

A 6,2 milioni di pezzi
B 1/3 del totale dei prodotti venduti in tutte le zone
C 1/4 del totale dei prodotti venduti in tutte le zone
D il 52% del totale dei prodotti venduti in tutte le zone
E il 30% del totale dei prodotti venduti in tutte le zone

Costi di produzione, vendite e prezzi di alcuni articoli venduti ad agosto 2015 presso il supermercato GESID.

Prodotto	Costo di produzione al pezzo (in euro)	Numero di prodotti venduti	Prezzo unitario di vendita (in euro)
Merendina	0,4	15.000	0,8
Yogurt	0,3	10.000	1,5
Birra in lattina	0,25	20.000	1
Pacco di patatine	0,8	30.000	1,2
Piadina	0,5	8.000	3

9 Da quale prodotto il supermercato GESID ha ottenuto il maggior fatturato ad agosto 2015?

A Merendina
B Yogurt
C Birra in lattina
D Pacco di patatine
E Piadina

10 Da quale prodotto il supermercato GESID ha ottenuto il maggior ricavo al netto dei costi di produzione ad agosto 2015?

A Merendina
B Yogurt
C Birra in lattina
D Pacco di patatine
E Piadina

11 Quale prodotto viene venduto con un prezzo pari al 500% del costo di produzione?

A Merendina
B Yogurt
C Birra in lattina
D Pacco di patatine
E Piadina

Percentuali di crescita della vendita di mezzi di trasporto privati in 5 Paesi.

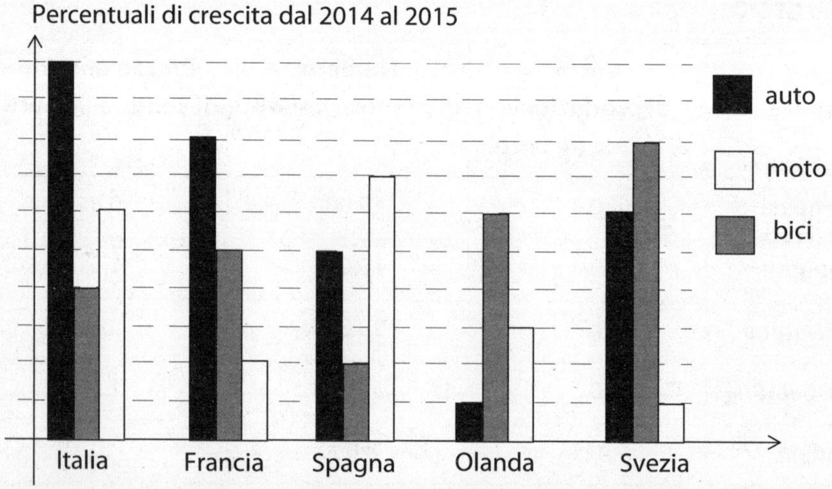

Mezzi privati presenti nel 2014 in 5 Paesi

Paese	Auto	Moto	Bici
Italia	20.000.000	5.000.000	8.000.000
Francia	15.000.000	8.000.000	7.000.000
Spagna	18.000.000	6.000.000	4.000.000
Olanda	2.000.000	2.000.000	4.000.000
Svezia	7.000.000	1.000.000	3.000.000

12 I mezzi di trasporto privati in Svezia nel 2014 che percentuale erano del totale dei mezzi di trasporto dei 5 Paesi nello stesso anno?

A 11% B 10% C 9% D 12% E 8%

13 A fine 2015 quante erano le biciclette in Olanda?

A 3.500.000
B 3.200.000
C 4.200.000
D 1.200.000
E 5.200.000

14 Quanti erano i mezzi di trasporto privati in Spagna alla fine del 2015?

A 28.000.000
B 32.000.000
C 30.000.000
D 35.000.000
E 7.000.000

15 **Di quale percentuale sono aumentati i mezzi di trasporto privati in Olanda dal 2014 al 2015?**

A 16,7%
B 18%
C 20%
D 22%
E 26%

16 **In quale coppia di Paesi si è registrato, tra il 2014 e il 2015, un uguale aumento del numero di bici?**

A Italia e Spagna
B Francia e Svezia
C Spagna e Olanda
D Olanda e Svezia
E Svezia e Italia

Osservare le tabelle seguenti e rispondere alle relative domande.

Numero di case vendute in Italia (migliaia di unità)	Anno
120	2008
140	2009
200	2010
180	2011
160	2012

Anno	Numero di case (migliaia di unità) vendute in Italia a seconda della zona geografica		
	Centro	Nord	Sud e Isole
2008	36	48	36
2009	28	98	14
2010	50	50	100
2011	90	36	54
2012	48	80	32

17 **Le case vendute al Sud e Isole nel 2010 che percentuale sono del totale delle case vendute in Italia dal 2008 al 2012?**

A 10%
B 12,5%
C 15%
D 22%

18 **Le case vendute nel 2012 al Centro che percentuale sono del totale delle case vendute in Italia nello stesso anno?**

- **A** 20%
- **B** 33%
- **C** 30%
- **D** 25%

19 **Tra il 2010 e il 2011:**

- **A** il numero totale di case vendute in Italia è diminuito del 20%
- **B** il numero di case vendute al Centro è aumentato del 40%
- **C** il numero di case vendute al Sud e Isole è diminuito del 54%
- **D** il numero di case vendute al Nord è diminuito del 28%

Osservare il grafico seguente e rispondere alle relative domande.

Ripartizione delle 200 unità di personale nelle 5 divisioni dell'azienda Emme.

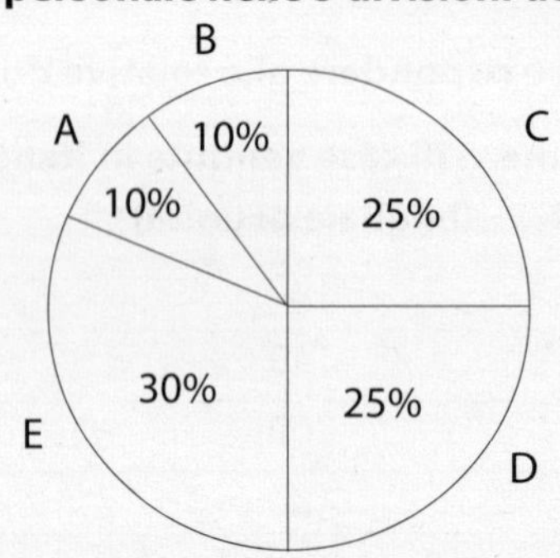

Ripartizione percentuale del personale tra uomini e donne all'interno delle 5 divisioni dell'azienda Emme.

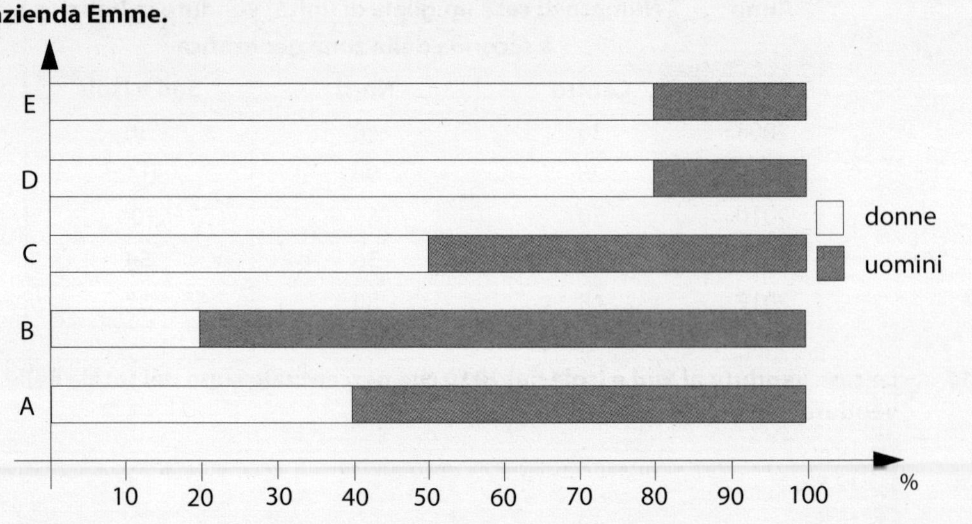

20 Le donne della divisione D che percentuale sono rispetto al totale del personale dell'azienda Emme?

A 20%
B 10%
C 30%
D 80%
E 90%

21 Il numero totale di donne impiegate nell'azienda Emme risulta:

A pari al numero degli uomini impiegati nella stessa azienda
B inferiore al numero degli uomini impiegati nella stessa azienda
C pari a 140 unità
D superiore al numero degli uomini impiegati nella stessa azienda

22 In quale tra le seguenti divisioni dell'azienda Emme è impiegato il maggior numero di uomini?

A A
B B
C C
D D
E E

Prezzi di alcuni mobili venduti dal mobilificio Casadentro prima e dopo l'applicazione dello sconto.

Prodotto	Prezzo intero in euro	Prezzo scontato in euro
Libreria	700,00	595,00
Armadio	1.100,00	880,00
Letto matrimoniale	400,00	280,00
Divano	600,00	510,00
Cucina	2.500,00	1875,00
Mobile bagno	350,00	280,00

23 Alla libreria è stato applicato un tasso di sconto:

A pari a quello applicato all'armadio
B del 10%
C pari a quello applicato al divano
D del 25%
E pari a quello applicato al mobile del bagno

24 A quale dei seguenti prodotti è stato applicato il più alto tasso di sconto?

A Mobile bagno

B Cucina

C Divano

D Armadio

E Libreria

25 Acquistando il letto matrimoniale e l'armadio si otterrà uno sconto totale:

A superiore al 30% del prezzo intero dei due prodotti

B pari al 18% del prezzo intero dei due prodotti

C pari al 16% del prezzo intero dei due prodotti

D inferiore al 15% del prezzo intero dei due prodotti

E superiore al 20% del prezzo intero dei due prodotti

Leggere il testo dell'esercizio e rispondere alle domande seguenti.

Da una ricerca statistica sulla vendita di prodotti nell'ultimo mese, in tre supermercati di Torino si sono ricavati i seguenti dati:

Unità di prodotti venduti			
	Effelarga	Cenid	SMI
Alimenti surgelati	5.000	4.700	4.000
Alimenti freschi	7.500	6.200	6.900
Bevande alcoliche	2.000	2.500	3.500
Bevande analcoliche	4.000	3.300	7.100
Prodotti in scatola	12.000	10.500	4.000
Prodotti per la casa	1.200	2.000	1.100

26 Con riferimento ai supermercati Effelarga e Cenid, quale dei seguenti prodotti ha venduto in totale di più?

A Alimenti surgelati

B Bevande alcoliche

C Alimenti freschi

D Bevande analcoliche

E Prodotti per la casa

27 **Con riferimento alla tabella sopra riportata, quale delle seguenti affermazioni è falsa?**

- **A** Il supermercato Effelarga ha venduto più prodotti della casa del supermercato SMI
- **B** Il prodotto più venduto nel supermercato SMI sono state le bevande analcoliche
- **C** All'interno di ognuno dei tre supermercati, sono stati venduti più alimenti freschi rispetto a quelli surgelati
- **D** Il supermercato Effelarga ha venduto più prodotti in scatola che prodotti per la casa
- **E** Il numero di bevande analcoliche vendute dal supermercato SMI è maggiore della somma di quelle vendute dai supermercati Effelarga e Cenid

In base alle tabelle riportate, rispondere alle successive domande.

Nella formulazione delle tabelle si suppone che alla fine di ogni anno i telefonini vengono eliminati e all'inizio di ogni anno il conteggio dei possessori di telefonini non tiene conto, quindi, di quelli dell'anno precedente.

Tabella 1: numero di clienti delle compagnie telefoniche nel Paese Gamma

Gestore	2008	2009	2010	2011
Viola	100	120	130	135
Giallo	42	80	100	105
Rosa	60	70	110	115
Nero	8	20	35	40
Bianco	5	10	15	18
Altre compagnie	785	600	1110	1587

Tabella 2: numero di persone in possesso di un telefonino nel Paese Gamma

Anno	N° di possessori di un telefonino
2008	1000
2009	900
2010	1500
2011	2000

28 Quale delle seguenti compagnie ha incrementato maggiormente in termini percentuali il numero di clienti tra il 2008 e il 2011?

A Viola

B Giallo

C Rosa

D Nero

E Bianco

29 In quale anno la compagnia "Viola" ha aumentato percentualmente di più il numero di propri clienti rispetto al numero di possessori di telefonino?

A 2009

B 2008

C 2011

D 2010

30 In quale anno le cinque compagnie insieme (Viola, Giallo, Rosa, Nero e Bianco) hanno ottenuto la maggiore percentuale di clienti rispetto al numero di possessori?

A 2008

B 2010

C 2011

D 2009

31 Passando da un anno al successivo, quale delle seguenti compagnie ha ottenuto la maggiore crescita percentuale di clienti acquisiti?

A Bianco

B Rosa

C Giallo

D Viola

32 In quale anno le "Altre compagnie" hanno ottenuto il maggiore incremento percentuale di clienti acquisiti rispetto al numero di possessori?

A 2009

B 2008

C 2011

D 2010

La ripartizione, per settore, di 200 persone impiegate presso l'azienda Farma.

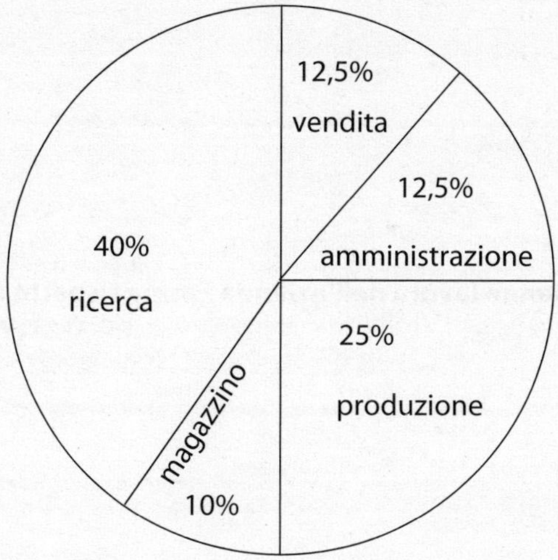

Ripartizione percentuale uomini e donne all'interno di ogni reparto.

Reparto	Uomini	Donne
Amministrazione	40%	60%
Magazzino	90%	10%
Produzione	70%	30%
Ricerca	60%	40%
Vendita	20%	80%

Ripartizione percentuale per tipologia di contratto all'interno di ogni reparto.

Reparto	Uomini primo livello	Donne primo livello	Uomini secondo livello	Donne secondo livello
Amministrazione	30%	80%	70%	20%
Magazzino	50%	50%	50%	50%
Produzione	20%	40%	80%	60%
Ricerca	75%	25%	25%	75%
Vendita	40%	30%	60%	70%

33 Quante sono le donne che lavorano in produzione con un contratto di secondo livello?

A 6
B 7
C 8
D 9
E 10

34 Quale percentuale di donne lavora nell'azienda Farma rispetto al totale dei lavoratori?

A 56%
B 58%
C 42%
D 38%
E 36%

35 Quanti sono gli uomini con un contratto di secondo livello?

A 59
B 57
C 58
D 55
E 56

36 Quale percentuale di donne lavora in magazzino e ha un contratto di secondo livello rispetto al totale degli impiegati?

A 1%
B 0,5%
C 2%
D 5%
E 0,05%

37 In quale settore si trova il gruppo più numeroso di persone con lo stesso tipo di contratto?

A Amministrazione
B Magazzino
C Produzione
D Ricerca
E Vendita

Il grafico e la tabella riportano alcuni dati sui dipendenti dell'azienda Omega.

Percentuale di assunti a tempo indeterminato (sul totale dei lavoratori di Omega)

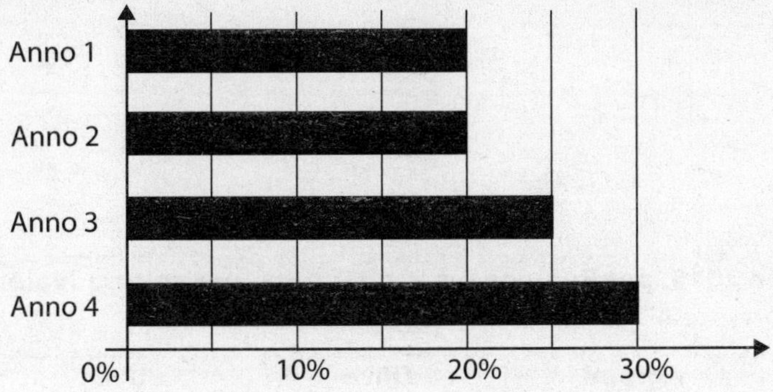

	n. lavoratori	Età media dei lavoratori (suddivise per fasce)		
		meno di 35 anni	tra 35 e 45	oltre 45 anni
Anno 1	50	20%	40%	40%
Anno 2	60	25%	35%	40%
Anno 3	64	25%	25%	50%
Anno 4	70	30%	40%	30%

38 Facendo riferimento al grafico e alla tabella sopra riportati, qual è stato l'incremento dei lavoratori dell'azienda Omega tra l'anno 1 e l'anno 2?

A 10%
B 15%
C 20%
D 25%
E 30%

39 Facendo riferimento al grafico e alla tabella sopra riportati, se nell'anno 4 è stato pagato un premio di produzione pari a 2.500 euro a ognuno dei lavoratori al di sopra di 45 anni, qual è stata la spesa totale sostenuta dall'azienda nel pagamento di tali premi?

A 70.000 euro
B 52.500 euro
C 80.000 euro
D 37.500 euro
E 60.000 euro

40 Facendo riferimento al grafico e alla tabella sopra riportati, di quanto sono aumentati percentualmente il numero di assunti a tempo indeterminato dell'azienda Omega tra l'anno 2 e l'anno 3?

A 1/2
B 1/6
C 1/5
D 1/4
E 1/3

Reddito lordo ordinario 2015, per Regione amministrativa, per coltura (valori in € all'ettaro).

Regione	Agrumi	Olive	Uva
Veneto	0	700	3.600
Toscana	1.800	1.500	600
Puglia	7.000	5.600	5.400
Sicilia	7.800	3.800	4.700

41 In Puglia, qual è il reddito ordinario derivante da una coltivazione di 25 ettari di cui il 52% coltivati a uva e il 48% ad agrumi?

A 155,8 mila €
B 154,2 mila €
C 137,4 mila €
D 158,2 mila €
E 142,5 mila €

42 Qual è la differenza di reddito ordinario, in valore assoluto, tra una coltivazione di 15 ettari a olive in Sicilia e una di 12 ettari a uva in Veneto?

A 13,8 mila €
B Nessuna delle alternative proposte
C 1,5 mila €
D 10,5 mila €
E 22,7 mila

43 In Toscana, qual è la differenza tra il reddito ordinario derivante dalla coltivazione di 20 ettari a agrumi anziché a olive?

A 9,5 mila €
B 5 mila €
C 3,5 mila €
D 6 mila €
E Nessuna delle alternative proposte

Leggere il testo dell'esercizio e rispondere alle domande seguenti.
Nella casa editrice Basco S.p.A. nel 2015 i ricavi sono stati così ottenuti:

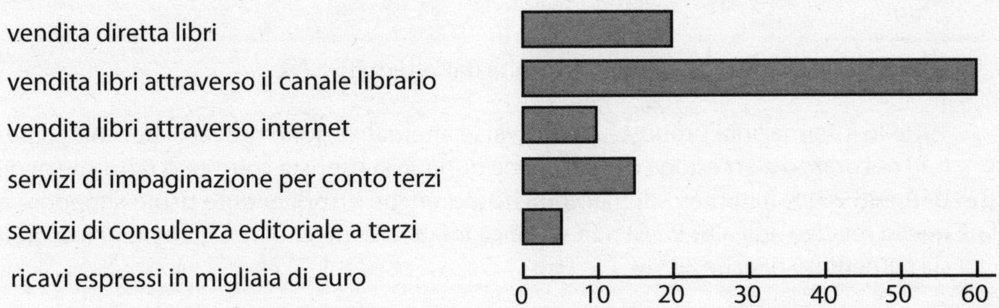

44 **Qual è stata nel 2015 per la casa editrice Basco la percentuale dei ricavi derivanti dalla vendita diretta dei libri rispetto a quelli derivanti dalla vendita attraverso il canale librario?**

- A 20%
- B 20
- C 33,3%
- D 3%
- E 25%

45 **I ricavi derivanti dall'impaginazione per conto terzi, rispetto ai ricavi totali registrati nel 2015 dalla casa editrice Basco S.p.A., sono:**

- A inferiori al 5%
- B superiori al 15%
- C pari al 10%
- D maggiori del 10%
- E pari al 15%

3.3 Soluzioni e commenti

1 Dal grafico si osserva che, in corrispondenza del Canada, la barra relativa al 2014 rappresenta il valore 12 mentre quella relativa al 2015 rappresenta il valore 9. La somma di questi valori è dunque pari a 21. Dal momento che i valori raffigurati nel grafico sono espressi in milioni, il numero di macchine fotografiche Visor vendute in Canada nel biennio considerato è pari a 21 milioni. La risposta corretta è dunque la E.

2 Il numero complessivo di macchine fotografiche Visor vendute nei Paesi considerati nel 2015 è pari a 93 milioni mentre il numero di Visor vendute negli USA nello stesso anno è pari a 29 milioni. Pertanto la percentuale richiesta è pari a 29/93 (cioè poco meno di un terzo), pari a circa il 31% (risposta C).

3 Il numero di totale di macchine fotografiche Visor vendute nel 2014 è pari a 69 milioni, mentre nel 2015 tale valore è stato pari a 93 milioni. La variazione percentuale si calcola quindi risolvendo la seguente espressione:

$$\frac{93-69}{69} = 0,347 \cdot 100 = 34,7$$

La soluzione dell'esercizio è quindi fornita dall'alternativa **C**.

4 Tutte le informazioni proposte dalle diverse alternative sono ricavabili dai dati contenuti nel grafico a eccezione della **D** che è dunque la risposta corretta. Il fatto che negli USA, nel 2015, il numero di macchine fotografiche Visor vendute risulti superiore a quello relativo agli altri Paesi non significa infatti che negli USA il numero di fotografi sia aumentato più che altrove.

5 Il grafico mostra che a mezzogiorno (ore 12 sull'asse orizzontale) cambia il rapporto tra la concentrazione dell'ormone melatonina nel sangue degli uomini e quella contenuta nel sangue delle donne, nel senso che la prima diviene maggiore della seconda e non viceversa come invece sostiene l'alternativa **C**. Da tale osservazione si deduce che l'alternativa **C** è falsa e, quindi, è la risposta cercata.

6 L'unico momento della giornata in cui una donna ha una concentrazione di ormone melatonina inferiore a quella degli uomini è a mezzogiorno. In particolare, dal grafico si osserva che in corrispondenza delle ore 12 il valore ormonale delle donne è pari a circa 7 milligrammi, contro un valore, negli uomini, pari a circa 9 milligrammi. Si deduce, quindi, che per raggiungere un valore superiore a quello della media maschile in ogni ora della giornata una donna con valori ormonali pari alla media femminile dovrebbe assumere almeno tre pillole al giorno (risposta **B**).

7 Tra ottobre e novembre il totale dei prodotti venduti è passato da 4 a 1,8 milioni con un decremento pari a 2,2 milioni di pezzi. Questa quantità rappresenta poco più della metà dei 4 milioni di pezzi di partenza e più precisamente un valore pari al 55% dei pezzi venduti a ottobre (**C** soluzione del quesito).

8 Negli ultimi cinque mesi del 2015 l'azienda LIBER ha venduto in Europa 5,2 milioni di pezzi (alternativa **A** errata). Questo valore deve essere confrontato con il totale dei pezzi venduti in tutte le zone negli ultimi cinque mesi, che sono pari a 15,6 milioni (basta sommare i valori dell'ultima colonna). Si osserva che 5,2 è proprio pari a 1/3 di 15,6, cioè al suo 33,3%, e quindi si può scegliere come soluzione del quesito la **B**.

9 Per risolvere il quesito sarebbe necessario moltiplicare i valori riportati nella seconda e nella terza colonna: il numero dei prodotti venduti e il loro prezzo unitario di vendita. Si osserva, però, che certamente la birra in lattina e la merendina hanno un fatturato inferiore al pacco di patatine (prezzo unitario e numero di pezzi venduti più basso in entrambi i casi). Il pacco di patatine con i suoi 36.000 euro di fatturato (30.000 x 1,2) è certamente da preferire anche alla piadina (il prodotto tra 8.000 e 3 ha come risultato 24.000) e allo yogurt (che produce un fatturato di 15.000 euro). La **D** è la soluzione del quesito.

10 Per risolvere il quesito è necessario moltiplicare il numero dei pezzi venduti per singolo prodotto per la differenza tra prezzo di vendita e costo di produzione:

- merendina = (0,8 – 0,4) = 0,4 x 15.000 = 6.000
- yogurt = (1,5 – 0,3) = 1,2 x 10.000 = 12.000
- birra in lattina = (1 – 0,25) = 0,75 x 20.000 = 15.000
- pacco di patatine = (1,2 – 0,8) = 0,4 x 30.000 = 12.000
- piadina = (3 – 0,5) = 2,5 x 8.000 = 20.000

La soluzione è, quindi, la E.

11 Un prezzo di vendita pari al 500% di quello di produzione vuol dire 5 volte quest'ultimo. Tra i prodotti proposti solo lo yogurt possiede tale caratteristica (B soluzione del quesito).

12 Sommando tutti i mezzi di trasporto presenti nei cinque Paesi nel 2014 (indicati nella tabella) si ottiene 110.000.000 di mezzi. Nella sola Svezia tra auto, bici e moto vi erano complessivamente 11.000.000 di mezzi. La percentuale è dunque del 10% (B soluzione del quesito).

13 Dalla tabella si osserva che nel 2014 le bici in Olanda erano 4.000.000, mentre dal grafico si osserva come l'incremento per il 2015 è stato del 30%. In termini assoluti questo aumento equivale a 1.200.000 biciclette che, sommate a quelle del 2014, diventano 5.200.000 nel 2015 (E soluzione del quesito).

14 Nel 2015 in Spagna il numero di auto aumenta del 25%, cioè di un valore pari a 4.500.000 unità (il 25% di 18.000.000), quello delle moto di 2.100.000 unità (il 35% di 6.000.000) e quello delle bici di 400.000 unità (il 10% di 4.000.000). In totale, quindi, i mezzi privati aumentano di un valore pari a 7.000.000 di unità, che sommate alle 28.000.000 del 2014, forniscono per il 2015 un valore totale di 35.000.000 (D soluzione del quesito).

15 In totale nel 2014 in Olanda erano presenti 8.000.000 di mezzi privati. Nel 2015 le auto sono aumentate di 100.000 unità (il 5% di 2.000.000), le moto di 300.000 unità (il 15% di 2.000.000) e le bici di 1.200.000 unità (il 30% di 4.000.000), per un totale di 1.600.000 mezzi privati di trasporto in più. Rispetto agli 8.000.000 mezzi del 2014, quindi, l'aumento è stato pari al 20%, come correttamente indicato dall'alternativa C.

16 La soluzione al quesito è fornita dall'alternativa D, infatti sia in Olanda sia in Svezia l'aumento delle bici tra il 2014 e il 2015 è stato pari a 1.200.000 unità: il 30% di 4.000.000 in Olanda e il 40% di 3.000.000 in Svezia.

17 Nel 2010 nel Sud e Isole sono state vendute 100.000 case. Dal 2008 al 2012 in Italia sono state vendute in totale 800.000 case (come risulta dalla prima tabella), per cui la frazione cercata è pari a 1/8 che corrisponde alla percentuale del 12,5% (B soluzione del quesito).

18 Nel 2012 in Italia sono state vendute 160.000 case, delle quali 48.000 al Centro. La frazione cercata è quindi pari a: 48.000/160.000 cioè 3/10 che corrisponde al 30% (C soluzione del quesito).

19 Tra il 2010 e il 2011 il numero totale di case vendute in Italia è diminuito del 10% (da 200.000 a 180.000) e non del 20% come erroneamente affermato dall'alternativa **A**. Nello stesso periodo il numero di case vendute al Centro è aumentato di 40.000 unità che rappresentano l'80% dei 50.000 dei 2010 (e non il 40% come erroneamente affermato dall'alternativa **B**). Inoltre nello stesso periodo al Sud e Isole il numero di case vendute è diminuito del 46% e non del 54% (da 100.000 a 54.000 case vendute) come erroneamente affermato dall'alternativa **C**. È, invece, vero quanto affermato dalla **D** (soluzione del quesito), infatti al Nord tra il 2010 e il 2011 il numero di case vendute è diminuito di 14.000 unità, che rappresentano il 28% delle 50.000 del 2010.

20 Nella divisione D sono impiegate 50 persone (il 25% di 200). Di queste 50 persone l'80%, cioè 40 unità, sono donne. La percentuale di donne della divisione D rispetto al totale del personale di Emme è pari a 40/200 cioè il 20% (**A** soluzione del quesito).

21 Si può notare come l'alternativa **C** sia certamente errata: se infatti fosse la soluzione del quesito allora lo sarebbe anche l'alternativa **D** (infatti essendo 200 il totale delle unità di personale impiegate, se le donne fossero 140 sarebbero anche in numero superiore a quello degli uomini) e si avrebbero due soluzioni. Per trovare la soluzione non è necessario fare calcoli, ma osservare con un po' di attenzione il secondo grafico dell'esercizio. Ci si accorge così che le donne risultano molto più numerose degli uomini proprio in 2 delle 3 divisioni in cui sono impiegate più persone: nella D e nella E; inoltre nella C risultano in numero pari agli uomini. Questi ultimi prevalgono solo nelle divisioni A e B dove è impiegato un basso numero di persone. Si può concludere che la soluzione al quesito è rappresentata dall'alternativa **D**: le donne sono più numerose degli uomini all'interno dell'azienda Emme.

22 Avendo le divisioni C e D lo stesso numero di persone impiegate, si può subito escludere la **D** tra le alternative proposte: a parità di persone prevede (osservando il secondo grafico) una percentuale di uomini inferiore a quella proposta dalla divisione C. Con lo stesso ragionamento si esclude anche l'alternativa **A** (la divisione A ha lo stesso numero di persone impiegate della B ma, rispetto a quest'ultima, una percentuale inferiore di uomini). Tra le divisioni B e C, sarà certamente quest'ultima (**C** soluzione del quesito) a impiegare il maggior numero di uomini. Infatti sono 50 gli impiegati di tale divisione (il 25% di 200), la metà dei quali, quindi 25, uomini. La B impiega in tutto, tra donne uomini, un totale di 20 persone (il 10% di 200), per cui gli uomini sono certamente meno di 25 (saranno 16, l'80% di 20).

23 Lo sconto sulla libreria è pari al 15% (pagando 595,00 euro al posto di 700,00 di risparmiano 105,00 euro che sono il 15% di 700,00) tasso pari a quello applicato sul divano (I 90,00 euro che si risparmiano pagandolo 510,00 euro al posto del 600,00 di listino rappresentano proprio il 15% dei 600,00 euro di partenza). La risposta esatta è quindi la **C**.

di 25), come 15 sono in produzione (il 30% di 50) e si trova che 2 sono impiegate nel magazzino (10% di 20), 32 sono nella ricerca (il 40% di 80) e infine 20 nella vendita (l'80% di 25). Le donne in tutto sono quindi 84 che in termini percentuali sul totale degli impiegati è pari a:

$$84/200 = 42/100 = 42\%.$$

La soluzione al quesito è fornita dall'alternativa **C**.

---

35 Sfruttando i risultati ottenuti nel precedente esercizio, si può affermare che in amministrazione lavorano 10 uomini (sono 25 i lavoratori di cui 15 donne), nel magazzino 18, in produzione 35, nella ricerca 48 e nella vendita 5 (un totale di 116 uomini, essendo, infatti, 84 le donne). A questi valori si devono applicare le percentuali della seconda tabella corrispondenti agli uomini con contratti di secondo livello, trovando che in amministrazione sono 7 (il 70% di 10), nel magazzino 9 (il 50% di 18), in produzione 28 (l'80% di 35), nella ricerca 12 (il 25% di 48) e nella vendita 3 (il 60% di 5). In tutto gli uomini con contratto di secondo livello sono 59, come correttamente indicato dall'alternativa **A**.

---

36 In magazzino sono impiegate 20 persone, 2 delle quali sono donne. Di queste 1 ha un contratto di primo livello e 1 di secondo. La percentuale cercata è quindi lo 0,5% (**B** soluzione del quesito), infatti:

$$1/200 = 0,2 \times 100 = 0,5\%.$$

---

37 Per risolvere il quesito è sufficiente dare un'occhiata ai dati proposti senza dover effettuare calcoli. Si nota, infatti, come la ricerca sia il settore più numeroso e come gli uomini in esso presenti siano il gruppo più grande di persone dello stesso sesso appartenenti a un settore (in produzione, per esempio, secondo gruppo per numerosità, gli uomini sono il 70% di 50, cioè 35, mentre nella ricerca sono il 60% di 80 persone, cioè 48). Osservando poi la seconda tabella ci si accorge che la percentuale più alta si ha proprio in corrispondenza degli uomini del settore ricerca. Si può, quindi concludere che sarà questo settore (ragionando sulla componente maschile) ad avere il gruppo più numeroso di persone con il medesimo tipo di contratto (**D** soluzione del quesito).

---

38 Il totale di lavoratori dell'azienda Omega nell'anno 1 è pari a 50 contro i 60 dell'anno 2. L'incremento di 10 unità di personale corrisponde quindi al 20% dei 50 iniziali (**C** soluzione del quesito).

---

39 L'anno 4 i lavoratori di Omega con più di 45 anni sono in tutto 21, cioè il 30% dei 70 lavoratori totali. Se ognuno dei 21 lavoratori percepisce un premio pari a 2.500 euro, per il pagamento di tali premi l'azienda Omega spende in tutto 52.500 euro (2.500 x 21). La soluzione al quesito è, quindi, fornita dall'alternativa **B**.

40 Nell'anno 2 gli assunti a tempo indeterminato dell'azienda Omega erano pari a 12 unità (il 20% di 60), mentre nell'anno 3 a 16 unità (il 25% di 64). Tra l'anno 2 e l'anno 3, quindi, si è verificato un aumento pari a 4 unità che corrisponde a 1/3 del valore dell'anno 2. La soluzione è, quindi, fornita dall'alternativa E.

41 Per prima cosa è necessario calcolare il 52% e il 48% di 25 ettari: rispettivamente 13 e 12 ettari. In Puglia ogni ettaro coltivato a uva frutta 5.400 euro, quindi 13 ettari fruttano 13 x 5.400 = 70.200 ettari. Nella stessa regione ogni ettaro coltivato a agrumi frutta 7.000 euro, quindi 12 ettari fruttano 12 x 7.000 = 84.000. In totale, quindi, tale coltivazione frutta 70.200 + 84.000 = 154.200 euro (B soluzione del quesito).

42 In Sicilia ogni ettaro di olive fattura 3.800 euro, quindi il reddito di 15 ettari è pari a 3.800 x 15 = 57.000 euro. In Veneto ogni ettaro di uva produce un reddito pari a 3.600 euro, per cui 12 ettari producono un reddito pari a 3.600 x 12 = 43.200 euro. La differenza tra 57.000 e 43.200 euro è pari a 13.800 euro (A soluzione del quesito).

43 La differenza di reddito tra un ettaro coltivato a agrumi e uno a olive in Toscana è pari a 300 euro (1.800 – 1.500). Per 20 ettari la differenza è quindi pari 20 x 300 = 6.000 euro (D soluzione del quesito).

44 Osservando le alternative si nota come la B sia da scartare in quanto riporta un valore assoluto, mentre l'esercizio richiede di trovare un valore percentuale.
La vendita diretta di libri nel 2015 per la casa editrice Basco S.p.A. ha portato ricavi per 20.000 euro, mentre quella attraverso il canale librario ha portato nello stesso anno ricavi per 60.000 euro. La vendita diretta rappresenta, quindi, 1/3 della vendita attraverso il canale librario e, dunque, in termini percentuali il 33,3%. La soluzione al quesito è rappresentata, quindi, dall'alternativa C.

45 Il totale dei ricavi è pari a:
20.000 + 60.000 + 10.000 + 15.000 + 5.000 = 110.000 euro.
Quindi, 15.000 euro (ricavi derivanti dall'impaginazione per conto terzi) sono in percentuale, rispetto al totale dei ricavi:
(15.000/110.000) x 100 = 13,63%.
La soluzione al quesito è, quindi, fornita dall'alternativa D.

3.4 Esercizi proposti

In base a quanto riportato nella tabella sottostante, rispondere alle relative domande.

La tabella seguente riporta il numero di corsi organizzati in Italia e i ricavi totali ottenuti dagli stessi (espressi in euro) di 4 scuole di formazione in 4 anni.

Anno	Ente A		Ente B		Ente C		Ente D	
	corsi	ricavi	corsi	ricavi	corsi	ricavi	corsi	ricavi
2012	160	210.000	150	220.000	180	240.000	200	260.000
2013	180	220.000	160	240.000	200	250.000	200	270.000
2014	200	240.000	160	240.000	210	260.000	220	280.000
2015	180	230.000	180	260.000	200	240.000	240	300.000

1 **Nel 2013 i corsi dell'Ente A di quanto erano superiori, in termini percentuali, rispetto a quelli dell'ente B?**

A 20% B 12,5% C 15% D 1/4

2 **In quale anno l'Ente D ha avuto il ricavo medio per corso più elevato?**

A 2012 B 2013 C 2014 D 2015

3 **Al termine del 2016 l'Ente C, rispetto ai dati relativi al 2015, ridurrà di 1/5 il numero dei corsi e di 1/6 i ricavi. A quanto ammonterà il ricavo medio per corso nel 2016 per tale Ente?**

A 1.200 euro
B 1.125 euro
C 1.250 euro
D 1.000 euro

4 **Nel 2015 i ricavi dell'Ente D erano dovuti per il 20% ai corsi di informatica e per il 50% ai corsi di lingue. Dei restanti ricavi i 2/3 erano dovuti ai corsi di contabilità e 1/3 a quelli di comunicazione. A quanto ammontavano i ricavi dell'Ente D nel 2015 per i corsi di comunicazione?**

A 15.000 euro
B 30.000 euro
C 45.000 euro
D 60.000 euro

5 **Quale Ente ha organizzato più corsi nei 4 anni presi in considerazione?**

A Ente A
B Ente B
C Ente C
D Ente D

Prodotti totali venduti dall'azienda Kappa.

Quantità espresse in migliaia di unità

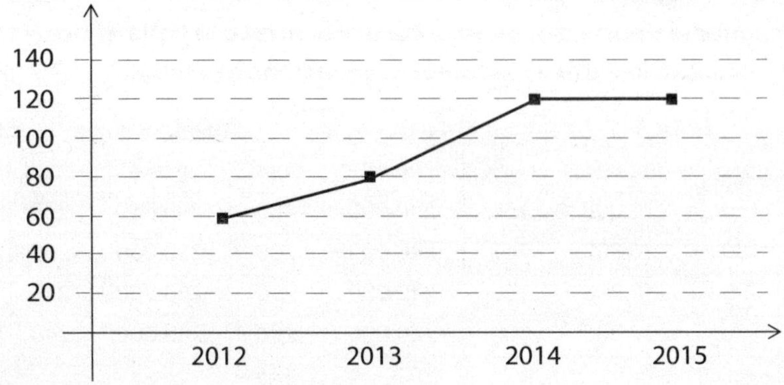

Prodotti per tipologia venduti dall'azienda Kappa.

Quantità espresse in migliaia di unità

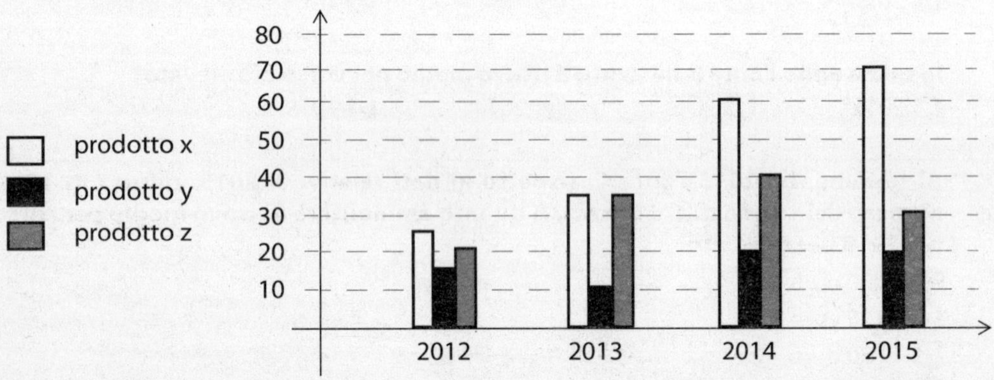

6 La somma delle quantità vendute del prodotto x dal 2012 al 2015 che percentuale è del totale dei tre prodotti venduti nello stesso intervallo di tempo?

A 40%
B 50%
C 60%
D 30%
E 20%

7 Le vendite del prodotto z tra il 2012 e il 2013 sono aumentate del:

A 15%
B 66%
C 75%
D 50%
E 65%

8 Nel 2015 le vendite del prodotto z che percentuale sono del totale dei tre prodotti venduti dall'azienda in quell'anno?

A 30%
B 20%
C 25%
D 15%
E 35%

9 Nel 2013 le vendite del prodotto y che percentuale sono del totale dei tre prodotti venduti dall'azienda in quell'anno?

A 25%
B 12,5%
C 10%
D 15%
E 20%

10 Le vendite del prodotto z nel 2013 che percentuale sono delle vendite totali nei quattro anni dello stesso prodotto da parte dell'azienda Kappa?

A 28%
B 24%
C 32%
D 30%
E 34%

Fattura per gli ordinativi del mese di giugno (il prezzo unitario indicato è al netto dell'IVA).

	Prezzo per 1	Quantità	IVA	Totale
Articolo 1	0,5	300	10%	165
Articolo 2	1,20	120	4%	149,76
Articolo 3	52	20	20%	1.248
Articolo 4	5,50	80	4%	457
Articolo 5	0,80	150	10%	132

11 Quanto costano 150 pezzi dell'art. 5, IVA esclusa?

A 120 €
B Nessuna delle alternative proposte
C 165 €
D 80 €
E 210 €

12 Se si comprasse solo un terzo della quantità ordinata dell'art. 5, quanto sarebbe il totale da pagare, IVA esclusa?

A 120 €
B 40 €
C 44 €
D 80 €
E Nessuna delle alternative proposte

13 A quanto ammonta l'IVA sull'acquisto di 300 pezzi dell'art. 1?

A 15 €
B 9,50 €
C 19 €
D 24 €
E Nessuna delle alternative proposte

14 A quanto ammonta l'IVA sull'acquisto di 150 pezzi dell'art. 5?

A 1,20 €
B 1,40 €
C 12 €
D Nessuna delle alternative proposte
E 14 €

15 A quanto ammonta il prezzo lordo di 10 pezzi dell'art. 3?

A 834 €
B 426 €
C 242 €
D 624 €
E Nessuna delle alternative proposte

16 A quanto ammonta l'IVA sull'acquisto di 20 pezzi dell'art. 3?

A 21,80 €
B 208 €
C 218 €
D 156 €
E 28 €

17 Quanto costano 80 pezzi dell'art. 4, IVA esclusa?

A Nessuna delle alternative proposte
B 44 €
C 40 €
D 440 €
E 400 €

Indici settoriali mondiali delle variazioni percentuali dell'ultima settimana, dell'ultimo mese e dell'ultimo anno.

	Variazione % ultima settimana	Variazione % ultimo mese	Variazione % ultimo anno
Energia	0,93	– 1,80	15,00
Industria	0,13	– 1,72	– 2,73
Beni Capitali	– 1,25	– 5,31	8,89
Beni Consumo	0,69	– 0,19	21,07
Servizi	1,05	– 0,36	27,71
Finanza	– 0,06	– 3,41	21,73

18 Tra i settori riportati in tabella, qual è quello che ha avuto la minore variazione percentuale nell'ultimo mese?

A Finanza
B Beni capitali
C Beni consumo
D Energia
E Servizi

19 Quant'è la variazione percentuale nell'ultimo mese nel settore in cui si è registrato il decremento più consistente nell'ultima settimana?

A – 5,31
B – 3,41
C Nessuna delle alternative proposte
D 0,69
E – 1,72

20 Quant'è la somma delle variazioni percentuali dell'ultimo anno dei due settori che hanno avuto la variazione percentuale più negativa nell'ultimo mese?

A 26,96
B 29,96
C 30,62
D 35,62
E 36,60

21 In quale settore si è registrato una diminuzione dell'indice su base annua?

A Energia
B Beni capitali
C Servizi
D Beni di consumo
E Nessuna delle alternative proposte

22 **Qual è la variazione percentuale su base mensile del settore in cui si è registrato l'incremento più consistente nell'ultima settimana?**

- A – 5,31
- B 1,05
- C – 0,19
- D – 0,36
- E Nessuna delle alternative proposte

Andamento delle vendite di quattro editori dal 2006 al 2011.

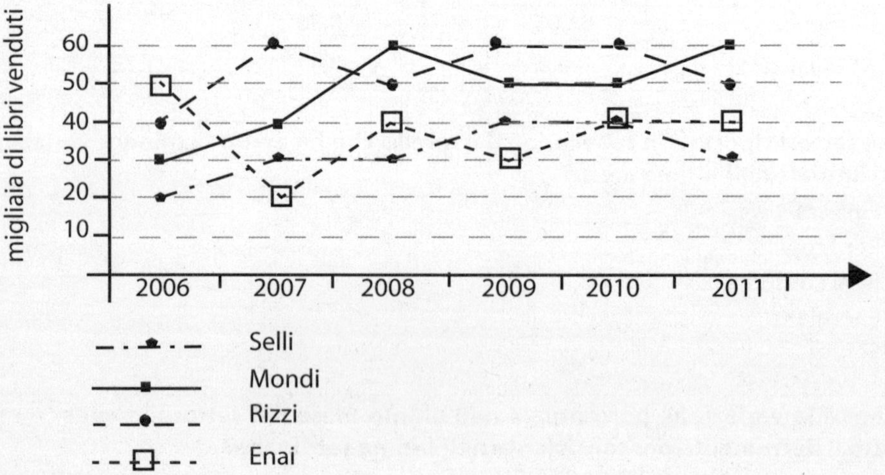

23 **In quale anno si è avuta la vendita del minor numero di libri considerando tutti e quattro gli editori?**

A 2006 B 2007 C 2008 D 2010 E 2011

24 **Tra il 2010 e il 2011 i libri venduti da Mondi sono aumentati del:**

- A 10%
- B 15%
- C 20%
- D 25%
- E 50%

25 **In quale anno si è avuta la vendita del maggior numero di libri considerando tutti e quattro gli editori?**

A 2007 B 2008 C 2009 D 2010 E 2011

26 **Nei 5 anni considerati, quanti libri in più sono stati venduti dalla Rizzi rispetto alla Mondi?**

A 290.000 B 320.000 C 20.000 D 30.000 E 40.000

27 Dal 2006 al 2007 di quanto è diminuita percentualmente la vendita di libri di Enai?

A 30% B 60% C 20% D 80% E 40%

In base ai grafici riportati, rispondere alle successive domande.

Grafico 1: quote di mercato dei prodotti 1, 2, 3 e 4 nel Paese Theta

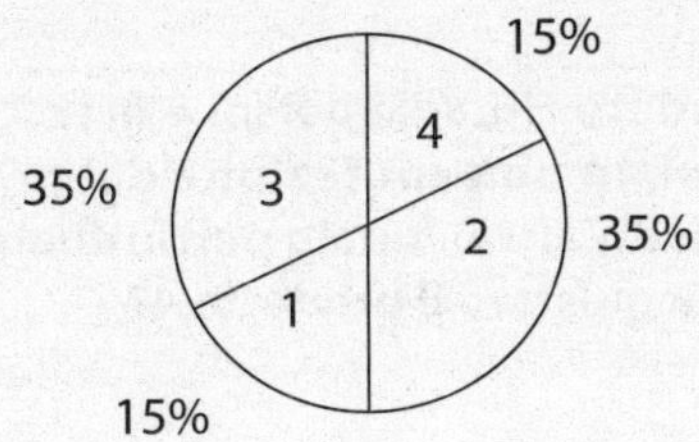

Prodotti venduti totali pari a 200 000 unità

Grafico 2: statistiche della popolazione (pari a 200 000 unità) nel Paese Theta

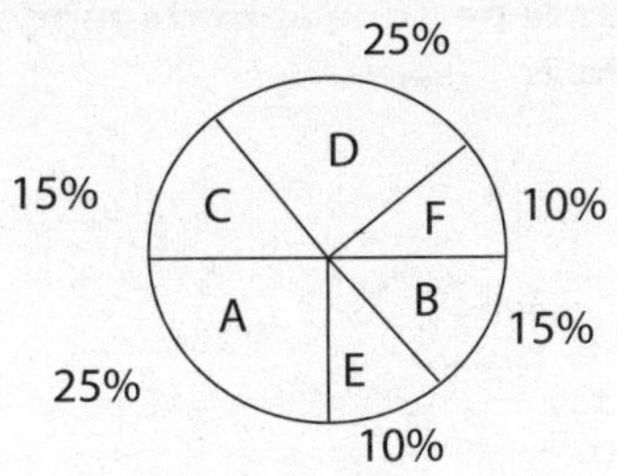

A = da 10 a 20 anni

B = da 21 a 30 anni

C = da 31 a 40 anni

D = da 41 a 50 anni

E = da 51 a 60 anni

F = da 61 in su

28 Il prodotto 1 viene venduto per metà a persone in fascia di età dai 10 ai 20 anni e per metà a persone in fascia di età dai 21 ai 30 anni. Se una persona non può acquistare più di un prodotto, quale percentuale di persone appartenente a queste due fasce d'età non ha acquistato il prodotto 1?

A 62,5% B 75% C 80% D 71,5% E 88%

29 Il prodotto 4 viene venduto alle sole persone in fascia di età dai 41 ai 50 anni. Se una persona non può acquistare più di un prodotto, quale percentuale di persone appartenente a questa fascia d'età non ha acquistato il prodotto 4?

A 50%
B 30%
C 60%
D 40%

30 Il prodotto 1 viene venduto alle sole persone in fascia di età dai 10 ai 20 anni. Se una persona che acquista una confezione del prodotto ne acquista sempre un'altra (ma non più di un'altra), quale percentuale di persone appartenente a questa fascia d'età non ha acquistato il prodotto 1?

A 50%
B 60%
C 70%
D 40%

31 Il prodotto 4 viene venduto alle sole persone in fascia di età dai 21 ai 30 anni. Se una persona che acquista una confezione del prodotto ne acquista sempre un'altra (ma non più di un'altra), quale percentuale di persone appartenente a questa fascia d'età ha acquistato il prodotto 4?

A 50%
B 60%
C 40%
D 70%

32 Il prodotto 2 viene venduto alle sole persone in fascia di età dai 31 ai 40 anni. Se una persona che acquista una confezione del prodotto ne acquista sempre altre quattro (ma non più di quattro), quante persone appartenenti a questa fascia d'età non hanno acquistato il prodotto 2?

A 16.000
B 20.000
C 24.000
D 32.000

Entrate e uscite mensili di tre impiegati (in €).

	Impiegato 1	Impiegato 2	Impiegato 3
STIPENDIO	2.000	2.600	2.000
Affitto	600	750	700
Bollette	240	350	400
Vitto	560	640	450
Trasporti	100	310	140
Varie	200	300	120

33 Quale percentuale approssimata di stipendio mette da parte l'impiegato 2 in un mese?

A 13%
B 7%
C 10%
D 25%
E 4%

34 **Considerando lo stipendio e le spese affrontate, quanto metterebbe da parte in totale in un mese l'impiegato 2 se riuscisse a ridurre del 20% le spese di trasporto?**

A 280 € B 250 € C 312 € D 300 € E 235 €

35 **Che risparmio otterrebbe l'impiegato 1 se riducesse del 15% le spese delle bollette?**

A 30 € B 36 € C 32 € D 34 € E 28 €

36 **Se ognuno dei tre impiegati mettesse in comune mensilmente il 5% del proprio stipendio, di che importo globale disporrebbero in totale?**

A 320 € B 280 € C 230 € D 300 € E 330 €

37 **Se, per la voce di spesa "affitto", l'impiegato 3 spendesse la stessa somma che l'impiegato 2 spende per il vitto, quanto riuscirebbe a mettere da parte in un mese?**

A 820 € B 400 € C 250 € D 790 € E 310 €

Percentuale delle importazioni e delle esportazioni in Italia secondo aree geografiche.

	Importazioni	Esportazioni
Nord-Ovest	48%	40%
Nord-Est	20%	34%
Centro	18%	10%
Meridione	9%	13%
Isole	5%	3%
Totale	100%	100%

38 **Se i valori delle importazioni e delle esportazioni fossero entrambi 1.500, quale sarebbe la differenza tra i due valori per il Centro?**

A 83 B 80 C 150 D 120 E 111

39 **Considerando il valore totale delle importazioni pari a 2.500, qual è il valore da attribuire alle Isole?**

A 125
B 225
C 1.250
D 75
E 325

40 **Se il valore totale delle importazioni fosse 2.500 e quello delle esportazioni di 2000, quale sarebbe la differenza tra i due valori per il Nord-Ovest?**

A 1.200 B 800 C 2.400 D 500 E 400

La tabella che segue mostra la vendita di pezzi nell'ultimo anno della Andrea S.p.A. nelle quattro aree dei quattro settori più importanti. Facendovi riferimento, rispondete alle seguenti domande.

Settore di produzione	Nord	Centro	Sud	Isole	Totale
Zaini	5	6	2	1	14
Tende da campeggio	3	3	1	1	8
Abbigliamento	7	8	4	2	21
Sacchi a pelo	4	6	1	2	13
Totale	19	23	8	6	56

Le quantità sono espresse in migliaia di unità

41 In quale area sono stati venduti più pezzi di abbigliamento dalla Andrea S.p.A.?

A Nord
B Isole
C Sud
D Centro
E Non è possibile rispondere in base a questi dati

42 I pezzi totali venduti al Nord e al Centro che percentuale sono dei pezzi totali venduti dalla Andrea S.p.A.?

A 66% B 50% C 80% D 75% E 70%

43 Gli zaini venduti al Nord e al Sud che percentuale sono del totale degli zaini venduti dalla Andrea S.p.A.?

A 60% B 50% C 30% D 40% E 70%

44 I pezzi totali venduti al Sud che percentuale sono dei pezzi totali venduti dalla Andrea S.p.A.?

A Più del 20%
B Poco meno del 15%
C Poco più del 15%
D Poco più del 18%
E Poco meno del 13%

45 Le tende da campeggio vendute al Sud e nelle Isole che percentuale sono del totale delle tende da campeggio vendute dalla Andrea S.p.A.?

A 20%
B 12,5%
C 33%
D 15%
E 25%

3.5 Tabella delle risposte

Domanda	Risposta	Domanda	Risposta
1	B	24	C
2	B	25	D
3	C	26	D
4	B	27	B
5	D	28	A
6	B	29	D
7	C	30	C
8	C	31	A
9	B	32	A
10	A	33	C
11	A	34	C
12	B	35	B
13	A	36	E
14	C	37	C
15	D	38	D
16	B	39	A
17	D	40	E
18	C	41	D
19	A	42	D
20	C	43	B
21	E	44	B
22	D	45	E
23	A		

4 PROBLEMI DI NATURA MATEMATICA

La parte di attitudine matematica di un test mira a valutare le **capacità di ragionamento** e la **velocità dei candidati** nel risolvere gli esercizi, più che a misurare le conoscenze specifiche acquisite nel corso degli studi.

Lo svolgimento di questa parte della prova presuppone la conoscenza di poche nozioni di *matematica,* che dovrebbero essere alla portata di tutti.

Quanto detto sembra sminuire l'importanza della fase di preparazione per la risoluzione dei quesiti relativi alla parte di matematica. Esistono, al contrario, alcuni validi motivi che rendono estremamente importante il lavoro di preparazione:

- le poche nozioni necessarie di matematica, che tutti dovrebbero conoscere, non sono sempre note;
- la capacità di ragionamento è certamente aiutata da un lavoro di sintesi e di schematizzazione delle nozioni e dei più frequenti passaggi logici necessari per la risoluzione dei quesiti;
- la migliore preparazione alla prova di selezione si ottiene **esercitandosi** sulle operazioni e i passaggi logici richiesti;
- il tempo a disposizione è poco: una preparazione adeguata mette il candidato nelle condizioni di rispondere più velocemente alle domande.

4.1 Descrizione degli esercizi

I *problemi di natura matematica* presenti nei test selettivi RIPAM presso la Pubblica Amministrazione sono riconducibili alle seguenti tipologie di esercizi:

- ragionamento matematico;
- problemi risolubili con equazioni;
- utilizzo del concetto di media
- esercizi di calcolo combinatorio;;
- problemi di calcolo delle probabilità;
- quesiti su distanza, velocità e tempo;
- problemi di lavoro.

4.2 Ragionamento matematico

In questo tipo di esercizi viene presentata una situazione problematica, spesso ispirata alla vita reale, che il candidato deve risolvere individuando un metodo o una procedura adeguata. Si tratta dunque di esercizi nei quali è molto importante la corretta comprensione del problema e la definizione dei passaggi logici che portano alla sua risoluzione.

Nella maggior parte dei casi il problema contiene alcuni dati numerici grazie ai quali, applicando la corretta logica risolutiva ed effettuando semplici calcoli, il candidato può giungere alla soluzione.

ESEMPI

---

1 Luigi vuole distribuire la sua collezione di monete in 12 raccoglitori in modo che ogni raccoglitore abbia un numero diverso di monete. Sapendo che alla fine dell'operazione non avrà raccoglitori vuoti, qual è il numero minimo di monete della collezione di Luigi?

A 48
B 78
C 64
D 72
E 66

Il numero minimo di monete che possono riempire 12 raccoglitori, non potendo farne due uguali o lasciarne qualcuno vuoto, è quello che si ottiene sommando i numeri da 1 a 12. Questa somma si può fare in modo rapido con il teorema di Gauss secondo cui per sommare n numeri naturali consecutivi si può sommare il primo numero della serie (in questo caso 1) con l'ultimo (in questo caso 12), moltiplicare questa somma per il numero di elementi che si sta sommando (quindi 12 in questo caso) e dividere tutto per 2:

((1 + 12) * 12)/2 = 78 (B soluzione del quesito).

---

2 Due numeri interi sono tali che la loro somma è 5 e il loro prodotto è 4. Qual è il minore di tali interi?

A 4
B 5
C 1
D 2
E 3

Per risolvere il quesito basta guardare le alternative: se la somma deve essere 5, il più piccolo dei due non può essere certo 5 stesso, ma neanche 4 o 3 (perché poi si dovrebbe sommare a questi un valore maggiore e ottenere 5 dalla somma). Rimangono, quindi, i numeri 2 e 1, ma il primo non può essere la soluzione perché l'altro della coppia dovrebbe essere 3 e il loro prodotto avrebbe come risultato 6. La soluzione è quindi 1 (C alternativa corretta) che sommato a 4 dà 5 e moltiplicato per 4 dà 4.

---

3 Alessandra ha 250 euro mentre Luigi ne ha solo 80. Quanti euro deve dare Alessandra a Luigi perché i due abbiano lo stesso numero di euro?

A 100
B 95
C 85
D 75
E 50

In totale Alessandra e Luigi hanno 330 euro (250 + 80), per cui per avere gli stessi soldi, ognuno dei due dovrebbe avere la metà di tale cifra: 165 euro. Affinché questo si verifichi Luigi deve ricevere 85 euro da Alessandra (C soluzione del quesito).

---

4 A uno spettacolo teatrale, il pubblico in sala si è disposto in file in modo da comporre 12 file. Ogni fila conteneva 3 persone in più della precedente. Se nella prima fila c'erano 15 persone, quante persone c'erano nell'ultima fila?

A 36
B 44
C 48
D 28
E 51

Nella prima fila ci sono 15 persone, nella seconda 18, cioè 15 + 3, nella terza 21, cioè 15 + (3 x 2), nella quarta 24, cioè 15 + (3 x 3) ecc. Come si vede, proseguendo nel ragionamento, nella dodicesima fila ci saranno 15 + (3 x 11) persone, quindi 48 (C soluzione del quesito).

---

5 Alessandra è una fioraia. Dispone di 28 tulipani e 36 rose. Vuole distribuirli in vasi contenenti ciascuno lo stesso numero di fiori, tutti dello stesso tipo. Qual è il massimo numero di fiori che Alessandra disporrà in ciascun vaso?

A 4
B 15
C 14
D 6
E 2

Poiché il numero di fiori presenti nei vasi deve essere sempre lo stesso, allora questo numero dovrà essere un divisore comune sia a 28, sia a 36. Poiché inoltre l'esercizio chiede il numero più alto di fiori in ogni vaso, questo deve essere il massimo comun divisore. Non è, comunque, necessario, calcolarlo, ma basta provare le alternative partendo quella che propone il numero più grande e chiedendosi se questo è divisore sia di 28 sia di 36. Come si vede né il 15 né il 14 o il 6 rispondono a questa caratteristica, ma il 4 è divisore sia di 28, sia di 36 ed essendo maggiore di 2 (anch'esso divisore di 28 e 36) è la soluzione cercata (A soluzione del quesito).

4.3 Problemi risolvibili con equazioni

Si tratta di esercizi in cui vengono solitamente definite, per mezzo del linguaggio comune, alcune relazioni tra diverse quantità. Tali relazioni permettono di esprimere i dati del problema con un'equazione in cui è presente un'incognita. L'incognita, che corrisponde alla soluzione da ricercare, si ricava applicando i metodi di risoluzione tipici delle equazioni lineari di primo grado, che si consiglia di ripassare.

Il metodo generale per risolvere questo tipo di problemi è quello di *tradurre la formulazione della domanda in un problema algebrico*.

ESEMPI

1 Determinare il numero *x*, sapendo che sottraendo 10 al triplo di *x* si ottiene un terzo del doppio di *x*.

A 1/2
B 30/7
C 3/4
D 21/3
E 18/5

Traducendo in equazione le informazioni fornite dall'esercizio si ottiene:

$$3x - 10 = \frac{2x}{3} \quad \Rightarrow \quad 9x - 30 = 2x \quad \Rightarrow \quad x = \frac{30}{7} \text{ (risposta B).}$$

2 Marco ha tre dischi più di Flavio e la metà di Andrea; Flavio ne ha 10 meno di Guido, mentre i quattro amici insieme hanno 169 dischi. Quanti dischi possiede Guido?

A 65
B 33
C 66
D 40
E 30

Sia x il numero di dischi posseduti da Guido. Dai dati del problema risulta che:

- Flavio possiede 10 dischi in meno rispetto a Guido, cioè $(x - 10)$ dischi;
- Marco ha tre dischi più di Flavio: $(x - 10) + 3$, cioè $(x - 7)$ dischi;
- Andrea ha il doppio dei dischi di Marco: $2\,(x - 7)$, cioè $(2x - 14)$ dischi.

La somma di tutti i dischi posseduti dai 4 amici è dunque data da:

$$(x - 7) + (x - 10) + (2x - 14) + x$$

Tale somma è pari a 169 e quindi:

$$(x - 7) + (x - 10) + (2x - 14) + x = 169$$

da cui segue $5x = 200$, e quindi $x = 200/5 = 40$ (risposta D).

4.4 Moda, mediana e media aritmetica

La statistica si pone la finalità di trarre dai dati delle informazioni sintetiche: la distribuzione statistica rappresenta già una forma di sintesi dei dati, ma è spesso necessario disporre di un unico valore numerico che sintetizzi tutti i dati della distribuzione rappresentandone, in qualche modo, il "centro". Esiste più di un "valore centrale" (che più correttamente prende il nome di *indice di posizione* o *di tendenza centrale*) che può essere utilizzato a tal fine; i più importanti sono la *moda*, la *mediana* e la *media aritmetica* della distribuzione.

La moda rappresenta sicuramente il "valore centrale" più intuitivo: **la moda** è infatti **la modalità che presenta la massima frequenza**.

Dati i sette numeri 2, 3, 5, 1, 5, 3, 5 la loro moda è 5 (è la modalità con il maggior numero di ricorrenze).

Per definire invece la mediana di una distribuzione è necessario *ordinare* le osservazioni, ponendole in *ordine crescente*: **la mediana è l'osservazione che occupa la posizione centrale della successione.** Nel caso la successione sia costituita da un numero N dispari di elementi, la mediana coincide con l'elemento che occupa la posizione $(N + 1)/2$.

Dati i sette numeri 2, 3, 5, 1, 5, 3, 5 la loro successione ordinata è:

$$1, 2, 3, 3, 5, 5, 5$$

quindi la mediana è 3 (quarto elemento in una successione di sette).

Nel caso la successione sia costituita da un numero N pari di elementi, si presentano due elementi centrali che occupano le posizioni $N/2$ e $(N/2) + 1$: la mediana è, in questo caso, per definizione la semisomma dei due elementi.

Dati gli otto numeri 2, 3, 5, 1, 5, 3, 5, 7 la loro successione ordinata è:

$$1, 2, 3, 3, 5, 5, 5, 7$$

quindi la mediana è la semisomma di 3 e 5 (quarto e quinto elemento, rispettivamente, in una successione di otto), ossia $4 = (3 + 5)/2$.

Infine, **la media aritmetica** (o semplicemente *media*) **di n numeri è la somma degli n numeri divisa per n**:

$$\text{media di } x_1, x_2, ..., x_n = M(x_1, x_2, ..., x_n) = \frac{x_1 + x_2 + ... + x_n}{n}$$

La media aritmetica dei quattro numeri 2, 4, 5 e 7 è $\frac{2 + 4 + 5 + 7}{4} = \frac{18}{4} = 4{,}5$.

Uno studente universitario, dopo aver sostenuto tre esami, ha una media di 24 trentesimi. Nell'esame successivo lo studente consegue 30. Qual è la sua media dopo i quattro esami?

Per rispondere a questo quesito è necessario non dare la stessa importanza (lo stesso peso) ai due valori 24 e 30. Il primo è infatti la media di tre esami mentre il secondo è il risultato di un solo esame. Per trovare la media M dei voti è sufficiente sommare le votazioni conseguite e dividere il risultato per il numero totale di esami dati (ossia 4):

$$M = \frac{24 + 24 + 24 + 30}{4} = 25{,}5$$

Una particolarità della media aritmetica è la seguente: la somma degli scarti dalla media (ossia la somma delle differenze fra ciascuno degli n numeri e la media) è **sempre nulla**, qualsiasi siano gli n numeri.

Riferendosi ancora ai quattro numeri 2, 4, 5 e 7, la somma degli scarti dalla media vale:

$$(2 - 4{,}5) + (4 - 4{,}5) + (5 - 4{,}5) + (7 - 4{,}5) = -2{,}5 - 0{,}5 + 0{,}5 + 2{,}5 = 0$$

ESEMPI

1 Un generatore di numeri casuali di dieci numeri compresi tra 1 e 90 ha fornito i primi seguenti 8 numeri: 1, 2, 3, 5, 8, 88, 89, 90. Sapendo che la media aritmetica dei 10 numeri generati è 30, quali altri 2 numeri può aver fornito?

A 1 e 90

B 14 e 15

C 16 e 18

D 12 e 20

E 7 e 7

Moltiplicando la media (30) per il numero di elementi sui quali è calcolata (10) si ottiene il totale della somma di questi elementi (300). La somma dei dieci numeri estratti deve essere, quindi pari a 300, ma sommando gli otto numeri forniti (1, 2, 3, 5, 8, 88, 89, 90) si ottiene 286. Gli ultimi due numeri devono, quindi dare come somma 14 (affinché i dieci insieme diano 300) e saranno 7 e 7 (E soluzione del quesito).

2 Sia dato l'insieme dei 4 numeri a, b, c, d, di media aritmetica 30, eliminiamo i numeri a = 20 e c = 10. Quanto vale la media aritmetica dei numeri rimasti?

A 15

B 20

C 40

D 45

E 30

Se la media di a, b c, d è pari a 30, vuol dire che la somma di questi quattro valori è pari a 120. Se si eliminano a che vale 20 e c che vale 10, la somma dei due valori rimanenti (b, d) è pari a 90 e quindi la loro media aritmetica pari a 45 (D soluzione del quesito).

3 Uno studente universitario ha superato 4 esami, e ha la media dei voti uguale a 24. Quale è il voto minimo che lo studente dovrà prendere all'esame successivo affinché la media diventi almeno 25?

A 30

B 28

C 26

D 27

E 29

Per avere una media pari a 25 in 5 esami è necessario aver ottenuto 125 punti totali nei 5 esami sostenuti. Se lo studente in 4 esami ha ottenuto una media di 24 vuol dire che in totale ha ottenuto fino ad ora 96 punti. Per arrivare ai 125 necessari deve prendere almeno 29 nel quinto esame (E soluzione del quesito).

4.5 Calcolo combinatorio

Il calcolo combinatorio si propone di stabilire il numero totale dei gruppi che si possono formare con un dato numero di oggetti, una volta fissata la legge di composizione di tali gruppi.

4.5.1 Disposizioni

Disposizioni semplici

Con disposizioni di n oggetti a k a k ($D_{n,k}$), si definisce il numero di modi in cui è possibile disporre n oggetti presi k alla volta (a k a k) ove ciascuna disposizione differisce dalle altre **per gli oggetti oppure per il loro ordine**. Si ha che:

$$D_{n,k} = n(n-1)(n-2)(\ldots)(n-k+1) = \frac{n!}{(n-k)!}$$

Quanti sono i numeri di tre cifre distinte che si possono formare con le quattro cifre 1, 3, 5 e 7?
Si tratta di disposizioni semplici di 4 oggetti a 3 a 3. Applicando la relazione vista si ha:

$$D_{4,3} = 4 \cdot 3 \cdot 2 = 24 .$$

In quanti possibili modi diversi possono sedersi dieci persone su una panca con quattro posti?
Anche in questo caso i modi possibili sono tanti quante sono le disposizioni semplici di 10 oggetti presi a 4 a 4, ossia $D_{10,4} = 10 \cdot 9 \cdot 8 \cdot 7 = 5040$.

Disposizioni con ripetizione

Sono disposizioni di n oggetti a k a k dove ciascun elemento figura al massimo k volte:

$$D_{n,k}^{rip} = n^k$$

Quante parole con 4 lettere si possono formare disponendo di 7 lettere dell'alfabeto e potendo ripetere la stessa lettera?
Si tratta di disposizioni con ripetizione di 7 oggetti a 4 a 4. Applicando la relazione si ha:

$$D_{7,4}^{rip} = 7^4$$

ESEMPI

1 **Quanti numeri di 3 cifre si possono formare con 1, 2, 3, 4, 5 ammettendo ripetizioni?**

A 125
B 120
C 60
D 20
E 250

Per risolvere il quesito si provi a contare quante cifre è possibile utilizzare in ognuna delle tre posizioni del numero di tre cifre richiesto. Come prima cifra è possibile utilizzare tutte e 5 le cifre a disposizione, poiché è possibile ripetere la stessa cifra è anche possibile utilizzarle tutte e 5 per la seconda e per la terza cifra del numero da formare:

5	5	5

In tutto si possono formare 5 x 5 x 5 = 125 numeri di tre cifre (A soluzione del quesito). La formula associata alla disposizioni con possibilità di ripetere gli elementi è n^k dove n è il numero di elementi a disposizione (in questo caso 5) e k quelli che si vogliono combinare (in questo caso 3).

---

2 Quanti sono i numeri naturali di 4 cifre dispari distinte?

A 16
B 120
C 256
D 60
E 64

Le cifre dispari a disposizione sono: 1, 3, 5, 7 e 9. Per risolvere il quesito si provi quindi a contare quante di queste cinque cifre è possibile utilizzare in ognuna delle quattro posizioni del numero di quattro cifre richiesto. Come prima cifra è possibile utilizzare tutte e 5 le cifre a disposizione, ma come seconda solo una delle 4 rimanenti (infatti le cifre devono essere diverse), come terza 3 e come quarta 2:

5	4	3	2

In tutto è quindi possibile formare 5 x 4 x 3 x 2 numeri, cioè 120 numeri di quattro cifre distinte dispari (B soluzione del quesito). La formula associata alle disposizioni senza ripetizione è n!/(n – k)!

---

3 Tra le 10 persone di un comitato si devono nominare il Presidente, il Vicepresidente e il Segretario. In quanti modi diversi si possono scegliere?

A 120
B 60
C 360
D 240
E 720

Chiunque delle 10 persone può svolgere uno dei tre ruoli, ma solamente uno di essi. Per il Presidente si possono quindi scegliere 10 persone, ma per il Vicepresidente solo una delle 9 rimanenti e, una volta scelti questi due, per il ruolo di segretario una delle 8 persone rimanenti:

10	9	8

è, quindi, possibile scegliere tra 10 x 9 x 8, cioè 720, modi diversi i tre ruoli (E soluzione del quesito).

4.5.2 Permutazioni

Permutazioni semplici

Le permutazioni sono disposizioni di *n* oggetti a *n* a *n*, quindi **differiscono** l'una dall'altra **solo per l'ordine** degli oggetti. Vale la seguente relazione:

$$P_n = D_{n,n} = n(n-1)(n-2)(\dots)1 = n!$$

In quanti modi diversi possono sedersi 4 persone su una panca con 4 posti?
Si tratta di permutazioni semplici di quattro oggetti: $4! = 4 \cdot 3 \cdot 2 = 24$.

Permutazioni con ripetizione

Sono permutazioni di *n* oggetti di cui *k* uguali:

$$P_{n,k}^{rip} = \frac{n!}{k!}$$

Quanti anagrammi (anche senza significato) si ottengono con le lettere della parola CANNONE?
Si tratta di 7 oggetti di cui 3 uguali (le tre "N") quindi: $P_{7,3}^{rip} = \frac{7!}{3!} = 7 \cdot 6 \cdot 5 \cdot 4 = 840$.

ESEMPI

1 **Quante parole, anche prive di senso, si possono formare anagrammando le lettere della parola ZERO?**

A 22
B 16
C 30
D 32
E 24

Per avere gli anagrammi della parola ZERO si devono trovare tutti gli ordini possibili in cui sistemare 4 elementi diversi (le quattro lettere della parola). Si devono quindi calcolare le permutazioni di 4 elementi:

$$4 \times 3 \times 2 \times 1 = 24.$$

La E è quindi la soluzione del quesito.

2 Quanti anagrammi distinti si possono formare con le lettere della parola RANA?

A 20

B 6

C 12

D 8

E 16

Per trovare gli anagrammi della parola RANA è necessario trovare i diversi ordini possibili di quattro elementi, tenendo però conto che due di essi (a lettera A) sono identici, si devono quindi usare le permutazioni con ripetizione: 4!/2!

$$(4 \times 3 \times 2 \times 1)/2 = 12.$$

La C è la soluzione cercata.

4.5.3 Combinazioni

Combinazioni semplici

Le combinazioni, diversamente dalle disposizioni, **differiscono** l'una dall'altra **solo per gli oggetti** e **non per l'ordine** degli oggetti.

I gruppi {1, 3, 5} e {3, 5, 1} rappresentano due disposizioni, ma una sola combinazione, mentre i gruppi {1, 3, 5} e {1, 3, 6} rappresentano due disposizioni e due combinazioni.

Riprendendo l'esempio precedente, le quattro persone che si siedono nei quattro posti a disposizione, costituiscono, comunque si dispongano, sempre **una sola** combinazione.

Vale la relazione:

$$C_{n,k} = \frac{n!}{(n-k)! \cdot k!}$$

In un torneo quadrangolare di calcio, ciascuna delle quattro squadre partecipanti (A, B, C e D) deve incontrare le altre tre squadre una sola volta. Quante partite vengono giocate in totale?

Il numero di partite del torneo corrisponde al numero di gruppi di due squadre che si possono formare con le quattro squadre A, B, C e D. Occorre però tenere presente che, tra una coppia e l'altra, vi deve essere almeno una squadra diversa (la partita tra A e B e la partita tra B e A sono la stessa partita). Il numero di partite richiesto è dato dunque dal numero di combinazioni di quattro oggetti presi a due a due:

$$C_{4,2} = \frac{4!}{(4-2)! \cdot 2!} = \frac{4!}{2 \cdot 2} = 3 \cdot 2 = 6$$

A una riunione partecipano 6 persone: se ogni persona ha stretto la mano a tutte le altre, quante strette di mano vi sono state?
Per lo stesso ragionamento esposto per l'esercizio precedente, il numero di strette di mano è dato dal numero di combinazioni di sei oggetti presi a due a due:

$$C_{6,2} = \frac{6!}{(6-2)! \cdot 2!} = \frac{6!}{4! \cdot 2} = \frac{6 \cdot 5}{2} = 15$$

Combinazioni con ripetizione

Sono combinazioni di *n* oggetti a *k* a *k* dove ciascun elemento figura al massimo *k* volte:

$$C^{rip}_{n,k} = \frac{(n+k-1)!}{(n-1)! \cdot k!}$$

In quanti modi è possibile distribuire 4 caramelle (indistinguibili) fra 2 bambini?
Si tratta del classico problema di suddivisione in gruppi di oggetti indistinguibili. Indicando con 1 il primo bambino e con 2 il secondo, la situazione in cui le 4 caramelle vengono assegnate tutte al primo bambino può essere scritta come "1-1-1-1", mentre se si dividono equamente 2 caramelle al primo e 2 al secondo si scriverà "1-1-2-2". Si tratta quindi di combinazioni con ripetizione di 2 oggetti (i numeri 1 e 2 che rappresentano i bambini) presi a gruppi di 4 (ossia il numero di caramelle da distribuire):

$$C^{rip}_{2,4} = \frac{(2+4-1)!}{(2-1)! \cdot 4!} = \frac{5!}{1 \cdot 4!} = 5$$

ESEMPI

1 **A un brindisi tra 20 amici, ognuno incrocia il proprio calice una sola volta con tutti gli altri. Quanti tintinnii si ascoltano?**

A 155
B 190
C 200
D 140
E 220

Nel contare gli scambi di brindisi si deve tenere conto che se A brinda con B allora questo brindisi è lo stesso che si ha tra B e A: l'ordine nel quale si considerano i due elementi di ogni coppia cioè non è importante e bisogna, quindi, contare gli scambi una sola volta.

Se ognuno dei 20 amici scambia il brindisi con tutti gli altri allora ognuno scambierà 19 brindisi. Moltiplicando però 20 x 19 si ottiene il doppio dei brindisi scambiati, infatti si conterebbe sia quello tra A e B, ma anche quello tra B e A. Dividendo quindi il prodotto per 2 si ottiene il numero di brindisi cercato:

$$(19 \times 20)/2 = 190.$$

La B è quindi, la soluzione del quesito.

2 Gaia compra un cono con 3 palline di gelato di gusti diversi. Può scegliere tra 15 gusti diversi. In quanti modi diversi Gaia può ordinare il suo cono?

A 15
B 3.375
C 2.370
D 910
E 455

Un gelato composto, per esempio, da fragola, cioccolato e crema è identico a un altro composto da crema, fragola e cioccolato: l'ordine, quindi, in cui si considerano i gusti scelti non è importante. Si devono dunque calcolare le combinazioni di 3 elementi su 15:

$$15!/((n - k)! \times k!),$$

quindi:

$$15!/(12! \times 3!) = 455;$$

cioè:

$$15 \times 14 \times 13 / (3 \times 2) = 455.$$

La E è quindi, la soluzione del quesito.

4.6 Calcolo delle probabilità

4.6.1 Il concetto di evento

Un concetto di primaria importanza nella teoria della probabilità è quello di *evento*. Si pensi al lancio di un dado: qualsiasi affermazione sul possibile risultato del lancio non può essere prevista *a priori*: ogni risultato è quindi *incerto* (o *aleatorio*). Ogni punteggio possibile ("1", "2",...,"6") è un evento aleatorio, come lo sono anche tutte le possibili affermazioni ("il risultato è un numero pari", "il risultato è un numero divisibile per 3").

Per evento si intende qualsiasi fatto fisico o concettuale che viene descritto (a parole) da un enunciato che ammetta due soli valori logici: vero o falso.

Generalmente gli eventi descrivono il risultato di un *esperimento* (fisico o concettuale): il lancio di una moneta, il numero di pezzi difettosi in un lotto di produzione, il risultato (somma) del lancio di due dadi, ... Quindi per ogni esperimento, benché risulti impossibile prevederne il "risultato", è invece possibile *enumerare* o *descrivere l'insieme di tutti i risultati (esiti) possibili.*

Per l'esperimento "lancio di un dado", l'insieme di tutti gli esiti possibili è {1, 2, 3, 4, 5, 6}: l'evento "esce un numero pari" comprende quindi gli esiti {2, 4, 6}.
Per l'esperimento "lancio di due monete" l'insieme di tutti gli esiti è {TT, TC, CT, CC}: l'evento "escono due teste" comprende il solo esito {TT}.

L'insieme di tutti i possibili esiti è chiamato **spazio dei risultati** e viene indicato con *U*: **qualsiasi evento può essere visto come insieme di esiti e quindi come sottoinsieme** (eventualmente improprio) **di *U*.** Allora un generico evento *E* è vero, cioè accade, se l'esperimento ha generato un esito tale da appartenere a E (pensato come sottoinsieme di *U*). Di conseguenza, anche l'intero spazio dei risultati e l'insieme vuoto ∅ sono da considerarsi eventi, chiamati rispettivamente **evento certo** ed **evento impossibile**. Chiaramente l'evento certo è sempre vero (l'esito sicuramente appartiene a *U*), mentre l'evento impossibile è sempre falso (nessun esito può appartenere all'insieme vuoto ∅).

Poiché gli eventi sono insiemi (di esiti), su di essi è possibile operare mediante le usuali operazioni insiemistiche di unione, intersezione e complementazione.

Se E e F sono eventi allora:

- l'evento *opposto* (o complementare) $\bar{E}$ è un evento vero se E è falso. In altre parole, due eventi E ed $\bar{E}$ si dicono opposti quando il verificarsi di E esclude il verificarsi di $\bar{E}$ e viceversa.

  Dal lancio di una moneta si possono verificare due eventi tra loro opposti: l'uscita della faccia contenente la testa o di quella contenente la croce.

- l'evento *unione* $E \cup F$ è un evento vero se *almeno* uno dei due eventi è vero;
- l'evento *intersezione* $E \cap F$ è un evento vero se *entrambi* gli eventi sono veri.
-

Si consideri l'esperimento "lancio di un dado" e il corrispondente spazio dei risultati $U = \{1, 2, 3, 4, 5, 6\}$. Se $E = \{1, 2, 3\}$ e $F = \{3, 4\}$ allora:

- $E \cup F = \{1, 2, 3, 4\}$
- $E \cap F = \{3\}$
- $\bar{E} = \{4, 5, 6\}$
- $\bar{F} = \{1, 2, 5, 6\}$

Se l'esito dell'esperimento è "4" allora F, $E \cup F$ e $\bar{E}$ sono veri, mentre E, $E \cap F$ e $\bar{F}$ sono falsi.

Due eventi si dicono **incompatibili** (o disgiunti) quando non possono avvenire contemporaneamente (in caso contrario gli eventi si dicono *compatibili*). In simboli, i due eventi E ed F sono incompatibili se:

$$E \cap F = \varnothing$$

Nel lancio di un dado, l'evento "esce il numero 2" e l'evento "esce il numero 4" sono due eventi incompatibili (ma non opposti).

Infine, due eventi E ed F si dicono **indipendenti** se il verificarsi di E non cambia la probabilità che si verifichi F e viceversa (in caso contrario gli eventi si dicono *dipendenti*).

Nel lancio di due dadi, l'evento "esce il numero 1 sul primo dado" e l'evento "esce il numero 6 sul secondo dado" sono due eventi indipendenti.

4.6.2 Probabilità di un evento

Dopo aver chiarito il concetto di evento è possibile fornire la definizione di probabilità.

La probabilità di un evento *E*, indicata con P(*E*), è il rapporto tra il numero dei casi favorevoli al manifestarsi di *E* e il numero dei casi possibili, giudicati egualmente probabili.

La probabilità che lanciando una moneta esca "croce" è $1/2$. Infatti c'è un solo caso favorevole (l'uscita della "croce") su due casi possibili ("testa" oppure "croce").
La probabilità che dal lancio di un dado esca il numero 2 è $1/6$. Infatti i casi possibili sono 6 (le 6 facce del dado) mentre il caso favorevole (l'uscita del numero 2) è uno solo.

La probabilità di un evento è quindi un numero compreso tra 0 e 1. In particolare si ha:

$$\mathbf{P(\mathit{E}) = 0 \text{ se l'evento } \mathit{E} \text{ è impossibile}}$$

$$\mathbf{P(\mathit{E}) = 1 \text{ se l'evento } \mathit{E} \text{ è certo}}$$

La probabilità che dal lancio di un dado (con le facce numerate da 1 a 6) esca il numero 7 è pari a 0: si tratta di un evento impossibile.
La probabilità che dal lancio di un dado esca un numero minore di 7 è pari a 1: si tratta di un evento certo (ossia che si verifica sicuramente).

Se E ed $\bar{E}$ sono due eventi opposti la somma delle loro probabilità è uguale a 1:

$$P(E) + P(\bar{E}) = 1 \quad \rightarrow \quad P(\bar{E}) = 1 - P(E)$$

In altre parole, la probabilità che E **non** si verifichi è pari a $1 - P(E)$.

La probabilità che, dal lancio di un dado, **non** esca il numero 2 è uguale a 5/6 ossia è pari alla differenza tra 1 e la probabilità che esca proprio il numero 2.

Determinare la probabilità che sia uguale a 4 la somma dei numeri usciti dal lancio di due dadi.
I casi favorevoli sono tre e sono descritti nella tabella seguente:

1° Dado	2° Dado	Somma
1	3	4
3	1	4
2	2	4

$$\left.\begin{array}{l}\text{numero di casi favorevoli} = 3\\ \text{numero di casi possibili} = 36\end{array}\right\} \text{la probabilità dell'evento è } P = \frac{3}{36} = \frac{1}{12}$$

4.6.3 Teorema delle probabilità totali

Siano E ed F due eventi *incompatibili*; la probabilità che si verifichi E **oppure** F (ossia la probabilità che si verifichi l'evento $E \cup F$) è uguale alla somma delle probabilità dei singoli eventi. In simboli, se i due eventi E ed F sono incompatibili allora:

$$P(E \cup F) = P(E) + P(F)$$

Dal lancio di un dado, ciascun numero ha probabilità 1/6 di uscire; la probabilità che esca il numero 1 **oppure** il 6 è $P(1, 6) = 1/6 + 1/6 = 1/3$.

La formula che vale in generale per due eventi compatibili qualsiasi è:

$$P(E \cup F) = P(E) + P(F) - P(E \cap F)$$

4.6.4 Teorema delle probabilità composte

Siano E ed F due eventi *indipendenti*; la probabilità che essi si verifichino **contemporaneamente** (ossia la probabilità che si verifichi l'evento $E \cap F$) è data dal prodotto delle probabilità dei singoli eventi. In simboli, se i due eventi E ed F sono indipendenti allora:

$$P(E \cap F) = P(E) \cdot P(F)$$

La probabilità che, lanciando due volte un dado, esca due volte il numero 1 è data da:

$$P = 1/6 \cdot 1/6 = (1/6)^2 = 1/36$$

Analogamente, nel caso di tre o più eventi *indipendenti* $E, F, G \ldots Z$ la probabilità che si verifichino tutti **contemporaneamente** è data ancora dal prodotto delle probabilità dei singoli eventi:

$$P(E \cap F \cap G \cap \ldots \cap Z) = P(E) \cdot P(F) \cdot P(G) \cdot \ldots \cdot P(Z)$$

La probabilità che, lanciando tre volte un dado, esca tre volte il numero 1 è data da:

$$P = 1/6 \cdot 1/6 \cdot 1/6 = (1/6)^3 = 1/216$$

I due teoremi visti sono spesso utili per calcolare la probabilità di particolari eventi.

Si tirano due dadi. Qual è la probabilità di ottenere un 6 e un numero diverso da 6?
Per la risoluzione di questo problema si può procedere in due modi distinti: utilizzando la definizione oppure utilizzando i due teoremi visti sul calcolo delle probabilità. Per utilizzare la definizione si tratta ancora una volta di trovare il numero di casi favorevoli al manifestarsi dell'evento (i casi possibili sono in totale $6 \cdot 6 = 36$).

Configurazione	1° Dado	2° Dado	N° di casi
1ª	6	da 1 a 5	5
2ª	da 1 a 5	6	5

Complessivamente i casi favorevoli sono 5 + 5 = 10 e la probabilità richiesta vale 10/36.
Nel caso invece si vogliano usare i teoremi visti si procede nel modo seguente: l'evento si verifica se la configurazione dei dadi è una delle due riportate nella precedente tabella.
Per il teorema delle probabilità composte, la probabilità di ognuna delle due configurazioni (che risultano essere naturalmente equiprobabili) si ottiene dal prodotto delle probabilità relative ai valori assunti dai singoli dadi; per la prima configurazione, per esempio, si ha:

$$P_1 = \frac{1}{6} \cdot \frac{5}{6} = \frac{5}{36}$$

Dato che le due configurazioni sono incompatibili tra loro, per il teorema delle probabilità totali, la probabilità cercata si ottiene sommando le probabilità delle due configurazioni:

$$P = P_1 + P_2 = \frac{5}{36} + \frac{5}{36} = \frac{10}{36}$$

4.6.5 Probabilità e coefficiente binomiale

Spesso un dato esperimento può essere pensato come costituito da *n* **ripetizioni** di un esperimento più semplice: se, per esempio, si chiede qual è la probabilità che esca *k* volte "testa" se una moneta viene lanciata *n* volte (oppure, indifferentemente, se si lanciano *n* monete) questo equivale a ripetere *n* volte il singolo esperimento "lancio di una moneta". Le configurazioni distinte possono essere numerose e occorre una formula per poterle contare: per questo "conteggio" si utilizza il *coefficiente binomiale* che fondamentalmente risponde alla domanda "dati *n* oggetti, in quanti modi ne[1] posso scegliere *k*?". La formula per il calcolo del coefficiente binomiale "*n* su *k*" è la seguente:

$$\binom{n}{k} = \frac{n!}{(n-k)! \cdot k!}$$

Qual è la probabilità che lanciando 6 volte una moneta escano esattamente 4 teste?
Lanciando 6 volte una moneta, la probabilità di ottenere una certa sequenza contenente esattamente 4 volte testa e, di conseguenza, 2 volte croce è data da:

$$P_1 = \frac{1}{2} \cdot \frac{1}{2} \cdot \frac{1}{2} \cdot \frac{1}{2} \cdot \frac{1}{2} \cdot \frac{1}{2} = \frac{1}{2^6} = \frac{1}{64}$$

Occorre però prestare attenzione al fatto che questa è la probabilità di ottenere una sola configurazione, per esempio T T T T C C dove ci sono prima le 4 teste e poi le 2 croci: esistono però altre configurazioni. Si potrebbero presentare le seguenti sequenze:

TTTTCC
TTTCTC
TTTCCT
TTCTTC
...
CTCTTT
CCTTTT

Occorre quindi contare tutte queste possibili configurazioni: applicando la formula per il calcolo del coefficiente binomiale al caso dei 6 lanci (quindi $n = 6$) con la testa che esce 4 volte (quindi $k = 4$) si ottiene:

$$\binom{6}{4} = \frac{6!}{(6-4)! \cdot 4!} = \frac{6!}{2! \cdot 4!} = \frac{6 \cdot 5}{2} = \frac{30}{2} = 15$$

La probabilità cercata è quindi data dal prodotto del coefficiente binomiale e della probabilità di una singola configurazione:

$$P_2 = 15 \cdot P_1 = 15 \cdot \frac{1}{64} = \frac{15}{64}$$

In un quesito a risposta multipla si commette facilmente l'errore di calcolare la probabilità di ottenere una sola configurazione e quindi di rispondere erroneamente $P = 1/64$ che rappresenta invece la probabilità di una sola delle 15 possibili sequenze di 4 teste e 2 croci.

1. Con *n*! (*n* fattoriale) si intende il prodotto dei primi *n* numeri naturali (per esempio $4! = 4 \cdot 3 \cdot 2 \cdot 1 = 24$). Inoltre per definizione si ha: $0! = 1$.

È utile ricordare infine altre proprietà del coefficiente binomiale.

$$\binom{n}{0} = \binom{n}{n} = 1\,; \quad \binom{n}{1} = \binom{n}{n-1} = n\,.$$

ESEMPI

---

1 Luca si affida sempre al destino. Dovendo sposarsi sceglie a caso anche la data della cerimonia. In quale dei mesi seguenti è meno probabile che si celebri il matrimonio?

A Gennaio B Febbraio C Marzo D Novembre E Dicembre

In questa tipologia di esercizi è bene non farsi distrarre dalla formulazione fantasiosa (Luca che sceglie a caso la data del matrimonio), per concentrarsi sull'aspetto matematico del calcolo della probabilità. In altre parole, scegliendo a caso un giorno fra i 365 che compongono l'anno, si hanno meno probabilità di scegliere un giorno nel mese più corto, cioè febbraio (risposta B).

---

2 Se si lanciano due dadi, è più probabile che escano due numeri dispari, due numeri pari oppure un numero pari e uno dispari?

A È più probabile che escano due numeri pari
B È più probabile che escano due numeri dispari
C È più probabile che escano un numero pari e uno dispari
D Le tre probabilità sono uguali
E Dipende dal caso

I possibili esiti del lancio dei due dadi sono soltanto quattro. Indicando con P l'uscita di un numero pari e con D l'uscita di un numero dispari, le quattro configurazioni (che, essendo equiprobabili, hanno ciascuna probabilità pari a 1/4) sono:

Primo dado	Secondo dado
P	P
P	D
D	P
D	D

L'evento "uscita di due numeri pari" ha quindi probabilità pari a 1/4 (un solo caso favorevole sui quattro possibili); anche l'evento "uscita di due numeri dispari" ha probabilità pari a 1/4. L'evento "uscita di un numero pari e uno dispari" ha invece probabilità pari a 1/2 (due casi favorevoli sui quattro possibili). La risposta corretta è quindi la C.

$$\frac{1}{6} \cdot \frac{1}{6} = \frac{1}{36}$$

In alcuni casi è la stessa definizione di probabilità a consentire di risolvere il problema proposto.

---

3 Tre studenti si preparano per sostenere lo stesso esame. Se le probabilità di superarlo per ciascuno di essi sono pari a 0,6, 0,8 e 0,5, qual è la probabilità che tutti e tre riescano a superare l'esame?

A 0,48 B 0,24 C 0,30 D 0,20 E 0,40

La probabilità che i tre studenti superino contemporaneamente l'esame è data dal prodotto delle singole probabilità. Infatti i tre eventi sono indipendenti tra loro: il fatto che uno studente superi l'esame non influenza in alcun modo l'esito dell'esame degli altri due. Pertanto, applicando il teorema delle probabilità composte, si ha che la probabilità è uguale a: $0{,}6 \cdot 0{,}8 \cdot 0{,}5 = 0{,}24$ (risposta B).

---

4 Un portafoglio contiene 12 banconote da 5 euro, 4 banconote da 10 euro, 2 banconote da 20 euro e 6 banconote da 50 euro. Qual è la probabilità di estrarre (scegliendo casualmente) una banconota da 50 euro o una da 20 euro?

A 1/4
B 1/12
C 1/3
D 1/2
E 1/5

Nel portafoglio sono contenute 24 banconote, quindi la probabilità di estrarre una banconota da 50 euro è pari a 6/24 = 1/4, mentre la probabilità di estrarre una banconota da 20 euro è 2/24 = 1/12.

La probabilità di estrarre una banconota da 50 euro o una da 20 euro è data da: 1/4 + 1/12 = 4/12 = 1/3 (risposta esatta C).

---

5 Alan lancia contemporaneamente due dadi non truccati con le facce numerate da 1 a 6. Qual è la probabilità che esca lo stesso numero su entrambi i dadi?

A 1/2
B 1/3
C 1/6
D 1/18
E 1/36

Per questo esercizio si propongono tre metodi risolutivi.

In primo luogo è possibile ricorrere alla definizione di probabilità, intesa come rapporto tra il numero dei casi favorevoli al manifestarsi di un evento e il numero dei casi possibili, considerati ugualmente probabili. I casi possibili, lanciando due dadi aventi 6 facce, sono 36; i casi favorevoli all'evento sono 6, corrispondenti all'uscita di due numeri identici sui due dadi (1 e 1, 2 e 2, 3 e 3, 4 e 4, 5 e 5, 6 e 6). La probabilità cercata è quindi pari a P = 6/36 = 1/6 (risposta C). In alternativa, si sarebbe giunti alla stessa conclusione osservando che la probabilità dell'evento E "esce la coppia 1 e 1" è pari a P(E) = 1/36 = 1/6 · 1/6 (teorema delle probabilità composte) e che vi sono sei configurazioni possibili di questo tipo. Per il teorema delle probabilità totali si ricava quindi P = 6 · 1/36 = 1/6 (ancora risposta C). Infine, considerando che la probabilità che esca lo stesso numero sui due dadi è la stessa indipendentemente che li si lanci contemporaneamente o uno dopo l'altro, basta trovare la probabilità che, una volta uscito il numero del primo dado lanciato, quello del secondo dado sia uguale al primo. Avendo il dado 6 facce, tale probabilità è pari a 1/6 (di nuovo risposta C).

6 Un'urna contiene 10 palline: 6 rosse e 4 bianche. Qual è la probabilità che estraendo due palline dall'urna queste siano entrambe rosse?

A 9/25
B 3/10
C 1/3
D 1/4
E 1/6

La probabilità di estrarre una sola pallina rossa è pari a 6/10 (6 sono le palline rosse presenti nell'urna, ossia i casi favorevoli, e 10 sono le palline totali, ossia i casi possibili). Estraendo una seconda pallina, la probabilità che anche questa sia rossa è pari a 5/9 (5 sono le palline rosse rimaste nell'urna e 9 sono le palline totali dopo la prima estrazione). Per il teorema delle probabilità composte, la probabilità che due eventi indipendenti si verifichino contemporaneamente è data dal prodotto delle probabilità dei singoli eventi. La probabilità composta cercata è quindi pari a:

6/10 x 5/9 = 30/90 = 1/3 per cui la risposta corretta è la C.

4.7 Problemi su distanza, velocità e tempo

In questa classe di problemi si incontrano tre grandezze fisiche (o variabili) con le rispettive unità di misura:

1. lo **spazio** s espresso in metri (m) o attraverso i suoi multipli e sottomultipli;
2. la **velocità** v espressa in metri al secondo (m/s) o in chilometri all'ora (km/h); vale la conversione: 1 m/s = 3,6 km/h;
3. il **tempo** t espresso in ore (h), minuti (min) e secondi (s): 1h = 60 min = 3600 s.

Generalmente il problema fornisce due delle tre variabili e chiede di ricavare la terza.
Si tratta di applicare una delle seguenti formule:[1]

$$v = \frac{s}{t}; \quad s = v \cdot t; \quad t = \frac{s}{v} \qquad [1]$$

Per esempio, può venire chiesto quanto tempo impiega un'auto che viaggia alla velocità media di 40 km/h a percorrere uno spazio di 100 km. Dati s = 100 km e v = 40 km/h, si ha:

$$t = \frac{s}{v} = \frac{100 \text{ km}}{40 \text{ km/h}} = 2,5\text{h} \text{ (ossia 2 h e 30 min)}$$

Spesso si incontrano esercizi più complessi che presentano due (o più) corpi in movimento. È opportuno osservare che, quando i due corpi viaggiano lungo la stessa direzione, la velocità v (di avvicinamento o di allontanamento) è data dalla differenza delle due velocità ciascuna presa con il suo segno. Il passaggio logico è quello di pensare **fermo** uno dei due corpi e attribuire all'altro una velocità data dalla somma algebrica delle due velocità.

Riassumendo, se viene richiesta la *velocità di avvicinamento* o *di allontanamento* di due corpi A e B che si muovono lungo la stessa direzione, rispettivamente con velocità V_A e V_B, questa è data dalla differenza o dalla somma delle due velocità a seconda che i due oggetti viaggino nello

1. Le formule sono applicabili solo quando il moto è rettilineo uniforme (velocità costante) o quando si considera come velocità v la velocità media.

stesso verso o in versi opposti. I quattro casi che si possono presentare sono schematizzati nella tabella seguente.

1	V_A → V_B → stesso verso con $V_A > V_B$	Velocità di avvicinamento = $V_A - V_B$
2	V_A → ← V_B verso opposto	Velocità di avvicinamento = $V_A + V_B$
3	V_A → V_B → stesso verso con $V_A < V_B$	Velocità di allontanamento = $V_B - V_A$
4	← V_A V_B → verso opposto	Velocità di allontanamento = $V_A + V_B$

ESEMPI

1 **Un ragazzo in motorino insegue un amico in bicicletta. Sapendo che le velocità dei due mezzi sono rispettivamente 40 km/h e 20 km/h e che, nell'istante considerato, distano 500 metri l'uno dall'altro, dopo quanto tempo il ragazzo in motorino raggiunge l'amico in bicicletta?**

A 3 min B 60 s C 90 s D 6 min E 2 min

Se si considera il movimento relativo dei due mezzi, lo spazio che il motorino deve percorrere per raggiungere la bicicletta (considerata ferma) è $s = 500$ m, mentre la velocità (velocità del motorino rispetto alla bicicletta) è data dalla differenza delle singole velocità ed è pari a 20 km/h: i due corpi si muovono infatti nella stessa direzione e con lo stesso verso, pertanto la velocità da considerare è data dalla differenza delle due velocità (40 km/h – 20 km/h = 20 km/h = 20.000 m/h). Il tempo necessario per percorrere 500 m alla velocità di 20 km/h si ottiene utilizzando la relazione:

$$t = \frac{s}{v} = \frac{500\,\text{m}}{20.000\,\text{m/h}} = \frac{1\,\text{m}}{40\,\text{m}}\,\text{h} = 90\,\text{s}$$

La risposta corretta è dunque la C.

Si osserva che è stato necessario convertire il tempo da ore a secondi. Si ricorda che, per tale conversione, il sistema utilizzato è quello *sessagesimale*: per convertire in minuti il tempo espresso in ore (nell'esercizio 1/40 h) si moltiplica per 60; il valore ottenuto (60/40 min) viene poi trasformato in secondi moltiplicando nuovamente per 60. Più rapidamente, per convertire un tempo da ore in secondi, è sufficiente moltiplicare il numero di ore per 3600.

2 Due treni partono dalla stessa stazione ferroviaria nello stesso istante, viaggiando l'uno verso est a 60 km/h, l'altro verso ovest a 80 km/h. Dopo quanto tempo distano l'uno dall'altro 350 km?

A 1 h
B 1 h e 30 min
C 2 h
D 2 h e 30 min
E 2 h e 50 min

In questo caso, $s = 350$ km e la velocità relativa di un treno rispetto all'altro si ottiene sommando le due velocità (caso n. 4 della tabella precedente): $v = (60 + 80)$ km/h = 140 km/h. Da un punto di vista intuitivo, le due velocità sono da sommare perché entrambi i treni contribuiscono, con il proprio movimento, ad allontanarsi l'uno dall'altro.

Applicando l'ultima formula delle tre citate a pagina 77 si ottiene:

$$t = \frac{350 \text{ km}}{140 \text{ km / h}} = 2,5 \text{h}$$

Il risultato del rapporto tra spazio e velocità (2,5 h) potrebbe portare inizialmente a indicare come esatta l'alternativa E; in realtà, 2,5 h è uguale a 2 ore più mezz'ora, e mezz'ora non corrisponde a 50 minuti bensì a 30. La risposta esatta è dunque la D.

A volte il problema può presentarsi in forma tale da richiedere un maggior numero di passaggi logici e un più attento ragionamento per giungere alla soluzione. Si consideri a questo proposito l'esempio seguente.

3 Uno studente impiega solitamente 20 minuti per recarsi a scuola procedendo a una velocità media di 15 km/h. Una mattina, non avendo sentito la sveglia, parte da casa con 5 minuti di ritardo rispetto al solito. A quale velocità deve andare per recuperare il ritardo e arrivare a scuola alla solita ora?

A 10 km/h B 25 km/h C 30 km/h D 20 km/h E 12 km/h

Per ricavare il valore della velocità incognita, è necessario conoscere i valori del tempo t e dello spazio s. Tali valori, questa volta, sono forniti *indirettamente* dai dati del problema: solitamente lo studente impiega 20 minuti (1/3 di ora) alla velocità di 15 km/h; lo spazio percorso è dunque pari a:

$$s = v \cdot t = 15 \frac{\text{km}}{\text{h}} \cdot \frac{1}{3} \text{h} = 5 \text{ km}$$

Per ciò che riguarda il tempo t, lo studente deve recuperare 5 minuti di ritardo e quindi deve percorrere lo spazio casa-scuola in 15 minuti anziché in 20 (cioè in 1/4 h). Visto che lo spazio da percorrere è sempre $s = 5$ km e il tempo è pari a 1/4 h, la nuova velocità vale:

$$v = \frac{s}{t} = \frac{5 \text{ km}}{\frac{1}{4} \text{h}} = 20 \text{ km / h} \quad \text{(risposta D).}$$

A volte i dati del problema vengono forniti in maniera implicita, ossia tramite relazioni tra le diverse grandezze in gioco, piuttosto che tramite valori numerici.

Si consideri a questo proposito l'esempio seguente.

4 Un rappresentante ha percorso la strada dalla città A alla città B in *x* ore. Nel viaggio di ritorno, lungo la stessa strada, la sua velocità media è raddoppiata. Quale delle seguenti espressioni rappresenta il numero totale di ore impiegate dal rappresentante per effettuare l'intero viaggio?

A 2/3 *x*
B 3/2 *x*
C 5/3 *x*
D 2*x*
E 3*x*

A parità di distanza, se la velocità raddoppia, il tempo si dimezza. Pertanto, il tempo impiegato al ritorno sarà x/2. Il numero totale di ore impiegate per compiere l'intero viaggio è dunque pari a:

$$x + \frac{x}{2} = \frac{3}{2}x \text{ (risposta B).}$$

4.8 Problemi di lavoro

Con il termine *problemi di lavoro* si intende una categoria di problemi nei quali vengono descritte le modalità e i tempi di svolgimento di un generico lavoro da parte di più soggetti. Nel termine *lavoro* rientrano vari tipi di attività, fisica e non: mangiare qualcosa, costruire una casa, fumare sigarette ecc.

Le variabili in gioco in questo tipo di problemi sono: i ritmi di lavoro dei singoli soggetti, la quantità di lavoro da svolgere e il tempo impiegato. Alcuni di questi elementi sono noti, altri sono da ricavare. Anche la soluzione di questi problemi non richiede conoscenze matematiche di tipo nozionistico, ma una certa attitudine al ragionamento. Generalmente ai candidati viene richiesto di *individuare il tempo che il singolo individuo o le persone coinvolte impiegano per portare a termine il lavoro.*

I problemi di lavoro si possono suddividere in due principali tipologie, in relazione al ritmo con cui il lavoro viene svolto dai differenti soggetti:

- soggetti che lavorano allo stesso ritmo;
- soggetti che lavorano a ritmi diversi.

4.8.1 Soggetti che lavorano allo stesso ritmo

In questo tipo di problemi, si assume che tutti i lavoratori abbiano lo stesso ritmo di lavoro, ossia realizzino la stessa quantità di lavoro nell'unità di tempo.

Il ragionamento per risolvere questi esercizi è il seguente: se un lavoro richiede k lavoratori per 1 ora di tempo, significa che ogni soggetto realizza in 1 ora una quantità di lavoro pari a $1/k$. Se un lavoro richiede m lavoratori per h ore, allora ogni soggetto realizza $1/m$ del lavoro in h ore e pertanto compie, in un'ora, $\frac{1}{h} \cdot \frac{1}{m}$ del lavoro complessivo. Si veda ora, attraverso alcuni esempi, come tali principi trovano applicazione negli esercizi.

ESEMPI

---

1 **Sei artigiani, lavorando allo stesso ritmo, impiegano 24 giorni per realizzare un mosaico. Quanto impiegherebbe un solo artigiano a compiere lo stesso lavoro?**

A 36 giorni
B 6 giorni
C 124 giorni
D 144 giorni

Dal momento che i sei artigiani lavorano allo stesso ritmo, un operaio in un giorno svolge un lavoro pari a $\frac{1}{6} \cdot \frac{1}{24} = \frac{1}{144}$ del lavoro totale. Quindi, per compiere l'intero lavoro un operaio impiega 144 giorni. Alternativamente si può calcolare che un solo operaio impiega sei volte il tempo impiegato dal gruppo per realizzare il mosaico (perché la forza lavoro è composta da 1 anziché da 6 operai): 24 giorni · 6 = 144 giorni (risposta D). Si osservi che l'alternativa B è facilmente scartabile poiché propone un valore inferiore a 24 (se 6 persone impiegano 24 giorni è impossibile che una persona sola impieghi un tempo minore).

È utile precisare che *l'applicazione delle proporzioni può facilmente condurre a una soluzione errata* di tali esercizi. Infatti, si potrebbe intuitivamente esprimere il testo dell'esempio considerato attraverso la proporzione $6 : 24 = 1 : x$.

Così facendo si avrebbe: $x = 26/6 = 4{,}3$. La soluzione è evidentemente errata dal momento che il valore di x (tempo impiegato da un solo artigiano per fare il mosaico) non può essere inferiore a 24 (tempo impiegato da sei artigiani per realizzare il mosaico).

---

2 **Se 5 persone, lavorando allo stesso ritmo, impiegano 1 ora a dipingere un appartamento, quanto impiegano 12 persone a effettuare lo stesso lavoro?**

A 25 min B 2/5 h C 12/5 h D 1/5 h E 20 min

Se i 5 soggetti impiegano 1 ora per realizzare il lavoro, ogni lavoratore realizza in 1 ora 1/5 del lavoro complessivo. Pertanto 12 persone in 1 ora realizzano 12/5 del lavoro totale.

Se t è l'elemento richiesto dal problema, cioè il tempo impiegato dai 12 soggetti per dipingere l'appartamento, si ha:

$$\frac{12}{5} \cdot t = \text{lavoro completato} = 1 \text{ ora} \Rightarrow t = \frac{5}{12} \cdot 1 \text{ ora} = 25 \text{ min} \quad \text{(risposta A).}$$

A volte i dati del problema vengono forniti in maniera implicita, ossia tramite relazioni tra le diverse variabili in gioco, piuttosto che tramite valori numerici.

4.8.2 Soggetti che lavorano a ritmi diversi

In questo tipo di problemi i soggetti hanno ritmi di lavoro differenti, ossia realizzano quantità di lavoro diverse nell'unità di tempo. Per risolvere questi esercizi, bisogna innanzitutto *ricavare la quantità di lavoro svolta dai singoli soggetti nell'unità di tempo.*

ESEMPI

1 **Enrica, Rita e Alessandra abitano nello stesso appartamento. Lavorando insieme puliscono la loro casa in 2 ore. Da sola Enrica impiega 8 ore e Rita 4 ore. Quanto impiegherebbe Alessandra se dovesse pulire da sola la casa?**

A 8 ore B 6 ore C 4 ore D 2 ore

Enrica impiega 8 ore per pulire da sola la casa; ciò significa che in un'ora compie 1/8 del lavoro. Rita per fare lo stesso lavoro impiega 4 ore, per cui in un'ora compie 1/4 del lavoro. Poiché le tre ragazze insieme impiegano 2 ore per pulire tutta casa, significa che in un'ora compiono 1/2 del lavoro. Il lavoro che Alessandra svolge in 1 ora è dunque pari a: $1/2 - (1/8 + 1/4) = 1/8$. Questo vuol dire che da sola, per pulire tutta la casa, Alessandra impiegherebbe 8 ore. La risposta corretta è quindi la A.

2 **Giusy, Paola e Claudia lavorano in una discoteca dove, di tanto in tanto, occorre spostare i dischi dalla cabina DJ all'archivio. Per compiere questo lavoro Giusy da sola impiega 6 ore, Paola da sola impiega 10 ore e Claudia da sola impiega 15 ore. Quanto tempo impiegherebbero le tre a spostare i dischi se lavorassero insieme?**

A 4 ore B 2 ore C 3 ore D 6 ore E 8 ore

In primo luogo, occorre ricavare la parte di lavoro che ciascuna persona svolge nell'unità di tempo: se Giusy impiega 6 ore per effettuare il lavoro, in 1 ora (unità di tempo) compie 1/6 del lavoro. Lo stesso ragionamento vale per Paola, che in 1 ora compie 1/10 del lavoro e per Claudia che in 1 ora compie 1/15 del lavoro.
Sapendo quanto lavoro svolge ciascuna delle tre nell'unità di tempo, è possibile individuare (sommando le tre frazioni) quanto lavoro svolgerebbero tutte insieme, sempre nell'unità di tempo: $1/6 + 1/10 + 1/15 = 1/3$ = lavoro svolto in 1 ora dalle tre ragazze.
Se le tre insieme svolgono in 1 ora 1/3 del lavoro, per terminarlo avranno bisogno di 3 ore (risposta C).

4.9 Problemi con leve

L'esercizio presenta uno o più oggetti che vengono appoggiati su una leva con un fulcro fissato. Al candidato viene chiesto, per esempio, di individuare quale posizione devono avere i corpi affinché la leva sia in equilibrio. Per rispondere è sufficiente ricordare che maggiore è il peso di un corpo e minore deve essere la sua distanza dal fulcro per ottenere l'equilibrio.

ESEMPI

1 **Un'asta di metallo lunga 1 metro è sospesa per il suo centro. A 15 cm da una delle estremità è agganciata una massa di 80 kg. Qual è la massa da applicare all'estremità opposta per equilibrare l'asta e mantenerla in posizione orizzontale?**

A 280 kg
B 56 kg
C 112 kg
D 28 kg

Affinché un'asta sospesa sia in equilibrio è necessario che la forza applicata sul suo braccio destro sia uguale a quella applicata sul braccio sinistro. Per calcolare tale forza è necessario moltiplicare il peso applicato per la distanza tra il punto in cui è posto e il punto in cui è sospesa l'altra (in questo caso il centro). Nell'esercizio proposto, per esempio, ogni braccio misura in tutto 50 cm (l'asta è lunga 1 metro e sospesa per il suo centro). Se si applica un peso pari a 80 kg a 15 cm da una delle due estremità (e quindi a 35 cm dal centro) allora si imprime su quel braccio una forza pari a:

$$80 \times 35 = 2800$$

Affinché l'asta sia in equilibrio si deve imprimere la stessa forza sull'altro braccio. Poiché il peso è posto all'estremità dell'asta (quindi a 50 cm dal centro), il peso da applicare sarà pari a 56, infatti:

56 x 50 = 2800 (B soluzione del quesito).

---

2 Si dispone di una bilancia a due piatti con il braccio destro che misura il doppio del braccio sinistro. Se nel piatto destro vengono posti 6 pesi tutti uguali fra loro, quanti pesi dello stesso tipo devono essere posizionati nel piatto sinistro affinché la bilancia risulti in equilibrio?

A 3
B 12
C 24
D 36

Poiché per essere in equilibrio la forza impressa sul braccio destro e su quello sinistro (in entrambi i casi calcolata come prodotto tra peso e distanza del peso dal centro) deve essere la stessa, se sul piatto che si trova sul braccio destro (che misura il doppio del sinistro) si pongono 6 pesi tutti uguali, su quello sinistro (che misura la metà del destro) si deve mettere un numero doppio di pesi: 12 (B soluzione del quesito).

4.10 Esercizi svolti

---

1 Tre agenti di commercio di una multinazionale si recano nella sede di Parigi, rispettivamente, ogni 3, ogni 8, ogni 12 giorni. Si sono incontrati oggi a Parigi, tra quanti giorni si ritroveranno a Parigi assieme?

A 28 giorni
B 30 giorni
C 25 giorni
D 24 giorni
E 26 giorni

---

2 Nella sequenza di numeri seguente manca una cifra: 1970*; 1995*; 2002*. Quali delle cifre proposte devono sostituire gli asterischi perché tutti i numeri siano divisibili per 3?

A 1; 3; 4
B 2; 3; 5
C 1; 3; 7
D 1; 4; 5
E 1; 3; 5

3 Il professor Wiles ha stabilito i seguenti principi per confrontare due o più numeri: a un numero divisibile per 7 attribuisce 8 punti; a un numero divisibile per 4 attribuisce 3 punti. In base a tali principi, quale dei seguenti numeri ha il punteggio maggiore?

A 44
B 18
C 28
D 36
E 25

4 Alessandra ha deciso di dividere con le sue amiche dei quaderni. Se regalasse 9 quaderni a ciascuna delle sue amiche e ne tenesse altrettanti per sé avanzerebbero 9 quaderni. Se si escludesse, le altre ne avrebbero 12 a testa. Quante sono le amiche di Alessandra?

A 6
B 7
C 8
D 9
E 5

5 Luigi è un collezionista di fumetti e possiede un numero di fumetti che non supera le 800 unità. Se li contasse a 2 a 2, a 3 a 3, a 4 a 4, a 5 a 5, a 6 a 6 o a 7 a 7, ne avanzerebbe sempre 1. Da quanti fumetti è costituita la collezione di Luigi?

A 421
B 333
C 666
D 440
E 480

6 In un parcheggio cittadino sono custodite moto e tricicli. In totale, ci sono 50 manubri e 120 ruote. Quante moto e quanti tricicli sono custodite nel parcheggio?

A 25 moto e 25 tricicli
B 30 moto e 20 tricicli
C 20 moto e 30 tricicli
D 40 moto e 10 tricicli
E 35 moto e 15 tricicli

7 In un gruppo di amici, ci sono 3 uomini per ogni 2 donne. Gli uomini hanno un'età media di 27 anni e 2 mesi, le donne hanno un'età media di 26 anni e 4 mesi. Qual è l'età media del gruppo di amici?

A 27 anni
B 26 anni e 6 mesi
C 26 anni e 4 mesi
D 26 anni e 8 mesi
E 26 anni e 10 mesi

8 **Filippo la settimana scorsa è uscito la sera 6 volte, mangiando 1 cioccolatino Bonciocc a sera. Dopo una serata a casa, esce e in una sera mangia 4 cioccolatini. Qual è la nuova media di cioccolatini mangiati a sera da Filippo?**

A 1,5
B 1,8
C 1,25
D 1,2
E 2

9 **A un brindisi tra 24 amici, ognuno incrocia il proprio calice una sola volta con tutti gli altri. Quanti tintinnii si ascoltano?**

A 300
B 180
C 552
D 276
E 240

10 **Un gruppo di 4 bambini possiede 4 biciclette. Se ognuno di essi sa guidare ogni bicicletta, in quanti modi possono ripartirsi le biciclette?**

A 12
B 8
C 40
D 16
E 24

11 **Quante parole, anche prive di significato, si possono scrivere con tre lettere diverse dell'alfabeto italiano?**

A 15.930
B 15.960
C 6.300
D 7.980
E 2.100

12 **Due treni procedono in versi opposti, si incrociano rispettivamente alla velocità di 170 e 190 km/h. Quale distanza li separa dopo 2 minuti?**

A 18km
B 2km
C 12km
D 5km
E 8km

13 **Fabrizio ha tre figlie femmine e due figli maschi. Un giorno, per decidere a chi di loro dare i due biglietti di un concerto si affida alla sorte e, dopo aver scritto i loro 5 nomi su dei fogliettini, li inserisce in un'urna. Qual è la probabilità che vengano estratti, in due estrazioni successive, i due maschi?**

A 20%
B 10%
C 5%
D 2%
E 0,5

14 **Le prime cento fotocopie di un poster costano *x* centesimi di euro ciascuna; ogni copia successiva costa *x*/4 centesimi di euro. Quanto costa fare 300 copie del poster?**

A 100 x B 150 x C 200 x D 300 x E 400 x

15 **Un muratore costruisce 5/7 di un muro utilizzando 350 mattoni. Quanti mattoni verranno utilizzati per completare allo stesso modo la restante parte di muro?**

A 50 B 490 C 25 D 70 E 140

16 **Avendo a disposizione una bottiglia di Gin da due litri, una di Campari e una di Martini Rosso entrambe da un litro e mezzo, quanti Negroni da 30 centilitri si possono preparare, sapendo che un Negroni si fa con tre parti uguali di questi tre alcolici?**

A 5
B 15
C 50
D 75
E 150

17 **Alberto vuole piantare degli alberi attorno alla sua villa di campagna. Lasciando fra un albero e l'altro la distanza di 8 metri, sono necessari 60 alberi. Quanti ne occorrerebbero se la distanza tra 2 alberi consecutivi aumentasse di 2 metri?**

A 12 B 80 C 43 D 48 E 50

18 **Un infermiere deve somministrare un farmaco, in quantità diverse, a due pazienti: Mauro e Lucia. Presi 60 mg del farmaco, l'infermiere ne tiene un quarto da parte e divide il resto tra Mauro e Lucia nel rapporto di 2 a 1. Quanti milligrammi di farmaco saranno somministrati a Mauro?**

A 45
B 15
C 30
D 40
E 10

19 **Un treno procede con 3 minuti di ritardo e perde 3 secondi ogni minuto. Quante ore gli necessitano per accumulare un'ora di ritardo?**

A 35
B 20
C 19
D 18
E 22

20 **In un museo sono presenti soltanto quadri, sculture e mosaici. Sapendo che il numero di quadri sta a quello delle sculture come 3 sta a 4, che il numero di mosaici sta a quello dei quadri come 5 sta a 3 e che nel museo ci sono 36 sculture, qual è il numero totale di opere d'arte presenti nel museo?**

A 117
B 123
C 108
D 99

21 **Il 40% degli studenti di una scuola è rappresentato da ragazze. Di queste, l'80% sono brune. Sapendo che le ragazze non brune sono 160, quanti sono in totale gli studenti della scuola?**

A 200 B 400 C 5000 D 2000

22 **Nella notte di Natale all'ospedale Gamma tre donne stanno per partorire un figlio ciascuna. Qual è la probabilità che i neonati siano tre maschi? E quale la probabilità che siano due femmine e un maschio?**

A 1/2; 1/4
B 1/8; 3/8
C 1/8; 1/8
D 50%; 60%
E 1/2; 1/8

23 **Qual è la probabilità, tirando due dadi, di ottenere un punteggio totale pari a 6?**

A 5/36 B 1/36 C 1/6 D 1/2 E 3/36

24 **In una casa editrice, 3 correttori di bozze impiegano insieme 5 ore per correggere la bozza di un libro di 200 pagine. Il primo di essi da solo impiegherebbe 20 ore. Sapendo che il secondo impiega la metà del tempo del primo, quante ore impiegherebbe il terzo da solo a correggere la bozza?**

A 20
B 8
C 10
D 5
E 16

25 Nella città Beta vi sono due discoteche. Sapendo che la probabilità che una discoteca sia aperta è uguale a 1/2, calcolare la probabilità che:

a) entrambe siano aperte;

b) una sia chiusa e una sia aperta;

c) siano entrambe chiuse.

Dire inoltre qual è la somma di tali probabilità.

A 1/4; 1/4; 1/4; 3/4
B 1/4; 1/4; 1/2; 1
C 1/4; 1/2; 1/4; 1
D 1/2; 1/4; 1/4; 1

26 Qual è la probabilità di NON estrarre una pallina gialla da un'urna che contiene 40 palline rosse, 20 gialle e 40 nere?

A 40%
B 20%
C 80%
D 60%

27 La caposala scrive quattro lettere: una al direttore generale, una al direttore amministrativo, una al direttore sanitario e una al capo del personale. Poi scrive gli indirizzi sulle buste, ma, essendo distratta, imbusta le lettere a caso. Qual è la probabilità che il numero delle lettere correttamente imbustate sia esattamente uguale a 3?

A 25%
B 12,5%
C 0
D 33%

28 Se 3 muratori, lavorando allo stesso ritmo, impiegano 40 minuti per demolire una parete, quanto impiegherebbe uno solo di essi a demolire la stessa parete?

A 110 minuti
B 2 ore
C 100 minuti
D 25 minuti
E 125 minuti

29 Tre marinai sbucciano un sacco di patate rispettivamente in 3, 4 e 6 ore. Quante ore impiegano a sbucciare insieme le patate di 75 sacchi?

A Non è possibile rispondere in base ai dati forniti
B 200
C 13
D 100

30 Francesca, Simona e Marianna impiegano, lavorando insieme, 2 giorni a imbiancare la loro nuova casa. Francesca da sola impiegherebbe 4 giorni e Simona 6 giorni. Quanto impiegherebbe Marianna a imbiancare da sola la casa?

A 4 giorni
B Il doppio di Francesca
C Il doppio di Simona
D 6 giorni

31 Da un'urna contenente 15 palline numerate da 1 a 15 viene estratta, a occhi bendati, una pallina. Supponendo che tutte le palline abbiano le stesse probabilità di essere estratte, qual è la probabilità che esca un numero maggiore di 7?

A 7/15
B 1/3
C 8/15
D 1/4

32 Cinque persone si devono dividere una somma di denaro. Se il denaro, anziché per cinque, fosse diviso per quattro, ciascuno riceverebbe 40 euro in più. A quanto ammonta la somma di denaro da dividere?

A 800 euro
B 620 euro
C 300 euro
D 250 euro
E 1150 euro

33 Un'asta di metallo lunga 1 metro è sospesa per il suo centro. A 25 cm dall'estremità destra è agganciato un peso di 5 kg, mentre all'estremità opposta è agganciato un peso di 48 kg. Cosa è necessario fare per equilibrare l'asta e mantenerla in posizione orizzontale?

A Aggiungere, al peso agganciato a destra, un ulteriore peso di 96 kg
B Aggiungere, al peso agganciato a sinistra, un ulteriore peso di 91 kg
C Aggiungere, al peso agganciato a destra, un ulteriore peso di 91 kg
D Aggiungere, al peso agganciato a sinistra, un ulteriore peso di 96 kg
E Nulla, l'asta è già in equilibrio

34 In quanti modi differenti 5 bambini si possono sedere su 3 poltrone, libere e allineate, di una sala giochi?

A 60
B 9
C 15
D 25
E 120

35 **In una casa editrice, quattro libri di una data collana di 448, 352, 464 e 640 pagine, rispettivamente, devono essere composti in fascicoli, aventi ciascuno lo stesso numero di pagine. Di quante pagine massime può essere composto ciascun fascicolo?**

A 8
B 16
C 32
D 72
E 48

36 **Per un viaggio organizzato, 40 persone noleggiano 10 auto da 4 posti. Le persone devono essere ripartite in modo che ciascuna auto trasporti sia uomini sia donne; tuttavia, si rendono conto che qualunque sia la ripartizione, un'auto trasporterà necessariamente solo donne. Quante sono almeno le donne che partecipano al viaggio?**

A 31
B 25
C 29
D 28
E 23

37 **Due amici, Andrea e Bartolo, collezionano monete. I due amici posseggono complessivamente 100 monete. Se Andrea cedesse a Bartolo 25 monete, il primo avrebbe un quarto delle monete del secondo. Qual è il numero di monete posseduto inizialmente da ciascun amico rispettivamente?**

A 45 e 55
B 30 e 80
C 60 e 80
D 20 e 50
E 50 e 70

38 **In un'azienda lavorano 80 dipendenti, di cui 60 guadagnano 10 euro all'ora, mentre 20 guadagnano 12 euro all'ora. Qual è la media dei guadagni all'ora?**

A 11,5 euro
B 11 euro
C 10 euro
D 10,5 euro
E 12 euro

39 **Quale numero moltiplicato per 4 deve essere sottratto a 2.002 per ottenere 22?**

A 1.980
B 192
C 495
D 129
E 200

40 **In una raccolta di soldi per beneficenza, sono stati elargiti 599 euro. Se ciascuno dei benefattori ha contribuito con almeno 12 euro, qual è il maggior numero di benefattori?**

A 50
B 43
C 51
D 49
E 44

4.11 Soluzioni e commenti

1 Per arrivare al giorno in cui i tre agenti si incontreranno di nuovo a Parigi dovranno essere trascorsi un numero di giorni che sia contemporaneamente multiplo di 3, 8 e 12. Poiché l'esercizio richiede la prima volta che ciò accadrà, il numero dei giorni trascorsi deve essere il primo multiplo dei tre valori, cioè il minimo comune multiplo. Senza dividere in fattori primi i tre numeri basta osservare che tra le alternative proposte 24 (il valore più piccolo) è il primo multiplo di 12, di 8 e di 3 e quindi la D è la soluzione del quesito.

2 Affinché un numero sia divisibile per 3, la somma delle sue cifre deve avere come risultato un multiplo di 3. Come si vede, affinché ciò accada si deve, per esempio, aggiungere 1 al primo numero (così $1 + 9 + 7 + 0 + 1 = 18$), 3 al secondo (la somma delle cifre ha così come risultato 27) e 5 al terzo (così la somma risulta 9). La soluzione al quesito è quindi fornita dai numeri 1, 3 e 5 (E alternativa corretta).

3 Il numero 28 (C soluzione del quesito) è l'unico, tra quelli proposti, contemporaneamente divisibile per 7 e per 4 e ed quindi quello che ottiene certamente il punteggio maggiore.

4 Quando Alessandra non distribuisce a se stessa i quaderni allora riesce a distribuire in totale alla sue amiche 18 quaderni in più (i suoi 9 più i 9 avanzati nella prima distribuzione). Ognuna delle sue amiche a questo punto avrebbe 3 quaderni in più rispetto a prima (12 anziché 9), ma questo vuol dire che, essendosi divise 18 quaderni, le amiche devono essere 6 in tutto (A soluzione del quesito).

Si può risolvere il quesito anche considerando che il numero totale di quaderni è sempre lo stesso, sia nella prima, sia nella seconda distribuzione, ma, chiamando X il numero di amiche di Alessandra tale numero è pari a: 12 X considerando la seconda distribuzione e a 9 (X + 1) + 9 considerando la prima (dove oltre alle X ragazze c'è Alessandra e dove avanzano 9 quaderni). Si può quindi scrivere che:

$$12\,X = 9\,(X + 1) + 9$$

da cui

$$3\,X = 18$$

e quindi $X = 6$.

5 Per risolvere l'esercizio basta pensare che, tolto un fumetto al totale degli stessi, il numero di fumetti che avanza deve essere un numero contemporaneamente divisibile per 2, 3, 4, 5, 6 e 7. A questo punto, quindi, basta provare le alternative e vedere quella che possiede questa caratteristica. Si vede subito che dovendo essere divisibile per 5 le soluzioni possibili devono essere o 666 (che diventa 665 o 421 che diventa 420). Si osserva però subito che 665 è un numero non divisibile per 3 e quindi la soluzione non può che essere 421 (essendo 420 divisibile per tutti i numeri richiesti) e la **A** è quindi l'alternativa corretta.

6 Poiché ci sono 50 manubri, vuol dire che ci sono 50 tra moto e tricicli che hanno o due ruote (moto) o tre ruote (i tricicli) a mezzo. Si provi quindi a dare 2 ruote a ognuno dei 50 mezzi: a questo punto sono state distribuite 100 ruote e le moto sono a posto. Avanzano ancora 20 ruote che devono, quindi, essere assegnate solo ai tricicli, dandone ancora una a ogni triciclo. Ma essendo 20 le ruote saranno 20 anche i tricicli e quindi 30 le moto (**B** soluzione del quesito) essendo 50 in totale i mezzi.

7 Si supponga che il gruppo sia formato proprio da 5 persone 3 uomini e 2 donne. L'età totale degli uomini è quindi pari a 81 anni e 6 mesi (27 anni e 2 mesi per tre) e quella delle donne a 52 anni e 8 mesi. In totale i 5 amici hanno quindi 134 anni e 2 mesi. Per trovare la media di età del gruppo si deve dividere questo valore per 5.

Si inizi a dividere solo gli anni: 134 anni per 5. Da tale divisione si ottiene 26 con il resto di 4 anni. Questi ultimi corrispondono a 48 mesi che sommati ai 2 mesi non ancora calcolati fanno 50 mesi in totale. Questi devono essere divisi ancora per 5 ottenendo 10 mesi. L'età media del gruppo è quindi 26 anni e 10 mesi (**E** soluzione del quesito).

8 In totale Filippo ha mangiato 6 + 4 = 10 cioccolatini in 8 serate. La media di cioccolatini a sera è quindi pari a 10/8 cioè 1,25 (**C** soluzione del quesito).

9 Nel contare gli scambi di brindisi si deve tenere conto che se X scambia il brindisi con Y allora questo brindisi è lo stesso che si ha tra Y e X: l'ordine nel quale si considerano i due elementi di ogni coppia cioè non è importante e bisogna, quindi, contare gli scambi una sola volta. Se ognuno dei 24 amici scambia il brindisi con tutti gli altri allora ognuno scambierà 19 brindisi. Moltiplicando però 24 x 23 si ottiene il doppio dei brindisi scambiati, infatti si conterebbe sia quello tra X e Y, ma anche quello tra Y e X. Il totale reale dei brindisi è quindi pari a (24 * 23)/2 = 276 (**D** soluzione del quesito).

10 Si provi a mettere in ordine le 4 biciclette: sulla prima può salire ognuno dei 4 ragazzi, ma sulla seconda potrà salire solo uno dei 3 rimanti, sulla terza uno degli ultimi due e sull'ultima solo 1. Il totale dei modi in cui si possono ripartire le 4 biciclette è quindi pari a 4 x 3 x 2 x 1 = 24 modi diversi (**E** soluzione del quesito).

11 Per trovare tutte le parole di tre diverse lettere che si possono fare con le 21 lettere dell'alfabeto italiano si provi a pensare quante lettere possono occupare la prima, la seconda e la terza posizione della parola: 21, 20 e 19. Il numero totale di parole è quindi pari a 21 x 20 x 19 = 7.980 parole (**D** soluzione del quesito).

12 Procedendo in direzioni opposte, i due treni si allontanano a una velocità che è pari alla somma delle due velocità cioè pari a 360 km/h. Andando a quella velocità ogni minuto si allontanano di 6 km (infatti se ne fanno 360 in 60 minuti, in ogni minuto ne faranno 1/60 di 360, cioè 6). In due minuti si allontanano dunque di 12 km (C soluzione del quesito).

13 Al momento della prima estrazione ci sono 5 fogliettini nell'urna, quindi la probabilità che venga estratto uno dei due figli maschi è pari a 2/5 (due casi favorevoli su 5 possibili). A questo punto Fabrizio effettua la seconda estrazione e si troverà con 4 fogliettini dei quali uno solo contiene il nome del figlio maschio rimanente. La probabilità di estrarre questo fogliettino è pari a 1/4. La probabilità che i due eventi (figlio maschio alla prima estrazione e figlio maschio alla seconda estrazione) si verifichino contemporaneamente è data dal prodotto delle due singole probabilità (si tratta di eventi indipendenti), ed è dunque pari a 2/5 x 1/4 = 2/20 = 1/10 (in termini percentuali 10%). La soluzione al quesito è fornita dall'alternativa B.

14 Sia x = 8 (poiché il problema ha x/4, è conveniente scegliere un numero divisibile per 4). Le prime cento copie costano 800 centesimi di euro e le copie in più costano 8/4 = 2 centesimi di euro ciascuna, quindi 200 copie · 2 centesimi di euro = 400 centesimi di euro. Il costo totale è di 1,20 euro (cioè 1200 centesimi di euro). Avendo posto x = 8, le possibili risposte diventano: 800, 1200, 1600, 2400, 3200, pertanto la risposta corretta è la B.

Quando si assegna un valore a una variabile, è conveniente evitare di assegnare i valori 0 e 1 poiché 0 volte un numero è sempre 0, mentre 1 volta un numero non modifica il numero stesso. Se sono presenti più quantità sconosciute nelle risposte, è meglio assegnare valori diversi a quantità diverse.

15 La parte ancora da costruire è uguale a 1 – 5/7, pari ai 2/7 del muro. Poiché per ogni settimo di stanza sono stati utilizzati 70 mattoni, per completare il muro occorrono 140 mattoni (risposta E).

16 Per rispondere al quesito è sufficiente osservare l'unità di misura della capacità: 1,5 litri sono equivalenti a 150 centilitri. Sapendo che per ogni Negroni bisogna utilizzare 10 centilitri, per esempio, di Campari, ne deriva che è possibile prepararne non più di 15 (150/10). È ovvio che, per preparare solo Negroni "a regola d'arte", mezzo litro di Gin dovrà restare inutilizzato. La risposta esatta è quindi la B.

17 Se Alberto pianta 60 alberi a una distanza di 8 metri allora il perimetro coperto è pari a 480 metri (60 x 8). Se la distanza aumenta di 2 metri vuol dire che diventa pari a 10 metri e quindi basteranno 48 alberi (480 : 10) per coprire il perimetro. La D è la soluzione del quesito.

18 Se l'infermiere deve somministrare 60 mg del farmaco ma ne tiene un quarto da parte, vuol dire che ne somministra 45 mg (che sono i 3/4 di 60 mg). Questi 45 mg devono essere divisi in due parti in modo che Mauro ne abbia il doppio di Lucia. Per rispondere al quesito si possono, per esempio, esaminare le alternative. Si vede, così, che la **C** è la soluzione cercata, infatti se a Mauro sono somministrati 30 mg a Lucia ne vengono somministrati 15 (la metà) e la somma di questi due valori ha come risultato proprio i 45 mg somministrati. Si poteva risolvere il quesito anche impostando un sistema a due equazioni in due incognite:

$$M + L = 45$$

$$M = 2L$$

dove M = Mauro e L = Lucia, che poteva facilmente essere risolto con le opportune sostituzioni.

19 Se il treno perde 3 secondi ogni minuto, significa che ogni 20 minuti perderà 1 minuto. Poiché ha già 3 minuti di ritardo, per arrivare ad accumulare un'ora, deve perdere ancora 57 minuti, per i quali sono necessari 57 x 20 = 1140 minuti, cioè 19 ore (1140/60 = 19). La soluzione al quesito è, quindi, fornita dall'alternativa **C**.

20 Se quadri / sculture = 3/4

allora:

quadri = 3/4 sculture

e se mosaici / quadri = 5/3

allora:

mosaici = 5/3 quadri.

Da queste relazioni, se le sculture sono 36, allora i quadri (che sono pari ai 3/4 di queste ultime) sono 27. Ma se i quadri sono 27 allora i mosaici (che sono pari ai 5/3 di questi ultimi) sono 45. In totale si hanno quindi 36 + 27 + 45 = 108 opere (**C** soluzione del quesito).

21 Le ragazze brune sono l'80% del totale delle ragazze; quindi 160 (ragazze non brune) rappresenta il 20% del numero complessivo di ragazze. Pertanto il numero di ragazze della scuola è pari a:

$$x \cdot 20\% = 160 \text{ da cui si ricava } x = \frac{160}{20} \cdot 100 = 800$$

Poiché le ragazze costituiscono il 40% degli studenti, il numero complessivo di studenti è pari a:

$$\frac{800}{40} \cdot 100 = 2000$$

Quindi, l'alternativa corretta è la **D**.

22 Le nascite dei bambini sono eventi indipendenti tra loro. Per trovare la probabilità che si abbiano tre maschi si devono moltiplicare tra loro le singole probabilità che ogni donna ha di avere un maschio, e quindi 1/2 x 1/2 x 1/2 = 1/8.

Un discorso leggermente differente si deve per il calcolo della probabilità che nascano due femmine e un maschio. Le configurazioni possibili sono infatti:

Mamma A	Mamma B	Mamma C
F	F	M
M	F	F
F	M	F

Ognuna di queste configurazioni ha una probabilità di uscita pari a 1/8. La probabilità totale che si verifichi l'evento di nascita di due femmine e un maschio sarà dato dalla somma delle singole probabilità, essendo tra di loro le configurazioni eventi incompatibili (infatti o si verifica la prima o la seconda o la terza, ma il verificarsi di una esclude il verificarsi di un'altra). La probabilità totale è quindi pari a 3/8 e la soluzione all'esercizio è fornita dall'alternativa **B**.

23 Tirando due dadi si può ottenere 6 con le seguenti modalità:

Dado 1	Dado 2
4	2
2	4
1	5
5	1
3	3

Ognuna delle 5 coppie di valori la cui somma è pari a 6, ha 1/36 di probabilità di uscita (cioè 1/6 x 1/6). La probabilità totale di ottenere un 6 tirando due dadi è quindi pari a 5/36. La risposta corretta è la **A**.

24 Poiché Lavorando insieme i tre correttori di bozze correggono l'intero libro in 5 ore, allora ogni ora correggono 1/5 di libro (40 pagine). Poiché il primo da solo impiegherebbe 20 ore a leggere il libro, allora ogni ora legge 1/20 del libro (10 pagine), mentre il secondo (andando a velocità doppia) legge 1/10 del libro (20 pagine).

Il terzo quindi legge:

1/5 – (1/20 +1/10) cioè 1/20 del libro (10 pagine).

Per leggerlo tutto impiega, dunque, 20 ore (**A** soluzione del quesito).

25 Il numero di casi possibili è pari a 4 poiché ognuna delle due discoteche può essere aperta o chiusa:

Configurazioni	1ª discoteca	2ª discoteca
1	aperta	aperta
2	aperta	chiusa
3	chiusa	chiusa
4	chiusa	aperta

Dalla precedente tabella è possibile ricavare il numero di casi favorevoli per le varie configurazioni:

- entrambe le discoteche aperte: casi favorevoli = 1, da cui $P_1 = 1/4$;
- una discoteca chiusa e l'altra aperta: casi favorevoli = 2, da cui $P_2 = 2/4 = 1/2$;
- entrambe le discoteche chiuse: casi favorevoli = 1, da cui $P_3 = 1/4$;
- la somma delle tre probabilità è: 1/4 + 1/2 + 1/4 = 1.

La risposta corretta è dunque la **C**.

26 La probabilità è calcolata come rapporto tra il numero dei casi favorevoli e il numero di quelli possibili. Nel caso in oggetto il numero di casi favorevoli (palline non gialle) è pari a 80 e il numero dei casi possibili (tutte le palline) è pari a 100. La probabilità sarà quindi pari a 80/100 cioè l'80% (**C** soluzione del quesito).

27 Se vengono imbustate correttamente tre buste allora anche la quarta sarà certamente imbustata correttamente. Non è quindi possibile imbustarne correttamente esattamente tre: la probabilità è quindi nulla, pari a 0 e la soluzione è la **C**.

28 I 3 soggetti hanno lo stesso ritmo di lavoro, quindi per demolire la stessa parete un solo muratore impiega 40 × 3 = 120 minuti = 2 ore (risposta **B**).

29 Per poter confrontare i lavori delle tre persone è necessario ridurli all'unità di tempo, in questo caso espressa in ore. Se un marinaio impiega 3 ora a sbucciare un sacco di patate, allora in un'ora sbuccerà 1/3 del sacco, il secondo in un'ora sbuccerà 1/4 e il terzo 1/6. Lavorando insieme i tre marinai sbucceranno 1/3 + 1/4 + 1/6 = 9/12 cioè 3/4 di un sacco. Poiché in un'ora sbucciano i 3/4 di un sacco allora per sbucciare un sacco intero avranno bisogno oltre a quell'ora anche del tempo necessario impiegato per sbucciare il rimanente 1/4. Se in un'ora sbucciano 3/4, per fare 1/4 dello stesso impiegheranno 1/3 di ora, cioè 20 minuti. Per sbucciare un intero sacco, quindi, i tre marinai, lavorando insieme, impiegano 80 minuti. Per fare 75 sacchi i tre marinai impiegheranno 80 x 75 = 6000 minuti, cioè 100 ore (**D** soluzione del quesito).

30 Lavorando insieme Francesca, Simona e Marianna impiegano 2 giorni per terminare il lavoro. Questo significa che nell'unità di tempo pari a un giorno tutte e tre insieme faranno 1/2 del lavoro (in un giorno fanno cioè metà del lavoro). Francesca, lavorando da sola, in un giorno farebbe 1/4 del lavoro (impiega, infatti 4 giorni per completarlo), mentre Simona 1/6.

Se si sottrae al lavoro di tutte e tre in un giorno, la somma del lavoro di Francesca e Simona in un giorno, si ottiene il lavoro di Marianna in un giorno:

$$1/2 - (1/4 + 1/6) = 1/12.$$

1/12 è, quindi, la quota del lavoro totale compiuto da Marianna in un giorno lavorando da sola. Per completare il lavoro, questa avrebbe, dunque, bisogno di 12 giorni, cioè il doppio del tempo di Simona. La **C** è la soluzione del quesito.

---

31 I casi favorevoli (numero maggiore di 7) sono in tutto 8 (8, 9, 10, 11, 12, 13, 14, 15) su un totale di 15 dasi possibili. La probabilità assumerà quindi il valore di 8/15 (**C** soluzione del quesito).

---

32 Sia x la quantità di denaro percepita da ciascuna persona dividendo per 5 la somma iniziale di denaro. Poiché la somma iniziale da dividere non cambia, vale la seguente equazione: $x \times 5 = (x + 40) \times 4$ da cui si ricava $x = 160$. Pertanto, la somma di denaro da dividere è pari a $160 \times 5 = 800$ euro (la risposta esatta è la **A**).

---

33 Il peso di 5 kg agganciato a 25 cm dall'estremità destra (e quindi a 25 cm dal punto di sospensione, che coincide con il centro dell'asta) produce una forza pari a 5 x 25 = 125 (prodotto tra peso e distanza del punto dove si trova il peso dal centro). Il peso di 48 kg agganciato all'altra estremità (quindi a 50 cm dal punto di sospensione) produce una forza pari a 48 x 50 = 2400. Per portare in equilibrio l'asta è necessario, quindi, applicare sulla parte destra un ulteriore peso (le alternative **B** e **D** sono certamente errate) che possa compensare la differenza di forze prodotte pari 2400 – 125 = 2275. La soluzione al quesito è fornita dall'alternativa **C**, infatti agganciando un peso di 91 kg a 25 cm dal punto di sospensione si ottiene una forza proprio pari a 91 x 25 = 2275.

---

34 Si provi a contare quanti bambini si possono sedere su ognuna delle tre poltrone, considerando che se il bambino A siede sulla prima poltrona, B sulla seconda e C sulla terza è un modo diverso rispetto, per esempio a quello in cui A siede sulla seconda, B sulla terza e C sulla prima.

La prima può essere occupata da uno qualunque dei 5 bambini, ma sulla seconda si potrà mettere solo uno dei 4 bambini rimanenti e sulla terza solo uno dei tre rimasti dopo aver occupato le prime due poltrone. Il numero di modi diversi in cui le tre poltrone possono essere occupate è quindi pari a 5 x 4 x 3 = 60 modi (**A** soluzione del quesito).

---

35 Per risolvere il quesito è necessario trovare un valore che sia divisore di tutte le paginazioni date e che sia anche il più grande possibile: si deve quindi cercare il massimo comun divisore. Si nota come tra i valori 448 e 464 ci sono 16 unità di differenza: il divisore massimo comune è quindi un numero pari o inferiore a 16. In effetti 16 è un divisore comune a tutti i valori cercati e quindi è anche la soluzione del quesito (**B** alternativa corretta).

---

36 Se si disponesse di 10 uomini se ne potrebbe mettere uno ogni macchina e non fare quindi macchine di sole donne. Se questo è impossibile, vuol dire che si hanno al massimo 9 uomini e quindi minimo 31 donne (**A** soluzione del quesito).

37 Per risolvere il quesito conviene partire dalle alternative e provarle. Se Andrea avesse 45 monete e ne cedesse 25 a Bartolo rimarrebbe con 20 monete mentre Bartolo passerebbe da 55 a 80. Così facendo Andrea ne avrebbe un quarto di Bartolomeo: l'alternativa **A** è quindi la soluzione del quesito.

38 Gli 80 dipendenti in totale guadagnano una somma pari a (60 x 10) + (20 x 12) = 840 euro. La media dei guadagni orari per ogni dipendente sarà quindi ottenuta dividendo questi 840 euro per gli 80 dipendenti 840/80 = 10,5 euro (**D** soluzione del quesito).

39 Per ottenere 22 da 2.002 è necessario togliere a quest'ultimo un valore pari a 1.980. Per ottenere 1.980 è necessario moltiplicare per 4 il valore 495 (**C** soluzione del quesito).

40 Per avere il maggiore numero di contribuenti si deve immaginare che ognuno abbia messo il minimo possibile: 12 euro. Se la somma fosse stata 600 euro, allora i benefattori al massimo sarebbero potuti essere 50 potendo ognuno mettere esattamente 12 euro. Avendo però una somma totale di 599 vuol dire che al massimo si avranno 49 benefattori (**D** soluzione del quesito).

4.12 Esercizi proposti

1 Marco dice a Francesco: "Se mi dai una biglia, ne avremo lo stesso numero". Francesco risponde: "Se me ne dai una tu, io ne avrò il doppio delle tue". Quante biglie hanno rispettivamente Marco e Francesco?

A 3 e 4
B 5 e 7
C 1 e 2
D 5 e 6
E 2 e 4

2 In una boccia di vetro ci sono tre tipi di gomme da masticare: rosse, gialle e blu. Quante occorre prenderne al buio affinché se ne abbiano almeno tre dello stesso colore?

A 5 **B** 6 **C** 7 **D** 8 **E** 4

3 Due colleghi sono stati assunti nello stesso giorno: uno aveva il doppio dell'età dell'altro. Anni dopo la Ditta fallisce: in quel momento il maggiore ha 20 anni più del minore.

A quale età è stato assunto il minore?

A 35 anni
B 20 anni
C 30 anni
D 25 anni
E 15 anni

4 **Una somma di denaro deve essere divisa tra tre persone; alla prima spettano i 2/3 della somma, alla seconda spetta 1/5 di quanto spetta alla terza. Se alla seconda spettano 100 euro, a quanti euro ammonta la somma?**

A 9.000
B 1.800
C 1.500
D 4.500
E 4.000

5 **In una fattoria vi sono galline e mucche: in totale le teste sono 39 e le zampe 100. Quante sono le galline e quante le mucche?**

A 11 galline e 28 mucche
B 14 galline e 25 mucche
C 15 galline e 24 mucche
D 19 galline e 20 mucche
E 28 galline e 11 mucche

6 **Maurizio va dal tabaccaio ed acquista 2 sigari cubani, spendendo in tutto 1 euro e 10 centesimi. Un sigaro costa un euro in più dell'altro. Qual è il prezzo di ogni sigaro?**

A Un sigaro costa 1 Euro e l'altro 10 centesimi
B Un sigaro costa 75 centesimi e l'altro 35 centesimi
C Un sigaro costa 1 Euro e 5 centesimi e l'altro 5 centesimi
D Un sigaro costa 1 Euro e 25 centesimi e l'altro 75 centesimi
E Un sigaro costa 1 Euro e 75 centesimi e l'altro 25 centesimi

7 **Per trasportare la propria bicicletta sul treno bisogna pagare 3,50 euro. I tesserati della FIAB hanno diritto ad una tessera che permette di portare la bici sul treno per 12 mesi ad un prezzo di 42 euro. La tessera costa 18 euro. Facendo 100 viaggi l'anno sul treno, un tesserato della FIAB quanto può risparmiare?**

A 200 euro
B 290 euro
C 302 euro
D 180 euro
E 280 euro

8 **Nel parco alcuni bambini stanno correndo in bicicletta. Altri, più piccoli, vanno sul triciclo. Se insieme vi sono 18 fra biciclette e tricicli e le ruote sono in tutto 46, quanti sono i tricicli?**

A 8
B 9
C 10
D 11
E 12

9 **7 imbianchini iniziano a pitturare un gruppo di appartamenti e prevedono di completare il lavoro in 16 giorni. Due giorni dopo l'inizio del lavoro, altri 7 imbianchini vengono ad aggiungersi agli altri. In quanti giorni sarà finito il lavoro?**

A 4 B 9 C 6 D 7 E 8

10 **In una pasticceria, due pasticceri farciscono 12 bignè in un minuto. Raddoppiando il personale, quanti minuti occorreranno per farcire 48 bignè?**

A 1
B 2
C 4
D 6
E Non abbiamo sufficienti dati per stabilirlo

11 **Per costruire un armadio Antonio impiega dodici giorni, Luca ne impiega quattro e Gianni sei. Quanto tempo impiegano i tre insieme a costruire l'armadio?**

A 2 giorni
B 3 giorni
C 36 ore
D 4 giorni
E 5 giorni

12 **Un padre ha 50 anni e il figlio 26. Quando l'età del padre sarà tripla di quella del figlio?**

A Mai
B 14 anni fa
C Fra 14 anni
D Non è possibile stabilirlo
E 21 anni fa

13 **Sofia ha 14 anni, Chiara ha un anno meno di Davide e tre anni più di Simone il quale ha quattro anni più di Giacomo e un anno in più di Sofia, Francesco è il più piccolo e ha un anno meno di Giacomo. Quanti anni ha Davide?**

A 17
B 19
C 29
D 18
E 16

14 **Tre bambini mangiano 3 torte in 3 ore. Quante torte mangiano 6 bambini in 6 ore?**

A 6
B 9
C 12
D 18
E 24

15 **Se un maglione pesa come una calcolatrice più una borsa, cinque calcolatrici pesano come un maglione più una borsa, un vaso pesa come un maglione più una calcolatrice e una borsa pesa 300 grammi, quanto pesa il vaso?**

A 300 grammi
B 150 grammi
C 200 grammi
D 600 grammi
E 450 grammi

16 **32 operaie attaccano le etichette a 256 capi di vestiario in 20 minuti. Lavorando allo stesso ritmo, quante ore saranno necessarie affinché 4 operaie attacchino 128 etichette?**

A 5 ore e 20 minuti
B 1 ora e 40 minuti
C 1 ora e mezza
D 1 ora e 20 minuti
E 1 ora e 10 minuti

17 **Un tale compra un oggetto a 20 Euro e lo vende a 25 Euro; lo ricompra a 30 Euro e lo rivende a 35 Euro. Quanti Euro guadagna?**

A 0
B 5
C 10
D 15
E 20

18 **Se 4 pizzaioli preparano 36 pizze in 20 minuti, lavorando allo stesso ritmo quante pizze prepareranno 5 pizzaioli in un'ora?**

A 180 pizze
B 135 pizze
C 45 pizze
D 108 pizze

19 **Da un'urna, contenente quattro palline, di cui due nere e due bianche, vengono estratte due palline (una dopo l'altra, senza reinserire nell'urna la prima pallina estratta). Qual è la probabilità di estrarre due palline di colore diverso?**

A 25% circa
B 66% circa
C 50% circa
D 33% circa

20 **Per un viaggio organizzato, 91 persone noleggiano 3 autobus. Le persone saranno ripartite in modo che il primo autobus contenga un terzo dei viaggiatori del secondo e il secondo autobus un terzo dei viaggiatori del terzo. Quanti viaggiatori conterrà il secondo autobus?**

A 21
B 24
C 33
D 31
E 30

21 **6 camini hanno legna da ardere per 18 ore. Se i camini fossero 9, quante ore durerebbe la legna?**

A 18
B 21
C 16
D 13
E 12

22 **Quanti numeri dispari di 4 cifre si possono scrivere usando una e una sola volta ciascuna delle cifre 2, 5, 7, 8?**

A 4
B 9
C 12
D 5
E 10

23 **Un pittore dispone di 8 tubetti di colore, con colori tutti diversi tra loro: tra essi, blu e rosso. In quanti modi diversi può mescolare 3 colori differenti, se esclude di mettere insieme blu e rosso?**

A 50
B 53
C 48
D 54
E 46

24 **Sandro è un collezionista di fumetti e possiede un numero di fumetti compreso tra 40 e 100. Se li contasse a gruppi di 9 non ne resterebbe alcuno, mentre a gruppi di 5 ne resterebbero 2. Da quanti fumetti è costituita la collezione di Sandro?**

A 75
B 84
C 85
D 88
E 72

25 **In una casa editrice, quattro libri di una data collana di 416, 384, 480 e 608 pagine, rispettivamente, devono essere composti in fascicoli, aventi ciascuno lo stesso numero di pagine. Di quante pagine massime può essere composto ciascun fascicolo?**

A 24
B 32
C 18
D 16
E 48

26 **Tre treni partono dalla stazione centrale di Canicattì alle 06:00: il primo torna alla stazione ogni 30 minuti, il secondo ogni 45 minuti, mentre il terzo ogni 50 minuti. A che ora della giornata i tre treni saranno tornati insieme, per la prima volta, alla stazione di Canicattì?**

A 13:30
B 07:30
C 12:30
D 18:30
E 10:30

27 **Alla festa di compleanno di Gaia sono avanzate alcune fette di torta. Gaia decide di divederle con i suoi ospiti al momento dei saluti. Se ogni ospite, Gaia compresa, prendesse 5 fette, ne avanzerebbero 5. Se Gaia si escludesse, gli altri riceverebbero 6 fette. Quanti sono gli ospiti, Gaia compresa?**

A 9
B 11
C 6
D 13
E 12

28 **Qual è la media aritmetica dei primi 1.000 numeri naturali?**

A 501,5
B 500,5
C 501
D 500
E 495,5

29 **In una stireria, 3 stiratrici stirano una camicia rispettivamente in 6, 8 e 12 minuti. Lavorando insieme, quanti minuti impiegano a stirare 33 camicie?**

A 33
B 66
C 120
D 44
E 88

30 **Un ciclista procede a una velocità pari alla metà di un automobilista che va a 30 km/h. Quanti km percorre il ciclista in 2 minuti?**

A 2
B 1,5
C 3
D 1
E 0,5

31 **Il dottor Salutesempre, ogni mattina, esce di casa alle 8.45, cammina e mantiene una velocità costante di 5 km/h, in questo modo arriva in ambulatorio alle 9. Se decidesse di uscire di casa alle 8.50, quale velocità dovrebbe mantenere per arrivare in ambulatorio alle 9?**

A 6,8 km/h
B 7,5 km/h
C 25/3 km/h
D 6km/h
E 20/3 km/h

32 **Qual è la probabilità di estrarre da un'urna contenente 15 palline, numerate da 1 a 15, una pallina di numero dispari?**

A 1/15
B 3/5
C 7/15
D 8/15
E 1/5

33 **Due fratelli svuotano la loro dispensa in 90 minuti. Se fosse arrivato un altro fratello e avessero mangiato tutti ugualmente allo stesso ritmo di prima, quanto tempo avrebbero impiegato a svuotare la dispensa?**

A 40 minuti
B 75 minuti
C 60 minuti
D 45 minuti
E 30 minuti

34 **In una fabbrica si producono 560 pezzi in 70 ore. Quanti pezzi sono prodotti in 20 ore?**

A 280
B 200
C 320
D 240
E 160

35 **Di quanto aumenta il numero 150 se tra le decine e le centinaia si inserisce la cifra 2?**

A 1.100
B 900
C 1.200
D 850
E 1.000

36 **A uno spettacolo teatrale, il pubblico in sala si è disposto in file in modo da comporre 17 file. Ogni fila conteneva 5 persone in più della precedente. Se nella prima fila c'erano 3 persone, quante persone c'erano nell'ultima fila?**

A 78
B 93
C 88
D 73
E 83

37 **In una classe, il professore di storia ha interrogato e il voto medio è stato 5,5. Sapendo che il voto medio dei ragazzi è stato 6,5 e che i ragazzi della classe sono 10 e le ragazze sono 20, qual è stato il voto medio delle ragazze?**

A 5
B 6
C 6,5
D 6,2
E 5,5

38 **Nella sequenza di numeri seguente manca una cifra: 1966*; 2011*; 2013*. Quali delle cifre proposte devono sostituire gli asterischi perché tutti i numeri siano divisibili per 3?**

A 6; 6; 6
B 5; 3; 6
C 4; 2; 6
D 5; 2; 6
E 5; 6; 6

39 **Il custode di un acquario conta ripetutamente i pesci, il cui numero è compreso tra 50 e 100. Sia che li conti a 3 a 3, sia che li conti a 4 a 4, o a 5 a 5, o a 6 a 6, ne avanza sempre 1. Di quanti pesci è composto l'acquario?**

A 82
B 87
C 71
D 61
E 99

40 **Quale, tra le seguenti terne di numeri, è composta da numeri contemporaneamente multipli di 3 e di 6?**

A 27; 36; 66
B 24; 48; 57
C 12; 24; 90
D 6; 27; 36
E 18; 21; 24

4.13 Tabella delle risposte

Domanda	Risposta	Domanda	Risposta
1	B	21	E
2	C	22	C
3	B	23	A
4	B	24	E
5	E	25	B
6	C	26	A
7	B	27	B
8	C	28	B
9	D	29	E
10	B	30	E
11	A	31	B
12	B	32	D
13	B	33	C
14	C	34	E
15	D	35	A
16	D	36	E
17	C	37	A
18	B	38	D
19	B	39	D
20	A	40	C

5 RAGIONAMENTO NUMERICO E SUCCESSIONI DI LETTERE

Le *successioni di numeri e lettere* rappresentano un tipo di esercizi da tempo diffuso nell'ambito dei test attitudinali. Si tratta di quesiti che intendono **valutare la capacità del candidato di scoprire con rapidità il criterio in base al quale numeri e lettere sono disposti all'interno di una successione data**.

Non è richiesta, come si vedrà, alcuna nozione matematica né linguistica particolare, se non la capacità di effettuare elementari operazioni aritmetiche e, in alcuni casi, la conoscenza dell'alfabeto inglese.

Data una successione incompleta di numeri o lettere, il candidato deve completarla scegliendo, tra le alternative proposte, il numero o la lettera che soddisfa la logica della successione. Sebbene i principi su cui si basano le diverse successioni siano sostanzialmente i medesimi, nell'analisi degli esercizi di questo capitolo vengono trattate separatamente: quelle di *numeri*, quelle di *lettere* e quelle *miste* (di numeri e lettere).

5.1 Successioni di numeri

Esercizi composti da successioni di numeri nelle quali compare un'incognita che il candidato deve sostituire scegliendo, tra le alternative proposte, un numero che soddisfi il criterio logico che governa l'intera successione.

ESEMPI

Nelle seguenti serie individuare il numero mancante.

1 **11,17, 23, 29, 35, ...?**

A 45
B 41
C 48
D 49

Si tratta di una *successione aritmetica additiva*, in cui ogni numero è ottenuto sommando un valore costante al numero precedente. Nell'esercizio proposto la costante è pari a 6 e quindi l'incognita è uguale al numero che si ottiene sommando 6 a 35, cioè 41 (alternativa B). Esistono anche esercizi in cui un valore costante viene sottratto passando da un numero al seguente della successione.

2 **16, 13, 39, 35, 140, 135, ?**

A 130
B 650
C 675
D 625
E 615

La logica della serie è: – 3, x 3, – 4, x 4, – 5 ... Per completare la serie serve quindi il numero risultante dalla moltiplicazione di 135 x 5 cioè 675 (C soluzione del quesito).

3 **27, 81, 69, 207, 195, 585, ?, ?**

A 1.719; 572
B 573; 1.721
C 572; 1.724
D 573; 1.719

I numeri della serie seguono la seguente logica: x 3, – 12. Così, moltiplicando 27 x 3 si ottiene 81 a cui si sottrae 12 per arrivare a 69. I numeri mancanti sono quindi 573 (585 – 12) e 1.719 (573 x 3). La soluzione al quesito è quindi rappresentata dall'alternativa D.

4 **32, 4, 16, 8, ...?, 16, 4, ...?**

A 8; 24
B 2; 32
C 24; 32
D 8; 32
E 7; 65

Si alternano tra loro *due serie di numeri con due logiche indipendenti*: una è costituita da una serie di numeri progressivamente divisi per 2 (32, 16, ..., 4), se si sostituisce 8 all'incognita, l'altra da una serie di numeri moltiplicati per 2 (4, 8, 16) completata dal numero 32. La risposta esatta è così la D.

5 **8, 12, 20, 32, 52, ...?**

A 66
B 84
C 72
D 68
E 99

Leggendo i primi quattro numeri della serie si può pensare di essere di fronte a una serie additiva in cui il criterio è + 4, + 8, + 12. In realtà se così fosse non si avrebbe 52 dopo 32 ma ci si aspetterebbe 48 (32 + 16). Prestando più attenzione ci si accorge invece che ogni numero è dato dalla somma dei due numeri che lo precedono. La soluzione al quesito è allora fornita dall'alternativa B, infatti 84 = 32 + 52.

6 **4, 5, 10, 7, 16, 9, 22, ...?**

A 35
B 42
C 12
D 11
E 9

In questo caso, *si alternano due serie di numeri,* che occupano una le posizioni dispari e l'altra quelle pari della successione data. Rispondono entrambe a un criterio additivo: la prima è composta dai numeri 4, 10, 16, 22 (si aggiunge 6 passando da un elemento al successivo); la seconda è 5, 7, 9... (si aggiunge 2 passando da un elemento al successivo). L'elemento incognito occupa una posizione pari e quindi appartiene alla seconda delle due serie che si alternano. Il suo valore è perciò dato da: 9 + 2 = 11 (risposta D).

7 **12, 14, 17, 21, 26, ...?**

A 32
B 30
C 33
D 21
E 25

In questo esercizio l'andamento della successione è *crescente*. In particolare, analizzando ciò che accade passando da un numero al successivo, si osserva che si susseguono le seguenti operazioni ... + 2 ... + 3 ... + 4 ... + 5 ...; la differenza tra due numeri adiacenti è dunque a sua volta una successione crescente. A questo punto, per ottenere il numero mancante, bisogna aggiungere 6 a 26 (alternativa A).

8 **56, 40, 32, 28, ...?**

A 24
B 2
C 22
D 26
E 56

Nella successione presentata nell'esercizio, passando da un numero all'altro viene sottratta una quantità che è sempre la metà della precedente. Così passando da 56 a 40 si sottrae 16, da 40 a 32 si sottrae 8 ecc. Il numero che completa la serie è allora il 26 e la soluzione al quesito è fornita dall'alternativa D.

9 **42, 33, 24, 15, ...?**

A 22
B 4
C 6
D 18
E 14

Da una lettura della successione si rileva che i numeri sono legati da una logica decrescente per la quale ogni numero è ottenuto sottraendo una quantità pari a 9 al precedente. Da una lettura più attenta ci si accorge anche che la somma delle cifre che compongono ogni numero è sempre pari a 6. La soluzione al quesito è allora individuata dall'alternativa C.

---

10 11, 32, 16, 27, 21, 22, ...?

- A 26
- B 17
- C 24
- D 28
- E 25

L'esercizio presenta due serie di numeri che si incrociano. La serie composta dai termini che occupano le posizioni dispari è una serie crescente in cui ogni numero è ottenuto sommando al precedente una quantità pari a 5, mentre la serie composta dai termini che occupano le posizioni pari è una serie decrescente in cui ogni numero è ottenuto sottraendo al precedente ancora una quantità pari a 5. Il numero mancante appartiene alla prima serie, quindi è ottenuto sommando 5 a 21. Lo soluzione è quindi fornita dall'alternativa A.

---

11 175, 139, 94, 148, ?

- A 156
- B 229
- C 91
- D 59

Si tratta di un esercizio particolare in quanto la logica è che la somma delle cifre che compongono ciascun numero è sempre uguale a 13. Infatti, $1 + 7 + 5 = 13$, così come $1 + 3 + 9 = 13$ e così via. Lo stesso criterio è rispettato dal numero 229, proposto dall'alternativa B (risposta esatta).

---

12 2, 4, 6, 10, 16, 26, ?

- A 42
- B 38
- C 36
- D 52

Analizzando ciò che accade passando da un numero al successivo, in questo caso non si evidenzia una logica precisa. È possibile invece osservare che ogni numero è uguale alla somma dei due che lo precedono e ciò porta a identificare come esatta l'alternativa A.

---

13 32, 22, 20, 40, 30, 28, 56, ?, ?

- A 46, 54
- B 54, 44
- C 102, 100
- D 46, 44

In questo esercizio si ripetono le seguenti operazioni: – 10, – 2, x 2. Così 32 – 10 = 22 sottraendo al quale un valore pari a 2 si ottiene 20 che moltiplicato per 2 ha come risultato 40. Dopo il 56 segue il numero 46 (56 – 10) e quindi il 44 (46 – 2). La soluzione è quindi la **D**.

---

14 4, VIII, 10, XX, 22, XLIV, 46, ?, ?

- **A** XMII, 94
- **B** XCII, 94
- **C** 94, XCII
- **D** 94, XMII

In questo esercizio, alternando i numeri arabi e quelli romani, si ripetono le seguenti operazioni: x 2, + 2. I numeri che completano la serie devono essere il 92 scritto con il sistema romano (e quindi XCII) e il 94 scritto con il sistema arabo (la **B** è la soluzione del quesito).

---

15 33, XI, 6, XXIV, 8, III, 12, ?

A VII **B** 3 **C** IV **D** 6

In questo esercizio, alternando i numeri arabi e quelli romani, si ripetono le seguenti operazioni: 3, – 5, x 4. Dopo il 12 ci deve essere un numero romano e più precisamente il IV dovendo dividere per 3 il numero 12 per ottenere quello che segue nella serie (**C** soluzione del quesito).

---

16 44, 67, 98, ?, ?, 130, 108, 131

- **A** 72; 97
- **B** 76; 99
- **C** 79; 101
- **D** 99; 76

Osservando la prima parte della serie ci si accorge che da 44 a 67 si ha un aumento pari a 23 e da 67 a 98 di 31. Osservando la seconda parte della serie ci si accorge che tra 130 e 108 si ha una diminuzione pari a 22 e poi di nuovo un aumento pari a 23 (da 108 a 131). Il criterio della serie sarà allora: + 23, + 31, – 22: il numero che segue il 98 è quindi il 76 (98 – 22) seguito dal numero 99 (76 + 23). La **B** è quindi la soluzione cercata.

---

17 2, 8, 4, 7, 8, 6, 16, 5, ?, ?

- **A** 32; 4
- **B** 4; 32
- **C** 24; 6
- **D** 6; 24

La serie di numeri che compare nel testo dell'esercizio è composta da due serie distinte: la prima è formata dal primo, terzo, quinto, settimo e nono numero (2; 4; 8; 16; ?), l'altra dal secondo, quarto, sesto, ottavo e decimo (8; 7; 6; 5; ?). Come si vede, nella serie composta dai numeri che occupano le posizioni dispari i numeri raddoppiano sempre di valore, mentre nell'altra diminuiscono di un valore pari a 1. Il numero che completa la prima serie (il nono della successione) è quindi 32 e quello che completa la seconda (il decimo della successione) è il 4 (**A** soluzione del quesito).

18 24, 48, 16, ?, ?, 31, 54, 78

A 39; 63
B 40; 8
C 48; 40
D 42; 65
E 39; 55

Osservando i primi tre numeri della serie ci si accorge che prima si somma un valore pari a 24 e poi si sottrae un valore pari a 32. Osservando gli ultimi tre numeri ci si accorge che prima si somma un valore pari a 23 e poi di nuovo si somma un valore pari a 24.

La regola della serie è quindi: +24, – 32, + 23 e i numeri mancanti sono 39 (16 + 23) e 63 (39 + 24). La A è la soluzione cercata.

19 7,100, 21, 20, 63; ?

A 6 B 21 C 4 D 8 E 14

La serie propone due successioni: la prima composta dai numeri 7, 21 e 63 (primo, terzo e quinto numero), la seconda da 100, 20 e numero mancante (secondo, quarto e sesto numero). Nella prima serie il ogni numero è pari al triplo del precedente, mentre nella seconda ogni numero è pari a un quinto del precedente. Il numero mancante è quindi 4 (C soluzione del quesito) pari a un quinto di 20.

20 ?, 300,150, 142, 71

A 79
B 65
C 308
D 500
E 200

Osservando gli ultimi quattro numeri della serie ci si accorge che 150 è la metà di 300, che 142 è pari a 150 – 8 e che 71 è la metà di 142. La logica della serie è quindi: –8; /2. Il primo numero mancante è dunque 308 e la soluzione al quesito è la C.

21 Trovare il numero mancante: 747 – 775 ; 212 – 222 ; 121 –113 ; 313 – ...

A 223
B 233
C 323
D 331
E 332

Osservando la prima coppia di numeri, il 775 è ottenuto dal 747 invertendo la terza e la seconda cifra di quest'ultimo e aggiungendo un valore pari a 1. Lo stesso criterio si trova nella seconda coppia di numeri dove il 212 diventa 222. Il numero mancante si ottiene quindi dal 313 invertendo la seconda e terza cifra del numero (che diventa 331) e aggiungendo un valore pari a 1 (ottenendo il risultato pari a 332). La E è quindi la soluzione del quesito.

22 Trovare il numero mancante: 5432 – 5234 ; 9756 – 9657 ; 5067 – ...

A 5760
B 7065
C 7605
D 7560
E 6750

Nelle prime due coppie il secondo numero è ottenuto dal primo invertendo la seconda e quarta cifra di quest'ultimo (così per esempio 5432 diventa 5234). Il numero mancante è dunque 5760 e la A la soluzione del quesito.

23 Individuare il numero mancante.

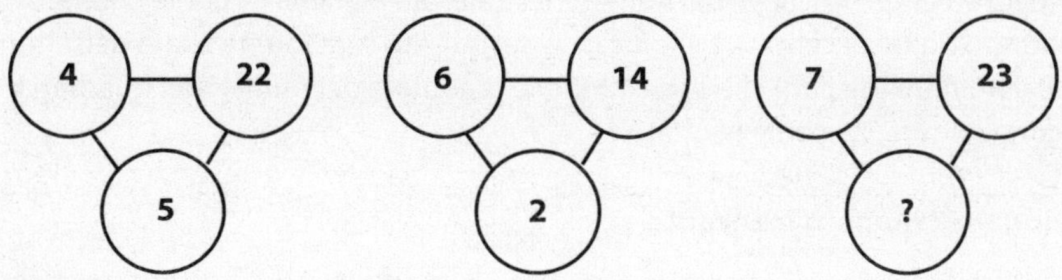

A 6
B 4
C 3
D 8

Nell'esercizio, all'interno di ciascuna successione, il numero in alto a destra è ottenuto aggiungendo 2 al prodotto degli altri due numeri: nelle prime due successioni si ha infatti:

(4 x 5) + 2 = 22 e (6 x 2) + 2 = 14

Allo stesso modo, nella terza successione il numero mancante deve essere uguale a 3, infatti:

(7 x 3) + 2 = 23

L'alternativa C è quindi quella che fornisce la risposta corretta all'esercizio.

24 Individuare il numero mancante.

10	**18**	**22**
20	**40**	**?**
6	**10**	**13**

A 22 B 24 C 32 D 45

In questo esempio ci sono ancora tre terne, ciascuna delle quali è però disposta in senso verticale e racchiusa all'interno di un rettangolo. La logica che collega i tre numeri di ogni successione è la seguente: il numero al centro di ciascun rettangolo è dato dalla differenza tra il numero in alto e il numero in basso, moltiplicata per 5. Cioè: (10 – 6) x 5 = 20; (18 – 10) x 5 = 40; (22 – 13) x 5 = 45. La soluzione esatta è dunque la D.

25 Individuare il numero che completa la serie:

7	8	3
2	20	6
5	4	5

3	4	5
4	28	12
11	8	?

11	10	7
2	30	8
9	10	3

A 7 **B** 5 **C** 3 **D** 9 **E** 11

La colorazione dei quadrati fornisce la chiave per la soluzione del quesito. Osservando la prima figura, infatti, ci si accorge che sommando i numeri presenti nei quadrati grigi (tutti numeri pari) si ottiene 20 (numero nel quadrato rigato al centro). Stesso risultato si ottiene sommando i numeri (tutti dispari) contenuti nei quadrati bianchi. Così, nella terza figura, sia la somma dei numeri nei quadrati grigi, sia quella dei numeri nei quadrati bianchi, ha come risultato 30 (numero nel quadrato rigato al centro). La soluzione del quesito sarà fornita allora dall'alternativa **D**, essendo 9 il numero (dispari) che serve affinché la somma dei numeri dei quadrati bianchi dia, nella seconda figura, 28 come risultato.

26 Individuare il numero mancante.

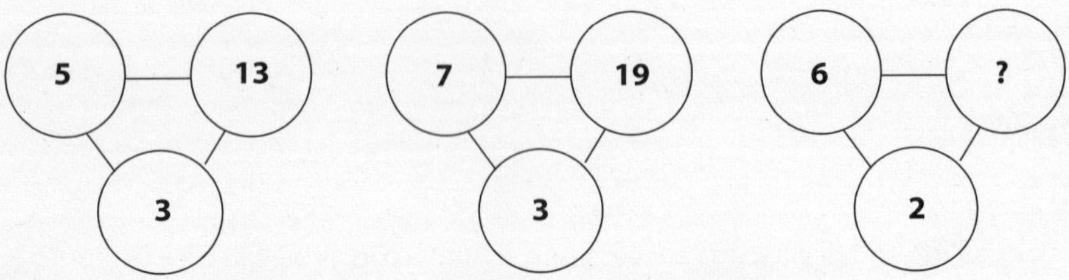

A 16 **B** 10 **C** 12 **D** 18

Il valore nel cerchio in alto a destra è ottenuto in ogni figura dal prodotto degli altri due numeri a cui va sottratto "2". Il valore mancante si ottiene, quindi, dalla seguente operazione "(6 x 2) – 2", cioè 10. La soluzione al quesito è fornita dall'alternativa **B**.

27 Individuare il numero mancante:

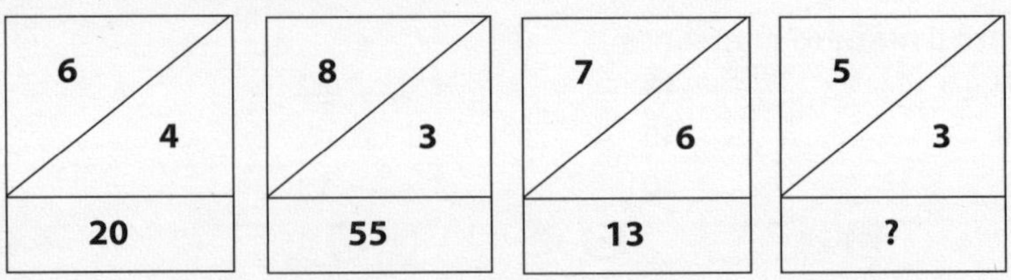

A 15
B 16
C 12
D 13
E 18

Il numero in basso in ogni figura è ottenuto dalla differenza dei quadrati degli altri due numeri. Così, per esempio, nella prima figura $6^2 - 4^2 = 20$. La soluzione al quesito è, quindi, fornita dall'alternativa **B** $5^2 - 3^2 = 16$.

28 Individuare il numero mancante.

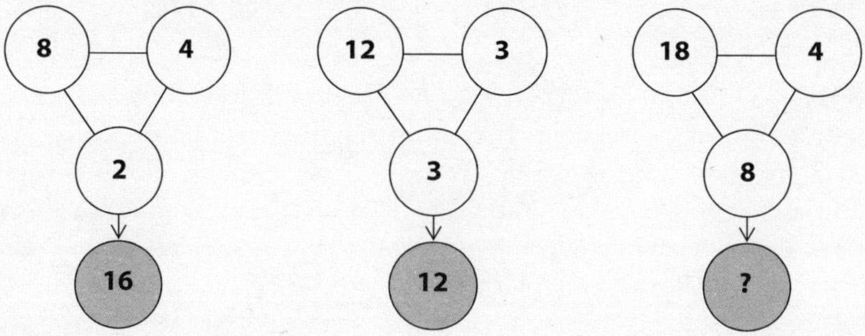

- **A** 8
- **B** 16
- **C** 9
- **D** 18

Il valore nel cerchio grigio in basso è ottenuto moltiplicando i valori contenuti nei due cerchi in alto e dividendo il risultato per il valore contenuto nel cerchio bianco in basso (nel primo gruppo, per esempio 16 è il risultato di (8 x 4)/2). La soluzione al quesito è fornita quindi dall'alternativa **C**, infatti 18 x 4 = 72 che diviso per 8 ha come risultato 9.

29 Inserire nel settore il numero mancante.

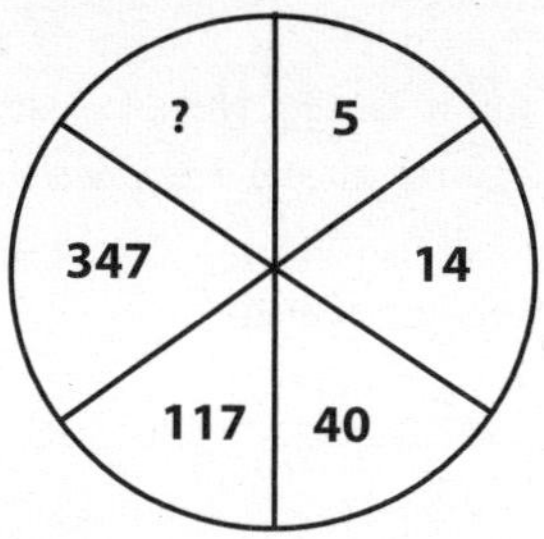

- **A** 1036
- **B** 1100
- **C** 1041
- **D** 1032
- **E** 1028

Partendo dal 5 i numeri seguono questa logica: x 3, – 1; x 3 – 2; x 3, – 4; ... Si trova così che 347 moltiplicato per 3 dà come risultato 1041 a cui va sottratto 5, ottenendo 1036 (**A** soluzione del quesito).

30 Individuare il numero mancante.

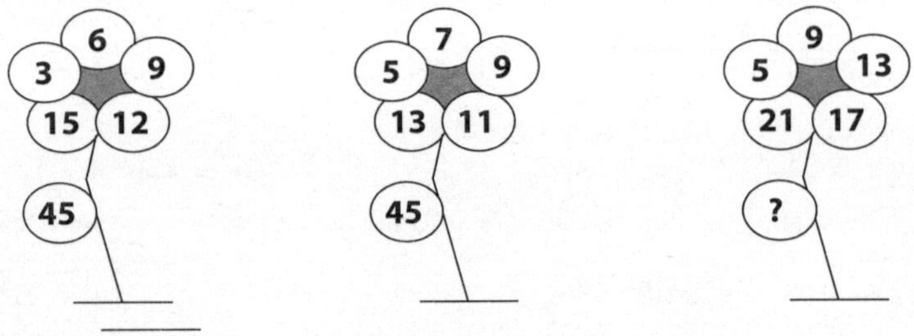

A 45 **B** 62 **C** 65 **D** 59 **E** 57

L'esercizio presenta tre gruppi di numeri: i primi due sono completi mentre nell'ultimo è presente un'incognita, che deve essere determinata. Occorre pertanto esaminare i primi due gruppi di numeri, comprendere la logica presente in ciascuno di essi e determinare il numero mancante sulla base della stessa logica.

Esaminando la prima figura si osserva che i numeri presenti nella parte alta sono correlati tra di loro da una semplice relazione: partendo dal numero più a sinistra (3) e procedendo in senso orario, ogni numero si ottiene aggiungendo 3 al precedente. Lo stesso tipo di logica è presente anche nelle altre due figure:

- nella seconda, partendo dal numero più a sinistra (5) e procedendo in senso orario, ogni numero si ottiene aggiungendo 2 al precedente;
- nella terza, partendo dal numero più a sinistra (5) e procedendo in senso orario, ogni numero si ottiene aggiungendo 4 al precedente.

Rimane da determinare il significato del numero posto più in basso. Nel caso della prima figura, si osserva che 45 è la somma dei 5 numeri posti nella parte alta: 3 + 6 + 9 + 12 + 15. Poiché la medesima logica è valida anche per il secondo gruppo di numeri (infatti 45 = 5 + 7 + 9 + 11 + 13), essa può essere utilizzata per determinare il numero mancante:

5 + 9 + 13 + 17 + 21 = 65

La risposta esastta è pertanto la **C**.

31 Completa la serie:

10		4		3	
?	?	19	17	14	13

A 49 – 41
B 48 – 40
C 51 – 42

Per capire quali numeri mancano nella prima terna proposta dalla tabella conviene concentrare l'attenzione sulle altre due terne complete. La prima terna è formata dai numeri 4, 19 e 17. Facendo la differenza tra 19 e 17 si ha come risultato 2, numero al quale è necessario sommare 2 per ottenere 4. Nella seconda terna completa si osserva la stessa logica, infatti 14 – 13 = 1 + 2 = 3. I numeri che completano la prima terna sono, allora 49 e 41. Infatti la loro differenza è pari a 8, numero che sommato a 2 fa appunto 10. La **A** è la soluzione del quesito.

---

32 Completa la serie:

7		53		76	
14	16	106	108	?	?

A 152 – 153
B 151 – 154
C 152 – 154

Dividendo la figura in terne (7-14-16; 53-106-108; 76-?-?) ci si accorge che moltiplicando per 2 il numero in alto si trova quello in basso a sinistra e sommando 2 a questo si ottiene il terzo. Così, per esempio, 7 x 2 = 14 + 2 = 16 (si sono sottolineati i numeri che compongono la terna). Lo stesso criterio è rispettato nella seconda terna (53-106-108) e quindi, per poterlo ritrovare anche nella terza, la soluzione non può che essere la **C** (76 x 2 = 152 + 2 = 154).

5.2 Successioni di lettere

Esercizi in cui compaiono successioni di lettere in cui la logica sottostante non è sostanzialmente diversa da quella che regola le successioni di numeri e dove è però indispensabile *conoscere la successione ordinata e completa delle lettere dell'alfabeto utilizzato*. Generalmente si tratta di quello italiano; qualora però nell'esercizio compaia almeno una delle cinque lettere tipiche dell'alfabeto inglese (J, K, W, X, Y) occorre fare riferimento a quest'ultimo, memorizzandolo nell'ordine corretto, cioè:

A B C D E F G H I J K L M N O P Q R S T U V W X Y Z.

ESEMPI

---

1 C, F, I, N, Q, ...?

A T
B O
C R
D Z

Si tratta di una sequenza alfabetica il cui ordine va dalla A alla Z, ma in cui, tra un elemento e il successivo, manca un gruppo di due lettere. In sostanza, è una successione del tutto simile a quella numerica additiva (aggiunge 3 passando da un elemento all'altro). La lettera incognita è dunque T (risposta **A**) che è situata a 3 posizioni dalla Q.

2 **Z, A, Y, B, X, ...?**

A W
B U
C C
D D

Le successioni di lettere sono due. La prima procede dal fondo dell'alfabeto (inglese) con un "passo" pari a uno, la seconda procede dall'inizio con lo stesso passo. L'incognita figura in questa seconda serie e quindi, dopo la B, dovrà venire la C. La risposta esatta è dunque la C.

3 **D, J, K, Q, R, X, ...?**

A Z
B V
C S
D Y

La difficoltà maggiore dell'esercizio consiste probabilmente nell'uso dell'alfabeto inglese. La logica che guida la serie è + 6, + 1. Dopo la X deve venire la Y. La risposta esatta è la D.

La maggior parte degli esercizi con le lettere è riconducibile alle tipologie di successione numerica additiva e sottrattiva, anche nella forma di sequenze alternate o composte.

Una *successione additiva composta* potrebbe essere: A, C, G, I, O, ..., che corrisponde a: + 2, + 4 + 2, + 4, + ...; in questo caso l'elemento mancante è la lettera Q.
Una *serie alternata* potrebbe essere: A, B, B, D, C, F, ..., dove le lettere in posizione dispari (A, B, C, ...) si susseguono senza intervalli secondo l'ordine alfabetico, mentre quelle in posizione pari (B, D, F, ...) si susseguono saltando una lettera su due: la lettera che completa la successione è dunque la lettera D.
Sono rari i casi in cui *le lettere sottendono un preciso significato*, come nel caso di una sequenza data dalle iniziali dei giorni della settimana: L, M, M, G, V, S, ...

4 **X, U, R, O, L, ...?**

A I B G C F D J

Passando da una lettera alla successiva, la logica prevede lo spostamento dalla Z verso la A di tre posizioni. Dopo la lettera L, retrocedendo nell'alfabeto inglese di tre posizioni, figura la lettera I (alternativa A).

5 **A, A, B, C, C, E, D, G, ...?**

A E
B I
C H
D G

Per individuare la logica che governa questa successione, è necessario sdoppiarla in due sequenze distinte e alternate (A ... B ... C ... D ... la prima e A ... C ... E ... G ... la seconda). La lettera da individuare appartiene alla prima sequenza ed è correttamente identificata dall'alternativa A.

5.3 Successioni miste

In questa tipologia di esercizi la sequenza di numeri e quella di lettere si trovano combinate in un'unica successione, ma ciascuna segue una propria logica.

ESEMPI

---

1 **Z, 2, U, 4, S, 16, Q, 256 ..., ...?**

A O, 65536 B Q, 272 C 23, O D S, 4096

Per risolvere l'esercizio, la successione va sdoppiata in una *successione di lettere* (Z, U, S, Q), in cui ogni elemento è ottenuto procedendo a ritroso di due posizioni rispetto al precedente, e in una *successione di numeri* (2, 4, 16, 256), in cui ogni elemento è ottenuto elevando al quadrato il precedente; la risposta esatta è quindi la A. Si noti che la soluzione esatta deve presentare nell'ordine corretto i due elementi (in questo caso prima la lettera e poi il numero). Per questa ragione, l'alternativa C è immediatamente riconoscibile come errata.

---

2 **3, S, 6, M, 12, G, 24, ...?**

A A B B C C D 48

In questo caso, compare una successione combinata di numeri e lettere o, per essere più precisi, compaiono due successioni indipendenti l'una dall'altra, ma alternate. La successione numerica raddoppia semplicemente i suoi numeri. Quella letterale invece ha le lettere che retrocedono nell'alfabeto di sei posizioni alla volta. La serie da completare è quest'ultima e la lettera che occorre è la A. La risposta esatta è la A.

---

3 **L, 2, O, 6, R, 5, U, 15, X, ...?**

A A B 14 C Z D 10

La successione letterale ha una logica che è facile da individuare: si avanza di tre passi nell'alfabeto inglese. Meno facile è la logica della serie numerica; si passa dal primo al secondo moltiplicando per tre, dal secondo al terzo sottraendo uno, e così via (la sequenza di operazioni è quindi: "x 3, – 1"). Il numero successivo dovrà quindi essere 14. La risposta esatta è la B. Anche nel caso delle successioni combinate di numeri e lettere, la disposizione spaziale può assumere una configurazione particolare.

---

4 **Quale gruppo alfanumerico completa la serie? DT418 – ES517 – FR616 – ..?..**

A GQ816 B GQ893 C LT917 D LT916 E GQ715

Osservando ogni singolo elemento di un gruppo, rispetto al corrispettivo del gruppo precedente si osserva che: la prima lettera è la successiva nell'alfabeto (D nel primo, E nel secondo e F nel terzo), la seconda lettera è la precedente nell'alfabeto (T nel primo, S nel secondo e R nel terzo), il primo numero cresce di una unità (4 nel primo, 5 nel secondo e 6 nel terzo), il secondo rimane lo stesso in tutti i tre gruppi e il terzo decresce di un valore pari a 1 (8 nel primo, 7 nel secondo e 6 nel terzo). Il gruppo mancante deve quindi essere GQ715 (E soluzione del quesito).

5 Completare la sequenza: EF 6 5 – GH 8 7 – IL 10 9 – MN 12 11 – ..?.. – QR 16 15.

A OP 14 13

B 14 13 OP

C PO 14 13

D 13 14 OP

E PO 13 14

Da un gruppo al successivo si propone sempre la coppia di lettere seguente nell'alfabeto alla precedente: dopo MN si deve quindi avere OP (già questa informazione consente di individuare nella **A** la soluzione del quesito). I due numeri proposti in ogni gruppo sono anch'essi i due successivi rispetto alla coppia precedente, ma sempre presentati in ordine inverso (i numeri mancanti sono, quindi 14 e 13).

6 Individuare l'elemento mancante.

15	18	17	20	19	22	21	?
b	e	g	l	n	q	s	?

	A	**B**	**C**	**D**
	15	27	24	u
	b	f	v	12

I numeri e le lettere sono contenute in figure rettangolari, ma, anche in questo caso, *la sequenza dei numeri e quella delle lettere sono indipendenti*, nel senso che seguono ciascuna una logica differente.

Per quanto riguarda la *sequenza dei numeri*, si passa dal primo al secondo aggiungendo 3, dal secondo al terzo sottraendo 1, dal terzo al quarto aggiungendo 3, dal quarto al quinto sottraendo 1, e così via (la sequenza di operazioni è quindi: + 3; – 1; + 3; – 1 e così via). Il numero mancante è perciò 24.

Per ciò che riguarda la *sequenza di lettere*, bisogna innanzitutto considerare che, non comparendo nessuna lettera esclusiva dell'alfabeto inglese, è probabile che l'alfabeto a cui l'esercizio fa riferimento sia quello italiano. In effetti, secondo quest'ultimo, le lettere dell'esercizio sono determinate in base alla regola seguente: si passa dalla prima lettera alla seconda avanzando di tre posizioni nell'alfabeto, dalla seconda alla terza avanzando di altre due e così via. Procedendo quindi con intervalli + 3, + 2, + 3, + 2 si scopre che la lettera mancante è la *v*.

La soluzione dell'esercizio è pertanto l'alternativa **C**. Si noti che l'alternativa **D** è palesemente sbagliata in quanto le posizioni del numero e della lettera risultano tra loro invertite.

7 Individuare l'elemento mancante.

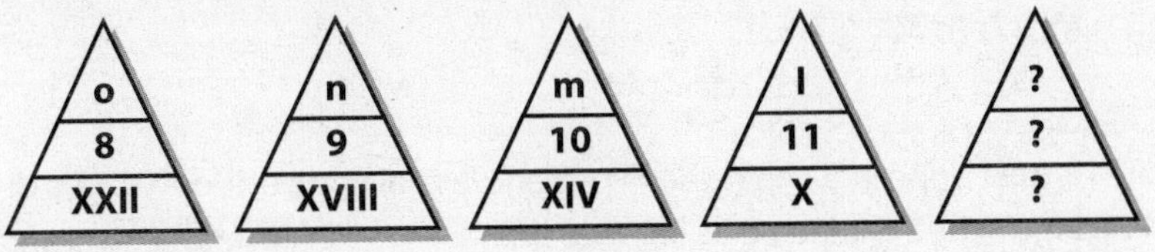

A
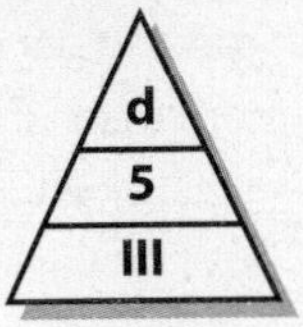

B
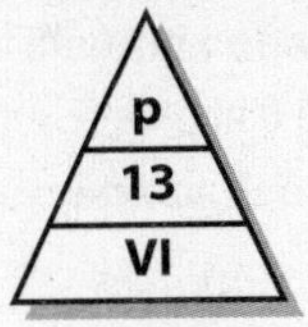

C
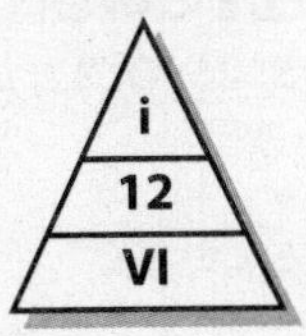

D
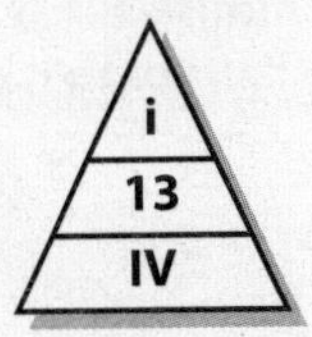

Ogni triangolo può essere diviso in tre parti che seguono, con le corrispettive negli altri triangoli, una propria logica distinta. Le lettere nella parte superiore diminuiscono di una posizione nell'alfabeto, i numeri arabi aumentano di una quantità sempre uguale e pari a 1 e i numeri romani diminuiscono di una quantità sempre pari a 4. L'elemento che completa la serie è, allora, rappresentato dall'alternativa C, soluzione del quesito.

8 Individuare l'elemento mancante.

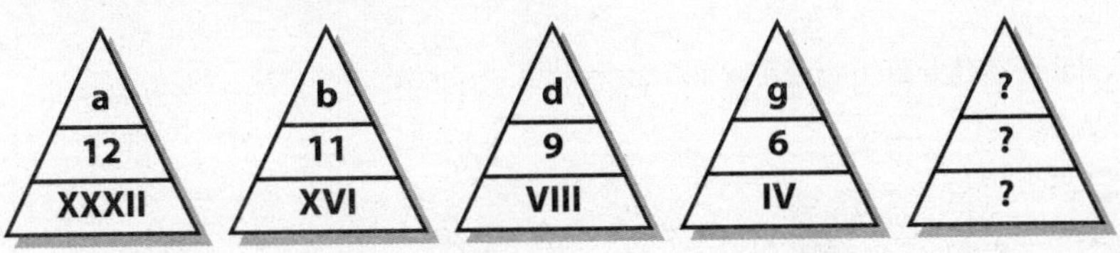

A
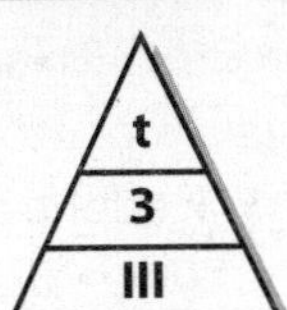

B
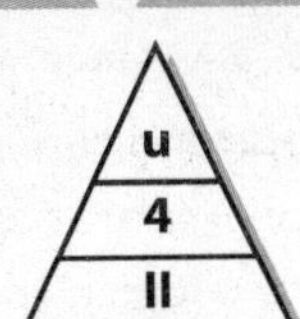

C
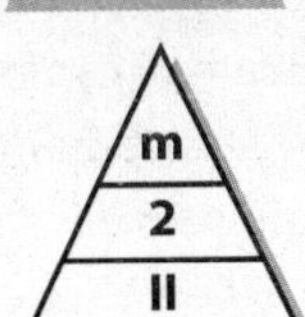

D
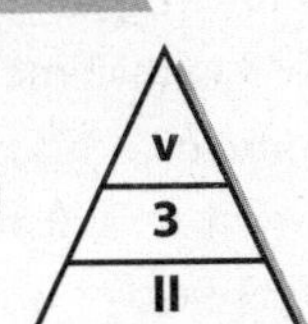

In questo esercizio sono presenti tre successioni differenti: una di lettere, una di numeri arabi e una di numeri romani. Per quanto riguarda la prima, poiché non compare alcuna lettera dell'alfabeto inglese, è opportuno ragionare utilizzando l'alfabeto italiano.
La logica alla base della successione è la seguente: per passare dalla prima lettera (*a*) alla seconda (*b*) si avanza di una posizione; dalla seconda alla terza di due; dalla terza alla quarta di tre. La logica è quindi: + 1, + 2, + 3; la lettera mancante è dunque *g* + 4, ossia *m*. Per quanto riguarda i numeri arabi, la logica è – 1, – 2, – 3 e quindi il numero mancante è dato da 6 – 4 = 2. Infine, nella successione dei numeri romani ogni elemento è ottenuto dividendo per due il numero precedente; quindi la cifra mancante è IV diviso 2 = II. La risposta corretta è dunque la C. Si noti che, come spesso accade in questi esercizi, per giungere alla soluzione esatta non era necessario individuare i criteri logici di tutte e tre le successioni.

9 Completare correttamente la seguente successione?

B; 15; O; 21; M; 27; A; 33; ?; ?

A O; 34 B V; 39 C Z; 39 D V; 36

La O è la undicesima lettera dopo la B, mentre la M precede la O di due posizioni e la A è di nuovo l'undicesima lettera dopo la M. Il criterio per le lettere è quindi +11, – 2 e la lettera mancante è la V (che precede la A di due posizioni). Osservando i numeri, invece, ci si accorge che per ottenere il successivo si somma sempre un valore pari a 6 al precedente, per cui il numero mancante è 39. La soluzione al quesito è dunque quella fornita dall'alternativa B.

10 Quali valori devono avere le incognite x e y per completare correttamente la seguente successione utilizzando l'alfabeto italiano? F; 19; S; 25; Q; 32; E; 40; x; y

A x = C; y = 40

B x = D; y = 49

C x = C; y = 49

D x = S; y = 38

La serie di lettere segue la logica:

+ 11, – 2 (la S è l'undicesima lettera dopo la F mentre la Q si trova due due lettere prima della S)

e quindi è completata dalla lettera C, mentre quella dei numeri segue la logica:

+ 6, + 7, + 8

ed è completata da 49 (40 + 9). La C è la soluzione del quesito.

Suggerimenti

- Per quanto riguarda le *successioni numeriche*, è conveniente analizzare la sequenza dapprima nel suo insieme per cercare di capire l'andamento che questa presenta (crescente, decrescente o composto). Successivamente è opportuno **cercare tra gli elementi adiacenti l'operazione aritmetica più semplice** (addizione, sottrazione, moltiplicazione ecc.) che li lega. Nel caso non si riesca a individuare un criterio logico che governi l'intera successione, occorre provare a **scindere la stessa in due sequenze alternate** e ripetere il procedimento per ciascuna di esse.
- Per le *successioni di lettere* valgono gli stessi suggerimenti relativi alle sequenze numeriche. È inoltre molto utile **scrivere l'intero alfabeto ordinato**, in modo da averlo sempre sott'occhio per capire velocemente la relazione tra le lettere adiacenti della successione. Tale suggerimento risulta tanto più utile quanto più numerosi sono gli esercizi di successioni di lettere presenti nel test. Per capire, inoltre, qualora non sia stato specificato, qual è l'alfabeto a cui gli esercizi fanno riferimento, è sufficiente osservare che, **se nelle successioni compaiono le lettere J, K, W, X o Y, si è sicuramente in presenza dell'alfabeto inglese**.

5.4 Esercizi svolti

1 **7, 8, 32, ?, 132, 133,**

A 33
B 96
C 166
D 64
E 128

2 **8, ?, 14, 112, 7, 56,**

A 40
B 28
C 64
D 32
E 48

3 **65, 15, 86, ?, 73, 23**

A 11
B 3
C 43
D 9
E 36

4 **20, 40, ?, 64, 56**

A 70
B 32
C 24
D 6
E 12

5 **36, 28, 8, ?, 8, 7**

A 16
B 15
C 20
D 21
E 12

6 **168, 168, ?, 28, 7**

A 140
B 70
C 84
D 35
E 56

7 **25, 16, 9, 4, ?**

A 0
B 1
C 2
D 3
E 5

8 **122, 120, 20, 18, ?**

A 16
B 4
C 6
D 3
E 9

9 **20, ?, 14, 20, 8, 11**

A 29
B 32
C 27
D 23
E 18

10 **3, 21, 12 ,? ,48, 336**

A 25
B 48
C 16
D 84
E 109

11 **4, 16, ?, 256,**

A 160
B 96
C 205
D 64
E 104

12 **55, 46, ?, 30, 23**

A 39
B 40
C 36
D 32
E 35

13 **180, 9, ?, 92, 46, 2**

A 82
B 71
C 29
D 20
E 39

14 **?, 134 ,130, 127, 125,**

A 137
B 139
C 136
D 141
E 143

15 **5, 20, 17, 68, ?**

A 58
B 65
C 64
D 72
E 51

16 **5, 35, 175, 525, ?**

A 375
B 700
C 575
D 875
E 525

17 **100 ,10, 20, 2 ,350, ?**

A 150
B 50
C 3
D 35
E 75

18 **Trovare il numero mancante: 551 – 525 ; 558 – 595 ; 227 – 282 ; 884 – ...**

A 848
B 858
C 458
D 88
E 588

19 **Completare la sequenza: AB 2 1 – CD 4 3 – EF 6 5 – GH 8 7 – ..?.. – ..?..**

A IL 10 9 – MN 12 11
B LI 10 9 – MN 12 11
C IL 9 10 – MN 11 12
D MN 12 11 – IL 10 9
E IL 10 9 – NM 12 11

Utilizzando l'alfabeto inglese si completino le seguenti serie.

20 **E, E, H, G, F, E, E, K, J, I, E, ?, ?**

A N, M B E, L C E, N D E, M

21 **W, X, V, W, X, X, W, X, Y, W, X, ?, ?**

A Z, X
B X, Z
C Z, W
D W, X

22 **C, D, C, D, F, G, E, F, E, F, H, I, G, H, G, ?, ?**

A L, H B H, L C G, L D H, G

23 **L, L, N, M, L, L, P, O, L, L, R, Q, L, L, ?, ?**

A T, L B L, L C S, T D T, S

24 **Q, R, S, V, U, T, W, X, ?, ?**

A Z, B B Y, Z C A, Z D Y, B

25 **I, J, M, N, I, J, O, P, I, J, Q, ?, ?**

A R, I
B R, J
C J, I
D I, R

26 **Individuare il numero che completa correttamente la seguente successione di numeri:**

7152, 867, 1413, 554, 109, ?

A 19
B 510
C 6543
D 999
E 445

27 **24, 35, 47, 60, 74, 89, ?**

A 102
B 105
C 99
D 115
E 123

28 **6, 30, 150, ...?**

A 180
B 450
C 750
D 620

29 **Individuare il numero mancante.**

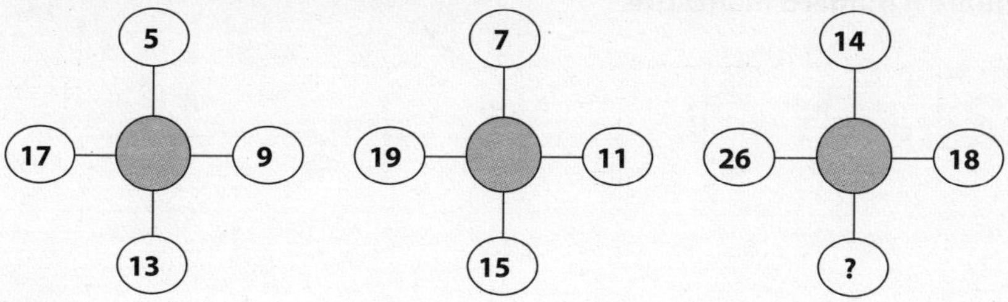

A 24
B 20
C 18
D 22

30 **Individuare il numero mancante.**

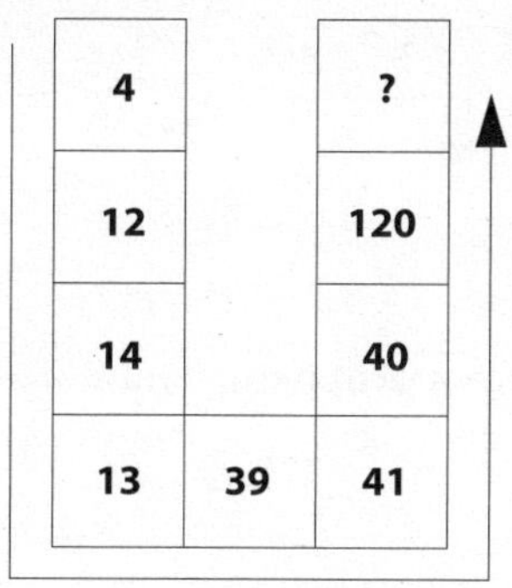

A 118
B 119
C 122
D 80

31 Inserire nel settore il numero mancante.

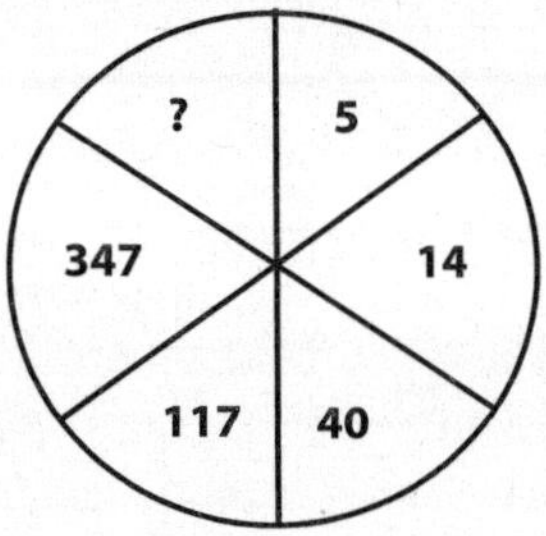

A 1036
B 1100
C 1041
D 1032

32 Individuare il numero mancante.

10	8	2
30	24	6
15	12	?

A 11
B 9
C 4
D 3
E 12

33 Individuare, tra le alternative proposte, il numero che completa correttamente la seguente successione:

12, 6, 8, 4, 6, 3, ...?

A 5
B 4
C 1
D 3

34 Individuare, tra le alternative proposte, il numero che completa correttamente la seguente successione:

61, 52, 34, 43, ...?

A 68
B 70
C 82
D 90
E 56

35 **Individuare il numero mancante.**

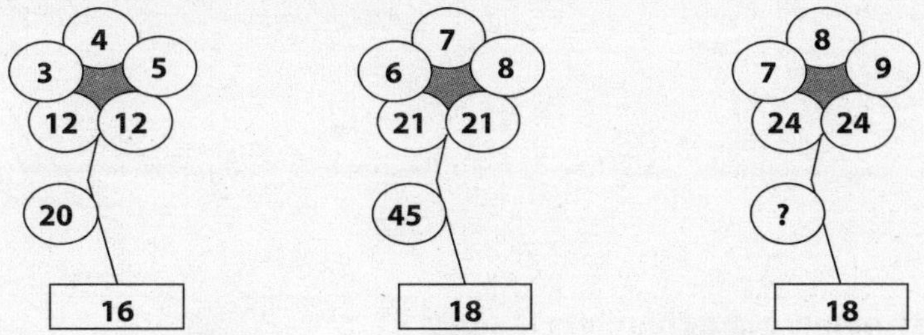

A 63 B 15 C 39 D 57 E 54

36 **Individuare, tra le alternative proposte, il numero che completa correttamente la seguente successione:**

15, 31, 63, 127, ...?

A 244 B 255 C 245 D 252

37 **Individuare, tra le alternative proposte, il numero che completa correttamente la seguente successione:**

?, 33, 96, 285, 852

A 10 B 11 C 12 D 13

38 **Individuare, tra le alternative proposte, il numero che completa correttamente la seguente successione:**

7, 9, 18, 20, 40, ...?

A 38 B 80 C 40 D 42

39 **Individuare l'elemento che completa correttamente la seguente successione:**

L, 7, O, 10, R, 13, ?

A U B 16 C V D N E 17

40 **Individuare l'elemento che completa correttamente la seguente successione:**

A, 5, D, 10, G, 15, ?

A M B 20 C L D N E 25

41 **Individuare l'elemento che completa correttamente la seguente successione:**

A, 17, C, 14, E, 11, G, ?

A 9 B 18 C 14 D 22 E 8

42 **64, 16, 32, ...?, 16**

A 8
B 62
C 48
D 61

43 **18, 27, 63, 36, ?**

- **A** 62
- **B** 90
- **C** 51
- **D** 82
- **E** 95

44 **Individuare il numero che completa la serie:**

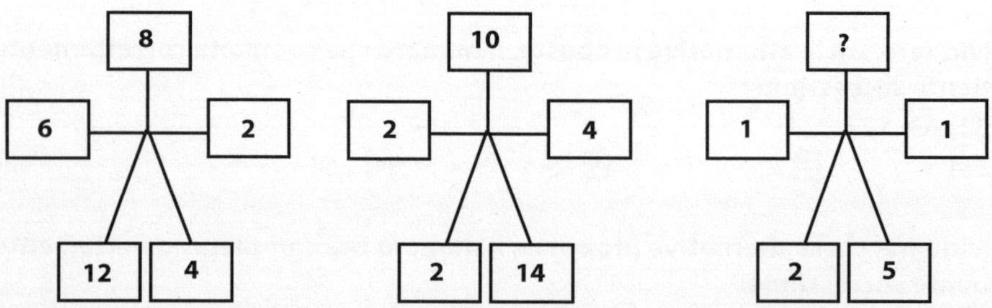

- **A** 3
- **B** 5
- **C** 2
- **D** 4
- **E** 7

45 **Individuare il numero che completa la serie:**

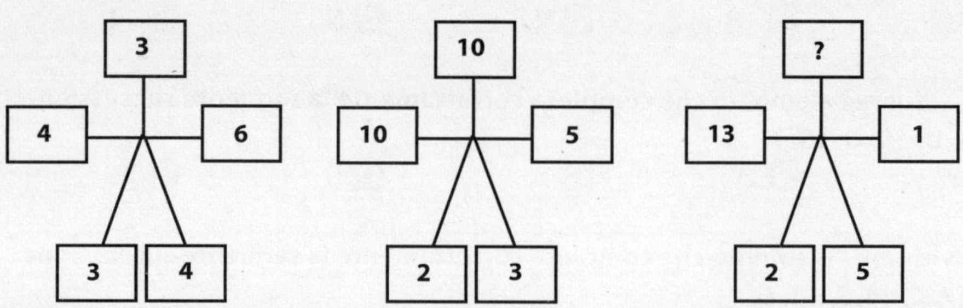

- **A** 7
- **B** 8
- **C** 6
- **D** 4
- **E** 5

5.5 Soluzioni e commenti

1 La serie proposta propone la ripetizione di due operazioni sempre uguali: +1; x 4. Così sommando 1 a 7 si ottiene 8 che moltiplicato per 4 ha come risultato 32. Sommando 1 a 32 si ottiene 33 (**A** soluzione del quesito) che moltiplicato per 4 ha come risultato 132 a cui va sommato 1 per ottenere 133.

2 In questo esercizio la serie è divisa in coppie di numeri, ognuna delle quali è formata da un numero e da quello ottenuto moltiplicando per 8 il primo numero. Così, guardando il terzo e quarto numero si ha 14 e 112 che è pari a 14 x 8, oppure guardando il quinto e il sesto si ha 7 e 56 che è proprio pari a 7 x 8. La soluzione al quesito è quindi la **C**, infatti 64 è pari a 8 x 8.

3 In questo esercizio i numeri vanno considerati a coppie. La differenza in ogni coppia è sempre pari a 50: così 65 – 15 e 73 – 23 hanno come risultato sempre un valore appunto pari a 50. Affinché questo avvenga anche tra il terzo e quarto numero si deve scegliere la **E** come soluzione (il numero 36).

4 La logica che lega i termini della serie è x 2, – 8, per cui il numero mancante è 32 (40 – 8) e la soluzione è la **B**.

5 Il numero 36 è la somma dei due numeri che lo seguono: 28 e 8. Il numero mancante è quindi la somma di 8 e 7 ed è 15 (**B** soluzione del quesito).

6 Partendo dal fondo ci si accorge che per passare dal 7 al 28 si moltiplica il primo termine per 4. Moltiplicando 28 per 3 si ottiene 84 che moltiplicato per 2 ha come risultato 168 che moltiplicato per 1 ha ancora come risultato 168. Partendo dal primo numero, quindi, la logica per passare da un numero al successivo è: /1, /2, /3, /4 e 84 è proprio il numero mancante (**C** soluzione del quesito).

7 Guardando i primi quattro numeri della serie si osserva che la logica per passare da un numero al successivo è la seguente: – 9, –7, – 5. Il numero mancante è quindi 4 – 3 = 1 (**B** soluzione del quesito).

8 Sono due le operazioni che si ripetono nella successione proposta: –2, /6. Il numero mancante è quindi pari a 18 / 6 = 3 e l'alternativa **D** è la soluzione cercata.

9 La successione propone due serie di numeri distinte: una composta dal primo, terzo e quinto numero e una dal secondo, quarto e sesto numero. Nella prima serie (20, 14, 8) la logica per passare da un numero al successivo è togliere un valore pari a 6, mentre nella seconda togliere un valore pari a 9 (da 20 a 11 la differenza è pari a 9). Il numero mancante è quindi il 29 e la **A** è la soluzione cercata.

10 Per ottenere 21 si moltiplica 3 (il numero precedente) per 7, come per ottenere 336 si moltiplica 48 per 7. Il numero 12 che segue il 21 è composto dalle stesse due cifre ma invertite di posizione. Moltiplicando 12 per 7 si ottiene 84 da cui, invertendo le due cifre si ottiene il 48 seguente. Il numero mancante è quindi proprio 84 e la **D** è la soluzione del quesito.

11 Ogni numero della serie è ottenuto dal precedente moltiplicato per 4 (così 4 x 4 = 16, 16 x 4 = 64 e 64 x 4 = 256). Il numero mancante è quindi 64 e la **D** la soluzione del quesito.

12 La logica della serie è – 9, – 7, per cui il numero mancante è 39 e la **A** è la soluzione del quesito.

13 Osservando gli ultimi tre numeri della serie si vede come il primo dei tre (92) è pari al prodotto tra il secondo (46) e il terzo (2). Stessa regola è quindi seguita dai primi tre numeri della serie, per cui 180 = 9 x 20. La soluzione al quesito è quindi la **D** essendo 20 il numero mancante.

14 Osservando la serie ci si accorge che, per i quattro numeri proposti, la regola per passare da un numero al successivo è: – 4, – 3, – 2. Il primo numero della serie si ottiene sommando a 134 un valore pari a 5 ed è quindi pari a 139 (**B** soluzione del quesito).

15 Moltiplicando 5 per 4 si ottiene 20 e sottraendo 3 a 20 si ottiene 17 che moltiplicato per 4 ha come risultato 68. La regola della serie è quindi: x 4, – 3 e il numero mancante è 65 (**B** soluzione del quesito).

16 Osservando i primi 4 numeri della serie, si osserva che per passare da uno al successivo la regola è: x 7, x 5, x 3. Il numero mancante è quindi pari al risultato dell'operazione 525 x 1, cioè 525 (**E** soluzione del quesito).

17 Questa serie è composta da tre coppie in cui il secondo numero è ottenuto dal primo diviso per 10: 100 / 10 = 10, 20 / 2 = 2 e quindi 350 / 10 = 35. La **D** è quindi la soluzione del quesito.

18 Nelle prime tre coppie proposte il secondo numero è ottenuto dal primo invertendo la seconda e terza cifra di quest'ultimo e aggiungendo al risultato un valore pari a 10. Così, per esempio, invertendo la seconda e terza cifra di 551 si ottiene 515 e aggiungendo un valore pari a 10 si ottiene 525. Il numero mancante è quindi pari a 848 a cui va aggiunto un valore pari a 10: 858 (**B** soluzione del quesito).

19 In ogni gruppo le coppie di lettere sono le successive nell'alfabeto rispetto alla coppia precedente: i due gruppi mancanti devono iniziare rispettivamente per IL e MN (B, D ed E errate). Anche i due numeri di ogni gruppo sono i seguenti rispetto a quelli del precedente, ma proposti in ordine inverso: i due gruppi mancanti devono quindi proporre le coppie 10, 9 e 12, 11 (**A** soluzione del quesito).

20 La coppia di lettere E, E, si ripete nella serie. Dopo la sua ripetizione c'è un gruppo di tre lettere che tornano indietro nell'alfabeto di una posizione (prima H, G, F poi K, J, I). La prima lettera mancante deve essere una E per formare la nuova coppia che deve essere seguita da una nuova terna, la cui prima lettera deve essere la N (seguita dalla M e dalla L). La **C** è quindi la soluzione del quesito.

21 La coppia W, X è ripetuta nella serie e intervallata dalle lettere V, X, Y. La prima lettera mancante appartiene a quest'ultima serie che cresce di una posizione lungo l'alfabeto ed è quindi la Z. La seconda deve essere di nuovo la W che introduce la ripetizione della coppia W, X. La **C** è quindi la soluzione cercata.

22 Per risolvere l'esercizio è necessario dividere la serie in due serie distinte che si incrociano. Una serie propone delle coppie di lettere che si ripetono: C, D, C, D, E, F, E, F, G, H, G e la mancante H. La seconda serie è formata dalle rimanenti lettere posizionate dopo ogni quaterna dell'altra serie, lettere che formano una sequenza crescente lungo l'alfabeto: F, G, H, I a cui segue la L (la seconda lettera mancante dell'esercizio). La **B** è quindi la soluzione cercata.

23 Nella serie è presente una coppia di lettere che si ripete ciclicamente: L, L, mentre le restanti lettere N, M, P, O, R, Q possono essere lette come il risultato di due serie che si incrociano: N, P, R e M, O, Q entrambe serie di lettere che si spostano ogni volta di due posizioni in avanti sull'alfabeto. Le lettere mancanti sono quindi la T (appartenente alla prima serie) e la S (appartenente alla seconda). La **D** è dunque la soluzione cercata.

24 Le prime tre lettere della serie (Q, R, S) sono crescenti e consecutive nell'alfabeto, le seguenti tre lettere (V, U, T) seguono quelle della prima terna ma in ordine inverso rispetto alla loro posizione nell'alfabeto (T, U, V). La terna che segue riprende la logica della prima, per cui dopo la W e la X viene la Y. Essendoci poi la terna formata dalle tre lettere che seguono la Y ma in ordine decrescente, la serie prosegue con B, A, Z. La soluzione al quesito è quindi la **D**, essendo la Y e la B le due lettere che completano la serie.

25 La serie è composta da due sequenze distinte che si intrecciano fra loro: una che propone la ripetizione della coppia I, J e l'altra che propone lettere consecutive in ordine crescente sull'alfabeto (M, N, O, P, Q). La prima delle lettere mancanti appartiene a quest'ultima serie ed è quindi la R, la seconda all'altra serie ed è quindi la I (la prima della coppia I, J): la **A** è la soluzione del quesito.

26 In questa tipologia di esercizi ogni elemento della successione è ottenuto sommando, secondo regole particolari, le cifre che compongono il numero precedente. Più precisamente, il secondo numero è ottenuto: 1. Sommando le prime due cifre del primo (7 + 1 = 8); 2. Sommando le due cifre centrali del primo (5 + 1 = 6); 3. Sommando le ultime due cifre del primo (5 + 2 = 7). Le tre cifre così ottenute vanno a comporre, esattamente nell'ordine appena esplicitato, il secondo numero. La stessa procedura viene applicata nel passaggio dal secondo al terzo numero, con l'unica variante che, essendo il secondo numero composto soltanto da tre cifre, non esistono due cifre "centrali" da sommare. Applicando la medesima logica al numero 109 si ottiene 19 (alternativa **A**).

27 Si osserva che la serie data è una successione crescente in cui ogni numero è determinato sommando al precedente una quantità via via crescente: 35 è ottenuto sommando 11 all'elemento precedente (24), 47 è ottenuto sommando 12 all'elemento che lo

precede (35), 60 è ottenuto sommando 13 a 47 e così via. In particolare si osserva che i numeri sommati costituiscono a loro volta una successione crescente con passo 1: 11, 12, 13, 14...

Il termine mancante si ottiene dunque sommando 16 al termine precedente (89) e si ottiene pertanto 105 (risposta corretta **B**).

---

28 Questo esercizio mostra una *successione geometrica*, in cui cioè ciascun elemento è uguale al precedente moltiplicato per un numero costante (nell'esercizio pari a 5). Il numero mancante è quindi 750, che si ottiene moltiplicando 150 per 5 (alternativa **C**). In altri casi, i numeri della successione possono essere divisi, anziché moltiplicati, per un numero costante.

---

29 All'interno di ogni figura i numeri, muovendosi in senso orario a partire dall'alto, sono ottenuti sommando 4 al precedente. La risposta corretta è la **D**.

---

30 Seguendo l'ordine indicato dalla freccia i numeri propongono questa logica: x 3, + 2, – 1 ... Il numero che segue 120 è, quindi, 122 e la soluzione è rappresentata dall'alternativa **C**.

---

31 Partendo dal 5 i numeri seguono questa logica: x 3, – 1; x 3, – 2; x 3, – 4; ... Si trova così che 347 moltiplicato per 3 dà come risultato 1041 a cui va sottratto 5, ottenendo 1036 (**A** soluzione del quesito).

---

32 In ciascun rettangolo, il numero in basso è pari alla metà di quello centrale (il quale, a sua volta, è pari al triplo di quello superiore). Secondo tale logica, il numero incognito è pari a 3 (alternativa **D**).

---

33 In questo esercizio l'andamento della successione è determinato da due *operazioni aritmetiche che si ripetono ciclicamente*. In particolare, analizzando ciò che accade passando da un numero al successivo, si osserva che si ripetono le seguenti operazioni: / 2 + 2. A questo punto, per ottenere il numero mancante, bisogna aggiungere 2 a 3 (alternativa **A**).

---

34 In questo esercizio la somma delle cifre che compongono i diversi numeri della successione è sempre pari a 7 (6 +1 =7, 5 +2 =7 ecc.): l'unica alternativa che rispetta tale criterio è la **B** che è la soluzione del quesito.

---

35 Esaminando i numeri presenti nella prima figura, si osserva che i 3 numeri posti in alto sono consecutivi (3, 4, 5) e che la loro somma corrisponde agli altri due numeri che compongono i "petali" del fiore (3 + 4 + 5 = 12). Sommando tutti i numeri che costituiscono i "petali" (3 + 4 + 5 + 12 + 12 = 36) e sottraendo il numero posto sulla "foglia" (ossia 20) si ottiene il numero presente nel "vaso": 36 – 20 = 16.

In modo analogo, nella seconda figura si ha:

18 = (6 + 7 + 8 + 21 + 21 – 45).

Nella terza figura la somma dei numeri che compongono i "petali" è pari a 72 (7 + 8 + 9 + 24 + 24); il numero mancante è dunque 54, poiché 72 – 54 = 18. La risposta corretta è quindi la **E**.

36 Ogni numero della serie è ottenuto raddoppiando quello che lo precede e aggiungendo 1. La soluzione al quesito è quindi fornita dall'alternativa **B**, essendo 255 = 127 x 2 + 1.

37 Ogni numero si ottiene moltiplicando per 3 il precedente e sottraendo 3 al risultato. Così, per esempio, 96 = 33 x 3 – 3. Il primo numero della serie, quello mancante, sarà allora 12 (la **C** è la soluzione del quesito) dal quale, applicando la regola, si ottiene 33.

38 La logica che lega i termini della successione è la seguente: "+ 2, x 2". Il numero mancante sarà allora 42 e la soluzione al quesito rappresentata dall'alternativa **D**.

39 La successione di numeri e quella di lettere vanno considerate separatamente. In questo caso l'elemento da individuare appartiene alla sequenza di lettere e quindi la soluzione non può evidentemente essere né la **B** né la **E**. In particolare, le lettere presenti nella successione data distano tra loro, secondo l'ordine dell'alfabeto inglese, tre posizioni. L'alternativa corretta è dunque la **A**.

40 La successione di numeri e quella di lettere vanno considerate separatamente. In questo caso l'elemento da individuare appartiene alla sequenza di lettere e quindi la soluzione non può evidentemente essere né la **B** né la **E**. In particolare, le lettere presenti nella successione data distano tra loro, secondo l'ordine dell'alfabeto italiano, 3 posizioni. L'alternativa corretta è dunque la **C**.

41 In questo caso è facile osservare che l'elemento incognito appartiene alla successione dei numeri ed è pari a 8 (alternativa esatta **E**). I numeri decrescono infatti di 3 unità.

42 La soluzione al quesito è fornita dall'alternativa **A**. Infatti la logica della serie è la seguente: "/ 4, x 2". Il numero mancante è quindi 8 (32 /4), che, moltiplicato per una quantità pari a 2, dà 16.

43 La soluzione al quesito è fornita dall'alternativa **B**. Infatti ogni numero della serie è composto da due cifre la cui somma è pari 9. Tra le alternative proposte questa caratteristica è propria solo del numero 90.

44 Nelle prime due figure il numero nel quadrato in alto è ottenuto dalla differenza tra la somma dei numeri alla base e la somma dei numeri intermedi. Così nella prima figura, per esempio, 8 = (12 + 4) – (6 + 2). Estendendo il ragionamento alla terza figura si individua nell'alternativa **B** la soluzione al quesito.

45 In questo esercizio il numero posto nel quadrato in alto è il risultato della differenza tra la somma dei numeri posti nei due quadrati immediatamente sottostanti e la somma dei numeri nei quadrati in basso. Così come nella prima figura: 3 = (4 + 6) – (3 + 4), nella terza figura il numero mancante sarà 7 (alternativa **A**), in quanto 7 = (13 + 1) – (2 + 5).

5.6 Esercizi proposti

1 **13, 13, ?, 20, 23, 27**

A 56
B 10
C 27
D 20
E 18

2 **1, 10, ?, 110, 9, 90**

A 11
B 7
C 5
D 15
E 18

3 **28, 36, 18, 26, ?**

A 14
B 4
C 9
D 12
E 13

4 **17, ?, 68, 136**

A 44
B 28
C 34
D 58
E 32

5 **64, 60, 30, ?, 13**

A 15
B 36
C 26
D 18
E 20

6 **25, 125, 4, 8, 36, ?**

A 256
B 12
C 216
D 72
E 360

7 **70, 67, 61, ?, 40**

A 49
B 50
C 52
D 48
E 47

8 **184, 192, ?, 24, 2**

A 114
B 71
C 97
D 55
E 16

9 **225, 900, ?, 600, 100**

A 320
B 192
C 214
D 240
E 150

10 **2, 7, 12, 14, ?, 28**

A 84
B 48
C 56
D 24
E 72

11 **28, 4, 70, 10, 84, ?**

A 12
B 42
C 24
D 16
E 20

12 **27, 192, 9, ?, 3, 12**

A 118
B 21
C 48
D 56

13 **182, 7, 26, 85, ?, 17**

A 14
B 5
C 8
D 15

14 **100, ?, 95, 38, 90, 28**
A 35
B 48
C 51
D 18

15 **200, ?, 40, 15, 5, 3**
A 100
B 25
C 5
D 45

16 **29, 87, 75, 225, 213, 639, ?, ?**
A 627, 1.881
B 1.881, 626
C 627, 1.883
D 626, 1.886

17 **12, 21, 19, 17, 26, 13, ?, ?**
A 33, 11
B 22, 20
C 33, 9
D 9, 32

18 **89, 52, 82, 48, 75, 44, 68, ?, ?**
A 61, 39
B 61, 40
C 39, 66
D 40, 61

19 **44, 88, 76, 34, ?, ?, 24, 68, 56, 14**
A 78, 66
B 83, 64
C 72, 66
D 66, 78

20 **?, ?, 36, 61, 41, 64, 46, 67**
A 31, 58
B 31, 56
C 31, 60
D 30, 63

21 **Completare la sequenza: 5, 9, 10, 18, 20, 36, 40, ...**
A 72
B 73
C 71
D 76

22 **Completare la sequenza: 7 – 14 – 16 ; 17 – 34 – 36 ; 37 – ... – ...**

A 75 e 77
B 74 e 76
C 73 e 75
D 74 e 75

23 **Trovare il numero mancante: 662 – 366 ; 224 – 522 ; 665 – 666 ; 775 – ...**

A 667
B 776
C 677
D 777

24 **Trovare il numero mancante: 5432 – 5234 ; 9756 – 9657 ; 5067 – ...**

A 7065
B 5670
C 5760
D 7560

25 **Trovare il numero mancante: 7654 – 7564 ; 5246 – 5426 ; 9070 – ...**

A 9007
B 9700
C 0709
D 9000

26 **Completare la sequenza: 5 – 10 – 12 – 8 ; 13 – 26 – 28 – 24; 15– 30 – ... – ...**

A 47 e 45
B 32 e 28
C 39 e 37
D 32 e 34

27 **Utilizzando l'alfabeto italiano, completare correttamente la seguente successione di lettere: B, N, Q, N, A, D, ?, ?**

A P, S
B A, M
C G, D
D M, C

28 **Utilizzando l'alfabeto italiano, completare correttamente la seguente successione di lettere: C, F, C, E, H, E, ?, ?**

A Q, O
B B, D
C G, L
D H, E

29 **Utilizzando l'alfabeto italiano, completare correttamente la seguente successione di lettere: D, G, N, C, F, M, ?, ?**

A B, E   B L, H   C E, I   D L, P

30 **Completare correttamente la seguente successione, utilizzando l'alfabeto italiano: F, 113, H, 95, L, 77, ?, 59, P, ?**

A P, 41
B N, 39
C N, 43
D N, 41

31 **Completare correttamente la seguente successione, utilizzando l'alfabeto italiano: D, 115, F, 97, H, 79, ?, 61, N, ?**

A L, 45
B L, 43
C L, 41
D N, 43

32 **Completare correttamente la seguente successione, utilizzando l'alfabeto italiano: Z; 4; T; 5; Z; 9; T; 14; Z; 23; ?; ?**

A Z; 40
B T; 34
C Z; 51
D T; 37

33 **Utilizzando l'alfabeto inglese, completare correttamente la seguente successione di lettere: K, K, L, M, M, N, O, O, P, Q, ?, ?**

A Q, P
B Q, Q
C R, S
D Q, R

34 **Utilizzando l'alfabeto inglese, completare correttamente la seguente successione di lettere: C, X, C, Y, D, X, D, Y, E, X, E, ?, ?**

A Y, E
B E, Y
C Y, F
D F, Y

35 **Utilizzando l'alfabeto inglese, completare correttamente la seguente successione di lettere: F, F, G, H, H, I, J, J, K, L, L, ?, ?**

A M, O
B M, N
C N, N
D N, M

36 Individuare il numero mancante:

3	2	4	1	
4	3	3	2	
8	5	5	4	
9	9	8	8	
12	18	10	16	
30	15	28	?	

A 15
B 17
C 18
D 20
E 16

37 Individuare il numero mancante.

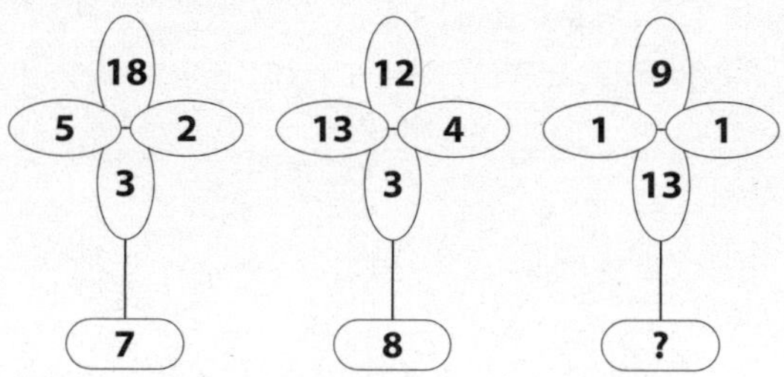

A 9 B 12 C 6 D 5 E 10

38 Individuare il numero mancante.

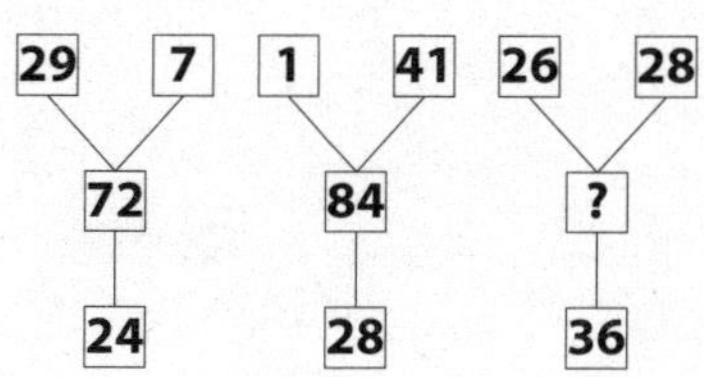

A 105 B 90 C 144 D 108 E 96

39 Completa la serie, sostituendo i numeri alle lettere A, B:

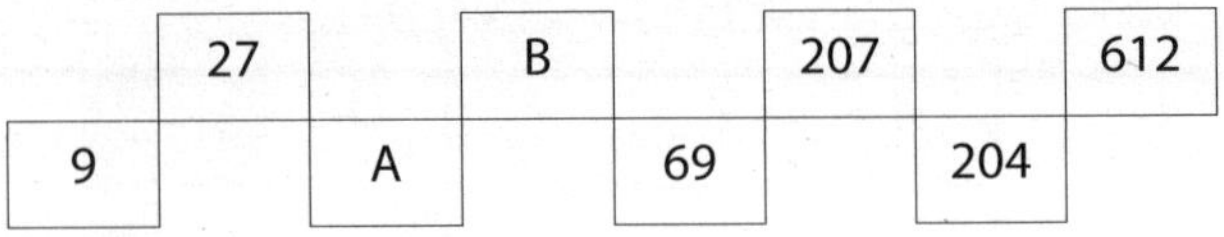

- A) A = 201, B = 603
- B) A = 204, B = 613
- C) A = 24, B = 72
- D) A = 81, B = 79

40 Individuare il numero mancante.

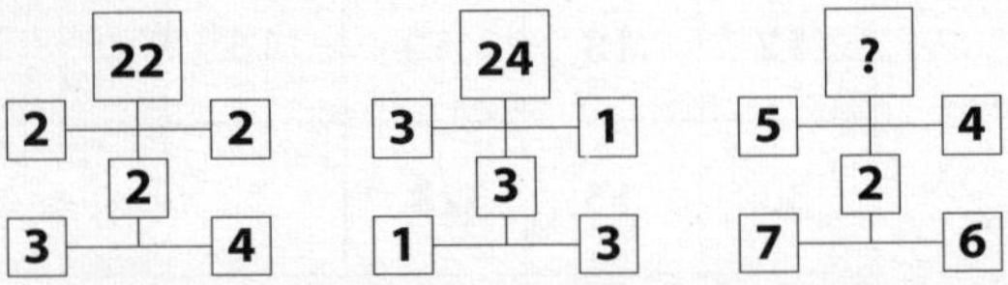

- A) 26
- B) 32
- C) 44
- D) 87
- E) 15

5.7 Tabella delle risposte

Domanda	Risposta	Domanda	Risposta
1	E	21	A
2	A	22	B
3	E	23	C
4	C	24	C
5	C	25	B
6	A	26	B
7	C	27	B
8	E	28	C
9	E	29	A
10	E	30	D
11	A	31	B
12	C	32	D
13	B	33	D
14	B	34	C
15	C	35	B
16	A	36	B
17	C	37	C
18	D	38	D
19	A	39	C
20	A	40	C

6 RAGIONAMENTO NUMERICO DEDUTTIVO

In questo tipo di esercizi sono fornite delle griglie di numeri che vanno letti per riga. Alcune di queste righe seguono la stessa logica, altre no. Quelle coerenti con la logica dell'esercizio sono contraddistinte da un "più", mentre quelle che non devono essere seguite sono contraddistinte da un "meno".

Di solito l'esercizio richiede di completare una o più righe non complete, oppure di individuare, tra le righe proposte dalle alternative, quella che è coerente con la logica dell'esercizio.

Il candidato deve lavorare sulle righe complete contraddistinte dal "più" cercando la logica che c'è dietro, ma stando attento a che la stessa logica NON sia ripetuta in una riga contraddistinta dal segno "meno".

ESEMPI

---

1 Individuare la riga coerente solo con quelle contraddistinte dal segno "+".

1	2	4	–
2	4	8	+
3	6	12	–
4	4	6	+
6	8	0	+

- **A** 3; 3; 8
- **B** 5; 10; 20
- **C** 5; 5; 4
- **D** 6; 12; 24

Osservando la prima riga contraddistinta dal "più" sembrerebbe che i numeri siano via via uno il doppio dell'altro (2, 4, 8): ma questa non può essere la logica della griglia, perché viene ripetuta anche nella prima riga contraddistinta però dal segno "meno". Osservando le tre righe contraddistinte dal "più" ci si accorge che la somma dei numeri è sempre pari a 14, cosa che non accade nelle due righe contraddistinte dal "meno". Tra le alternative, l'unica terna di numeri che ripropone la stessa logica è quella dall'alternativa **C**, soluzione del quesito.

2 Individuare la riga coerente solo con quelle contraddistinte dal segno "+".

23	32	22	+
16	61	11	+
25	52	55	–
24	42	22	+

A 29; 99; 22 **B** 57; 75; 57 **C** 36; 66; 33 **D** 47; 74; 44

La logica dell'esercizio si gioca su come sono costruiti i numeri di ogni riga. Si osservi la prima: al 23 segue 32 (si scambiano le cifre) e quindi il 22 (la prima cifra – il 2 – viene ripetuto per formare l'ultimo numero). La stessa cosa accade nella seconda riga, dove al 16 segue il 61 (scambio di cifre) e poi l'11 (ottenuto usando due volte l'1) e anche nell'ultima riga. Il criterio non è, invece, rispettato dalla terza riga dove l'ultimo numero sarebbe dovuto essere 22 e non 55. Tra le alternative, quella che propone la terna corretta è la **D** (soluzione del quesito).

3 Individuare il/i valore/i nella tessera mancante/i sapendo che le righe che seguono la stessa logica sono contrassegnate con il segno "+", mentre quelle che non la seguono con il segno "-".

19	6	1	2	–
24	8	8	8	+
25	9	1	7	–
26	?	9	8	+
23	10	3	10	+

A 9 **B** 8 **C** 7 **D** 10

Osservando le righe con il "+" ci si accorge che il primo termine è ottenuto sommando gli altri tre (così 24 = 8 + 8 + 8 e 23 = 10 + 3 + 10). Il numero mancante nella quarta riga, per avere una logica coerente, dovrà essere 9, infatti 9 + 9 + 8 = 26. La **A** è la soluzione del quesito.

4 Individuare la riga coerente solo con quelle contraddistinte dal segno "+".

86	5	–
42	2	+
76	21	–
61	6	+
49	19	–

A 65; 56 **B** 18; 5 **C** 64; 2 **D** 84; 3 **E** 63; 2

Nella seconda e nella quarta riga il secondo numero (rispettivamente 2 e 6) è, in entrambi i casi, ottenuto dividendo tra loro le cifre del primo numero: 4 / 2 = 2 e 6 / 1 = 1. L'unica alternativa (e quindi soluzione del quesito) che segue tale logica è la **E** (6 / 3 = 2).

5 Individuare la riga coerente solo con quelle contraddistinte dal segno "+".

50	50	+
35	35	–
25	75	+
68	36	–

A 81; 82
B 61; 61
C 17; 43
D 35; 85
E 30; 70

Osservando la prima riga, che propone due 50, si potrebbe pensare che la logica sottostante sia la ripetizione di uno stesso numero. In realtà questa stessa logica è proposta dalla seconda riga dove però c'è il segno "–" e non è riproposta nella terza (riga che ha il segno "+") dove ci sono invece due numeri differenti. Con un po' di attenzione ci si accorge che nella prima e nella terza riga la prima cifra del secondo numero è ottenuta sommando le due cifre del primo numero (così 5 + 0 = 5 nella prima riga e 2 + 5 = 7 nella terza riga). La seconda cifra del secondo numero, poi, coincide con la seconda cifra del primo. È, quindi, l'alternativa D la soluzione del quesito, infatti avendo 35 come primo numero si ha 85 come secondo: la prima cifra è infatti pari a 8 (3 + 5) e la seconda a 5 (come la seconda cifra di 35).

6 Individuare la riga coerente solo con quelle contraddistinte dal segno "+".

12	6	4	2	+
12	2	7	3	+
16	8	8	2	–
12	10	4	1	–

A 24; 1; 5; 7
B 32, 2; 9; 10
C 21; 3; 10; 8
D 9; 1; 2; 1
E 12; 7; 10; 2

Osservando le prime due righe si potrebbe pensare che il criterio alla base dell'esercizio sia che la somma dei numeri di una abbia come risultato 24. Sebbene, sia la prima, sia la seconda riga seguano questo criterio, nessun delle alternative però propone numeri la cui somma è pari a 24. Osservando con un po' di attenzione ci si accorge che sia la prima, sia la seconda riga (ma non la terza e la quarta) propongono un primo numero (in entrambi i casi 12) pari alla somma degli altri tre (rispettivamente 6, 4 e 2 da una parte e 2, 7 e 3 dall'altra). La stessa regola è proposta dall'alternativa C (soluzione del quesito) dove il numero 21 è pari a 3 + 10 + 8.

Nei seguenti esercizi, individuare la serie di numeri che segue la stessa logica proposta nelle righe contraddistinte dal "più" ma non dalle righe contraddistinte dal "meno".

7

40	30	30	più
20	30	40	meno
19	19	62	più
62	8	8	meno
15	40	45	più

- A 90, 10, 10
- B 33, 33, 34
- C 45, 45, 45
- D 12, 8, 75
- E 99, 2, 2

Nelle righe contrassegnate dal "più" la somma dei tre numeri ha sempre come risultato un valore pari a 100. L'unica alternativa che ha questa caratteristiche è la B (33 + 33 + 34 = 100), soluzione del quesito.

8

58	13	8	meno
67	13	6	più
15	15	1	meno
41	5	4	più

A 27, 14, 2 B 69, 18, 9 C 16, 6, 1 D 92, 10, 9 E 89, 17, 8

Nelle righe contraddistinte dal "più" sottraendo il secondo numero al primo e dividendo il risultato per 9 si ottiene il terzo numero oppure moltiplicando per 9 il terzo numero e aggiungendo il secondo si ottiene il primo (6 x 9 = 54 + 13 = 67 e 4 x 9 = 36 + 5 = 41). La serie di numeri che rispetta le stesse regole è quella proposta dall'alternativa E, soluzione del quesito.

9

6	12	24	meno
3	9	81	meno
11	33	66	più
4	12	24	più
1	2	6	meno

A 10, 30, 90 B 9, 18, 36 C 8, 24, 48 D 5, 10, 30 E 7, 14, 28

Nelle righe contraddistinte dal "più" moltiplicando per 2 il primo numero si ottiene il secondo che moltiplicato per 3 dà come risultato il terzo (così, per esempio, 1 x 3 = 33 e 33 x 2 = 66). La serie 8, 24, 48 (alternativa C soluzione del quesito) segue la stessa logica.

10

63	6	più
13	1	più
72	7	meno
55	3	meno
23	2	più

A 52, 5 B 43, 4 C 63, 4 D 37, 7 E 11, 3

Moltiplicando il secondo numero di ogni riga contraddistinta dal "più" per 10 e sommando al risultato un valore pari a 3 si ottiene il primo numero. Così, per esempio, 6 x 10 = 60 + 3 = 63 oppure 1 x 10 = 10 + 3 = 13. I numeri 43 e 4 (alternativa B soluzione del quesito) seguono la stessa logica.

6.1 Esercizi svolti

1 Individuare il/i valore/i nella tessera mancante/i sapendo che le righe che seguono la stessa logica sono contrassegnate con il segno "+", mentre quelle che non la seguono con il segno "–".

2	4	8	16	32	–
1	2	4	8	16	+
5	6	12	18	38	–
4	?	12	16	39	+
3	4	8	14	30	+

A 12 B 8 C 6 D 5

2 Individuare il/i valore/i nella tessera mancante/i sapendo che le righe che seguono la stessa logica sono contrassegnate con il segno "+", mentre quelle che non la seguono con il segno "–".

12	36	10	30	8	+
14	42	12	36	10	–
16	40	14	36	12	–
10	30	8	24	?	+
15	45	10	40	5	–

A 6
B 4
C 8
D 2

3 Individuare il/i valore/i nella tessera mancante/i sapendo che le righe che seguono la stessa logica sono contrassegnate con il segno "+", mentre quelle che non la seguono con il segno "–".

3	12	14	10	5	+
5	6	8	?	5	+
4	8	7	8	4	–
6	10	6	10	6	–
8	12	8	12	8	+

A 12
B 6
C 10
D 9

4 Individuare il/i valore/i nella tessera mancante/i sapendo che le righe che seguono la stessa logica sono contrassegnate con il segno "+", mentre quelle che non la seguono con il segno "–".

4	8	12	20	32	–
5	10	15	25	?	+
6	12	18	30	42	+
2	4	6	10	16	–
8	16	24	32	56	–

A 45
B 40
C 35
D 30

5 Individuare il valore nella tessera mancante sapendo che le righe che seguono la stessa logica sono contrassegnate con il segno "+", mentre quelle che non la seguono con il segno "–".

22	40	19	10	4	–
21	42	24	42	12	–
28	82	?	14	7	+
42	84	42	84	42	–
24	42	21	12	6	+

A 32
B 20
C 41
D 28

6 **Individuare il/i valore/i nella tessera mancante/i sapendo che le righe che seguono la stessa logica sono contrassegnate con il segno "+", mentre quelle che non la seguono con il segno "–".**

5	10	11	22	23	–
4	8	10	20	22	+
8	12	14	28	30	–
6	12	10	20	24	–
7	?	?	32	34	+

A 8; 10
B 9; 18
C 11; 16
D 14; 16

7 **Individuare il/i valore/i nella tessera mancante/i sapendo che le righe che seguono la stessa logica sono contrassegnate con il segno "+", mentre quelle che non la seguono con il segno "–".**

92	36	34	12	?	+
96	50	38	28	18	–
78	32	20	8	0	–
98	52	40	28	20	–
84	38	26	14	6	+

A 10
B 18
C 6
D 8

8 **Individuare il/i valore/i nella tessera mancante/i sapendo che le righe che seguono la stessa logica sono contrassegnate con il segno "+", mentre quelle che non la seguono con il segno "–".**

?	14	12	?	+
9	18	16	11	+
8	16	14	9	–
11	20	19	16	–

A 4; 6
B 5; 9
C 8; 7
D 7; 16

9 **Individuare il/i valore/i nella tessera mancante/i sapendo che le righe che seguono la stessa logica sono contrassegnate con il segno "+", mentre quelle che non la seguono con il segno "–".**

28	64	?	?	+
22	58	27	54	–
18	36	28	56	–
26	62	36	72	+

A 36; 74
B 38; 62
C 36; 72
D 38; 70

10 **Individuare il/i valore/i nella tessera mancante/i sapendo che le righe che seguono la stessa logica sono contrassegnate con il segno "+", mentre quelle che non la seguono con il segno "–".**

22	18	14	10	6	+
45	40	35	30	25	–
54	50	?	42	38	+
42	38	34	30	26	–

A 46
B 24
C 32
D 42
E 11

11 **Individuare la riga coerente solo con quelle contraddistinte dal segno "+".**

45	95	+
12	34	+
31	12	–
56	78	+
13	21	–

A 15; 52
B 25; 41
C 94; 51
D 81; 99
E 39; 42

12 **Individuare la riga coerente solo con quelle contraddistinte dal segno "+".**

80	0	0	+
81	0	0	–
0	0	80	+
0	10	70	+
0	10	60	–

- **A** 0; 0; 1
- **B** 30; 0; 50
- **C** 60; 20; 10
- **D** 80; 1; 1
- **E** 80; 0; 10

13 **Individuare la riga coerente solo con quelle contraddistinte dal segno "+".**

4	12	10	+
9	27	25	+
6	8	14	–
5	16	14	–

- **A** 2; 6; 3
- **B** 8; 28; 25
- **C** 6; 24; 22
- **D** 11; 33; 30
- **E** 3; 9; 7

14 **Individuare la riga coerente solo con quelle contraddistinte dal segno "+".**

19	19	91	–
38	89	93	+
83	32	28	+
15	54	41	+
44	54	45	–

- **A** 13; 36; 61
- **B** 10; 11; 22
- **C** 16; 61; 66
- **D** 51; 45; 14
- **E** 34; 43; 55

15 Individuare la riga coerente solo con quelle contraddistinte dal segno "+".

29	11	18	–
53	15	8	+
38	24	11	+
74	14	11	–
66	36	24	–

A 87; 24; 15
B 24; 8; 4
C 32; 12; 5
D 46; 24; 12
E 92; 18; 11

Nei seguenti esercizi, individuare la serie di numeri che segue la stessa logica proposta nelle righe contraddistinte dal "più" ma non dalle righe contraddistinte dal "meno".

16

4	5	9	10	più
0	2	2	3	meno
8	9	16	17	meno
3	4	7	8	più

A 1, 2, 7, 8
B 5, 6, 11, 12
C 9, 10, 15, 16
D 1, 3, 4, 5
E 2, 3, 11, 12

17

94	5	36	più
66	12	36	meno
32	5	15	meno
81	7	8	più

A 34, 11, 6
B 51, 4, 9
C 36, 9, 18
D 83, 5, 44
E 61, 8, 21

18

62	8	12	più
77	14	49	più
53	8	30	meno
46	12	24	meno
29	18	11	meno

A 26, 4, 12
B 58, 13, 40
C 73, 10, 14
D 49, 12, 36
E 32, 6, 5

19

27	28	29	27	meno
16	17	27	16	più
43	44	54	43	più
51	61	62	51	meno
36	37	47	47	meno
48	49	49	48	meno

A 68, 69, 79, 68
B 42, 43, 44, 42
C 26, 36, 37, 26
D 35, 36, 46, 46
E 67, 68, 78, 77

20

16	25	15	62	meno
52	19	20	59	meno
18	63	16	83	più
58	85	58	85	più

A 41, 21, 42, 11
B 18, 37, 17, 83
C 8, 63, 86, 13
D 44, 59, 49, 45
E 39, 47, 94, 37

6.2 Soluzioni e commenti

1 Per risolvere l'esercizio è necessario innanzi tutto osservare quale regola seguono la seconda e la quinta riga della tabella contrassegnate con il segno "+".

La seconda riga potrebbe trarre in inganno in quanto sembrerebbe contraddistinta da una logica in cui ogni termine è il doppio del precedente. In realtà questo criterio contraddistingue anche le prima riga dove però si trova il segno "–".

Osservando la seconda e la quinta riga ci si accorge che la somma dei primi quattro termini delle sequenze è uguale all'ultimo termine meno 1 (1 + 2 + 4 + 8 =15 e 3 + 4 + 8 + 14 = 29).

Affinché tale criterio venga rispettato anche nella prima serie basta sostituire all'incognita il valore 6 (4 + 6 +12 + 16 = 38).

L'alternativa **C** è, quindi, la soluzione del quesito.

2 La soluzione al quesito è fornita dall'alternativa **C**. A prima vista la logica che lega la serie contraddistinta dal segno "+" sembra quella di due serie alternate che si incrociano con la prima (numeri in posizioni dispari) caratterizzata da valori che diminuiscono di 2, mentre la seconda (numeri in posizione pari) che diminuiscono di 6. In realtà poiché questo stesso criterio è riproposto dalla seconda riga della tabella contrassegnata dal segno "–" deve essere escluso.

Se si osserva con attenzione la prima riga ci si accorge che il quinto numero è il risultato di un'operazione svolta sui primi quattro termini e cioè: somma tra i primi due a cui si sottrae la somma tra il terzo e il quarto. Così 8 è il risultato dell'operazione:

(12 + 36) – (10 + 30)

Questo stesso criterio non è mai ripetuto nelle righe contrassegnate con il segno "–".

Ci si accorge, inoltre, che se si sceglie la **C** come soluzione al quesito questo stesso criterio può essere riproposto anche nella quarta riga.

3 Il criterio che lega la prima e l'ultima riga della tabella e che non è ripetuta in quelle contraddistinte dal segno meno è la seguente: il numero centrale è dato dalla somma del secondo e quarto numero a cui si sottrae la somma del primo e del quinto.

Così per esempio nell'ultima riga si ha che:

(12 + 12) – (8 + 8) = 8

Il fatto che poi nell'ultima riga ci sia una specularità degli elementi non può essere preso come criterio in quanto non viene ripetuto nella prima riga (dove si ha il segno "+"), mentre lo è nella quarta (contraddistinta dal segno "–").

Affinché lo stesso criterio sia ripetuto nella seconda riga si deve scegliere la **D** come soluzione al problema.

4 I termini appartenenti alla terza riga sono ottenuti dal prodotto del primo numero per alcuni valori: x 2, x 3, x 5, x 7. La stessa logica è ripetuta nella seconda riga (dove manca il temine 35) mentre non lo è nelle altre righe.

La soluzione al quesito è, quindi, fornita dall'alternativa **C**.

Si fa notare come se ci si fosse fermati all'analisi dei primi quattro termini della terza riga si sarebbe potuto pensare che il criterio sottostante fosse quello per il quale ogni numero veniva ottenuto dalla somma dei due termini precedenti. Tale criterio viene però smentito dall'ultimo termine della riga e comunque confutato dalla negatività assegnata alla prima riga in cui tale criterio è presente.

5 Per individuare la soluzione al quesito è necessario osservare quanto accade nell'ultima riga della tabella dove è completa la serie di numeri contraddistinta dal segno "+".

Il primo criterio che potrebbe venire in mente può essere quello additivo. Passando da un numero all'altro vengono aggiunte o sottratte quantità sempre differenti per ottenere il numero successivo.

Questo criterio, non è molto rilevante ed è, inoltre, confutato dal segno "–" presente nella prima riga della tabella che ripropone questo stesso andamento.
In realtà osservando l'andamento dei termini dell'ultima riga si osserva che segue una logica più precisa. Partendo dal primo numero si ha un'inversione delle cifre per ottenere il secondo (si passa da 24 a 42) e quindi un dimezzamento del suo valore. La serie prosegue con la stessa logica per i restanti due termini.

Tale criterio non è ripetuto nelle righe contrassegnate dal segno "–", per cui è unico e proprio dell'ultima riga. Affinché lo stesso criterio sia verificato nella terza riga è necessario inserire come valore mancante 41 (alternativa **C** soluzione del quesito).

6 La regola che segue la sequenza di numeri della seconda riga è la seguente:

x 2, + 2, x 2, + 2.

È questo l'unico criterio non seguito e quindi non confutato dalle sequenze delle altre righe. Per completare l'ultima riga rispettando tale criterio si devono inserire i valori 14 e 16.

La soluzione al quesito è, quindi, fornita dall'alternativa **D**.

7 Per risolvere l'esercizio è necessario trovare la logica che lega i termini dell'ultima riga e che non è utilizzata nelle sequenze contraddistinte dal segno "–".

L'unica regola logica che non è riproposta nelle altre righe è quella che vede il primo termine della sequenza uguale alla somma degli altri quattro termini.

Così $84 = 38 + 26 + 14 + 6$.

Affinché questo criterio sia ripetuto nella prima riga è necessario inserire come ultimo valore il 10.

Pertanto la soluzione al quesito è fornita dall'alternativa **A**.

8 La seconda riga potrebbe seguire tre criteri:

- x 2, – 2, – 5;
- + 9, – 2, – 5;
- la somma dei primi due termini uguale alla somma degli ultimi due.

Il primo criterio è presente anche in una delle righe contrassegnate con il segno "–" mentre nessuna alternativa proposta risponde al secondo criterio.

Si deve, quindi, scegliere il terzo criterio e applicarlo alla prima riga. La coppia di valori che consente di verificare lo stesso criterio è quella proposta dall'alternativa **A** che rappresenta, quindi, la soluzione del quesito.

---

9 Il criterio che lega i termini dell'ultima riga (contraddistinta dal segno "+") e che non è proprio delle righe contraddistinte dal segno "–" è quello per cui la differenza tra i primi due termini della serie è uguale alla differenza tra gli ultimi due.

Affinché questo criterio venga rispettato anche nella prima riga, questa dovrà essere completata con i valori 36 e 72 (la cui differenza è proprio 36 come quella tra 64 e 28).

La soluzione al quesito è, quindi, fornita dall'alternativa **C**.

---

10 A prima vista il criterio che lega tra loro i termini della prima riga sembra quello che prevede una sottrazione di una stessa quantità (in questo caso pari a 4) da un termine per ottenere il termine successivo. In realtà questo stesso criterio è seguito anche nelle sequenze contrassegnate dal segno "–", per cui non può essere adottato per completare la penultima riga della tabella.

Se si presta una maggiore attenzione alla prima riga, ci si accorge che il termine centrale della serie (il 14) può essere ottenuto come differenza tra la somma dei primi due termini e degli ultimi due, quindi come:

$(22 + 18) - (10 + 6)$

Questo stesso criterio non è rispettato nelle altre righe e può, quindi, essere utilizzato per completare la penultima riga della tabella; risolvendo, dunque, il calcolo:

$(54 + 50) - (42 + 38)$

si ottiene 24; quindi l'alternativa **B** è la soluzione al quesito.

---

11 Il primo numero delle righe contrassegnate con il segno "+" è ottenuto come risultato del prodotto delle cifre del secondo numero: 45 = 9 x 5, 12 = 3 x 4 e 56 = 7 x 8. La soluzione è quindi fornita dall'alternativa **D** essendo 81 = 9 x 9.

---

12 Nelle righe caratterizzate dal segno "+" la somma dei tre numeri proposti ha sempre come risultato un valore pari a 80. L'unica alternativa che rispetta tale regola è la **B**, soluzione del quesito.

---

13 La regola che seguono i numeri delle prime due righe è che il secondo è il triplo del primo e il terzo ottenuto dal secondo sottraendo a questo un valore pari a 2. La soluzione è quindi fornita dall'alternativa **E**, infatti 9 è pari al triplo di 3 e 7 è pari a 9 – 2.

---

14 Nelle righe contraddistinte dal segno "+" la prima cifra del secondo numero corrisponde alla seconda cifra del primo numero (per esempio nella seconda riga si ha 38 e poi 89) e il terzo numero ha come prima cifra la seconda del secondo numero e come seconda la prima del primo numero (per esempio nella seconda riga si ha il 93 che prende il 9 dal precedente 89 e il 3 da 38). La stessa regola è seguita dai numeri proposti dall'alternativa **A**, soluzione del quesito.

15 Nelle righe contrassegnate dal segno "+" il secondo numero è ottenuto moltiplicando le cifre del primo (per esempio nella seconda riga dal prodotto tra 5 e 3 si ottiene 15), mentre il terzo sommando le cifre del primo (per esempio nella seconda riga dalla somma tra 5 e 3 si ottiene 8).

I numeri proposti dall'alternativa **E** (soluzione del quesito) seguono la stessa regola.

16 Guardando la prima e la quarta riga sembrerebbe che la regola possa essere la seguente: moltiplicando i primi due numeri si ottiene il terzo e sommando un valore pari a 1 a questo si ottiene il quarto. Questa regola è però seguita anche dalla seconda riga, contraddistinta col "meno" e quindi non può essere quella dell'esercizio. In realtà nella prima e quarta riga il terzo numero si ottiene moltiplicando il primo per 2 e aggiungendo un valore pari a 1. Il quarto numero è invece il doppio del secondo. La stessa regola è seguita dai numeri 5, 6, 11 e 12.

La soluzione al quesito è, quindi, fornita dall'alternativa **B**.

17 Nella prima e quarta riga la differenza tra le cifre del primo numero ha come risultato il secondo numero (così, per esempio, 9 – 4 = 5). La somma delle cifre del terzo numero corrisponde, invece, alla prima cifra del primo numero (così, per esempio, 3 + 6 = 9). La stessa regola è seguita dalla serie 83, 5, 44: la **D** è la soluzione del quesito.

18 Il secondo numero delle righe contraddistinte dal "più" è ottenuto sommando le due cifre del primo numero (questo stesso criterio è seguito anche dalla terza riga, contraddistinta dal meno) e il terzo numero è invece uguale al prodotto sempre delle cifre del primo (questa regola non è seguita nella terza riga). Così, per esempio, prendendo la prima riga, si ha che 6 + 2 = 8 e 6 x 2 = 12. La stessa regola è seguita dai numeri 58, 13 e 40 (**B** soluzione del quesito).

19 Nella seconda e terza riga (quelle contraddistinte dal "più") ci si accorge che il primo e il quarto numero sono uguali, che il secondo è ottenuto sommando un valore pari a 1 al primo e il terzo ottenuto sommando un valore pari a 10 al secondo.

La stessa logica è seguita dai valori 68, 69, 79, 68 proposti dall'alternativa **A**, soluzione del quesito.

20 Si osservi la terza riga della matrice e si provino a mettere in fila le quattro cifre che compongono i primi numeri 18 e 63: Si invertano ora la seconda e terza cifra: si ottengono i numeri 16 e 83 (gli ultimi due della riga). La stessa logica si riscontra nella quarta riga e nei numeri proposti dall'alternativa **A** (soluzione del quesito).

6.3 Esercizi proposti

Nei seguenti esercizi, individuare la serie di numeri che segue la stessa logica proposta nelle righe contraddistinte dal "più" ma non dalle righe contraddistinte dal "meno".

1

48	43	più
91	86	più
13	7	meno
21	28	meno

A 11, 12
B 41, 36
C 74, 46
D 79, 70
E 18, 11

2

3	19	16	22	meno
15	45	3	27	meno
5	55	11	71	più
4	72	18	94	più

A 18, 36, 2, 16
B 16, 64, 4, 80
C 8, 48, 6, 56
D 13, 26, 2, 41
E 41, 123, 3, 79

3

49	13	36	più
23	5	16	meno
85	20	13	meno
92	11	18	più
34	15	12	meno

A 61, 6, 6
B 74, 12, 24
C 29, 18, 11
D 32, 5, 6
E 43, 7, 16

4

78	56	92	18	più
65	30	31	3	più
31	3	31	4	meno
41	4	41	4	più

A 44, 4, 8, 88
B 22, 4, 44, 8
C 22, 4, 11, 1
D 13, 4, 34, 44
E 45, 9, 23, 6

5

14	42	3	più
61	12	16	meno
7	84	12	più
21	106	5	meno

A 28, 96, 6 B 8, 64, 8 C 2, 12, 2 D 29, 99, 3 E 1, 56, 12

6

6	12	9	più
8	16	13	più
4	8	6	meno
9	18	14	meno

A 5, 15, 13
B 9, 27, 25
C 10, 30, 28
D 7, 14, 11
E 4, 12 ,16

7

5	50	51	52	meno
8	80	82	164	meno
1	10	11	22	più
10	11	110	220	meno
6	60	61	122	più

A 2, 20, 22, 24
B 3, 30, 31, 62
C 4, 40, 41, 42
D 9, 90, 92, 184
E 7, 8, 80, 160

8

5	4	meno
3	9	meno
7	3	più
4	6	più

A 2, 9
B 1, 9
C 3, 4
D 6, 2
E 7, 6

9

15	36	21	più
23	12	35	meno
7	55	48	più
12	14	12	meno

A 14, 15, 29
B 17, 37, 0
C 12, 49, 37
D 16, 32, 15
E 16, 16, 16

10

2	3	1	più
5	6	1	meno
12	18	36	più
76	14	28	meno

A 3, 30, 90
B 10, 15, 25
C 22, 33, 100
D 17, 34, 36
E 24, 28, 49

11

14	21	49	più
9	12	21	meno
5	10	24	meno
6	9	9	più

A 18, 27, 81
B 3, 5, 15
C 10, 20, 25
D 7, 21, 14
E 6, 9, 12

12

2	4	5	più
16	26	27	meno
19	38	39	più
20	40	39	meno
15	30	40	meno

A 4, 16, 15
B 7, 14, 13
C 25, 40, 41
D 8, 16, 17
E 12, 24, 30

13

27	9	meno
16	4	meno
21	2	più
15	5	più

A 25, 5 B 88, 8 C 63, 7 D 51, 6 E 33, 9

14

3	6	18	72	più
8	16	48	192	più
2	4	12	24	meno
5	10	30	90	meno

A 6, 18, 36, 72
B 4, 8, 24, 96
C 8, 16, 32, 64
D 9, 11, 14, 18
E 5, 15, 30, 30

15

4	12	10	più
9	27	25	più
6	18	14	meno
5	16	14	meno

A 2, 6, 3
B 8, 28, 25
C 6, 24, 22
D 11, 33, 30
E 3, 9, 7

16

50	5	6	7	più
20	2	1	0	meno
40	4	5	6	più
80	8	10	12	meno
20	3	4	5	meno

A 30, 3, 5, 7 B 10, 1, 2, 3 C 60, 6, 4, 2 D 70, 8, 9, 10 E 90, 9, 7, 5

17

12	25	5	8	più
15	20	10	12	meno
2	42	38	2	più
16	12	12	14	meno

A 45, 60, 15, 5
B 65, 12, 5, 12
C 21, 22, 5, 5
D 59, 72, 10, 3
E 12, 24, 24, 48

18

18	19	36	37	meno
32	31	63	64	meno
14	15	29	30	più
19	20	39	40	più

A 54, 56, 99, 100
B 42, 43, 85, 87
C 21, 42, 88, 12
D 66, 67, 133, 134
E 22, 23, 26, 27

19

82	64	26	meno
62	43	34	più
71	52	25	meno
26	88	54	meno

A 19, 91, 34
B 26, 43, 55
C 53, 16, 61
D 34, 77, 55
E 26, 62, 43

20

24	23	più
46	1	più
48	1	meno
23	24	più
21	26	più

- A 23, 6
- B 46, 10
- C 47, 47
- D 27, 20
- E 26, 1

6.4 Tabella delle risposte

Domanda	Risposta
1	B
2	D
3	D
4	C
5	B
6	D
7	B
8	B
9	C
10	B
11	A
12	D
13	E
14	B
15	E
16	B
17	D
18	D
19	E
20	D

7 RAGIONAMENTO VERBALE

Gli esercizi volti a valutare le *competenze linguistiche* sono tra i più diffusi nell'ambito dei test selettivi dei concorsi pubblici. Le capacità sottoposte a verifica sono principalmente quelle relative alla **proprietà di linguaggio** e all'**ampiezza del vocabolario**. Questa parte non è tuttavia unicamente nozionistica, ossia volta a verificare la conoscenza dei concetti fondamentali di una data disciplina, ma è anche attitudinale, nel senso che mira a valutare le capacità del candidato di comprendere le relazioni tra vocaboli, come nelle analogie concettuali, o la coerenza logica tra più vocaboli, come negli esercizi che richiedono di inserire parole mancanti all'interno di una frase incompleta.

Si tratta dunque di quesiti che richiedono una buona proprietà di linguaggio, ma anche capacità logiche, per affinare le quali risultano particolarmente utili alcuni suggerimenti. Il presente capitolo analizza le diverse tipologie di esercizi, ne illustra e commenta numerosi esempi e offre consigli utili per la risoluzione degli stessi.

Gli esercizi di attitudine verbale sono di diversi tipi. Si tratta spesso di esercizi tra loro concettualmente simili, ma presentati in forme e configurazioni differenti: è il caso, per esempio, dei quesiti che richiedono di identificare il sinonimo di un vocabolo o di individuare il significato corretto di una parola. In questo capitolo vengono esaminate tutte le principali tipologie, quali:

- analogie concettuali;
- serie di parole;
- sinonimi e contrari;
- significato corretto di un vocabolo.

7.1 Analogie concettuali

Gli esercizi di analogia concettuale si presentano come *proporzioni tra parole, incomplete di uno o due termini*. Si tratta di individuare, tra le alternative proposte, quella che completa correttamente la proporzione. La proporzione è completata in modo corretto quando la relazione tra i primi due termini è uguale a quella che lega il terzo e il quarto termine.

ESEMPI

Individuare, negli esercizi che seguono, la coppia di termini che completa correttamente la proporzione.

1 Freddo sta a gelato come X sta a Y

A X = bollente, Y = caldo
B X = bello, Y = stupendo
C X = atteso, Y = arrivato
D X = estate, Y = sole
E X = sfinito, Y = stanco

La relazione tra i due termini dati (*freddo* e *gelato*) è di un *grado di intensità differente*: freddo e gelato sono due aggettivi che esprimono il concetto di temperatura bassa, ma con un diverso grado di intensità (gelato è più intenso di freddo). Si osservi che, tra le alternative proposte, ne esistono tre che rispettano la relazione di *diverso grado di intensità*: la A, la B e la E. La A e la E, tuttavia, presentano i due termini in ordine inverso, ossia prima il più intenso e poi quello meno intenso. L'alternativa corretta è dunque la B.

2 Uno : X = Y : sesto

A X = secondo, Y = sette
B X = due, Y = quinto
C X = primo, Y = sei
D X = tre, Y = otto
E X = primo, Y = quinto

In questo caso, non è possibile a priori trovare la logica che lega i due termini di ogni membro. Per risolvere l'esercizio è quindi necessario sostituire le diverse alternative proposte e vedere quando si crea la stessa logica a sinistra e a destra dell'uguale. Si trova, allora, che la soluzione è fornita dall'alternativa C, sostituendo la quale si ha un rapporto tra numero cardinale e relativo ordinale in ognuno dei due membri della proporzione.

3 X : parola = pagine : Y

A X = Sonetto, Y = poema
B X = Lettere, Y = libro
C X = Frase, Y = manuale
D X = Componimento, Y = copertine
E X = Linguaggio, Y = lettura

La soluzione al quesito è fornita dall'alternativa B. Infatti le *lettere* compongono la *parola* come le *pagine* compongono il *libro*. Si faccia attenzione all'alternativa C. La *frase* ha alla sua base la *parola*, ma è possibile dire che le *pagine* hanno alla loro base parimenti il *manuale!* Così come da scartare è l'alternativa E, infatti il *linguaggio* è fatto di *parole*, ma le *pagine* non sono fatte di *lettura*.

4 **Pialla sta a falegname come X sta a Y**

A X = giornale, Y = giornalista
B X = casa, Y = muratore
C X = francobollo, Y = lettera
D X = chiave inglese, Y =idraulico
E X = giornali, Y = edicolante

In questo caso, la proporzione è trascritta in parole, anche se la logica dell'esercizio rimane inalterata: la proporzione non viene proposta in forma simbolica ma espressa in una frase per mezzo del linguaggio comune. La relazione che lega le prime due parole è che il *falegname* si serve della *pialla* per lavorare. Allo stesso modo, l'*idraulico* usa la *chiave inglese*. La risposta esatta è dunque la D. La E è invece errata, perché i *giornali* sono l'oggetto venduto dall'*edicolante* e non il mezzo con cui egli lavora, come anche la B, perché la *casa* è il risultato del lavoro del *muratore*.

5 **Adesso: X = vicino : Y**

A X = ora, Y = lontano
B X = dopo, Y = presso
C X = avverbio, Y =aggettivo
D X = aggettivo, Y = avverbio

Per risolvere l'esercizio è necessario provare a sostituire le diverse alternative proposte e vedere quando si crea la stessa logica a sinistra e a destra dell'uguale. Sostituendo sia la A, sia la B non si ottiene mai un'identica logica nelle due parti della proporzione. Provando, invece, a sostituire la C ci si accorge che *adesso* è proprio un *avverbio* come *vicino* è un *aggettivo*. La relazione tra i termini di ogni membro della proporzione è dunque di *appartenenza* e la soluzione al quesito è proprio fornita dall'alternativa C.

6 **Quatto : rumoroso = X : Y**

A X = attesa, Y = treno
B X = errato, Y = giusto
C X = lento, Y = velocemente
D X = disguido, Y = equivoco
E X = ovvio, Y = evidente

La relazione che lega i due termini dati è di *opposizione/contrarietà*. L'alternativa corretta è la B: *errato* è infatti l'opposto di *giusto*. Si presti attenzione all'alternativa C, che può risultare a prima vista accettabile, ma che in realtà è errata: *lento* è infatti un aggettivo, mentre *velocemente* è un avverbio. Le alternative D ed E sono da escludere perché formate da vocaboli (*disguido/equivoco, ovvio/evidente*) fra loro sinonimi, anziché contrari.

Tipologie di relazioni

Di seguito viene riportata una lista delle principali tipologie di relazioni di analogia concettuale. Tale lista non può evidentemente essere completa (si potrebbero infatti agevolmente individuare molte altre relazioni), ma rappresenta un elenco delle tipologie più frequenti nei test di ammissione ed è dunque opportuno averla ben presente.

RELAZIONI	ESEMPI
Lavoratore e frutto del lavoro	scrittore : libro compositore : sinfonia
Lavoratore e strumento utilizzato	scultore : scalpello pittore : pennello
Strumento e oggetto su cui si lavora	penna : carta sega : legno
Sequenza temporale	presto : tardi alba : tramonto
Causa ed effetto	germe : malattia esplosione : macerie
Grado di intensità	tiepido : caldo gioia : estasi
Classe e specie	insetto : formica mammiferi : delfino
Relazioni grammaticali	io : mio ha : ebbe
Sinonimi	gentile : benevolo bugia : menzogna
Contrari	mai : sempre amore : odio
Parte del tutto	soldato : esercito stella : costellazione
Sesso	mucca : toro gallina : gallo

Suggerimenti

- Prima di analizzare le alternative possibili, occorre cercare di **individuare il tipo di relazione** esistente tra i due termini dati della proporzione; quindi analizzare le varie alternative, per vedere quale di esse rispetta tale relazione.
- Prima di passare all'esercizio successivo, è importante **controllare tutte le alternative**, verificando che quelle scartate siano effettivamente errate.
- È importante prestare **attenzione all'ordine con cui sono presentati i due termini** della relazione. A volte infatti, sono presenti alternative che rispettano la relazione di partenza, ma con l'ordine delle incognite invertito.
- Nel caso in cui **le incognite di una proporzione siano relative a due membri** diversi della stessa, occorre procedere per tentativi, ossia provare a sostituire i vocaboli delle diverse alternative e controllare se la proporzione acquista significato.

7.2 Analogie concettuali in forma grafica

Questi esercizi ricalcano del tutto quelli delle proporzioni tra parole appena visti. Si tratta solo di individuare se la relazione tra le coppie di termini sussiste per riga, per colonna o a incrocio, se cioè un termine è legato dal punto di vista logico a quello accanto, a quello sotto (o sopra) o a quello opposto. Valgono, anche in questo caso, le regole viste nelle proporzioni prima esaminate. Al candidato può essere chiesto di individuare un solo termine mancante o, come visto fino ad ora, una coppia.

ESEMPI

1 Individuare i termini mancanti:

peso	Y
X	igrometro

- **A** X = altezza, Y = bilancia
- **B** X = umidità, Y = termometro
- **C** X = costo, Y = euro
- **D** X = chilo, Y = millimetro
- **E** X = bilancia, Y = umidità

In questo esercizio sono due i termini da individuare. La relazione logica va ricercata lavorando per colonna. La risposta esatta è la **E**. Infatti, la *bilancia* è lo strumento che misura il *peso* così come l'*igrometro* è lo strumento che misura l'*umidità*. Le altre alternative danno invece luogo a relazioni prive di significato.

2 Individuare i termini mancanti:

logorroico	volenteroso
X	Y

- **A** X = chiacchierone, Y = disinteressato
- **B** X = conciso, Y = svogliato
- **C** X = logopedista, Y = medico
- **D** X = prolisso, Y = volitivo
- **E** X = elevato, Y = sotterraneo

In questo esercizio sono due i termini da individuare. La relazione logica va ricercata lavorando per colonna. Sostituendo le coppie di termini proposti dalle varie alternative ci si accorge che la soluzione al quesito è fornita dalla **B**. In questo caso infatti si costruisce una relazione nelle due colonne di *opposizione/contrarietà*: *logorroico* significa infatti *chiacchierone, loquace, prolisso* e il suo contrario è dunque *conciso* mentre *svogliato* è il contrario di *volenteroso*.

3 Individuare il termine mancante:

BODEEL	CIRAGLE
TERFO	?

A PERITODE **B** CIOFO **C** LEISE **D** NOLET **E** BOSURTO

La relazione logica può essere ricercata lavorando sia per riga sia per colonna. Anagrammando le parole contenute nella prima riga si trova la seguente relazione: *debole* : *gracile* (due sinonimi), mentre per colonna *debole*: *forte* (due contrari). La parola da trovare deve, quindi, essere un sinonimo di *forte* (per rispettare il criterio della riga) e un contrario di *gracile* (per rispettare il criterio per colonna). Le alternative **A** e **C** sono da scartare, infatti anagrammando le parole si ha, rispettivamente, *deperito* ed *esile* (sinonimi di *gracile* e contrari di *robusto*). La soluzione al quesito è, invece, fornita dall'alternativa **E**. Infatti, l'anagramma della parola proposta è *robusto*, che rispetta i criteri sia della riga, sia della colonna.

4 Individuare il termine mancante:

tre	ago
sei	?

A spillo **B** filo **C** cucitura **D** strappo **E** orlo

Guardando le parole *tre* e *sei* si potrebbe pensare che la regola sia per colonna, essendo sei proprio il doppio di tre. La stessa regola, però, non è ripetibile nella seconda colonna. Lavorando per riga, con un po' di occhio, si osserva che *tre* è il numero di lettere che compongono la parola *ago*. Tra le parole proposte l'unica che ha *sei* lettere è *spillo* e quindi la **A** è la soluzione cercata.

5 Individuare il termine mancante:

ascrivibile	rintracciabile
?	reperibile

A affermato
B incompatibile
C imputabile
D socievole
E appetibile

Osservando la seconda colonna ci si accorge che *rintracciabile* e *reperibile* sono due sinonimi. Tra le alternative proposte è la **C** (soluzione del quesito) a proporre un sinonimo di *ascrivibile* e cioè *imputabile*.

6 Individuare il termine mancante:

promemoria	memorandum
prospetto	?

A tabella **B** aspettativa **C** ricordo **D** notevole **E** proposito

Il *promemoria* è un *memorandum* cioè un breve scritto che ha lo scopo di ricordare qualcosa ad altri o a se stesso. Un sinonimo di *prospetto* è *tabella* e quindi la **A** è la soluzione del quesito.

7 Individuare il termine mancante:

cane	stremo
mostre	?

A cene **B** cono **C** quadri **D** forze **E** acne

Osservando i termini *mostre* e *stremo* ci si accorge che sono l'uno l'anagramma dell'altro. Per completare la tabella è quindi necessario trovare tra le alternative un anagramma di *cane*. La soluzione è fornita dall'alternativa **E** (*acne* è anagramma di *cane*).

8 Individuare il termine mancante:

?	orti
corti	ramo

A tremo **B** porti **C** conti **D** morta **E** tramo

Rispetto alla parola *orti*, la parola *corti* aggiunge una lettera all'inizio: la stessa cosa accade scegliendo la parola *tramo* tra le alternative, parola che rispetto a *ramo* aggiunge una lettera all'inizio della parola (**E** soluzione del quesito).

9 Individuare il termine mancante:

pietra	?
legno	litico

A legnare
B litio
C litografia
D ligneo
E legnata

L'aggettivo *litico* significa "di pietra", un oggetto *litico* è quindi un oggetto fatto di pietra. Per completare la tabella è quindi necessario inserire la parola *ligneo* che vuol dire "di legno" (**D** soluzione del quesito).

10 Individuare il termine mancante:

?	acre
alacre	dolce

A indolente
B delicato
C aspro
D vivace
E volenteroso

L'aggettivo *acre* è il contrario dell'aggettivo *dolce*. Osservando le alternative, quella che propone un contrario di *alacre* è la **A** (soluzione del quesito): *alacre* significa infatti proprio *vivace*, *volenteroso*, *operoso* (*indolente* è appunto un loro contrario).

11 Individuare il termine mancante.

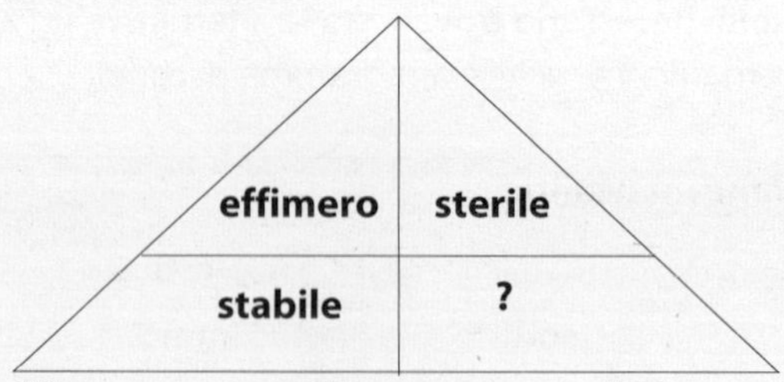

A consumato **B** logoro **C** produttivo **D** arido **E** giocoso

La relazione logica va ricercata lavorando per colonna. *Effimero* significa "fugace, caduco" ed è quindi il contrario di *stabile* (durevole, duraturo). La relazione tra i termini è dunque di *opposizione/contrarietà*. La risposta corretta è dunque la **C**: *sterile* è infatti il contrario di *produttivo* (*fecondo*).

12 Individuare il termine mancante.

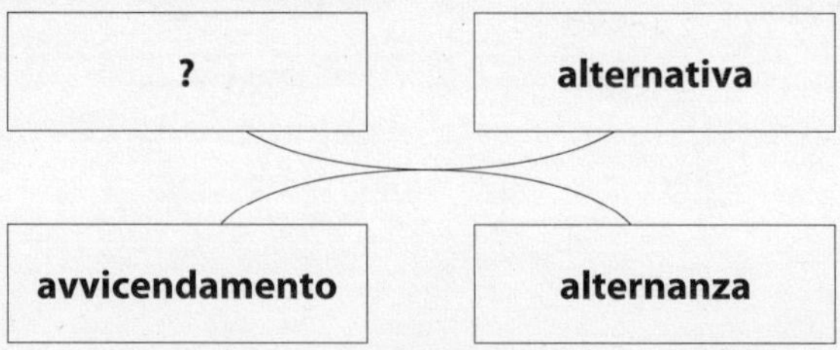

A elezione **B** voto **C** scelta **D** opposizione **E** governo

Non ci si lasci trarre in inganno dalle parole *alternativa* e *alternanza* che, sebbene abbiano una etimologia comune, non sono sinonimi tra loro. La parola *alternanza* è invece sinonimo di *avvicendamento* (il criterio è quindi per riga), come *alternativa* è sinonimo di *scelta* (**C** soluzione del quesito).

7.3 Abbinamenti errati

In questo tipo di esercizio vengono proposti alcuni abbinamenti che seguono tutti la stessa logica, tranne uno che è quello da scartare. Le logiche per abbinare le coppie di termini sono le stesse viste per le proporzioni di parole. Per risolvere i quesiti si inizi con le coppie che risultano più facili, per le quali cioè si riesce a individuare un rapporto logico. Se si trovano due alternative coerenti con la stessa logica vuol dire che quella è la logica che lega quattro delle cinque alternative (e quindi le due provate non sono la soluzione cercata). Se invece le prime due alternative controllate hanno logiche diverse, allora la soluzione sarà una di quelle due e basterà osservare una terza alternativa per capire con quale delle prime due è coerente (scartando quindi l'altra).

ESEMPI

---

1 **Individuare l'abbinamento errato:**

A compasso/disegnatore
B ago/sarta
C cavalletto/pittore
D bisturi/medico
E cazzuola/corridore

Il primo termine di ogni coppia rappresenta lo strumento di lavoro tipicamente utilizzato dalla persona indicata nel secondo termine della proporzione. L'abbinamento errato è quello proposto dall'alternativa E (soluzione del quesito) essendo la cazzuola utilizzata dal muratore e non dal corridore.

---

2 **Individuare l'abbinamento errato:**

A *Colazione sull'erba/Manet*
B *Guernica/Picasso*
C *La colazione dei Canottieri/Boccioni*
D *I girasoli/Van Gogh*
E *Annunciazione/Giotto*

La relazione che lega i termini di ogni coppia è quella tra opera e autore. L'abbinamento errato è quello proposto dall'alternativa C (soluzione del quesito): "La colazione dei Canottieri" è infatti un dipinto di Pierre-Auguste Renoir e non di Umberto Boccioni.

7.4 Serie di parole

Questi esercizi si presentano come *sequenze di vocaboli, tra i quali il candidato deve individuare quello da scartare.* Si tratta di identificare il legame logico esistente tra le parole della sequenza e, sulla base di tale legame, individuare tra i termini della serie quello che non lo rispetta. È dunque necessario identificare la parola che non si accorda o si accorda solo parzialmente con le altre.

Esistono due diverse tipologie di esercizi, a seconda del tipo di legame esistente tra i vocaboli. La prima, più frequente, è quella in cui il nesso logico è riferito al *significato* delle parole. La seconda, molto meno frequente, è quella in cui il nesso logico è riferito al *significante*, ossia al modo in cui i vocaboli sono scritti.

7.4.1 Nesso logico del significato

All'interno di questa prima tipologia è possibile identificare diverse categorie di nessi logici che legano le parole della serie. I principali e più diffusi sono esemplificati di seguito.

ESEMPI

---

1 Indicare la parola da scartare.

A Oltraggiare
B Insolentire
C Encomiare
D Ingiuriare
E Offendere

Quattro dei termini proposti sono sinonimi tra di loro: *oltraggiare*, *insolentire*, *ingiuriare* e *offendere* hanno, infatti, lo stesso significato. *Encomiare* ha, invece, il significato contrario ed è, quindi, il termine da scartare (C soluzione del quesito).

---

2 Indicare la parola da scartare.

A Stelo
B Foglia
C Corolla
D Petalo
E Pianta

Nesso *insiemistico*. La risposta esatta è la E: tutti i vocaboli, a eccezione di *pianta*, identificano sottoinsiemi dell'insieme più generale, rappresentato da *pianta*.

---

3 Indicare la parola da scartare.

A Ecuador
B Perù
C Cile
D Canada
E Brasile

Nesso *geografico*. La risposta esatta è la D: si tratta infatti di Stati dell'America Latina, a eccezione del *Canada*.

7.4.2 Nesso logico del significante

Gli esercizi di questa seconda tipologia, molto meno frequenti, somigliano ad alcuni rompicapo di tipo enigmistico. Pochi esempi risulteranno sufficienti per comprendere la loro natura. Occorre ricordare che in questo caso *il nesso logico fa riferimento al significante dei vocaboli*, ossia a come i vocaboli sono scritti.

ESEMPI

1 **Indicare la parola da scartare.**

A Onerose
B Sindaco
C Rossore
D Violacea
E Regime

La risposta esatta è la E. Infatti tutti i vocaboli contengono, al loro interno, il nome di un *colore* (*nero, indaco, rosso, viola*), a eccezione di *regime*.

2 **Indicare la parola da scartare.**

A Polonia
B Scapolo
C Modulo
D Scampolo
E Popolo

La soluzione è la C, poiché tutti i vocaboli, a esclusione di *modulo,* contengono la parola *polo*.

Suggerimenti

- **Esaminare i vocaboli a due a due**, cercando di identificare il nesso che li lega. Successivamente, controllare se lo stesso nesso logico viene rispettato dagli altri vocaboli.
- **Ricordare almeno alcuni dei nessi logici** più comuni esaminati sopra e provare a vedere se i vocaboli presenti negli esercizi sono riconducibili a uno di essi.
- **Concentrarsi dapprima sulla ricerca di un nesso logico riferito al significato** e non al significante. Esercizi basati su quest'ultimo sono infatti molto più rari. Solo se non si riesce a individuare una logica legata al significato è opportuno ragionare sul significante dei termini proposti.

7.5 Sinonimi e contrari

In questo tipo di esercizi il candidato deve individuare, tra una serie di alternative, il sinonimo o il contrario del termine proposto. Nell'affrontare tali quesiti occorre prestare attenzione all'alternanza tra domande che richiedono il contrario e quelle che richiedono il sinonimo. Spesso, infatti, gli esercizi si succedono con diversa tipologia; occorre dunque prestare la massima attenzione a ciò che viene chiesto. A volte, poi, negli esercizi che richiedono il contrario il candidato troverà tra le alternative anche il sinonimo del termine proposto e viceversa.

ESEMPI

1 **Qual è un sinonimo di *estatico*?**

A Fermo
B Incantato
C Estemporaneo
D Lento
E Bello

Estatico significa contemplativo, *incantato*, affascinato. La soluzione al quesito è fornita dall'alternativa B. Si faccia attenzione alle alternative A e C: *fermo*, *lento* richiamano l'idea di statico, parola costruita sul significante del termine *estatico*.

2 **Qual è un contrario di *stizzoso*?**

A Rabbioso B Iracondo C Indispettito D Sveglio E Tollerante

Il significato di *stizzoso* è *rabbioso*, *iracocondo* (che quindi sono due sinonimi del termine proposto – alternative A e B errate). Il contrario è, quindi, *tollerante* e la soluzione è fornita dall'alternativa E.

3 **Qual è un sinonimo di *esentare*?**

A Esonerare
B Obbligare
C Costringere
D Esemplificare
E Costruire

La risposta corretta è la A: *esentare* significa rendere o dichiarare libero da obbligo ossia *esonerare*. Si osservi che le alternative B e C presentano termini che esprimono il contrario (e non il sinonimo) di *esentare*.

4 **Qual è un sinonimo di *glabro*?**

A Insufficiente
B Estremo
C Sottile
D Villoso
E Liscio

La risposta corretta è la E: infatti *glabro* significa *liscio*, *rasato*. *Villoso* (risposta D) è invece il contrario.

5 **Qual è il contrario di *onta*?**

A Calma B Vicina C Lode D Certa E Sana

Con il termine *onta* si indica un'*offesa*. Il contrario è rappresentato da *lode* e quindi la risposta esatta è la C.

6 Qual è un sinonimo di *fausto*?

A Incline
B Ferale
C Incoraggiante
D Invidiato
E Propizio

Il termine *fausto* indica ciò che è causa di gioia ed ha quindi come sinonimo propizio (E soluzione del quesito).

7 Qual è un sinonimo di *oculato*?

A Miope B Allineato C Interessato D Dilatato E Accorto

Una persona che agisce con cautela, in modo *assennato*, *avveduto*, *prudente* agisce in modo *oculato*, *accorto*. La E è la soluzione del quesito.

8 Qual è un sinonimo di *cadenzato*?

A Scandito
B Disfatto
C Consunto
D Momentaneo
E Crollato

Il termine *cadenzato* indica qualcosa che è regolata secondo un determinato ritmo. Sinonimo di tale termine è quindi *scandito* (A soluzione del quesito).

9 Qual è un contrario di *prodigo*?

A Generoso
B Parsimonioso
C Dissennato
D Grandioso
E Presente

L'aggettivo *prodigo* è utilizzato per individuare una persona *generosa*, *grandiosa*, che spende senza misura. Il suo contrario è *parsimonioso* (B soluzione del quesito).

10 Qual è un contrario di *abietto*?

A Spregevole
B Inetto
C Nobile
D Adatto
E Scorretto

Sono sinonimi di *abietto* gli aggettivi *spregevole*, *disonesto* o *esecrabile*, mentre è suo contrario l'aggettivo *nobile* (C soluzione del quesito).

Suggerimenti

- **Prestare attenzione all'alternanza** tra esercizi che richiedono di individuare il **sinonimo** e quelli che invece richiedono il **contrario**. È frequente infatti il caso di candidati che partono sulla base di uno dei due e continuano a risolvere gli esercizi sempre alla ricerca di sinonimi, o sempre alla ricerca di contrari.
- Fare attenzione al fatto che **a volte esiste più di un'alternativa apparentemente corretta**. Se anche dopo un'analisi attenta delle alternative (che ha portato all'eliminazione di alcune di esse ma non a tutte) non si riesce a identificare la risposta corretta, conviene "tirare a indovinare", rispettando la regola esaminata nei suggerimenti generali.
- Negli esercizi che richiedono di individuare il sinonimo di un vocabolo, così come negli esercizi relativi al significato corretto di parole (presentati più avanti), **le alternative errate sono a volte costruite sulla base del significante**, ossia della radice del vocabolo.

7.6 Significato corretto di un vocabolo

Questo tipo di esercizi è sostanzialmente analogo a quello dei sinonimi esaminato in precedenza. L'unica differenza è data dal fatto che in questo caso *si chiede il significato di una parola, che può essere espresso sotto forma di frase o di vocabolo*, e non il suo sinonimo. È importante ricordare, per la risoluzione di questi esercizi, che spesso le alternative errate vengono costruite sulla base del *significante*, ossia della radice del vocabolo dato. Alcuni esempi risultano utili per chiarire quest'ultima avvertenza.

ESEMPI

---

1 **Il significato di *facoltoso* è:**

A facoltativo
B obbligatorio
C ricco
D relativo alle facoltà universitarie
E proprio degli studenti

Facoltoso è un aggettivo che identifica una persona con ampie disponibilità finanziarie, cioè ricca. La risposta corretta è la C.

---

2 **Quale dei seguenti non è un significato di *caustico*?**

A Corrosivo
B Di modi rudi
C Perentorio
D Mordace
E Sarcastico

Caustico si dice di sostanze che hanno la proprietà di corrodere e quasi di bruciare, come per esempio la *soda caustica*. Quindi, in senso figurato, significa *bruciante, pungente, penetrante*. *Perentorio* (risposta C) significa invece *autoritario, deciso, sicuro, tassativo, che non ammette dubbi o contestazioni*.

3 ***Ratificare* significa:**

A approvare
B controllare
C aderire
D falsificare
E rateizzare

La risposta esatta è la A. Infatti *ratificare* significa sancire mediante approvazione, confermare, convalidare.

Suggerimenti

- **Ripassare alcuni vocaboli e radici latine** può risultare utile per identificare l'alternativa corretta, nel caso non si conosca il significato del vocabolo dato.
- In questa tipologia di esercizi, così come nei quesiti che richiedono di individuare il sinonimo di un vocabolo, le **alternative errate sono spesso costruite sulla base del significante**, cioè della radice del vocabolo (come l'alternativa A dell'esempio 1).
- Spesso le domande riguardanti il significato di un vocabolo fanno riferimento a termini del linguaggio figurato. Si consiglia il ripasso dei seguenti termini che individuano le principali **figure retoriche**:
  - **Allegoria**. Esprime un significato diverso da quello letterale, al quale è sotteso. Le favole, per esempio, sono allegorie. *La Divina Commedia* è un'allegoria, perché, attraverso la descrizione del viaggio di Dante, intende raffigurare il cammino dell'anima dalla condizione di perdizione a quella di salvezza.
  - **Anacoluto**. È un errore (voluto!) di sintassi, che consiste nel non seguire la normale successione logica del costrutto, ma nell'adottarne una diversa, la quale è molto più colorita. Non per niente, l'anacoluto è molto usato per rendere il linguaggio popolaresco. Per esempio: *io, mi pare che…*
  - **Antonomasia**. Consiste nell'uso di un nome proprio o concreto al posto di un altro, solitamente generico o astratto. Per esempio: *quell'uomo è un maciste*.
  - **Eufemismo**. È utilizzato per temperare concetti molto forti o per nobilitarli. Consiste nell'usare parole o espressioni più sfumate. Per esempio: *decesso* al posto di *morte*.
  - **Ironia**. Indica il significato opposto a quello espresso. Per esempio: *che bella figura!* Se nell'affermazione vi è un tono beffardo, l'ironia diventa **sarcasmo**: *sei proprio il migliore!*
  - **Litote**. Consiste nell'affermare un concetto, negandone il contrario (magari espresso in forma di metafora). Per esempio: *non è un'aquila*.
  - **Metafora**. Consiste nella sostituzione di un termine proprio con un altro, diverso. Per esempio: *arde di desiderio*. La differenza con il traslato è molto sottile: nel traslato, il termine improprio ha sempre una relazione piuttosto stretta con il termine che sostituisce, nella metafora tra i due termini vi è una distanza maggiore.
  - **Metonimia**. Figura retorica assai complessa, che generalmente consiste nell'*inversione* della causa e dell'effetto, di un oggetto e del materiale che lo compone, di un'opera e del suo autore. Per esempio: *quella sera si lesse Omero*.

- **Ossimoro.** Consiste nell'accostare, nella medesima locuzione, concetti contrari. Per esempio: *ghiaccio bollente*.
- **Prosopopea**. È la personificazione di un concetto o entità astratta (per esempio *la fama* di memoria virgiliana).
- **Similitudine**. Indica un paragone. Per esempio: *quali colombe dal desìo chiamate*.
- **Sineddoche**. Usa una parte per indicare il tutto. Per esempio: *sta sempre dietro alle gonnelle*.
- **Traslato** (detto anche **tropo**). Consiste nell'uso improprio di una parola, diverso da quello normale. Per esempio: *l'insegnante è un cane*; *beviamoci un bicchiere*.
- **Zeugma**. È il collegamento di un unico termine a termini diversi, sacrificando la precisione linguistica. Per esempio: *mi vedrai parlare e piangere*. Il costrutto corretto sarebbe, ovviamente, *mi ascolterai parlare e mi vedrai piangere*.

7.7 Parole e numeri

In questa tipologia sono proposti tre o quattro abbinamenti tra una parola e un numero. Compito del candidato è capire quale sia il criterio ripetuto in tutti gli abbinamenti.

Quando l'esercizio propone parole associate a numeri solitamente il numero ha un rapporto col numero di lettere che compongono la parola, ma potrebbe anche indicare la posizione nell'alfabeto della prima lettera della parola, il numero di vocali o consonanti presenti in essa.

Quando l'esercizio propone lettere associate a numeri questi ultimi indicano solitamente la numerazione delle lettere all'interno dell'alfabeto.

ESEMPI

1 Se *mese* = 4, *giorno* = 6 e *decennio* = 8 allora *millennio* = ?

A 10 B 11 C 8 D 9 E 12

Il numero abbinato a ogni parola indica le lettere della parola stessa, così la parola *mese* è composta da 4 lettere, *giorno* da 6 e *decennio* da 8. Per tale motivo il numero da associare a *millennio* è 9 e la soluzione la D.

2 Se *alto* = 1 e *dopo* = 4, allora *gufo* = ?

A 3 B 4 C 5 D 6 E 7

In questo caso il numero non può corrispondere al numero di lettere che compongono la parola. Un altro criterio che abbina lettere a numeri è la posizione delle prime all'interno dell'alfabeto. In effetti la parola *alto* inizia per "a" che occupa la prima posizione nell'alfabeto, come la parola *dopo* inizia per "d" che occupa la quarta posizione. La parola *gufo* inizia per "g" che occupa la settima posizione nell'alfabeto. La soluzione al quesito è, quindi, fornita dall'alternativa E.

3 Se B = 15, C = 14, Z = 0, quanto vale N?

A 8

B 7

C 9

D 6

Osservando i numeri associati alle lettere si capisce come siano 16 le lettere numerate (da 0 a 15). Nell'alfabeto italiano ci sono 21 lettere di cui 16 consonanti e 5 vocali. Questo vuol dire che la numerazione ha riguardato solo le consonanti a partire da Z andando a ritroso fino alla B. Se Z = 0 allora V = 1, T = 2, S = 3, R = 4, Q = 5, P = 6 e N =7 (B soluzione del quesito).

7.8 Parole a incastro

In questo tipo di esercizio vengono forniti l'inizio e la fine di due parole e si chiede al candidato di individuare quale, tra le alternative proposte, completa contemporaneamente la prima e la seconda formando altre due parole di senso compiuto. Un'altra tipologia chiede di indicare la parola che può essere sinonimo o avere lo stesso significato delle altre due proposte.

ESEMPI

1 Si inserisca il gruppo di lettere che completa la prima parola ed è l'inizio della seconda:

rosso (...) presso

A re

B nero

C ci

D se

La soluzione al quesito è fornita dall'alternativa A, infatti *re* completa la prima parola formando il sostantivo *rossore* e la seconda formando l'aggettivo *represso*.

2 Scegliere la parola che ha lo stesso significato delle due parole proposte:

censito – messe

A iscritto

B cero

C possesso

D raccolto

Censito, participio passato di *censire*, può essere usato come aggettivo e ha tra i suoi sinonimi *raccolto*. Come sostantivo, ha tra i suoi sinonimi *messe*. La soluzione al quesito è, quindi, l'alternativa D.

7.9 Esercizi svolti

1 Individuare l'alternativa che completa correttamente la seguente proporzione:

statico : X = emotivo : Y

A X = stasi; Y = sentimento
B X = movimento; Y = freddo
C X = dinamico; Y = razionale
D X = corsa; Y = emozione

2 Sfumato : nitido = X : Y

A X = bianco; Y = nero
B X = completo; Y = carente
C X = miope; Y = presbite
D X = valido; Y = capace
E X = rigido; Y = eretto

3 Abituale → solito

X → Y

A X = lento; Y = debole
B X = infausto; Y = funesto
C X = alto; Y = grande
D X = vicino; Y = dopo
E X = determinato; Y = incerto

4 Individuare il termine mancante:

induttivo	?
bolso	aprioristico

A spossato B energico C ragione D bolscevico E indotto

5 Individuare il termine mancante:

improbabile	?
avventato	certo

A incauto B impavido C prudente D scapestrato E sicuro

6 Individuare il termine mancante:

epigono	epilogo
precursore	?

A chiusura B prologo C discendente D erede E proprio

7 Individuare il termine mancante:

tosto	remo
sotto	?

- **A** pero
- **B** serio
- **C** cotto
- **D** more
- **E** posto

8 Individuare il termine mancante:

trota	strano
nostra	?

- **A** vano
- **B** rostro
- **C** trotto
- **D** trova
- **E** rotta

9 Individuare il termine mancante.

?	stabile
malfermo	malsano

- **A** scorretto
- **B** appartamento
- **C** infermo
- **D** malato
- **E** salubre

10 Individuare il termine mancante.

cardo	pianta
colibrì	?

- **A** mammifero
- **B** uccello
- **C** oviparo
- **D** veloce
- **E** lento

11 Individuare il termine mancante.

sesto	tosse
pera	?

A parte
B sette
C mela
D rape
E tosto

12 Individuare il termine mancante.

pasto	canto
posto	?

A conto
B cenno
C pesto
D mosso
E lento

13 Individuare il termine mancante.

apnea	afasia
respiro	?

A parola
B spirito
C acritico
D polemico
E vagabondo

14 Individuare il termine mancante.

tardi	subito
tèrreo	?

A ora
B orologio
C colorito
D aggettivo
E verbo

15 **Completare la proporzione:**

⓾ sta a ⑩ come ... sta a ...

A I, H

B #, !

C s, t

D ★, ☆

16 **Individuare il termine che completa logicamente la serie: meridiana, clessidra, pendolo, ...**

A Lancetta

B Cronometro

C Campanello

D Disco

17 **Individuare il termine che completa logicamente la serie: basco, papalina, bombetta, ...**

A Viscosa

B Elmo

C Balzello

D Guanto

18 **Qual è un sinonimo di *flebile*?**

A Febbricitante

B Fioco

C Flessibile

D Forte

E Allegro

19 **Qual è il contrario di *irrequieto*?**

A Agitato

B Tranquillo

C Requieto

D Grullo

E Combattuto

20 **Indicare la parola da scartare.**

A Polimero

B Polimetro

C Polimorfo

D Poliomelite

E Polipo

21 **Indicare la parola da scartare.**

A Consono
B Conforme
C Coerente
D Contrastante
E Lineare

22 **Indicare la parola da scartare.**

A Dentro
B Adesso
C Spesso
D Volutamente
E Certo

23 **Il contrario di *eterogeneo* è:**

A ortodosso
B simile
C bandito
D differente
E vario

24 **Individuare, tra le alternative proposte, il sinonimo del termine *diversione*.**

A Confluenza
B Differenza
C Avvicinamento
D Svolta

25 **... sta a lento come alto sta a ...**

A: spedito	**B: basso**	**C: subito**	**D: superiore**
E: veloce	**F: soldato**	**G: piano**	**H: tranquillo**

A A; C
B F; D
C E; B
D F; E
E G; F

26 **Quale tra le seguenti parole ha radice comune con *acquario*?**

A Aquilino
B Acquirente
C Acquietare
D Acquerugiola
E Acquattarsi

27 **Un sinonimo di *inane* è:**

A precoce
B vuoto
C inetto
D esanime
E ingenito

28 **Quale delle seguenti è una definizione corretta del verbo *avallare*?**

A Volgere a terra
B Presentare una depressione
C Umiliare
D Giovarsi
E Mettere la firma come garanzia

29 **Individuare l'accoppiamento improprio.**

A Precisione – approssimazione
B Sostanza – accidente
C Reazionario – conservatore
D Innato – acquisito
E Ambiguo – univoco

30 **Individuare il rapporto anomalo.**

A Grande – superbo
B Bello – stupendo
C Tiepido – caldo
D Ultimo – estremo
E Freddo – gelido

31 **Individuare l'accoppiamento che ripropone la stessa logica del seguente:**

Artigiano – pialla

A Avvocato – studio legale
B Martello – cacciavite
C Meccanico – chiave inglese
D Bibliotecario – biblioteca
E Magistrato – medico

32 **Individuare l'accoppiamento che ripropone la stessa logica del seguente:**

Subordinato – indipendente

A Semplice – facile
B Bagnato – asciutto
C Caldo – estate
D Dipendente – impiegato

33 Individuare quale delle seguenti relazioni esprime meglio il rapporto tra: risposta – domanda

A Azione – reazione
B Attacco – difesa
C Reazione – azione
D Proposta – accettazione
E Reazione – difesa

34 Se *misero* = 6, allora *normale* = ?

A 4 B 5 C 6 D 7 E 8

35 Se *cellulare* = 18, *tasto* = 10, *squadra* = 14, *capitano* = ?

A 22 B 14 C 12 D 16

36 Quale dei seguenti gruppi sillabici, inserito in sequenza nelle sillabe fornite, consente la formazione di parole di senso compiuto? gor(...)glio, ge(...)to, fo(...)me, co(...)re, sce(...)rio

A (go), (mi), (ga), (pro), (ma)
B (go), (mi), (to), (tra), (sa)
C (go), (mi), (glia), (lo), (na)
D (go), (mi), (li), (se), (va)
E (go), (mi), (lu), (li), (mi)

37 Individuare, tra le alternative proposte, il termine da scartare:

A Perugia B Firenze C Pisa D Arezzo E Livorno

38 Se D = 4, P = 14, allora ? = ?

A R = 15
B V = 19
C P = 13
D V = 20
E T = 17

39 Si inserisca il gruppo di lettere che completa la prima parola ed è l'inizio della seconda:
es (...) nito

A aperto
B atto
C da
D auto

40 Scegliere la parola che ha lo stesso significato delle due parole proposte: spaccio – traffico

A droga B negozio C incetta D transito

41 **Individua tra i seguenti un contrario di "lercio":**
A lurido B marcio C sguercio D pulito E bieco

42 **Individua tra i seguenti un contrario di "adempiere":**
A obbedire
B disattendere
C sottostare
D ottemperare
E sottomettersi

43 **Individuare, tra le alternative proposte, il termine da scartare:**
A 20 centesimi
B 2 euro
C 1 euro
D 5 euro
E 50 centesimi

44 **Individuare, tra le alternative proposte, il termine da scartare:**
A disistima
B plauso
C encomio
D elogio
E apprezzamento

45 **Individuare, tra le alternative proposte, il termine da scartare:**
A cortese
B garbato
C educato
D cordiale
E altruista

46 **Individuare, tra le alternative proposte, il termine da scartare:**
A Torino
B Trieste
C Matera
D Campobasso
E Palermo

47 **Individuare, tra le alternative proposte, il termine da scartare:**
A sfera
B cubo
C cilindro
D cono
E triangolo

48 **Individuare, tra le alternative proposte, il termine da scartare:**

A Il mestiere di vivere
B La luna e i falò
C Palomar
D Lavorare stanca
E Il compagno

49 **Individuare l'abbinamento errato:**

A Tanaro/Calabria
B Volturno/Campania
C Aniene/Lazio
D Adda/Lombardia
E Arno/Toscana

50 **Individuare l'abbinamento errato:**

A Parigi/Francia
B Lisbona/Portogallo
C Reykjavik/Svezia
D Edimburgo/Scozia
E Bucarest/Romania

7.10 Soluzioni e commenti

1 Per risolvere l'esercizio è necessario in questo caso procedere per esclusione, provando a sostituire una a una le alternative proposte e vedere quale soddisfa la proporzione data. Così facendo, si individua come soluzione esatta l'alternativa C. Infatti, il risultato è *statico sta a dinamico come emotivo sta a razionale*: in ogni membro della proporzione figurano due aggettivi con significato opposto tra loro.

2 In questo esempio, la relazione tra i due termini dati è di *opposizione/contrarietà*. L'alternativa corretta è la B: *completo* è infatti l'opposto, il contrario, di *carente*. L'alternativa C, a prima vista accettabile, è in realtà errata: *miope* non è infatti il contrario di *presbite*; la miopia e la presbiopia sono infatti due difetti dell'occhio che comportano rispettivamente difficoltà di visione da lontano e da vicino. Le alternative D ed E sono da escludere perché formate da vocaboli (*valido/capace*, *rigido/eretto*) fra loro sinonimi, anziché contrari.

3 I due termini dati sono di *sinonimi*. L'alternativa corretta è la B: *infausto* è infatti il sinonimo di *funesto*. Nessuna delle altre alternative proposte presenta la stessa relazione, risultando quindi errate.

4 Il termine *induttivo* non ha alcun legame con *bolso* (che significa *fiacco*, *stanco*), ma è il contrario del termine *aprioristico*. Ad incrocio, quindi, va completato questo schema scegliendo tra le alternative proposte il contrario di *bolso*: *energico* (alternativa B soluzione del quesito).

5 Tra *improbabile* e *avventato* non ci sono relazioni, come non ce ne sono tra *avventato* e *certo*. C'è, invece, una relazione di contrarietà tra *improbabile* e *certo*. Tra le parole proposte, il contrario di *avventato* è *prudente* (C soluzione del quesito).

6 Non ci sono rapporti tra le parole *epigono* ed *epilogo*, mentre si trova una relazione tra *epigono* e *precursore*, essendo i due termini contrari l'uno dell'altro (*epigono* è il *discendente*, il *successore*). Si deve, quindi, individuare tra le alternative proposte il contrario di *epilogo* (*chiusura*, *finale*) che è *prologo* (*preludio*, *introduzione*, *esordio*). L'alternativa B è la soluzione del quesito.

7 Osservando le parole della prima colonna ci si accorge che sono una l'anagramma dell'altra. Per rispettare lo stesso criterio nella seconda colonna si deve scegliere la D come soluzione del quesito.

8 Osservando i termini *nostra* e *strano* ci si accorge che sono l'uno l'anagramma dell'altro. Per completare la tabella è quindi necessario trovare tra le alternative un anagramma di *trota*. La soluzione è fornita dall'alternativa E (*rotta* è anagramma di *trota*).

9 I termini dell'esercizio sono legati in diagonale, infatti *malfermo* è il contrario di *stabile*. Il contrario di *malsano* è, tra le parole proposte, *salubre* (E soluzione del quesito).

10 La relazione logica va ricercata lavorando per riga. Così facendo si giunge facilmente a trovare nell'alternativa B la soluzione cercata. Infatti, la relazione che lega il primo termine con il secondo della stessa riga è di appartenenza. Il *cardo* è una *pianta* come il *colibrì* è un *uccello*.

11 La relazione logica va ricercata lavorando per riga. *Sesto* è un anagramma di *tosse* (è composto dalle stesse lettere), così come *rape* (alternativa D soluzione del quesito) è anagramma di *pera*.

12 La relazione logica va ricercata lavorando per colonna. Cambiando la seconda lettera da "a" a "o" si passa da *pasto* a *posto*, così mutando la "a" in "o" in *canto* si ottiene *conto* (A soluzione del quesito).

13 La relazione logica va ricercata lavorando per colonna. Il rapporto esistente due termini: *apnea* e *respiro* deve essere lo stesso esistente tra *afasia* e il termine mancante. Dal momento che l'*apnea* indica l'assenza di respiro, bisogna ricercare, tra le alternative proposte, il termine di cui è indicata l'assenza da *afasia*. A soddisfare tale logica è il termine *parola*, per cui la soluzione esatta è la A.

14 La relazione logica va ricercata lavorando per riga. Così facendo, si individua come soluzione esatta l'alternativa C. Infatti in tal modo in ogni riga figurano due aggettivi con significato opposto tra loro: *tardi* e *subito, tèrreo* e *colorito*.

15 Il primo membro della proporzione propone due termini che sono negativi l'uno dell'altro, cioè hanno invertiti i colori bianco e nero. La stessa logica è seguita dalla coppia di termini proposta dall'alternativa D, soluzione del quesito.

16 La *meridiana*, la *clessidra* e il *pendolo* sono strumenti di misurazione del tempo, così come il cronometro (B soluzione del quesito).

17 Gli oggetti proposti dal testo del quesito sono tutti dei copricapi, come lo è l'elmo che completa correttamente la serie (B soluzione del quesito).

18 *Flebile* significa *fievole, fioco, sommesso*. La risposta esatta è quindi la B. *Forte* e *allegro* sono due termini con significato contrario a quello di *flebile* e quindi sono sbagliate le risposte D ed E.

19 *Agitato* e *combattuto* potrebbero essere sinonimi di *irrequieto*, non contrari. *Requieto* non esiste. La risposta esatta è la B.

20 L'esercizio è abbastanza complesso. Il nesso è di derivazione. Tutte le alternative, tranne la D, propongono parole composte dalla parola greca *polys* (molto). Così, il *polimero* (*polys* – molto + *meros* – parti) è in chimica una sostanza composta da più elementi; *polimetro* (*polys* – molto + *metron* – misura) è detto di componimento composto da versi o strofe di vari metri; *polimorfo* (*polys* – molto + *morphe* – forma) è detto di chi può assumere varie forme e, infine, il polipo (*polys* – molto + *podos*– piedi) è caratterizzato dai molti tentacoli.

Poliomelite, invece, deriva da *polios* (grigio) e *myelos* (midollo) e, avendo una radice differente dalle altre, è la parola da scartare. La soluzione al quesito è, dunque, fornita dall'alternativa D.

21 *Consono*, *conforme*, *coerente* e *lineare* sono tra loro sinonimi. *Contrastante* ha, invece, un significato contrario ed è la parola da scartare. La soluzione al quesito è rappresentata, quindi, dall'alternativa D.

22 Tutti i termini proposti, a eccezione di *certo*, sono degli avverbi. La E è, quindi, l'alternativa da scartare essendo *certo* un aggettivo.

23 La risposta corretta è la B. Infatti *eterogeneo*, dalla radice greca "héteros" che significa diverso, indica qualcosa di diverso per genere, qualità o altro. Il suo contrario è dunque espresso dal termine *simile*.

24 La risposta esatta è la D. Infatti, *diversione* significa deviazione, allontanamento, *svolta*. In tal senso, i termini *avvicinamento* e *confluenza* rappresentano dei sinonimi.

25 La soluzione al quesito è fornita dall'alternativa C. I termini delle due parti della proporzione sono contrari tra di loro. *Veloce* è il contrario di *lento* come *alto* lo è di *basso*. Da notare come tra i termini proposti c'è anche *spedito* (possibile contrario di *lento*), ma tra le alternative proposte viene accoppiato a *subito* che non è il contrario di *alto*.

26 *Acquattarsi* deriva da *quatto* (risposta E). *Acquetare* o *acquietare* viene da *quieto* (risposta C). *Acquirente* viene dal latino *quaerere, chiedere* (risposta B). *Aquilino* si scrive senza *c* come tutti i derivati di *aquila*, e si dice appunto di ciò che è caratteristico di tale rapace (risposta A). La risposta corretta è la D.

27 L'aggettivo *inane* significa *vuoto, vano, che non approda a nulla* (risposta corretta B). Altri sinonimi sono *inutile, vacuo, futile, inconsistente*. Si usa in espressioni come *Dopo sforzi inani, mi sono accorto che non sarei mai riuscito a convincerlo e ho rinunciato. Inetto* (risposta C) significa *incapace, in generale o riguardo a una determinata attività* e si dice anche di prole animale appena nata, che ha bisogno di addestramento da parte degli adulti. *Precoce* ne è quindi un contrario (risposta A). *Esanime* significa *inanimato, senz'anima, svenuto* (risposta D). *Ingenito* è sinonimo di *innato, congenito, connaturato* (risposta E).

28 La risposta corretta è la E, infatti *avallare* significa letteralmente *prestare l'avallo* e in senso figurato *confermare, garantire, rendersi responsabile, approvare*, appunto *mettere la firma come avallo*. Le risposte A, B e C propongono invece definizioni rispettivamente del verbo *avvallare* (!), che nella forma transitiva significa *far scendere a valle*, e per estensione, appunto, *abbassare, spingere in giù, volgere in giù*, mentre nella forma intransitiva, riferito per lo più a pavimenti, terreni e suoli, vuol dire *abbassarsi, incavarsi, cedere. Avvallare* può anche avere il significato figurato di *umiliare* è una forma arcaica. La risposta D presenta un sinonimo del verbo *avvalersi*.

29 In questo caso l'accoppiamento improprio è rappresentato dall'alternativa C, l'unica che non indica due termini di significato tra loro contrario. "Reazionario" ha infatti il significato di una persona decisamente ostile a qualunque tendenza o spinta di innovazione o cambiamento e, in tal senso, è semmai un sinonimo e non un contrario di "conservatore". In merito alle altre soluzioni proposte, è utile forse un chiarimento relativamente alla B, laddove il termine "accidente" va inteso in accezione filosofica, come la proprietà di una cosa che è estranea alla sua natura fondamentale (sostanza), tanto che la presenza o meno di tale proprietà non modifica in nulla la cosa stessa. In tal senso, dunque, "accidente" si contrappone come significato al termine "sostanza".

30 Il rapporto tra i termini dati è l'espressione di un *grado di intensità differente* della medesima qualità: così, per esempio, *freddo* e *gelido* sono due aggettivi che esprimono il concetto di temperatura bassa, ma con un diverso grado di intensità. L'unica coppia di termini che non rispecchia tale rapporto è *grande – superbo* (il secondo termine corretto avrebbe dovuto essere *massimo*). La risposta esatta è dunque la A.

31 La risposta esatta è la C. Il legame logico dei termini della relazione è quello di lavoratore e strumento utilizzato. Come la *pialla* è uno degli strumenti utilizzati dall'artigiano, così la *chiave inglese* è uno strumento utilizzato dal meccanico nel suo lavoro. Le relazioni A e D sono invece tra lavoratore e luogo lavorativo.

Errate sono pure le alternative B (la relazione proposta è tra due strumenti di lavoro) ed E (la relazione proposta è tra due professioni).

32 *Subordinato* significa dipendente ed è quindi il contrario di *indipendente* (libero, autonomo). La relazione tra i termini è dunque di opposizione/contrarietà. La risposta corretta è la B: *bagnato* è infatti il contrario di *asciutto*.

33 La risposta generalmente è conseguente a una domanda, come una reazione generalmente segue un'azione. La riposta è, quindi, quella proposta dall'alternativa **C**.

34 L'esercizio abbina una parola a un numero: *misero* = 6. In questo caso la prima cosa da guardare è il numero di lettere che compongono la parola. In effetti *misero* è composta da 6 lettere. La soluzione al quesito è allora, fornita dall'alternativa **D**, essendo *normale* composta da 7 lettere.

35 Poiché la parola *cellulare* è composta da 9 lettere, il numero 18 rappresenta il doppio di tale valore. Allo stesso modo alla parola *tasto* (5 lettere) è associato il numero 10 e a *squadra* (7 lettere) il numero 14. La soluzione al quesito è quindi fornita dall'alternativa **D** (16), essendo la parola *capitano* composta da 8 lettere.

36 Inserendo i gruppi sillabici proposti dall'alternativa **C** (soluzione del quesito) si ottengono le parole: gorgoglio, gemito, fogliame, colore e scenario.

37 Tranne Perugia, città umbra, (alternativa **A** soluzione del quesito), tutte le altre alternative propongono città Toscane.

38 Le lettere P e D sono rispettivamente la quarta e la quattordicesima lettera dell'alfabeto italiano. Nello stesso modo la V è la ventesima lettera dell'alfabeto italiano (**D** soluzione del quesito).

39 Provando a sostituire le parole proposte dalle diverse alternative ci si accorge che la soluzione al quesito è fornita dall'alternativa **B**: *atto* forma *esatto* completando la prima parola e *attonito* se posto all'inizio della seconda parola.

40 La parola *spaccio* deve essere intesa, in questo caso, come il luogo dove si vende della merce e ha come sinonimo *negozio*. Quest'ultimo è anche sinonimo di *traffico* inteso come *scambio*. La soluzione al quesito è, quindi, fornita dall'alternativa **B**.

41 Il termine *lercio* vuol dire *lurido*, sporco, quindi il suo contrario è *pulito* (**D** soluzione del quesito).

42 Si fa notare come *obbedire*, *ottemperare*, *sottomettersi* e sottostare sono tutti sinonimi tra loro e quindi nessuno può essere la soluzione univoca dell'esercizio. Il contrario di *adempiere* è disattendere (**B** soluzione del quesito).

43 Tutte le alternative, tranne la **D** (soluzione del quesito) propongono monete di tipo metallico, mentre i 5 euro sono una banconota cartacea.

44 I termini *plauso*, *encomio*, *elogio* e *apprezzamento* sono tutti sinonimi fra loro. La parola da scartare è quindi *disistima* (**A** soluzione del quesito) che è un contrario degli altri quattro termini.

45 I termini *cortese*, *garbato*, *educato* e *cordiale* sono tutti sinonimi fra loro. La parola da scartare è quindi *altruista* (E soluzione del quesito) che, pur rappresentando una qualità in una persona, non è un sinonimo degli altri termini.

46 Le città di Torino, Trieste, Matera e Palermo sono capoluogo di regione. Non lo è, invece, Campobasso (D soluzione del quesito), essendo Isernia il capoluogo molisano.

47 Tutte le figure geometriche presentate dalle alternative, tranne il triangolo che è una figura piana (alternativa E soluzione del quesito), sono figure solide. Il triangolo è quindi, tra quelle proposte, la figura da scartare.

48 Il quesito propone cinque opere letterarie delle quali quattro: "Il mestiere di vivere", "La luna e i falò", Lavorare stanca" e "Il compagno" hanno come autore Cesare Pavese. L'opera da scartare è invece "Palomar" (C soluzione del quesito) il cui autore è Italo Calvino.

49 L'esercizio chiede di trovare l'abbinamento errato tra fiume e regione in cui scorre: così se è vero che il Volturno scorre in Campania, l'Aniene nel Lazio, l'Adda in Lombardia e l'Arno in Toscana, è falso che il Tanaro (fiume piemontese) scorre in Calabria (A soluzione del quesito).

50 L'esercizio richiede di individuare l'abbinamento errato tra Stato e relativa capitale. La soluzione al quesito è fornita dall'alternativa C: Reykjavik è infatti la capitale dell'Islanda e non della Svezia, la cui capitale è Stoccolma.

7.11 Esercizi proposti

1 Individuare il termine mancante:

unto	ungere
riassunto	?

A fungere
B punto
C riassumere
D punto
E sunto

2 Individuare il termine mancante:

?	once
croce	rocce

A nocche
B bocca
C conca
D cerchio
E noce

3 Individuare il termine mancante:

?	dito
doti	transetto

- **A** transito
- **B** assetto
- **C** trave
- **D** tetto
- **E** strattone

4 Individuare il termine mancante:

tosto	otto
orto	?

- **A** aro
- **B** subito
- **C** sotto
- **D** oro
- **E** porta

5 Individuare il termine mancante:

notte	?
sera	notturno

- **A** buio
- **B** vespertino
- **C** diurno
- **D** serafico
- **E** sereno

6 Individuare il termine mancante:

rimpinzare	?
infoltire	cibo

- **A** nutrimento
- **B** folto
- **C** foresta
- **D** calvizie
- **E** rimpiazzo

7 **Individuare il termine mancante:**

foga	biglia
biga	?

A corsa
B impulso
C gladiatore
D vetro
E foglia

8 **Individuare il termine mancante:**

ciclopico	lillipuziano
?	titanico

A fantastico
B catastrofico
C scialbo
D gigante
E minuscolo

9 **Individuare il termine mancante:**

rombo	laccio
losanga	?

A stringa
B lasagna
C goccia
D scarpa
E calza

10 **Individuare il termine mancante:**

levatura	prestigio
lavaggio	?

A ordine
B confisca
C deflazione
D prestito
E lavatura

11 Individuare il termine mancante:

?	sbagliare
errare	staccare

A sganciare
B comprimere
C rovinare
D vagare
E ultimare

12 Individuare il termine mancante:

essenza	assenza
sostanza	?

A assenso
B essere
C stanza
D costanza
E pazienza

13 Individuare il termine mancante:

terme	gitano
titano	?

A sauna
B vagabondo
C teme
D germe
E enorme

14 Individuare il termine mancante:

?	spada
pistola	grilletto

A elsa
B proiettile
C arma
D pericolo
E distanza

15 Individuare il termine mancante:

altra	cane
?	latra

A tane
B pane
C cuccia
D ringhia
E cena

16 Individuare il termine mancante:

icona	reperibile
rintracciabile	?

A attivare
B computer
C immagine
D descrizione
E avverbio

17 Individuare il termine mancante:

?	maggioranza
opposizione	dipendenza

A minoranza
B posizione
C sottomissione
D pendenza
E affrancamento

18 Individuare il termine mancante:

?	centro
periferia	tenebra

A oscurità
B splendore
C baricentro
D perimetro
E circonferenza

19 Individuare il termine mancante:

?	favola
romanzo	romanziere

A romanzesco
B favoloso
C favo
D favolista
E storia

20 Individuare il termine mancante:

miniera	?
scope	pesco

A scoppio
B mina
C pascolo
D carbone
E minerai

21 Individuare il termine mancante:

?	cervo
stampo	stappo

A bosco
B forma
C corvo
D daino
E biscotto

22 Individuare il termine mancante:

indolente	vivace
?	scostumato

A dissipato
B incontenibile
C verecondo
D inverecondo
E pigro

23 Individuare il termine mancante:

inserito	avaro
?	munificente

A avulso
B gretto
C applicato
D accomodato
E generoso

24 Individuare il termine mancante:

?	zucchero
caffè	tabacco

A riso
B pipa
C tazzina
D cucchiaio
E cenere

25 Individuare il termine mancante:

a	al
in	?

A negli
B lo
C il
D nel
E la

26 «Sicuro» sta a «sicurissimo» come «salubre» sta a ..?..

A Saluberrimo
B Sano
C Certo
D Immediato

27 Se parricidio -> genitore allora Y -> X

A Y = genocidio; X = genitore
B Y = genocidio; X = neonato
C Y = genocidio; X = femmine
D Y = Genocidio; X = intero popolo

28 Quali, tra i termini proposti, completano correttamente la seguente proporzione verbale? Otturare : X = dissipare : Y

A X = sgorgare; Y = logorare
B X = chiudere; Y = disperdere
C X = turare; Y = potare
D X = dente; Y = dubbi

29 Quali, tra i termini proposti, completano correttamente la seguente proporzione verbale? Colonne : architrave = X : Y

A X = torrente; Y = ruscello
B X = finestra; Y = vetraio
C X = tetto; Y = muro
D X = gambe; Y = tavolo

30 Quali, tra i termini proposti, completano correttamente la seguente proporzione verbale? Brado : selvaggio = X : Y

A X = logico; Y = artificioso
B X = smarrito; Y = perso
C X = giovanile; Y = senile
D X = eccessivo; Y = misurato

31 Completare la seguente proporzione:
Intonso : libro = X : Y

A Y = intatto; X = colpito
B Y = ignoto; X = vero
C Y = inviolato; X = suolo
D Y = gas; X = inerte
E Y = insondabile; X = mistero

32 L'orchidea sta ai vegetali come x : y.
Cosa sono rispettivamente x e y?

A x = animali; y = volpe
B x = animali; y = pesci
C x = volpe; y = delfino
D x = cammelli; y = gelsomino
E x = volpe; y = animali

Nei seguenti esercizi individuare il sinonimo del termine proposto.

33 Foriero

A precorritore
B posteriore
C ospite
D cittadino
E foraggiere

34 **Esiliare**

- A pretendere
- B bandire
- C diminuire
- D volere
- E umiliare

35 **Ipertrofia**

- A iperboreo
- B intelligenza
- C iperonimo
- D ingrossamento
- E scarsezza

36 **Algido**

- A goloso
- B freddo
- C molle
- D dolce
- E grintoso

37 **Convivio**

- A coabitazione
- B banchetto
- C copresenza
- D istituto
- E conferenza

38 **Meandro**

- A tortuosità
- B spelonca
- C protuberanza
- D inghippo
- E mandorlo

39 **Chiosa**

- A sosta
- B portale
- C nota
- D scrittura
- E cortile

40 **Caduco**

A deperito
B passeggero
C perenne
D calante
E calvo

41 **Dissonante**

A corrotto
B freddo
C contrastante
D imperturbabile
E staccato

42 **Protervia**

A costanza
B insolenza
C ritrosia
D pedanteria
E cavalcavia

43 **Adamantino**

A eburneo
B grezzo
C basilare
D prezioso
E puro

44 **Diatriba**

A discussione
B votazione
C interrogazione
D emissione
E chiacchierata

45 **Schernire**

A riparare
B deridere
C divertire
D schermare
E sollazzare

46 **Crepitare**

- A agognare
- B scalpitare
- C scalciare
- D gridare
- E scoppiettare

47 **Destituire**

- A eliminare
- B esautorare
- C surclassare
- D destinare
- E reinsediare

48 **Indicare la parola da scartare.**

- A Felice
- B Affabile
- C Amabile
- D Caloroso

49 **Indicare la parola da scartare.**

- A Geometra
- B Avvocato
- C Medico
- D Architetto

50 **Indicare l'alternativa da scartare.**

- A Logorare
- B Lusingare
- C Litigare
- D Litorale

51 **Individuare l'alternativa da scartare.**

- A Cattivo
- B Friabile
- C Festa
- D Vivace

52 **Individuare le parola da scartare.**

- A Arpa
- B Organo
- C Contrabbasso
- D Violino

53 Quale delle seguenti coppie di termini presenta elementi di disomogeneità rispetto alle altre?

A Dovizia – penuria
B Lascivo – impudico
C Acume – ottusità
D Concreto – irreale

54 Quale delle seguenti coppie di termini presenta elementi di disomogeneità rispetto alle altre?

A Laconico – succinto
B Efferato – pietoso
C Dissimile – identico
D Glabro – villoso

55 Quale delle seguenti coppie di termini presenta elementi di disomogeneità rispetto alle altre?

A Greve – leggero
B Inattendibile – veritiero
C Dissipato – morigerato
D Lacunoso – manchevole

56 Quale delle seguenti coppie di termini presenta elementi di disomogeneità rispetto alle altre?

A Loquace – conciso
B Ostinato – arrendevole
C Lugubre – funereo
D Ardimentoso – codardo

57 Quale delle seguenti coppie di termini presenta elementi di disomogeneità rispetto alle altre?

A Impavido – timoroso
B Scherno – derisione
C Pingue – scarso
D Spiritoso – grave

58 Se misurazione = 22; bussola = 14; ago = 6; ovest = ?

A 12 B 10 C 22 D 8 E

59 Se "DEH=11", "CITASSE=23" e "NUMERATORE=32" allora:

A "CONTRASTABILE=39"
B "CONTRASTABILE=42"
C "CONTRASTABILE=41"
D "CONTRASTABILE=40"
E "CONTRASTABILE=43"

60 **Se A = 1, M = 11, allora ? = ?**

A V = 19 B N = 13 C Q = 16 D G = 6 E S = 17

61 **Mettere tra parentesi la parola che assume un significato che può essere ricondotto per analogia sia al termine che precede che a quello che segue:**

Tribunale (?) Reggia

A Recinto
B Corte
C Collegio
D Presidente

62 **Inserire il vocabolo che permetta di completare la prima parola e formare l'inizio della seconda in modo che entrambe abbiano senso compiuto e siano di uso corrente:**

BAR (?) NARE

A ATTO
B ATRO
C LUMI
D TUO

63 **Quale dei seguenti termini, sostituito ai puntini, forma parole di senso compiuto? EFFIC(..) – (..)TONE.**

A INTE B ACIA C ANTE D ACE

64 **Scegliere la parola che abbia lo stesso significato delle due parole proposte:**

appezzamento - posatura

A parte B fondo C terra D immobile

65 **Indicare quale gruppo di lettere sostituito al posto dei puntini forma parole di senso compiuto. "NUCLE(..) – (..)NILE".**

A IVU
B TO
C IPO
D ARE

66 **Quale termine, anteposto ai seguenti, forma vocaboli di senso compiuto?**

"BOLA – CADUTE – CARRO"

A PARA
B PROTO
C PIRO
D PRE

67 Quali dei seguenti gruppi sillabici devono essere inseriti in sequenza perché le parole che seguono abbiano senso compiuto?
ABB(...)ANTE – GUA(...)ROBA – QUA(...)TURA

A (OND) – (RDA) – (RDA)
B (OND) – (DRA) – (DRA)
C (OND) – (DAR) – (DRA)
D (OND) – (RDA) – (DRA)

68 Quale dei seguenti termini, sostituito ai puntini, forma parole di senso compiuto?
INVI(..) – (..)RIA.

A DIA
B SU
C STA
D TRA

69 Completare la seguente serie: levare, cavare, recidere, estirpare, ?

A immettere
B amputare
C apportare
D inserire

70 Indicare quale dei seguenti termini può essere considerato parte della serie: attinenza, connessione, legame, nesso, ?

A autonomia
B collegamento
C opposizione
D contrasto

7.12 Tabella delle risposte

Domanda	Risposta	Domanda	Risposta	Domanda	Risposta
1	C	25	D	49	A
2	E	26	A	50	D
3	E	27	D	51	C
4	D	28	B	52	B
5	B	29	D	53	B
6	C	30	B	54	A
7	E	31	C	55	D
8	E	32	E	56	C
9	A	33	A	57	B
10	E	34	B	58	B
11	A	35	D	59	C
12	D	36	B	60	E
13	D	37	B	61	B
14	A	38	A	62	C
15	E	39	C	63	D
16	C	40	B	64	B
17	E	41	C	65	D
18	B	42	B	66	A
19	D	43	E	67	D
20	E	44	A	68	A
21	C	45	B	69	B
22	D	46	E	70	B
23	A	47	B		
24	B	48	A		

8 RAGIONAMENTO CRITICO VERBALE

In questa tipologia di esercizio, al candidato è proposto un brano di argomento variabile (scientifico, tecnico, letterario, storico, artistico ecc.) e di lunghezza da brevissima a media, seguito da alcuni quesiti a risposta chiusa (a seconda del concorso il numero dei quesiti può variare da uno a sei). I quesiti prevedono quattro o cinque alternative tra cui il candidato deve scegliere la risposta esatta.

Scopo di questo genere di esercizi è valutare la capacità del candidato, da un lato, di **individuare** nel testo i **concetti salienti**, i dati e le nozioni signficative; dall'altro quella di saper inserire tali dati **nel contesto** dato, caratterizzato da vari fattori, quali identità, nazionalità, epoca e intento dell'autore, genere di scrittura e argomento del brano eccetera. È anche oggetto di valutazione la capacità del candidato di saper distinguere tra contenuti espliciti del testo e contenuti impliciti, direttamente o indirettamente deducibili.

È possibile suddividere le domande tipiche di questi esercizi in quattro diverse categorie.

1. Quesiti relativi al pensiero centrale del brano

Le domande generalmente sono poste in una delle seguenti forme:

- Il titolo che meglio esprime le idee del brano è …
- L'idea principale espressa dal brano è …
- L'affermazione che meglio riporta il tema centrale del brano è …
- Il brano illustra …
- Scopo dell'autore del brano è …

Si tratta dunque di quesiti che intendono valutare la comprensione da parte del candidato del *tema centrale* del brano e della *finalità* perseguita dall'autore nello scriverlo. Generalmente il tema centrale può essere sintetizzato in una singola frase, che potrebbe fungere da titolo del brano.

Per rispondere a questa prima tipologia di quesiti, è per lo più sufficiente leggere attentamente la prima parte del brano. Un primo utile suggerimento è quindi dare molto peso nella lettura alla prima parte del brano.

2. Quesiti relativi a concetti specifici o dettagli

Le domande sono generalmente poste in una delle seguenti forme:

- L'autore afferma che …
- Il brano riporta tutte le seguenti affermazioni tranne una. Quale?
- Quale delle seguenti affermazioni è corretta, secondo quanto riportato dal brano?
- Quanti/Quali/Quando/Dove?

Si tratta di quesiti che fanno riferimento ad espliciti e specifici concetti o dati presenti nel brano. Essi possono essere riportati nel brano con parole differenti ma equivalenti a quelle utilizzate nelle domande o nelle alternative di risposta. Leggendo il testo, più che memorizzare i dettagli e i dati che si incontrano, il lettore deve cercare di creare *una sorta di mappa del brano*, di ricordare quali microargomenti vengono trattati e in quale successione, in modo da poter trovare il punto esatto del relativo al quesito a cui si sta rispondendo.

Non bisogna cercare di memorizzare dati e dettagli, bensì di individuare i concetti chiave e di ricordare in quale successione vengono trattati nel brano.

3. Quesiti che richiedono di individuare le implicazioni e le conseguenze logiche di quanto affermato nel brano

Le domande sono il più delle volte espresse in una delle seguenti forme:

- L'autore probabilmente crede che …
- Dal brano è possibile dedurre che …/ non è possibile dedurre che …
- Il paragrafo che precede il brano riportato probabilmente afferma che …
- Quale delle seguenti sarebbe una logica continuazione del brano?
- Quale delle seguenti conclusioni non può essere dedotta dal brano?

Si tratta di quesiti più complessi dei precedenti, giacché non si limitano a indagare la comprensione di quanto esplicitamente riportato dal brano, ma mirano a valutare anche la *comprensione di ciò che può essere logicamente dedotto dal testo.*

Per ripondere è necessaria una *lettura critica del testo* più attenta a riconoscere gli snodi logici, espositivi o narrativi del brano che a memorizzare i dettagli: solo seguendo il processo logico operato dall'autore (che sia argomentativo o narrativo) si possono operare inferenze o ipotesi corrette.

4. Quesiti relativi al contesto del brano

Le domande sono generalmente espresse in una delle seguenti forme:

- Dal brano si deduce che l'autore è un … (fisico, avvocato, romanziere, giornalista, chimico, economista, storico e così via)
- L'epoca in cui si svolgono gli avvenimenti descritti è probabilmente …
- La nazionalità dell'autore è …
- Il brano è di natura … (scientifica, storica, economica ecc.)
- Il carattere del brano è … (apologetico, allusivo, critico, celebrativo, descrittivo, giornalistico, divulgativo, polemico e così via)

Lo scopo dei quesiti è valutare la capacità del candidato di inserire il brano in un contesto storico o geografico, di comprendere l'identità dell'autore, di individuare la natura del brano sulla base dei contenuti e infine di identificare il carattere del testo sulla base del linguaggio utilizzato e del modo in cui l'argomento viene trattato.

È bene sottolineare la differenza esistente tra genere del testo (narrativo, argomentativo, giornalistico ecc.) e tematica (che riguarda i contenuti disciplinari del brano).

8.1 Suggerimenti utili per una lettura critica dei brani

Il lavoro da svolgere sul brano prima di risolvere i quesiti inerenti non può ridursi a una lettura ordinaria, ancorché attenta. Anche il primo approccio al testo deve consentire di differenziare le informazioni in modo da poterle recuperare selettivamente nel momento in cui si risponde ai quesiti.

Se la prova prevede più brani seguiti da un numero limitato di quesiti, è utile dare una lettura **solo al testo delle domande** (non alle alternative) **prima di leggere il brano**. Ciò consentirà di concentrare da subito l'attenzione sui punti interessati dagli esercizi.

- **Ogni brano è basato su un'idea o concetto centrale**: occorre individuarlo, mettendolo in evidenza rispetto al superfluo, disitnguendo tra tesi dell'autore e argomentazioni a sostegno di essa.

- **La prima parte (due-tre paragrafi) del brano è solitamente quella più importante**: contiene informazioni chiave sulle finalità dell'autore, su ciò che intende dimostrare, sul suo punto di vista ecc.
- **I dettagli servono solo a chiarire i concetti più generali**: si consiglia di sorvolare durante la lettura preliminare per tornare sulle informazioni particolari solo nel caso in cui i quesiti lo rendano necessario, evitando di memorizzarli nel corso della lettura.
- **Ogni paragrafo è volto a chiarire un elemento funzionale all'idea centrale del brano**: occorre dunque, per ogni paragrafo, cercare di estrapolare il concetto o l'idea che l'autore ha cercato di comunicare, se necessario parafrasando mentalmente il testo.

8.2 Come svolgere un lavoro ben strutturato

Gli esercizi di comprensione di testi sono di solito i più problematici, sia per la loro intrinseca complessità sia per il notevole dispendio di tempo che richiedono. Diviene dunque importante per il candidato impostare un efficace metodo di lavoro che consenta di velocizzare la risoluzione dei quesiti.

- L'esperienza insegna che, in media, si può dedicare alla lettura di ogni pagina di brano circa un minuto e circa mezzo minuto per la soluzione di ogni quesito. È bene confrontarsi con questi tempi medi per gestire al meglio il tempo complessivo della prova.
- È utile una **lettura veloce delle sole domande prima** di leggere il brano. Ciò consente di:
  - intuire l'argomento oggetto del brano e familiarizzare velocemente con il testo;
  - concentrare l'attenzione sulle parti del brano effettivamente oggetto dei quesiti.
- È utile **sottolineare le frasi interessate da quesiti** relativi a specifici concetti o dettagli (luoghi, date, espressioni particolari ecc.) e in particolare **sottolineare i dati numerici** (date, quantità, prezzi ecc.): ciò consente di ritrovarli velocemente quando si affrontano analiticamente le domande.
- È opportuno **analizzare tutte le alternative di risposta** proposte prima di scegliere quella corretta. Infatti, le domande di *comprensione di testi* sono spesso caratterizzate dalla presenza di diverse alternative "verosimili". Il candidato deve dunque individuare la più precisa e completa (ossia la risposta *migliore*). Anche l'eliminazione di una o due alternative consente di aumentare significativamente le probabilità di successo, nel caso in cui si debba ricorrere alla scelta casuale tra le alternative restanti.
- Al fine di rispondere correttamente ai quesiti sulle *implicazioni e conseguenze logiche* di quanto affermato nel brano, è opportuno tenere in considerazione **non solo quanto detto esplicitamente** nel testo, **ma anche il significato implicito** (spesso deducibile per mera logica).
- **Una volta cominciato il lavoro su un brano è consigliabile non abbandonare la serie di domande relative fino alla conclusione.** Saltare da un brano all'altro o da un brano a esercizi di altro tipo fa perdere tempo prezioso, perché è necessario recuperare un'altra volta l'intero testo.
- Occorre **rispondere unicamente sulla base di quanto affermato nel testo** e non sulla base di eventuali conoscenze personali sull'argomento trattato. Le domande sono infatti basate esclusivamente su quanto affermato nel testo o su quanto da esso è possibile dedurre in modo logico. La competenza in materia non è prevista.

8.3 Strategia di analisi dei brani

Si possono schematizzare le diverse fasi di analisi e soluzione dei quesiti come di seguito.

Lettura preliminare e rapida dei quesiti
Leggere **solo** le domande, **non** le diverse risposte alternative.

▼

Lettura attenta della prima parte del brano
Leggere attentamente i primi paragrafi, concentrandosi su:
tema o idea centrale del brano, **intento** dell'autore, **argomentazioni**, **genere** di scrittura, **argomento**, **contesto** geografico e temporale.

▼

Lettura veloce del resto del brano
Leggere più rapidamente il resto del brano, **identificando** mentalmente i concetti e le argomentazioni di ogni passaggio.
Se necessario e se consentito, **sottolineare** in matita i dati numerici ecc.

▼

Analisi dei quesiti
Esaminare **tutte le alternative** a disposizione per ogni quesito,verificando velocemente, se necessario,sulla parte del testo interessata dalla domanda.

▼

Evitare di passare a un brano successivo senza aver prima completato la serie di quesiti relativa al brano già letto.

ESEMPI

Leggere il brano seguente e rispondere alle relative domande.

Sul «Corriere della Sera» di qualche giorno fa c'era la notizia che su Internet grandi motori di ricerca metteranno a nostra disposizione milioni di libri e ci si domandava se questo avrebbe comportato la scomparsa delle biblioteche a cui siamo abituati da secoli. [...] Ma il vero grande pericolo di questa trasformazione mi sembra un altro: [...] Chi farà la scelta? Quali criteri seguirà nel prendere e nello scartare? Alcune previsioni è facile farle. La storia è sempre stata scritta da chi ha il dominio politico, culturale e tecnologico. Egli ha imposto la sua lingua e la sua visione del mondo. [...] Oggi chi deciderà cosa è importante leggere e che cosa non lo è? Coloro che dominano la cultura mondiale con la loro potenza e con la loro lingua: gli anglosassoni. [...] Questo e non altro è il pericolo. La perdita di tutto ciò che è diverso, deviante, non capito, non visto, rifiutato. Perciò io dico ai governi, agli studiosi di tutti i Paesi del mondo: per favore, salvate il nostro passato. [...] Lottate per inserire nella grande biblioteca tutto ciò che potete del vostro patrimonio nazionale, nella lingua originale. Tutto, non solo quello che vi pare buono e quello che vi pare cattivo ora. Perché saranno gli storici, gli studiosi, gli uomini del futuro a decidere cosa era o non era importante. La Chiesa cattolica medioevale non avrebbe messo il Corano tra i libri da salvare e oggi gli integralisti islamici non vi metterebbero la Divina Commedia. [...]

Francesco Alberoni, *Pubblico e privato*

1 Individuate, tra le considerazioni sotto elencate, LA SOLA RIGOROSAMENTE DEDOTTA dal testo citato di Alberoni.

- **A** La scomparsa delle biblioteche tradizionali può e deve essere contrastata in tutti i modi
- **B** È naturale che su Internet non tutte le testimonianze del passato vengano conservate, e a ciò bisogna rassegnarsi e adeguarsi
- **C** Gli Italiani, come altri, dovrebbero battersi per salvare il proprio patrimonio culturale e la propria lingua
- **D** Nella biblioteca di Internet, l'unico problema del lettore è quello di scegliere quale leggere tra milioni di testi
- **E** Il *Corano* e la *Divina Commedia* sono opere a forte rischio di scomparsa

Il monito e l'invito alla lotta espressi nell'articolo di Alberoni, è rivolto a tutti i popoli e le nazionalità – italiani compresi – e li sprona a battersi per salvaguardare la propria lingua e il proprio patrimonio culturale, come correttamente individuato dall'alternativa **C**.

2 Individuate, tra i titoli proposti, il solo che si adatta pienamente all'articolo citato.

- **A** Salvate l'italiano (e altre lingue) nella superbiblioteca
- **B** Rifiutiamo di piegarci all'uso diffuso della lingua inglese
- **C** Un nuovo motore di ricerca: la cultura universale senza esclusioni di sorta
- **D** Presto su Internet uno specchio fedele ed esauriente di tutta la storia dell'uomo
- **E** Con Internet, non più censura culturale

Il titolo che si adatta pienamente all'articolo di Alberoni è quello dell'alternativa **A** (risposta esatta): *Salvate l'italiano (e altre lingue) nella superbiblioteca*. Gli altri quattro titoli proposti deformano invece abbastanza pesantemente il pensiero dell'opinionista e sociologo italiano.

3 Le enunciazioni di principio qui riportate sono tutte alla base del discorso di Alberoni, ECCETTO UNA. Individuatela.

- **A** Sono sempre stati i vincitori, i detentori del potere a scrivere la storia
- **B** Sbaglia chi si ostina a conservare il maggior numero possibile di opere: in ogni cultura ci sono cose che meritano di essere dimenticate per sempre
- **C** L'uso di nuovi mezzi di comunicazione comporta, come ogni novità, dei rischi di cui è bene tener conto
- **D** La difesa della propria lingua non è un atto di superbia nazionalistica, ma un dovere nei confronti dei posteri
- **E** In ogni cultura ci possono essere elementi preziosi, e non sempre i migliori giudici in merito sono i contemporanei

Secondo Alberoni, è fondamentale salvare della produzione culturale di un Paese tutto quanto è possibile per dare alle generazioni future una più ampia conoscenza e permettere loro una selezione su quanto merita di essere tramandato e quanto no su una base il più possibile completa. La risposta esatta è quindi la **B**.

In base alle informazioni contenute nel brano seguente, rispondere alle successive domande.

La crisi del debito che ha colpito numerosi Paesi in via di sviluppo ha tre cause principali: una cattiva politica macroeconomica da parte dei Paesi debitori; una politica poco prudente di finanziamento da parte delle banche; l'incremento dei __________ di interesse reali. L'aumento dei tassi di interesse reali fino a circa il 6% nel 1982 ha sestuplicato l'onere reale degli interessi per i Paesi indebitati, modificando completamente la natura del problema del debito. Un simile incremento per un periodo così protratto non si era mai visto in precedenza. Durante le crisi passate, quando i prestiti venivano concessi a un tasso di interesse fisso, i tassi di interesse reali diminuivano a causa della deflazione. Ma quando il livello dei prezzi si stabilizzava, l'onere reale degli interessi rimaneva più elevato solo in proporzione alla diminuzione dei prezzi. Ed era comunque possibile che l'inflazione riducesse tale onere. In questa crisi, invece, il tasso di interesse reale è aumentato in modo significativo ed è rimasto elevato per molti anni, mostrando scarsi __________ di diminuzione. L'inflazione, ormai, non porta alcun sollievo ai Paesi debitori.

Il timore di un collasso finanziario negli Stati Uniti era una delle principali __________ alla base dell'approccio iniziale alla crisi del debito. I pagamenti di interessi dai Paesi debitori eccedettero i nuovi prestiti negli anni 1984, 1985 e 1986. Le banche statunitensi ridussero la propria esposizione nei confronti dell'America Latina nel 1985. Nel 1982, le nove principali banche commerciali statunitensi avevano un ammontare di prestiti nei confronti dei Paesi in via di sviluppo pari al 250% del proprio capitale; alla metà del 1986, le stesse banche avevano un grado di capitalizzazione sufficiente a sopportare anche la completa perdita dei prestiti nei confronti dell'America Latina. Anche se le banche hanno aumentato gli accantonamenti a riserva, esse continuano a riportare in bilancio i prestiti ai Paesi in via di sviluppo al valore nominale. Il mercato secondario attribuisce invece a tali __________ un valore decisamente inferiore.

L'attuale strategia di approccio al problema del debito dei Paesi in via di sviluppo è basata sull'allungamento della scadenza effettiva del debito. Ogni metodo che consente di ridurre il flusso di fondi in uscita dai Paesi debitori aiuterà gli stessi Paesi a crescere economicamente nel breve periodo. Ma un ulteriore finanziamento non rappresenta la soluzione al problema del debito. Fino a quando i tassi di interesse reali resteranno intorno al 6%, i Paesi debitori avranno grandi difficoltà a uscire dal problema del debito. Vi sono due possibilità. O si continua con l'approccio corrente, o si ricorre a una qualche forma di cancellazione del debito. Per quattro anni i Paesi in via di sviluppo hanno pagato il prezzo del debito nella forma di un basso tasso di crescita del PIL e di diminuzioni sostanziali dei salari reali. Milioni di persone residenti in questi Paesi rimangono a __________ di reddito ridotti semplicemente per gli interessi degli azionisti delle banche creditrici. Mediante una cancellazione del debito, i singoli Paesi e le istituzioni multilaterali potrebbero cominciare a pensare alle necessarie politiche di sviluppo orientate alla crescita. Ciò sarebbe possibile senza aumentare l'onere fiscale per i residenti dei Paesi sviluppati.

4 **Dal brano in esame sono state espunte cinque parole qui elencate in diverse successioni. Indicare la serie che corrisponde alle esigenze logiche del testo.**

- **A** segni; tassi; motivazioni; prestiti; livelli
- **B** tassi; segni; prestiti; motivazioni; livelli
- **C** livelli; segni; motivazioni; prestiti; tassi
- **D** tassi; motivazioni; segni; prestiti; livelli
- **E** tassi; segni; motivazioni; prestiti; livelli

Come suggerisce il testo stesso della domanda, sono riflessioni di carattere logico che portano a individuare nell'alternativa **E** la soluzione del presente quesito.

5 Sulla base di quanto affermato nel testo, si può ricavare che per l'autore l'effetto più dannoso della crisi del debito è:

- **A** il livello artificialmente basso dei salari reali percepiti dai residenti dei Paesi debitori
- **B** i problemi connessi al rimborso del debito causati dall'elevato livello dei tassi di interesse
- **C** la drastica diminuzione delle prospettive di crescita nel lungo periodo dei Paesi debitori
- **D** la scarsa attenzione posta dalle banche creditrici
- **E** le perdite subite dalle banche internazionali

La risposta corretta è la **C**. Occorre prestare particolare attenzione a non confondere le *cause* con gli *effetti*. La domanda chiede infatti di individuare quale effetto l'autore ritenga essere più dannoso. Ne segue inevitabilmente che le alternative **B** e **D** devono essere considerate errate in quanto entrambe menzionano le cause del problema del debito dei Paesi in via di sviluppo e non gli effetti. La risposta **E** è anch'essa da scartare, in quanto l'autore mostra più volte, specie nell'ultima parte del brano, di considerare i gravi effetti dell'indebitamento dei Paesi dell'America Latina con riferimento alla situazione degli stessi Paesi e non a quella delle banche creditrici.

Rimangono solo le alternative **A** e **C**: si ricade dunque nel tipico caso dei quesiti relativi ai brani, dove spesso si hanno due alternative non errate. Fra le due, sembra più precisa la seconda: l'autore infatti attribuisce maggiore rilevanza, in termini di effetto negativo, al problema delle prospettive di crescita a lungo termine dei Paesi debitori e considera invece la riduzione dei salari semplicemente uno degli effetti che contribuiscono al problema della crescita. La rilevanza del problema delle prospettive di crescita è d'altronde chiaramente evidenziata nell'ultima parte del brano, dove si sostiene la necessità di una politica orientata alla crescita.

6 Il brano fornisce informazioni che consentono di rispondere a una o più delle seguenti domande. Quali?

I) Vi sono stati errori di politica economica da parte dei Paesi debitori che hanno contribuito a determinare il problema del debito?

II) Vi sono attualmente dei provvedimenti volti a estendere la scadenza effettiva del debito?

III) Il mercato secondario del debito dei Paesi in via di sviluppo attribuisce al debito lo stesso valore di quello attribuito dalle banche che lo detengono?

- **A** Solo la I)
- **B** Solo la II)
- **C** La I) e la III)
- **D** La II) e la III)
- **E** La I), la II) e la III)

La risposta esatta è la **E**. Infatti il brano fornisce le informazioni necessarie per rispondere ai tre quesiti. Per ciò che concerne la domanda I), proprio all'inizio del passo, si sostiene che una delle cause sia stata una cattiva politica macroeconomica dei Paesi debitori. Per ciò che concerne invece la domanda II), la terza parte del brano inizia proprio sostenendo che "l'attuale approccio al problema del debito è basato sull'allungamento della scadenza effettiva del debito".

Infine, alla domanda III) è possibile rispondere sulla base di quanto affermato alla fine del secondo paragrafo del brano, dove si sostiene che "il mercato secondario attribuisce ai prestiti un valore decisamente inferiore" a quello al quale le banche li registrano.

---

7 Quale delle seguenti definizioni rappresenta meglio *l'approccio iniziale* alla crisi del debito?

- **A** Una pressione crescente verso i Paesi debitori perché pagassero gli interessi sul debito
- **B** Un aumento dei tassi di interesse per favorire le banche creditrici
- **C** Una diminuzione dell'assicurazione contro le perdite per le nove principali banche statunitensi
- **D** Un crescente coinvolgimento dei Paesi OCSE per aiutare i Paesi debitori
- **E** Un decremento dei nuovi prestiti e un aumento della capitalizzazione delle banche creditrici

La risposta esatta è la **E**. L'approccio iniziale alla crisi del debito viene illustrato nelle prime righe della seconda parte del brano, quando si afferma che il timore di un collasso finanziario negli Stati Uniti era una delle principali ragioni alla base dell'approccio iniziale alla crisi del debito e si illustrano le modalità con cui le principali banche sono riuscite a ridurre la propria esposizione diminuendo i nuovi prestiti e aumentando il proprio grado di capitalizzazione.

Le risposte **B**, **C** e **D** sono palesemente errate: la prima in quanto nel brano non si menziona la manovra dei tassi di interesse come strumento utilizzato nella gestione del problema del debito; la seconda in quanto non viene esaminato il problema dell'assicurazione delle banche creditrici; la terza in quanto non si menziona un intervento dei Paesi OCSE. L'alternativa **A** è invece errata in quanto il brano parla effettivamente di "pagamenti di interessi che eccedettero i nuovi prestiti" nei tre anni dal 1984 al 1986, ma non accenna ad alcuna pressione nei confronti dei Paesi debitori.

In base alle informazioni contenute nel brano seguente, rispondere alle successive domande.

Il destino dei libri a volte è strano come quello degli uomini. Herman Melville conobbe il suo primo insuccesso di critica e di pubblico nel 1851, quando diede alle stampe il suo capolavoro *Moby Dick*. Troppo ampio il divario fra i romanzi d'avventure esotiche e marinare che gli avevano regalato una certa notorietà e la tragedia senza tempo del capitano mutilato che insegue la balena (il caos?) che lo ossessiona, vicenda troppo cupa e apocalittica per poter essere subito accettata, compresa e apprezzata. Lo scrittore di New York sarebbe sopravvissuto quarant'anni al suo romanzo sulla balena bianca, non abbastanza per vedergli riconosciuti quei meriti stilistici, epici e contenutistici che ne hanno fatto uno dei capisaldi di quel formidabile battaglione letterario che è il romanzo ottocentesco.

Già nell'*Etimologia* che apre il romanzo, e che Melville attribuisce a "*uno smunto assistente ginnasiale ormai morto*", c'è un assaggio di quel che attende il lettore, del viaggio cui si sta apprestando. Prima di presentare le varie forme linguistiche con cui sono designati i cetacei, lo scrittore americano così descrive l'assistente ginnasiale che le ha raccolte: "*Amava spolverare le sue vecchie grammatiche; quel gesto, in qualche modo, gli ricordava con dolcezza la sua condi-*

zione di mortale". E insieme alla mortalità, l'abisso, il male, il dolore dell'uomo e il caos che lo circonda sono i temi di *Moby Dick*. Argomenti con cui Melville aveva familiarità fin da quando, dodicenne, era rimasto orfano e aveva dovuto abbandonare gli studi per mettersi a lavorare, finendo per abbracciare la vita marinara, imbarcandosi su mercantili e baleniere. Temi tragici e universali con cui aveva familiarità anche Cesare Pavese, il classico e insuperato traduttore italiano di *Moby Dick*, maestro di Fernanda Pivano, la più importante americanista italiana del secondo Novecento, e poeta di un verso immortale: "*Verrà la morte e avrà i tuoi occhi*". Niente ci impedisce di immaginare che siano gli occhi acquosi della balena bianca che dal libro di Giobbe a quello di Melville ha navigato e turbato l'oceano dei sogni di generazioni di lettori.

---

8 Dal brano si deduce che Herman Melville morì nel:

A 1881
B 1891
C 1851
D 1871
E 1819

La risposta esatta è la B. Nel brano, infatti, si dice che Melville sopravvisse quarant'anni a *Moby Dick*, di cui viene indicata la data di pubblicazione, il 1851. Sommando le due cifre si ricava 1891, l'anno di morte dello scrittore. L'alternativa E riporta invece la data di nascita di Melville, che non viene mai citata nel brano.

---

9 Nel brano si dice che *Moby Dick:*

A fu tradotto subito in italiano
B fu censurato per la sua crudezza
C fu subito considerato come un capolavoro
D inizialmente fu un insuccesso di critica e pubblico
E inizialmente registrò un grande successo di pubblico ma non di critica

La risposta esatta è la D. Proprio all'inizio del brano si dice che *Moby Dick* fece registrare il primo insuccesso di critica e di pubblico di Melville. Dal brano si deduce che il romanzo cominciò a essere considerato un capolavoro solo nel Novecento. Si accenna anche alla traduzione italiana di Pavese che però non è ottocentesca, ma risale agli anni Quaranta del Novecento.

---

10 L'assistente ginnasiale cui si accenna nel brano è:

A l'autore dell'intero romanzo di Melville
B l'autore dell'*Etimologia* che apre il romanzo
C la persona alla quale Melville attribuisce l'*Etimologia* che apre il romanzo
D l'autore degli *Estratti* che aprono il romanzo
E il narratore del romanzo

Nel brano non si accenna affatto né alla figura del narratore né agli *Estratti* che seguono l'*Etimologia*. Le ultime due alternative sono quindi da scartare, al pari delle prime due: l'autore del romanzo e quindi anche dell'*Etimologia* che lo apre è ovviamente Melville, l'assistente ginnasiale è semplicemente uno dei tanti personaggi creati dallo scrittore (a cui Melville attribuisce l'*Etimologia* che apre il romanzo), al pari del sottoassistente di biblioteca cui sono attribuiti gli *Estratti*. La risposta esatta è quindi la C.

---

11 Nel brano c'è una citazione in cui qualcuno "ricordava con dolcezza la sua condizione di mortale". Di chi si tratta?

- A Dell'assistente ginnasiale
- B Del capitano Achab
- C Di Cesare Pavese
- D Di Giobbe
- E Del sottoassistente di biblioteca

La risposta esatta è la A. Le due uniche citazioni da *Moby Dick* contenute nel brano hanno come protagonista l'assistente ginnasiale. Il capitano Achab invece, pur essendo la figura centrale del romanzo di Melville, non viene mai citato nel brano.

12 Secondo l'autore del brano, il romanzo ottocentesco è:

- A uno dei capisaldi della cultura occidentale
- B soprattutto d'avventure esotiche e marinare
- C esemplificato da *Moby Dick*
- D in grado di turbare l'oceano dei sogni di generazioni di lettori
- E un formidabile battaglione letterario

La risposta esatta è la E. Nel brano si dice infatti che *Moby Dick* è uno dei capisaldi di quel formidabile battaglione letterario che è il romanzo ottocentesco. L'alternativa D riporta invece le ultime parole del brano, che però non sono specificamente rivolte al romanzo ottocentesco, quanto piuttosto a *Moby Dick* e al senso della morte che lo caratterizza.

8.4 Esercizi svolti

In base alle informazioni contenute nel brano seguente, rispondere alle successive domande.

La svalutazione della sterlina nel 1931 e del dollaro nel 1934, dopo il crac del '29, comportò una brusca diminuzione del contenuto aureo di queste valute e quindi un aumento significativo del prezzo del metallo. Quando la maggioranza dei settori economici soffriva per la crisi e contraeva la produzione, le compagnie aurifere tendevano invece a ingrandirsi e ad aumentare la produzione, sfruttando il fatto che i costi per l'estrazione calavano. Nel 1940 la produzione d'oro nel mondo capitalistico raggiunse l'apice con 1.138 tonnellate, il 40% delle quali ricavate dai giacimenti sudafricani, mentre al secondo e terzo posto vi erano rispettivamente Canada e Usa. Viceversa, negli anni successivi, con una industria mobilitata prevalentemente per scopi bellici, l'estrazione calò drasticamente (nel 1945 era di 654 tonnellate), tanto che nel 1942 gli USA decretarono di fermare temporaneamente il lavoro nelle miniere, che tra l'altro era diventato sempre più costoso, diversamente da quello sudafricano, svolto in sostanza da neri in condizione di semi-schiavitù. Nel 1945 quasi i 2/3 delle riserve auree dei paesi capitalisti (riserve che in tutto ammontavano a circa 30.000 tonnellate) erano nelle mani del governo Usa. La concentrazione dell'oro negli Usa, alla fine del 1949, raggiunse il punto di massima: il 70% delle riserve mondiali, cioè circa 22.000 tonnellate.

L'apice pre-bellico dell'estrazione aurifera mondiale venne tuttavia superato solo nel 1962 e per tutta la seconda metà degli anni '60 si stabilizzò sulle 1.250-1.300 tonnellate annue, di cui i 3/4 appartenenti al Sudafrica.

Nonostante l'inflazione, tipica dei periodi di guerra, il prezzo ufficiale dell'oro in dollari, fissato nel 1934, rimase invariato sino al 1971: questo prezzo era di 35 dollari per oncia (quindi circa 1,1 dollari per grammo), corrispondente al contenuto aureo della moneta USA. Sulla sua base gli organi finanziari esteri e le banche centrali potevano acquistare oro, ossia scambiare dollari contro oro, presso il Tesoro americano. Modesto era il divario fra il prezzo ufficiale e quello libero di mercato (per esempio l'oro acquistato dagli orefici, dalle ditte elettroniche ecc.).

---

1 Nel brano è riportata una sola delle seguenti osservazioni. Quale?

A Dopo il crack del '29 il prezzo e la quantità estratta dell'oro aumentarono

B Dopo il crack del '29 il prezzo e la quantità estratta dell'oro diminuirono

C Dopo il crack del '29 il prezzo dell'oro aumentò, mentre la quantità estratta diminuì

D Dopo il crack del '29 il prezzo dell'oro diminuì, mentre la quantità estratta aumentò

E Il crack del '29 non ebbe riflessi significativi su prezzo e quantità estratta dell'oro, ma solo sul contenuto aureo di dollaro e sterlina

---

2 Nel 1940 la produzione di oro:

A in Sud Africa è stata superiore a 500 tonnellate

B negli Stati Uniti è stata superiore rispetto a quella canadese

C nel mondo era inferiore a quella del 1945

D in Sud Africa era inferiore a quella che lo stesso Paese ottenne mediamente nella seconda metà degli anni '60

E negli Stati Uniti era più costosa di quanto sarebbe stata due anni dopo

---

3 Quale delle seguenti informazioni è in contrasto con i contenuti del brano?

A Negli anni '50 e '60 gli orefici hanno potuto acquistare l'oro approssimativamente allo stesso prezzo a cui l'acquistavano negli anni '40

B Alla fine del 1949 le riserve auree mondiali erano superiori alle 30.000 tonnellate

C Un'oncia pesa meno di 35 grammi

D Nel 1945 le riserve auree degli Stati Uniti erano inferiori (seppure di poco) alle 20.000 tonnellate

E Nello stesso anno in cui la sterlina ha subito una forte svalutazione è stato fissato il prezzo ufficiale dell'oro in dollari

---

In base alle informazioni contenute nel brano seguente, rispondere alle successive domande.

Nel nostro ordinamento i cittadini hanno uno stato giuridico caratterizzato da un complesso di diritti e doveri che li differenzia da chi, pur vivendo nel territorio dello Stato, cittadino non è. L'insieme dei cittadini è il popolo. Popolo e nazione per il nostro ordinamento non sono la stessa cosa, in quanto per nazione s'intende l'insieme degli uomini e delle donne legati da storia, cultura, lingua ed etnia, ma non necessariamente cittadini dello Stato italiano; il popolo, al contrario, si caratterizza per la cittadinanza, non necessariamente congiunta alla cultura comune o all'etnia. I cittadini restano tali e continuano a far parte del popolo italiano anche se vivono fuori dal territorio, a condizione che abbiano conservato la cittadinanza italiana.

4 I cittadini italiani:

- A formano la nazione
- B sono necessariamente legati dalla stessa storia, cultura, lingua ed etnia
- C perdono la cittadinanza italiana se vivono all'estero
- D possono far parte del popolo italiano anche se vivono all’estero
- E rimangono particolarmente legati alla tradizione anche se vivono all'estero per molto tempo

5 È una condizione necessaria e sufficiente per appartenere al popolo italiano:

- A essere legati dalla stessa cultura o dall'etnia, ma non necessariamente parlare la stessa lingua
- B parlare la stessa lingua
- C avere la cittadinanza italiana
- D condividere una serie di diritti e doveri complessi
- E nessuna delle alternative proposte

6 Secondo il nostro ordinamento:

- A cittadini e non cittadini sono uguali
- B essere cittadini dello Stato italiano significa anche far parte del popolo italiano
- C vivere nello stesso territorio è una condizione necessaria ma non sufficiente per appartenere al popolo
- D rispettare una serie di diritti e doveri è una condizione necessaria per vivere nel nostro territorio
- E popolo e nazione sono concetti perfettamente sovrapponibili

7 Secondo il nostro ordinamento, popolo e nazione:

- A definiscono l’insieme dei cittadini italiani che vivono nel nostro territorio
- B sono concetti che implicano l’appartenenza ad una stessa cultura ed etnia
- C giuridicamente si equivalgono
- D non sono la stessa cosa
- E sono concetti che fanno rispettivamente riferimento alle persone ed al territorio

8 Secondo il nostro ordinamento, si può essere cittadini italiani:

- A indipendentemente dall’etnia
- B anche grazie al battesimo
- C anche se non si appartiene al popolo italiano
- D solo se si è nati in Italia
- E pur vivendo all'estero ed avendo perso la cittadinanza italiana

9 Il nostro ordinamento intende con il concetto di nazione:

- A richiamare alla romanità classica
- B l'insieme delle persone che vivono, per almeno 6 mesi l'anno, nel nostro territorio
- C il popolo italiano
- D uomini e donne legati da storia e cultura, da lingua ed etnia
- E l'insieme degli uomini e delle donne cittadini dello Stato italiano

In base alle informazioni contenute nel brano seguente, rispondere alla successiva domanda.

Può accadere ad un contribuente in buona fede di essere ingiustamente accusato di evasione fiscale. Il cittadino, di qualsiasi posizione sociale e economica, quando viene colpito da un accertamento fiscale si sente impotente di fronte all'Agenzia delle Entrate. La legge tuttavia garantisce ad ognuno una difesa e permette di far valere le proprie ragioni ricorrendo agli organi giudiziari competenti.

10 Quale delle seguenti affermazioni può essere dedotta dal brano precedente?

A L'accusa di evasione fiscale comporta solo una perdita di tempo
B Il presunto evasore fiscale viene multato in ogni caso, salvo essere poi rimborsato
C Il contribuente in buona fede non è mai accusato di evasione
D Solo gli organi giudiziari sono competenti a dirimere un contenzioso fiscale
E Gli accertamenti fiscali colpiscono unilateralmente certe classi sociali

In base alle informazioni contenute nel brano seguente, rispondere alla successiva domanda.

«I sostenitori del transumanismo», vale a dire della necessità di evolverci, affidandoci alle biotecnologie, in «una nuova specie "oltre-umana"», pensano di sapere «ciò che costituisce un buon essere umano e sono contenti di lasciare indietro gli esseri limitati, mortali, naturali che vedono intorno a sé a favore di qualcosa di migliore. Ma capiscono veramente i valori umani più importanti? Grazie ai nostri ovvi difetti, noi esseri umani siamo [...] un prodotto la cui interezza è molto più della somma delle nostre parti. Le nostre caratteristiche buone sono intimamente collegate a quelle cattive: se non fossimo violenti e aggressivi, non saremmo in grado di difenderci; se non avessimo sentimenti di esclusività non saremmo leali a coloro che ci sono vicini; se non provassimo mai la gelosia, non proveremmo mai l'amore. Persino la nostra mortalità gioca una funzione critica nel consentire alla nostra specie nel suo insieme di sopravvivere e di adattarsi. Modificare una sola delle nostre caratteristiche-chiave implica la modifica di un insieme complesso e interconnesso di qualità e noi non saremo mai in grado di prevedere il risultato finale» (da Francis Fukuyama, *Biotecnologie – La Fine dell'Uomo*).

11 Quale delle considerazioni seguenti È COERENTE con quanto affermato nel testo?

A Un essere umano non è che la somma delle peculiarità delle singole parti che lo compongono
B Intervenire con le biotecnologie su aspetti-chiave di quel sistema altamente complesso che è l'uomo è impresa rischiosa, dalle conseguenze imprevedibili
C Sapienti interventi biotecnologici potranno un giorno consentirci di dare origine ad un'umanità nuova che assommi in sé solo gli aspetti positivi di quella attuale
D La mortalità individuale è in assoluto qualcosa d'insensato contro cui le nuove tecnologie sono chiamate a battersi strenuamente
E Verrà un giorno in cui sarà tecnicamente possibile sradicare dall'uomo ogni pulsione violenta senza pregiudicare la sua capacità di difendersi

In base alle informazioni contenute nel brano seguente, rispondere alle successive domande.

La storia della fusione nucleare "fredda" (così denominata in alternativa alla fusione termonucleare, per la quale sono necessarie temperature di milioni di °C) è iniziata con grande clamore nel 1989, in seguito allo straordinario risalto che i mass media di tutto il mondo diedero ad alcuni esperimenti dei chimici Stanley Pons e Martin Fleischmann. Tra la cauta e spesso scettica attenzione degli ambienti accademici, per qualche tempo i media parlarono di fusione fredda prospettando la possibilità della panacea energetica: cioè una fonte di energia semplice, economica, abbondante e ambientalmente compatibile.

Nel giro di pochi anni, tuttavia, la fusione fredda passò dalle stelle alle stalle. Si parlò di vera e propria "bufala", di grossolano abbaglio, di clamoroso esempio di scienza spettacolo senza fondamento. Per almeno un decennio quanti continuarono ad occuparsi di ricerca sulla fusione fredda lo facevano consapevoli di mettere a rischio la propria reputazione scientifica.

Periodicamente, però, alcuni media continuano a prospettare la fusione fredda come grande speranza energetica. Su internet abbondano pagine e commenti che ventilano l'ipotesi del complotto da parte dell'establishment energetico internazionale, per boicottare una fonte cosiddetta *free energy*. Ma, al di là delle ipotesi, è un dato di fatto che industrie certamente non note per l'attitudine a buttare soldi dalle finestre (per esempio la giapponese Mitsubishi, la francese EDF, la statunitense Energetics, in Italia Pirelli Labs) stanno investendo discrete risorse in ricerca nel settore, mentre numerosi e seri laboratori di ricerca in diversi Paesi (in Italia l'ENEA, l'INFN ed altri) continuano silenziosamente a lavorare.

12 Quale titolo si potrebbe dare a questo brano?

- A La fusione a freddo? Una bufala acclamata dal mondo scientifico
- B 1989: realizzata la fusione a freddo
- C La fusione a freddo, una ricerca non ancora abbandonata
- D La fusione a freddo: un complotto per il boicottaggio

13 In base a quanto riportato nel brano, quale delle seguenti affermazioni è falsa?

- A La realizzazione della fusione nucleare a freddo garantirebbe energia in abbondanza e a basso costo
- B La presunta fusione nucleare a freddo ottenuta nel 1989 fu realizzata da due fisici
- C Non tutte le industrie sono del tutto convinte che la fusione a freddo sia irrealizzabile
- D Nel giro di pochi anni, dopo la presunta realizzazione della fusione a freddo, molti entusiasmi iniziali del mondo scientifico sull'argomento si erano spenti

Leggere il brano seguente e rispondere alle relative domande.

«Gli uomini tutti per natura sono inclinati più al bene che al male, né è alcuno il quale, dove altro motivo non lo tiri in contrario, non facesse più volentieri bene che male; ma è tanto fragile la natura degli uomini e sì spesse nel mondo le occasioni che invitano al male, che gli uomini si lasciano facilmente deviare dal bene. E però i savi legislatori trovarono i premi e le pene: che non fu altro che con la speranza e col timore volere tenere fermi gli uomini nella inclinazione loro naturale.»

(Francesco Guicciardini, *Ricordi*, n. 134

14 In questo ricordo, qui riportato con qualche lieve modifica linguistica, Guicciardini mostra quale sia la sua concezione della natura umana. Tra quelli elencati, individuate IL SOLO commento che NON TRADISCE il pensiero dell'autore:

- A la natura umana è tendenzialmente buona, e minacce e castighi sono in genere controproducenti
- B le leggi sagge sono quelle che assecondano la naturale tendenza degli uomini al bene
- C i premi promessi e le pene minacciate non sono mai sufficienti a correggere le tendenze naturali degli uomini
- D i premi promessi e le pene minacciate sono in genere sufficienti a correggere le tendenze naturali degli uomini
- E con la natura debole e tendente al male degli uomini le occasioni sono facilmente devianti

15 Individuate LA SOLA delle considerazioni suggerite dal pensiero di Guicciardini che NON È giustificata:

- A i premi promessi ai buoni li confermano nella loro tendenza naturale
- B anche per i buoni occorrono norme e leggi, perché le occasioni possono indurli al male
- C il timore di una punizione può distogliere gli uomini, più deboli che malvagi, dal male
- D speranza e timore sostengono e guidano nella loro opera i legislatori saggi
- E la concezione della natura dell'uomo di Guicciardini non può essere considerata radicalmente pessimistica

8.5 Soluzioni e commenti

1 La soluzione al quesito si trova già nelle prime righe del brano, in cui è scritto che «dopo il crack del '29» vi fu un aumento significativo del prezzo del metallo e contemporaneamente un aumento della produzione dovuto al minor costo dell'estrazione (risposta corretta A).

2 Nel 1940 la produzione di oro in Sud Africa fu di circa 450 tonnellate (455,2 per la precisione pari al 40% della produzione mondiale di 1.138 tonnellate). Si può dunque scartare l'alternativa A. Le alternative B e C sono facilmente identificabili come errate in quanto riportano informazioni contraddette esplicitamente dal testo. Anche l'alternativa E è sbagliata in quanto nel brano si afferma che nel 1942 gli Stati Uniti proposero di fermare la produzione di oro in quanto era diventata sempre più costosa. L'alternativa corretta è quindi la D: come visto, nel 1940 la produzione di oro in Sud Africa fu di circa 450 tonnellate contro le circa 1.000 prodotte nella seconda metà degli anni '60. Quest'ultimo dato si ricava calcolando, per la seconda metà degli anni '60, la quota del Sudafrica pari a 3/4 della produzione mondiale di 1.250-1.300 tonnellate annue.

3 L'alternativa A è vera e quindi non costituisce la risposta corretta. Nel brano, infatti, si dice che «il prezzo ufficiale dell'oro in dollari, fissato nel 1934, rimase invariato sino al 1971» e che «modesto era il divario fra il prezzo ufficiale e quello libero di mercato» valido per gli orefici.

Anche la B non può essere corretta, in quanto se nel 1949 il 70% delle riserve auree ammontava a 22.000 tonnellate si ricava, con una proporzione, che le intere riserve auree erano pari a circa 31.500 tonnellate. Anche per verificare che la C è errata è necessario fare un piccolo calcolo: 35 grammi di oro, al prezzo di 1,1 dollari al grammo valgono 38,5 dollari; un'oncia vale 35 dollari e quindi pesa meno di 35 grammi. Per ciò che riguarda l'alternativa D, nel 1945 le riserve auree degli Stati Uniti erano "quasi" i 2/3 di 30.000 tonnellate per cui è vero che erano inferiori alle 20.000 tonnellate. L'alternativa E contiene un'informazione errata ed è quindi la soluzione del quesito: la svalutazione della sterlina avvenne nel 1931 mentre il prezzo ufficiale dell'oro in dollari è stato fissato nel 1934.

4 Il brano termina con questa frase: "i cittadini restano tali e continuano a far parte del popolo italiano anche se vivono fuori dal territorio, a condizione che abbiano conservato la cittadinanza italiana" da cui si ricava come l'alternativa D sia la soluzione del quesito.

5 Il brano afferma che la nazione è intesa come l'inseme di persone legate da storia, cultura, lingua ed etnia, mentre il popolo si caratterizza per la cittadinanza, non necessariamente congiunta alla cultura comune o all'etnia. La C è quindi la soluzione del quesito.

6 I concetti di popolo e nazione differiscono tra loro: il brano afferma che "popolo e nazione per il nostro ordinamento non sono la stessa cosa" (alternativa E errata). Il brano afferma che: "l'insieme dei cittadini è il popolo", per cui essere cittadino dello Stato italiano vuol dire anche far parte del popolo italiano, come correttamente indicato dall'alternativa B (soluzione del quesito). Non è invece necessario vivere nello stesso territorio per appartenere al popolo ("cittadini restano tali e continuano a far parte del popolo italiano anche se vivono fuori dal territorio") e non è neanche necessario rispettare una serie di diritti e doveri per vivere nel nostro territorio ("cittadini hanno uno stato giuridico caratterizzato da un complesso di diritti e doveri che li differenzia da chi, pur vivendo nel territorio dello Stato, cittadino non è") quindi le alternative C e D sono errate.

7 Si può facilmente individuare nella D la soluzione del quesito, infatti il brano alla terza riga afferma che "popolo e nazione per il nostro ordinamento non sono la stessa cosa"

8 Il brano afferma che l'insieme dei cittadini è il popolo, per cui l'alternativa C è errata come lo è l'alternativa E, in quanto si continua a far parte del popolo italiano anche vivendo fuori dal territorio benché si conservi la cittadinanza italiana. Il brano afferma che il popolo, cioè l'insieme dei cittadini, si caratterizza per la cittadinanza non necessariamente congiunta alla cultura comune o all'etnia. L'alternativa A è quindi la soluzione del quesito.

9 Il brano afferma che "per nazione s'intende l'insieme degli uomini e delle donne legati da storia, cultura, lingua ed etnia, ma non necessariamente cittadini dello Stato italiano" come correttamente affermato dall'alternativa D, soluzione del quesito.

10 Anche se in buona fede, un contribuente, di qualsiasi posizione e classe sociale, può essere accusato di evasione (alternative C ed E errate). Il cittadino accusato di evasione, però, può difendersi facendo ricorso presso gli organi giudiziari, che sono quindi secondo la legge, gli organi competenti a dirimire i contenziosi fiscali (D soluzione del quesito). Da nessuna parte si trova invece quanto affermato dall'alternativa B (errata) e cioè che il contribuente sottoposto ad accertamenti venga comunque multato e poi rimborsato.

11 La soluzione corretta è la B. Il brano, infatti, riporta la seguente affermazione: «Modificare una sola delle nostre caratteristiche-chiave implica la modifica di un insieme complesso e interconnesso di qualità e noi non saremo mai in grado di prevedere il risultato finale».

Tutte le altre alternative sono in netto contrasto con quanto riportato nel brano. Si prenda, per esempio, la A: essa nega esattamente il passaggio in cui l'autore sostiene che «noi esseri umani siamo [...] un prodotto la cui interezza è molto più della somma delle nostre parti». Analoga verifica può essere effettuata sulle rimanenti alternative.

12 Un titolo non deve andare in contrasto con quanto detto nel brano (come quello proposto dall'alternativa A, che contrasta, per esempio, con quanto riportato alla fine del secondo e terzo paragrafo) e prendere in considerazione non una sola parte o dettaglio, ma l'idea generale che si esprime nel testo.

L'alternativa B, per esempio, è vera ma considera un solo aspetto del brano, non coglie il concetto principale, che è invece riassunto dal titolo proposto dall'alternativa C, soluzione del quesito.

13 La soluzione al quesito è facilmente individuabile nell'alternativa B, infatti Stanley Pons e Martin Fleischmann, secondo quanto riportato all'inizio del brano, erano due chimici e non due fisici.

14 La soluzione è rappresentata dall'alternativa B, in quanto nel testo Guicciardini afferma che «i savi legislatori» hanno introdotto premi e punizioni per assecondare la natura umana, tendenzialmente orientata al bene, benché fragile. Di conseguenza: è falso affermare che premi e punizioni sono in genere controproducenti (alternativa A); che premi e punizioni servano a "correggere" anziché ad assecondare la tendenza naturale dell'uomo (alternative C e D); infine, che la natura dell'uomo è «tendente al male» (alternativa E).

15 Di tutte le alternative proposte, l'unica che non rispetta il testo è la D, dove si afferma che i legislatori saggi vengono sostenuti e guidati nel loro operato da «speranza e timore». In realtà Guicciardini afferma qualcosa di molto diverso: grazie all'operato dei legislatori saggi, che hanno introdotto premi e punizioni agendo così sulle speranze e sui timori degli uomini, questi possono essere «tenuti fermi nella inclinazione loro naturale» al bene.

8.6 Esercizi proposti

In base alle informazioni contenute nel brano seguente, rispondere alle successive domande.

Questa antichissima fonte, le cui origini si possono far risalire all'epoca di Agrippa (19 a.C.) rischiò di essere soppressa quando papa Innocenzo fece deviare l'Acqua Vergine nella nuova fontana dei Fiumi di Piazza Navona.

Essa aveva costituito per secoli, comunque, la "mostra" terminale dell'Acqua che le aveva dato anche il nome, provenendo da Trebium, località a 13 chilometri da Roma. Nel Quattrocento era stata restaurata dall'Alberti e dal Rossellino, in forma di semplice fonte a tre sorgenti, con una liscia e breve facciata. Molti progetti si erano poi fatti per mutarne aspetto e posizione nella piazza, fino a che il Bernini, sotto Urbano VIII, cominciò a demolirla per riedificarla a fianco, ma fu interrotto per sopravvenute difficoltà economiche. Furono fatti allora vari progetti e uno di questi, certamente ispirato dal Bernini, mostra una monumentale facciata a cinque fornici, in bugnato, con fastigio decorato di statue. La fontana vera e propria è costituita da gruppi scultorei addossati alla facciata, con una vasca antistante: l'idea dell'attuale fontana era quindi già nata.

A questo primo progetto, ne seguì un altro sotto Innocenzo X, nel 1647 (documentato da un disegno recentemente ritrovato), in cui si vede come il Bernini avesse inserito l'idea della fontana entro la monumentale facciata del palazzo, che era stato proprio allora acquistato dalla potentissima donna Olimpia Pamphili. Le sculture si venivano raggruppando, dietro la grande vasca, su una specie di montagnola rocciosa, assai simile a quella che sosteneva i Fiumi in Piazza Navona. Il suo antecedente sembra vada cercato nel Parnaso di una fontana di Villa Aldobrandini a Frascati, del Della Porta. Neppure questo secondo progetto del Bernini trovò esecuzione e il problema della fontana di Trevi si trascinò in tentativi falliti e concorsi inutili fino a papa Clemente XII, che nel primo Settecento riprese l'opera. Scartato un progetto del Vanvitelli, l'incarico di edificare la nuova fontana passò a un architetto romano, Nicola Salvi, nel 1732. Ed ecco che costui, evidentemente conoscendo il secondo progetto berniniano, lo rielaborò abbastanza fedelmente, sostituendo al Parnaso l'Oceano e mantenendo la quinta architettonica. Morendo nel 1751, il Salvi fu sostituito da Giuseppe Pannini che, nel 1762, terminò l'opera, riavvicinandosi ancor più al modello berniniano, nella sostituzione delle due statue nelle nicchie laterali (un Agrippa e una Vergine) con le due figure profane della Abbondanza e Salubrità, scolpite dal Della Valle. L'Oceano al centro è invece opera del Bracci.

1 Quale potrebbe essere il titolo del brano?

A Il progetto di Bernini della fontana di Trevi
B Storia della fontana di Trevi dal XVIII secolo a oggi
C Le statue della fontana di Trevi
D La fontana di Trevi

2 Il registro espressivo del brano è:

A didascalico
B poetico
C polemico
D ironico

3 **Sotto Innocenzo X:**

A Bernini realizzò il primo progetto della fontana di Trevi
B Della Porta progettò una fontana di Villa Aldobrandini
C nasceva l'idea dell'attuale fontana di Trevi
D fu realizzato da Bernini un secondo progetto della fontana di Trevi

4 **Nel raccontare la storia della fontana di Trevi, l'autore sottolinea in particolare:**

A la spesa economica per la realizzazione della fontana
B l'alternarsi di numerosi progetti
C l'influenza della figura del papa sui progetti architettonici
D le sorgenti d'acqua della fontana

5 **In base al brano, quale tra i seguenti artisti non ha mai realizzato alcun intervento sulla fontana di Trevi?**

A Pannini
B Alberti
C Rossellino
D Vanvitelli

In base alle informazioni contenute nel brano seguente, rispondere alle successive domande.

I primi psicologi sperimentali del diciannovesimo secolo non si interessavano, generalmente, della misurazione delle differenze individuali. Il fine ultimo degli psicologi in questo periodo consisteva nella formulazione di descrizioni generali del comportamento umano. Erano le uniformità nel comportamento umano piuttosto che le differenze a richiamare la loro attenzione. Le differenze individuali venivano ignorate oppure accettate come un male necessario, che limitava però la possibilità di applicazione pratica delle leggi generali. Il fatto che una persona reagisse in modo diverso da un'altra in condizioni identiche veniva quindi considerato come una specie di errore. La presenza di questo errore – e cioè della variabilità individuale – faceva sì che le generalizzazioni fossero approssimate piuttosto che esatte. Era questo l'atteggiamento prevalente nei confronti delle differenze individuali nei laboratori come quello fondato da Wundt a Lipsia nel 1879, nel quale si formarono i primi psicologi sperimentali. Nella scelta degli argomenti, come in molte altre fasi del lavoro, i fondatori della psicologia sperimentale rivelavano l'influenza che su di essi esercitava la loro preparazione in fisiologia e nelle scienze fisiche. I problemi studiati nei loro laboratori erano soprattutto connessi con la sensibilità agli stimoli visivi, uditivi e altri stimoli sensoriali e con il tempo di reazione semplice. Un tale rilievo dato ai fenomeni sensoriali si riflesse a sua volta sulla natura dei primi test psicologici.

6 **Secondo quanto affermato nel brano, gli psicologi sperimentali consideravano le differenze individuali come:**

A una fonte di errore per le leggi generali
B un problema al quale dedicare particolare attenzione
C una fonte di imprecisione nella diagnosi delle malattie mentali
D misurabili con il ricorso a strumenti propri delle scienze fisiche

7 **Secondo quanto affermato nel brano, la psicologia sperimentale è nata:**

A nei primi del Novecento
B in Germania
C in Austria
D nel diciottesimo secolo

8 **Con quale finalità l'autore menziona il gruppo guidato da Wundt?**

A Per evidenziare gli importanti risultati che il gruppo di ricercatori ha conseguito
B Per dimostrare come la psicologia sia in realtà una scienza esatta
C Per evidenziare come i primi psicologi sperimentali si concentrassero sull'analisi dei fenomeni sensoriali
D Per fornire un esempio del metodo di lavoro dei primi psicologi sperimentali

9 **Dal brano si può dedurre che l'autore verosimilmente è:**

A un esperto di storia della psicologia
B un giornalista
C uno psicologo tedesco
D uno storico

10 **Per quale motivo, secondo l'autore, gli psicologi sperimentali attribuivano particolare rilevanza all'analisi dei fenomeni sensoriali?**

A Perché si trattava degli unici fenomeni analizzabili all'epoca
B Perché il loro interesse era concentrato sulle uniformità dei comportamenti più che sulle differenze individuali
C Perché erano influenzati dalla loro preparazione in fisiologia
D Perché i fenomeni sensoriali sono più facili da analizzare rispetto ai fenomeni emotivi

Leggere il brano e rispondere alla relativa domanda.

La dieta mediterranea è sempre più minacciata dall'inflazione: a maggio e giugno scorsi c'è stata una stagnazione delle vendite, aumentate solo dello 0,4% rispetto allo stesso periodo dello scorso anno. La causa è il «sensibile» innalzamento dei prezzi alla produzione (superiore al 10% nel settore alimentare secondo gli ultimi dati Istat) e dei costi di trasporto che, sugli scaffali dei supermercati, si sono tradotti in aumenti medi del 4,3%, trainati nel terzo bimestre da alcuni prodotti di base della nostra alimentazione, come pasta, mozzarella, burro, olio di semi e pelati per la salsa di pomodoro, tutti con aumenti a due cifre. L'effetto combinato dell'incremento dei prezzi e del calo delle vendite ha determinato un rallentamento della dinamica del fatturato della Grande distribuzione organizzata (Gdo). All'interno dell'aggregato dei prodotti del largo consumo confezionato (drogheria alimentare, bevande, freddo, fresco, cura degli animali, cura della casa e cura della persona) sono gli alimentari a influenzare maggiormente la dinamica del bimestre. Per questo comparto i prezzi alla produzione si sono impennati a causa dell'aumento delle materie prime e, di conseguenza, il costo della spesa è cresciuto di oltre 5 punti percentuali anno su anno. («Il Sole 24 ore»)

11 Secondo quanto illustrato nel testo, l'autore nomina proprio la dieta mediterranea perché:

A c'è inflazione generalizzata
B in generale sono gli alimentari a influenzare maggiormente la dinamica dei prezzi del bimestre
C l'effetto combinato dell'incremento dei prezzi e del calo delle vendite ha determinato un rallentamento della dinamica del fatturato della Grande distribuzione organizzata
D sono saliti i prezzi di prodotti quali pasta, mozzarelle e pomodori che ne sono alla base

Leggere il brano e rispondere alla relativa domanda.

Lo stress - il termine, preso dal linguaggio della fisica, indica lo sforzo, la tensione da carico - è l'agente di "disturbo" più trasversale che ci sia: affratella senza distinzioni di censo, età, sesso e rende le sue vittime solidali nella lotta contro il comune, subdolo nemico. Riconosciuto per la prima volta dalla scienza nel 1936 grazie a uno studio dell'austriaco Hans Seyle comparso su "Nature", lo stress colpisce ovunque, spesso in maniera imprevedibile, anche se predilige precise situazioni-tipo. Per esempio, tra le pareti domestiche, nel traffico, in ufficio, in coda al supermercato, oppure al cinema. Elemento scatenante è la tendenza a riempire il tempo di parole, gesti, aspettative, tensioni, che non lasciano tregua e fanno sentire perennemente sotto pressione. Se è difficile evitare del tutto quello che è diventato il naturale corollario della nostra frenesia quotidiana, non resta che imparare a conviverci! Dando spazio alle strategie di difesa, sia fisiche sia psicologiche, suggerite dal quarto volume della collana "I manuali del benessere", "Combattere lo stress". Prima regola? Differenziare i vari tipi di stress. Per cogliere, dove possibile, gli aspetti costruttivi e stimolanti dello stato di "allerta" che investe mente e corpo. È l'"eustress", o stress verde, quello da sfruttare per trasformare le difficoltà in occasioni di miglioramento, il peso della routine in passione. Mentre il "distress", o stress giallo, segnalato da una sottile ma persistente stanchezza, va arginato con qualche modifica allo stile di vita (dieta, ritmo del sonno, organizzazione del tempo). Invece a chi approda allo stress rosso - causa di tachicardia, mal di testa, gastrite - può essere di grande aiuto la filosofia delle medicine naturali.

12 Dal brano è possibile dedurre che lo stress è un fenomeno:

A che non può essere trasformato in elemento stimolante per la propria vita
B spesso prevedibile poiché predilige situazioni-tipo
C che varia a seconda delle distinzioni di censo, età e sesso
D spesso imprevedibile, ma tipizzabile in determinate categorie

Leggere il brano e rispondere alla relativa domanda.

«Negli ultimi cento anni l'acidità della pioggia e della neve nella zona Est degli Stati Uniti e nel Nord dell'Europa è aumentata di più di 30 volte, con il risultato che il pH dei laghi e dei fiumi in queste zone è diminuito da 5,6 a circa 5,0. La pioggia acida si forma nell'atmosfera per reazione dell'acqua con gli ossidi di zolfo e azoto derivanti dalla combustione del carbone e del petrolio, che contengono appunto piccole quantità di zolfo e di azoto. Così la pioggia diventa in realtà una soluzione diluita di acidi solforico e nitrico».

13 Quale delle seguenti affermazioni non può essere dedotta dalla lettura del brano precedente?

- **A** Il pH dei laghi e dei fiumi è diminuito di 30 volte nelle zone interessate dalle piogge acide
- **B** L'acido solforico si forma per interazione dell'acqua con ossidi di zolfo
- **C** Gli ossidi di zolfo e di azoto derivano dalla combustione di impurità contenute nel carbone e nel petrolio
- **D** Nell'acqua piovana è contenuto acido solforico
- **E** Nell'acqua piovana è contenuto acido nitrico

Leggere il brano seguente e rispondere alle relative domande.

«Il discorso scientifico tende a un linguaggio puramente formale, matematico, basato su una logica astratta, indifferente al proprio contenuto. Il discorso letterario tende a costruire un sistema di valori in cui ogni parola, ogni segno è un valore per il solo fatto di esser stato scelto e fissato sulla pagina. Non ci potrebbe essere nessuna coincidenza tra i due linguaggi, ma ci può essere (proprio per la loro estrema diversità) una sfida, una scommessa tra loro. In qualche situazione è la letteratura che può indirettamente servire da molla propulsiva per lo scienziato: come esempio di coraggio nell'immaginazione, nel portare alle estreme conseguenze un'ipotesi ecc. E così in altre situazioni può avvenire il contrario. In questo momento il modello del linguaggio matematico, della logica formale, può salvare lo scrittore dal logoramento in cui son scadute parole e immagini per il loro falso uso. Con questo lo scrittore non deve però credere d'aver trovato qualcosa di assoluto; anche qui può servirgli l'esempio della scienza: nella paziente modestia di considerare ogni risultato come facente parte di una serie forse infinita d'approssimazioni.»

Italo Calvino, *Due interviste su scienza e letteratura*, in *Una pietra sopra*, 1968

14 Individuate QUALE delle seguenti considerazioni NON È rigorosamente dedotta dal passo citato di Italo Calvino.

- **A** Il linguaggio scientifico e quello letterario, sostanzialmente diversi, non possono influenzarsi in modo significativo
- **B** In campo letterario nessuna conquista, per quanto rilevante, deve essere considerata definitiva e assoluta
- **C** La logica del discorso scientifico è molto diversa da quella del discorso letterario
- **D** In campo scientifico la ricerca non pretende di raggiungere verità definitive
- **E** Il modello logico-formale non può trasferirsi integralmente nel linguaggio letterario

15 UNA SOLA delle seguenti considerazioni è logicamente dedotta dal passo riportato di Calvino: quale?

- **A** Il coraggio dell'immaginazione, dote propria del letterato, è sempre assolutamente necessaria anche allo scienziato
- **B** Il discorso scientifico ha sempre bisogno di difendersi dal logoramento indotto nel linguaggio dall'uso improprio delle parole
- **C** Il discorso scientifico è fondato su una logica puramente formale che tende a costruire un sistema di valori universali
- **D** Il linguaggio della letteratura ha sempre bisogno del rigore caratteristico del linguaggio scientifico nel portare alle estreme conseguenze le proprie ipotesi
- **E** Il modello della logica matematico-formale può rappresentare un'ancora di salvezza per il linguaggio letterario in un tempo in cui esso è usurato e scaduto

8.7 Tabella delle risposte

Domanda	Risposta
1	A
2	A
3	D
4	B
5	D
6	A
7	B
8	D
9	A
10	C
11	D
12	D
13	A
14	A
15	E

9 RAGIONAMENTO ASTRATTO E ABILITÀ VISIVA: ATTENZIONE RAPIDITÀ E PRECISIONE

In molte attività sono richieste attitudini specifiche quali la capacità di memorizzazione, l'attenzione prolungata, la capacità percettiva, la rapidità di esecuzione e la precisione. In questo capitolo vengono presentate le tipologie di quesiti generalmente utilizzate per misurare tali attitudini.

9.1 Test percettivi

I test percettivi mirano a valutare le capacità sensoriali, percettive e discriminative dei candidati, con particolare riferimento alla funzione visiva. Viene generalmente richiesto di confrontare due serie di elementi (lettere, numeri, figure geometriche ecc.) al fine di individuare le differenze tra le serie proposte.

Questo tipo di esercizi non presenta particolari difficoltà di tipo logico; è infatti sufficiente confrontare ogni elemento della prima serie con il corrispondente elemento della seconda per individuare la presenza di inesattezze. La difficoltà è generalmente legata al livello di attenzione che occorre mantenere (a volte anche per alcune decine di esercizi) e al tempo disponibile che è estremamente limitato.

ESEMPI

---

1 **Indicare in quale delle seguenti alternative è presente una sola volta il gruppo di lettere "qqrt" (esattamente come riportato tra virgolette).**

A qqrtwestqqrtwsgvjesa

B wessdftgwestwsgvjesa

C wessdftgqqrtwsgvjesa

D rtqqrtoqqrtwsgvjesa

Le alternative A e D riportano la sequenza due volte, mentre la B non la riporta. La C invece è la soluzione del quesito riportando la sequenza una sola volta.

---

2 **Individuare l'alternativa che riporta una sequenza di elementi diversa da FFHHFHFHHFFHHFHH.**

A FFHHFHFHHFFHHFHH

B FFHHFHFHHFFHHFHH

C FFHHFHFHHFFFHFHH

D FFHHFHFHHFFHHFHH

La soluzione è fornita dall'alternativa C in quanto la quint'ultima lettera è un F e non una H. In questo esercizio invece di esaminare un'alternativa alla volta si possono osservare comparando tutte le prime lettere delle quattro alternative, poi tutte le seconde ecc, fino a quando non ci si accorge che un'alternativa riporta una lettera diversa da quella riportata dalle altre.

3 Completetare la sequenza: RFW – .... – WWR – 882 – FRW – 428.

A 482
B 842
C 244
D 248
E 824

In questo esercizio è necessario trovare il corretto abbinamento tra lettere e numeri. Osservando gli ultimi due gruppi di lettere e di numeri ci si accorge come la lettera W corrisponde a 8, la R a 2 e la F a 4 (infatti dopo WWR c'è il numero 882 e dopo FRW c'è il numero 428). Il gruppo di lettere RFW corrispondono quindi al numero 248 (D soluzione del quesito).

4 Se "IMBASATE" corrisponde a "37256549" allora "METABASI" corrisponde a:

A 97452563
B 74952563
C 79425563
D 79452653
E 79452563

Ogni lettera della parola IMBASATE corrisponde a una cifra del numero 37256549, per cui la prima lettera, la "I", corrisponde a 3, la seconda, la "M", a 7 ecc. Per risolvere l'esercizio è possibile anche verificare le alternative "verticalmente" considerando cioè in ordine tutti i primi, poi i secondi, poi i terzi ecc. numeri di ognuna delle cinque serie proposte in modo da valutare se una cifra diversa in una certa posizione proposta da una alternativa rispetto alle altre permette di individuare un errore della serie oppure l'unica serie corretta. Altro trucco per velocizzare il controllo è verificare la presenza di cifre uguali in corrispondenza della stessa lettera: per esempio la quarta e sesta lettera della parola METABASI è la A, per cui il quarto e sesto numero della serie proposta deve essere lo stesso. La E è l'alternativa che riporta la serie corretta ed è la soluzione del quesito.

5 Se ALI = L-53, RANE = RN-54 e VOTI = VT-23, a quanto è uguale BUGIE?

A GB-431
B BG-134
C BG-314
D GB-134

In ognuno degli abbinamenti proposti dal quesito il secondo gruppo propone, come lettere, le consonanti della parola a cui è associato e dei numeri che associa alle vocali della parola. Così, dalla prima parola si ricava che A = 5 e I = 3, dalla seconda (oltre alla conferma che A = 5) si ricava che E = 4 e dalla terza (oltre alla conferma che I = 3) si ricava che O = 2. Alla parola bugie vanno quindi associate le lettere BG e il numero corrispondenti a U (che non potrà essere né 3 né 4, già associati a I e E) e i numeri 34 (associati a I e E). L'unica alternativa possibile, tra quelle proposte, è quindi la B (soluzione del quesito).

6 ●○●●○○●○○

▲▼▲▼▼▲▼▼

❏❏❏■■❏❏■❏

✪✪✪❊❊✪❊❊✪

✧✦✦✦✧✧✦✧✦

A lmllmmlmm

B ststtstt

C ooonnonoo

D LLL[[L[[L

E GFFFGGFGF

Ogni riga presenta una sequenza di figure geometriche. L'inesattezza si trova nella terza riga, nella quale il terz'ultimo e il penultimo elemento sono stati invertiti tra loro di posizione. La risposta corretta è dunque la **C**.

7 **Indicare tra le alternative proposte quella che contiene una sequenza di elementi identica a quella data.**

Sequenza: JJL7LJ3777L1L77

A JJL7LJ3777L1LL7

B JJL7LJ8777L1L77

C JLL7LJ3777L1L77

D JJL7LJ3777L1L77

E JJL1LJ3777L1L77

L'alternativa **A** è errata in quanto il penultimo carattere è "L" e non "7" come nella sequenza iniziale; nell'alternativa **B** il settimo carattere è "3" al posto di "8"; l'alternativa **C**, anziché iniziare con "JJ" inizia con "JL" e infine l'alternativa **E** presenta al posto del primo "7", in quarta posizione, il carattere "1". L'unica sequenza identica a quella data è la **D**, che risulta dunque la risposta corretta.

8 **In quale riga è presente la seguente sequenza: MGMMMGMMMMMG?**

A MGMGMMMMGMGMMMGGMMMGMGMGMMGMMMGMGMGM

B MGMMGGMMMMGMGMMGMMMMGMGMMMGMGMMMGMGM

C MGMGMMGMMMMMMGMGMMMGGGMMGMGMGMMMMGMG

D MGMGMMGMMMMMGMGMMMGMMMMMGMGMGMMMMGMG

E MGMGMMGMMMMMMGMMMMMMMMMMMGMGMGMMMMGMG

Per facilitare il controllo delle alternative si può provare a scomporre la serie proposta in modo da isolare una serie di lettere più piccola ma facilmente riconoscibile: si consideri, per esempio, solo le ultime sette lettere GMMMMMG. Tale serie è presente solo nelle ultime tre alternative, ma è solo nella **D** (soluzione del quesito) che è preceduta da MGMMM.

9 Se la parola UOVO viene scritta sotto GAIA, la parola ALLA viene scritta sotto UOVO e l'ultima parola è META, allora in diagonale si può leggere:

A ONDA
B GOLA
C MIEI
D UALA

Provando a scrivere le parole come richiesto dall'esercizio si ottiene:

G A I A
U O V O
A L L A
M E T A

In diagonale, da in alto a sinistra a in basso a destra si legge la parola GOLA (B soluzione del quesito).

10 Su un tabulato meccanografico in ordine alfabetico decrescente, quale gruppo di lettere sarà posizionato dopo gli altri?

A D E L E T E
B D E B E L E
C D O L E L E
D D E F E T E

Andando in ordine decrescente il primo gruppo di lettere è quello che inizia con D O (alternativa C errata), seguito da quello che inizia con D E L (alternativa A errata) seguito a sua volta da quello che inizia con D E F (alternativa D errata). L'ultimo gruppo è quello proposto quindi dall'alternativa B, soluzione del quesito.

9.2 Esercizi svolti

Negli esempi seguenti vengono riportati alcuni nominativi con indicazioni di vario tipo (indirizzi, numeri ecc.). Individuare tra le alternative proposte quella che contiene un'inesattezza rispetto a quanto indicato nel testo dell'esercizio.

1 Filippo Ceronetti; M; 43; euro 230,00; RIF.12435787
Annalisa Grazi; F; 32; euro 310,00; RIF. 12435954
Alice De Luca; F; 25; euro 120,00; RIF. 12345876
Marco Luppis; M; 31; euro 78,00; RIF. 12435678
Giorgia Zerbi; F; 27; euro 412,00; RIF. 12456987

A Filippo Ceronetti; M; 43; euro 230,00; RIF.12435887
B Annalisa Grazi; F; 32; euro 310,00; RIF. 12435954
C Alice De Luca; F; 25; euro 120,00; RIF. 12345876
D Marco Luppis; M; 31; euro 78,00; RIF. 12435678
E Giorgia Zerbi; F; 27; euro 412,00; RIF. 12456987

2 **Sig.ra Franca Abelli, via Caravaggio 121, S. Donato Milanese (MI)**
Ing. Mario Rossinelli, via Nazionale 21, Aosta (AO)
Dott. Sandro Villani, via Carducci 23/B, Campobasso (CB)
Avv. Samuele Berselli, Strada Maggiore 34, Bologna (BO)
Sig. ra Monica Tardelli, viale Bellisario 21, Palermo (PA)

A Sig.ra Franca Abelli, via Caravaggio 121, S. Donato Milanese (MI)
B Ing. Mario Rosinelli, via Nazionale 21, Aosta (AO)
C Dott. Sandro Villani, via Carducci 23/B, Campobasso (CB)
D Avv. Samuele Berselli, Strada Maggiore 34, Bologna (BO)
E Sig. ra Monica Tardelli, viale Bellisario 21, Palermo (PA)

3 **9865-6C72-9974-1235**
E392-9865-4604-B3C7
8865-1276-B0A3-2243
Q064-20N6-6639-01C3
1034-34B7-6229-1232

A 9865-6C72-9974-1235
B E392-9865-4064-B3C7
C 8865-1276-B0A3-2243
D Q064-20N6-6639-01C3
E 1034-34B7-6229-1232

4 **In quale sequenza di lettere le "J" sono più numerose delle "H"?**

A NJIYHGTHFRDI
B JKJGMHKHGKHM
C DFRGJIKHYGHT
D GJAJLJGHAHGH
E OJFMOJMJHFOH

5 **In quale alternativa è presente la seguente sequenza di elementi?**

A Â&<Â&<Â&<,
B :<,'Õ0Â*:7
C *:+,'&<Õ07
D Õ07Â&<*:+,'

Negli esercizi seguenti, individuare tra le alternative proposte quella che contiene un'inesattezza rispetto a quanto indicato nel testo dell'esercizio.

6 **ANICALOGOS SRL**

RIF 0N23-2939-DAT.823092

TELEX 030-98395467

Resp. Sis. Inf. dott. Rossi

software/hardware/services

A ANICALOGOS SRL
B RIF 0N23-2939-DAT.823092
C TELEX 030-98395467
D Resp. Sis. Inf. dott. Rossi
E softwere/hardware/services

7 **8191-1567-ABNC-BC76**

7345-8324-OFKG-LA30

4672-8263-TYJK-PA93

6398-2386-UYZX-PZ37

8743-5435-ZDEF-ON44

A 8191-1567-ABNC-BC76
B 7345-8324-OFKG-LA30
C 4672-8263-TYJK-PA93
D 6398-2386-UYZX-DZ37
E 8743-5435-ZDEF-ON44

8 **Tommasi; 17-03-94; 23-07-95; 30-01-96**

Danieli; 06-02-91; 01-07-96; 23-11-97

Zanzetti; 21-05-94; 21-07-95; 07-12-96

Pasquali; 30-04-95; 02-04-96; 03-08-97

Rasperri; 03-09-93; 07-03-94; 16-02-95

A Tommasi; 17-03-94; 23-07-95; 30-01-96
B Danieli; 06-02-91; 01-07-96; 23-11-97
C Zanzetti; 21-05-94; 21-07-95; 07-12-96
D Pasquali; 30-04-95; 02-04-96; 03-08-97
E Rasperi; 03-09-93; 07-03-94; 16-02-95

Negli esercizi seguenti, indicare tra le alternative proposte quella che contiene una sequenza di lettere identica a quella data.

9 Sequenza: 5S5SSS5S555SS5S5S

A) 5S5SSS5S555SS5S5S
B) 5S5SSS5S55S5S5S5S
C) 5S5SS5S555SS5SS5S
D) 5SSSS55S555SS5S5S
E) 5S5SS5S5S55SS5S5S

10 Sequenza: WVVWVWWV

A) WVVWVWVVV
B) WVVWVWWV
C) WVVWVWVW
D) WVWVVWWV
E) WVVWWVWV

11 Se la sequenza è "dispari pari dispari" quale gruppo di numeri è corretto?

A) 185749365725585421589745325563
B) 545789125369725323985149785563
C) 123564789963121367985341985721
D) 789564321987545989311523765981
E) 127965341527598745129523725941

12 In quale, tra le seguenti sequenze di cifre, è presente, almeno una volta, la seguente stringa numerica "0712749"?

A) 12077491274597820870471274 99
B) 0491207327498520794912749653
C) 9782001274998704120774912745
D) 1207749127459782071274998704
E) 0712497562307121270712495642

13 Individuare il gruppo di numeri che risulti esattamente il contrario della seguente base: 121219322405197305101943.

A) 349101503791104223912121
B) 349101503791502423912121
C) 349101503791504223912121
D) 349105103795104223921121
E) 349101530791504223912121

14 Se "pagliaccesco" vale "c c c g l p s" allora "multiprogrammazione" vale:

A) "g l l m m n p r r t z"
B) "g l m m n n p r r t z"
C) "g l m m m n p p r t z"
D) "g l m m m n p r r t z"
E) "g l m m m n p r r r z"

15 **Indicare tra le alternative proposte quella che contiene una sequenza di elementi identica a quella data.**

Sequenza: *+#@#@@@#@#**

A *+#@##@@#**@#
B *+#@#@@@+**@#
C *+#@#@@@#**@#
D *+#@#@@@#**@#
E **#@#@@@#**@#

9.3 Soluzioni e commenti

1 L'esercizio propone un elenco di informazioni che possono essere facilmente riscontrabili in un qualunque archivio anagrafico: il nome e il cognome (per esempio dei clienti di un'azienda), il sesso della persona (M o F), un numero (che potrebbe per esempio rappresentare l'età del cliente), un importo (per esempio il totale speso da ogni cliente) e un numero di riferimento.

L'esercizio propone un elenco di informazioni che possono essere facilmente riscontrabili in un qualunque archivio anagrafico: il nome e il cognome (per esempio dei clienti di un'azienda), il sesso della persona (M o F), un numero (che potrebbe per esempio rappresentare l'età del cliente), un importo (per esempio il totale speso da ogni cliente) e un numero di riferimento.

Confrontando le alternative proposte con il testo dell'esercizio si scopre che il numero di riferimento indicato nell'alternativa A è inesatto (la terzultima cifra dovrebbe essere un 7 e non un 8) ed è dunque questa la soluzione al problema.

2 In questo esercizio la risposta esatta è la B: il nominativo contiene infatti un'inesattezza, dal momento che manca una "s" nel cognome (*Rosinelli* al posto di *Rossinelli*).

3 Questo tipo di esercizio non presenta particolari difficoltà di tipo logico; è infatti sufficiente confrontare ogni elemento della prima serie con il corrispondente elemento della seconda per individuare la presenza di inesattezze. La difficoltà è generalmente legata al livello di attenzione che occorre mantenere (a volte anche per alcune decine di esercizi) e al tempo disponibile che è estremamente limitato.

Ogni riga presenta una sequenza di numeri e lettere composta da quattro serie di quattro caratteri ciascuna; osservando con attenzione le alternative proposte, si rileva un errore nella risposta B, nella quale la serie 4604 è stata trasformata in 4064. La risposta cercata è dunque proprio la B.

4 Nelle alternative A e C c'è solo una "J" a fronte di due "H", nella B sono due le "J" a fronte di tre "H", nella D ci sono tre "J" e tre "H", mentre nella E (soluzione del quesito) ci sono tre "J" e due "H".

5 L'alternativa A presenta solo i primi tre elementi della sequenza ripetuti più volte, mentre nella B sono presenti sono la busta da lettere e l'orologio. Si scarta anche la C dove è assente l'orologio mentre la D è l'alternativa che ripropone tutta la sequenza in modo corretto ed è la soluzione del quesito.

6	La risposta esatta è la **E**, essendo l'unica alternativa che si discosta dal testo dell'esercizio: la prima parola è scritta infatti in modo diverso (*softwere* al posto di *software*).
7	Confrontando attentamente le alternative proposte con il testo dell'esercizio, si individua come corretta la risposta **D**, nella quale l'ultima serie (*PZ37*) è stata trascritta in modo inesatto (*DZ37*).
8	In questo esercizio, l'errore è contenuto nell'alternativa **E** (che è dunque la soluzione del quesito): il nominativo è stato infatti riportato in modo inesatto (*Rasperi* al posto di *Rasperri*).
9	La soluzione dell'esercizio è data dall'alternativa **A**, l'unica che non presenta differenze rispetto alla sequenza iniziale. Una variante di questa tipologia di esercizi richiede di individuare tra le alternative proposte quella che contiene la sequenza data, scritta però al contrario.
10	Tutte le alternative proposte presentano delle differenze rispetto alla sequenza data, a eccezione della **B** che è dunque la soluzione dell'esercizio. Infatti: • l'alternativa **A** è composta da nove lettere mentre la sequenza di partenza è formata da otto elementi; • nell'alternativa **C** le ultime due lettere sono state invertite (VW al posto di WV); • l'alternativa **D** inizia con WVW al posto di WVV; • l'alternativa **E** termina con VWV al posto di WWV.
11	Uno modo per iniziare a escludere con rapidità alcune alternative è vedere se, per esempio, le serie proposte presentano coppie di numeri uguali vicini. Così, per esempio, nell'alternativa **A** ci sono due "5" vicini, nella **C** due "9" e nella **D** due "1". Si può scartare anche l'alternativa **E** perché propone vicini l'"1" e il "5" o il "3" e il "7". L'unica serie corretta è quindi quella proposta dall'alternativa **B**, soluzione del quesito.
12	È l'alternativa **D** la soluzione, quella che propone, nella seconda parte della serie la stringa numerica 0712749.
13	Scrivendo al contrario la serie 121219322405197305101943 si ottiene la 349101503791504223912121, quella proposta dall'alternativa **C** (soluzione del quesito).
14	La serie di lettere associata a "pagliaccesco" propone tutte le consonanti (non in ordine della parola stessa: tre "c", una "g", una "l", una "p" e una "s". La soluzione al quesito deve, quindi proporre tutte le consonanti di "multiprogrammazione", quindi tre volte la "m", due "r" e una volta le lettere "l", "t", "p", "g", "z" e "n". La serie è correttamente proposta dall'alternativa **D**, soluzione del quesito.
15	L'alternativa corretta è la **D**, essendo l'unica che non presenta diversità rispetto alla sequenza data.

9.4 Esercizi proposti

1 **In quale riga è presente la seguente sequenza: RERRRERRRRRE?**

A) RERERRRRRERERRRRRRRRRERERERRERRERRREREEERRRERR
B) RERERRRRRERERRRERRRRRERERERRERRERRREREEERRRERR
C) RERRREERRRRRERERRRRERRRRRERERRREERRRRERERRRERE
D) RERREREERRRRRERERRREERRRRRERERRRRERRRRRERERRRER
E) RERERRRRRERERRREEEERRERERERRERRERRREREEERRRERR

2 **Se la sequenza è "dispari dispari pari" quale gruppo di numeri è errato?**

A) 314556978316574934596714336578
B) 378156518736374916336174756114
C) 518994716376518936174516378196
D) 552176318958196374194776314758
E) 776518174554936574198178584332

3 **La successione "MNBMNBBN" è uguale a:**

A) MNNMNBBN
B) MNBMNNBN
C) MNBMMBBN
D) MNBMNBBN
E) MNBMNBNN

4 **Individuare il gruppo di numeri che risulti esattamente il contrario della seguente base: 121015212711243229021957.**

A) 751920923242117215210121
B) 759120292341217212511021
C) 759120922342117122510121
D) 759120922142117212511021
E) 759120922342117212510121

5 **In quale, tra le seguenti sequenze di cifre, è presente, almeno una volta, la seguente stringa numerica "11051895"?**

A) 1105197811051789110514781110518951051689110575328110589522151105
B) 1895189505189110595110518915110589518950179511051795851851105851
C) 1105191105189781105178911051478110516891105753281105895221511051
D) 1105187511057865110517851105186711055110585110598501105789511051
E) 1895189511058951105189110595110518915110589518950179511051795851

6 **Se la sequenza è "pari dispari dispari", quale gruppo di numeri è errato?**

A) 893657411257853613478855431257
B) 897657635433215237699879659431
C) 239851475635291655473295811413
D) 235475699875633213235415655879
E) 655297813259833457813695871255

7 **In quale riga è presente la seguente sequenza: NLNNNLNNNNNL?**

- A NLNNNLNNNLNLNNNLNNNNNLNLLLNNNLNNLNNNLNLNLLNN
- B NLNLNNLNNNLNNLNLNNLNNNNNLNLNNNLNNNLLNLNLNLNN
- C NLNNNLNNNLNLNNNNNNNNNLNLLLNNNLNNLNNNLNLNLLNN
- D NLNNNLNNNLNLNNNLLLNNNLNLLLNNNLNNLNNNLNLNLLNN
- E NLNNNLLNNNNNLNLNNNLNNNNLNLNLNNNLNNNNLNLLNNLN

8 **Se "centosei" vale "8" e "c e e i n o s t" allora "ottocentosettantamila" vale "..?.." e "..?..".**

- A "20" e "a a a c e e i l m n n o o o s t t t t t t"
- B "21" e "a a a c e i i l m n n o o o s t t t t t t"
- C "21" e "a a a c e e i l m n n n o o s t t t t t t"
- D "22" e "a a a c e e i l m n n o o o s t t t t t t"
- E "21" e "a a a c e e i l m n n o o o s t t t t t t"

9 **La successione "ZXCZXXCC" è uguale a:**

- A ZXCZCXXC
- B ZXCZZXCC
- C ZXCZXCXC
- D ZXCZXXCC
- E ZXCCXXCC

10 **Se la sequenza è "minuscolo maiuscolo", quale stringa è scritta in modo errato?**

- A "sFdGfWjGhZpGkTjjHiWuKwErY"
- B "oEiTuSoGiZuYeDrGwWeToLgKhT"
- C "nHbGvFcDxSzAqWeReDrFtGfV"
- D "pOkMjUhMnBgVtFrCeDxSwXaZ"
- E "pOpTkYjHsWfGwSeZrHaXdDfW"

11 **In quale sequenza di lettere le "G" sono pari numero delle "F"?**

- A HGHUGHFUFHFH
- B GUFFUHGUGHUG
- C FUHFUFGUGHUG
- D UHFUFGGUGHUG
- E UFHFUFUGHUGU

12 **In quale sequenza di lettere le "C" sono pari numero delle "T"?**

- A UCPUCBCTPTUT
- B PUCBUCCTPTUB
- C CUBMCTUTBMTU
- D TPTUTUCPUCBT
- E MCBVCBCMBTVT

13 **In quale riga è presente la seguente sequenza: ZXZZZXZZZZZX?**

A ZXZXXZZXZZZZZXZXZZZXZZZZXZXZXZXZZXZZZXZXZZZXXZ
B ZXZZXZZXXZZZXZXZXZXZXZXXZZZZXZXZZXXXZZZZZXZXZZZX
C XZZZZXZXZZXZZZZZXZXZZZZZXZXZXZZXZXZXZZZXZXZZXZXX
D XZZZXZZZZXZXZZXZZZZZXZZZXZXZXZZXZXZXZZZXZXZZXZXX
E ZXZXZZXZZZZZXZXZZZXZZZZZXZXZXZZXZXZXZZZXZXZZXZXX

14 **Individuare il gruppo di numeri che risulti esattamente il contrario della seguente base: 03111943260419770712 70.**

A 07217077914062349111 30
B 07217079714062349111 30
C 07210777190462349111 30
D 07217077914062349111 03
E 07217077914026341911 30

15 **In quale riga è presente la seguente sequenza: ASAAASAAAAAS?**

A ASAAASASAASAASASAASAASAAASASSAAASAAAASASASASASAAAASAS
B SAAAAASAASASAAAAAASASAAAASASAAASASSAAASASAASASASSAAAAS
C ASAASASAAAAAASASAAASAAAAAASASAAASASSAAASASAASASASSAAAAS
D AAASAAASAASASAAAAAASASAAASASAAASASSAAASASAASASASSAAAAS
E ASASAASSAAAAAASASAASASASASAAAASASAASAASSAAASASAASASAAAAS

16 **Se la sequenza è "dispari pari dispari", quale gruppo di numeri è corretto?**

A 741527962387189367981327569183
B 929465287669821433869421867521
C 987541321789365147945327963189
D 769523147925721467325741367745
E 345769889523125387765543121861

17 **Se "DOMASTI" corrisponde a "8275643" allora "MODISTA" corrisponde a:**

A 7283465 B 2783645 C 7283645 D 7823645 E 7238645

18 **Se "RISEMINE" corrisponde a "73691329" allora "SMINEREI" corrisponde a:**

A 63129793
B 61329793
C 16329793
D 61239793
E 61327993

19 **Completare la sequenza: PRB – .... – BBP – 113 – RPB – 231.**

A 123 B 232 C 213 D 312 E 321

20 **Completare la sequenza: PRT – 326 – .... - 663 – RPT – 236.**

A RRT B TRP C PPR D RTP E TTP

9.5 Tabella delle risposte

Domanda	Risposta
1	A
2	E
3	D
4	E
5	A
6	A
7	A
8	E
9	D
10	A
11	C
12	A
13	E
14	A
15	C
16	C
17	C
18	B
19	E
20	E

10 PROBLEMI DI NATURA LOGICA

I *problemi di natura logica* sono volti a **misurare le capacità logiche di un individuo**. In particolare, essi intendono valutarne l'attitudine a comprendere relazioni di causa ed effetto, a riconoscere categorie, a seguire accuratamente una sequenza complessa di affermazioni tra loro interdipendenti comprendendone le implicazioni, a distinguere i ragionamenti coerenti da quelli privi di fondamento.

Tutte queste sono facoltà che un individuo generalmente utilizza nella vita di tutti i giorni, indipendentemente dal proprio campo di studi o dal proprio tipo di attività. Non è dunque richiesta alcuna conoscenza di logica formale né di nozioni specifiche.

Per prepararsi a test di questo genere è conveniente osservare le tipologie di esercizi solitamente utilizzate e comprenderne i procedimenti di risoluzione. Non ci sono, come si è detto, particolari nozioni teoriche da apprendere, ma è importante familiarizzare con la struttura degli esercizi e allenarsi a una loro rapida risoluzione.

10.1 Condizione sufficiente e condizione necessaria

Gli esercizi sulla condizione sufficiente e sulla condizione necessaria presentano un'affermazione rispetto alla quale si chiede di capire cosa è possibile o meno dedurre con certezza.

- Una condizione è **sufficiente** (come dice l'espressione) quando il suo verificarsi porta sempre ad una determinata conseguenza. Se A è la condizione e B la conseguenza, la condizione sufficiente ha quindi una delle seguenti formulazioni:

  se A allora B, ogni volta che A allora B, quando A allora B ecc.

  La condizione A quando si verifica ha quindi **sempre come conseguenza** l'evento B.

  Se A è sufficiente per avere B allora si può dedurre sempre con certezza che se non si è avuto B, certamente prima non si è verificato A:

  se non B allora non A

- Oltre alla condizione sufficiente esiste quella **necessaria** che indica quel fatto, azione o evento che si **DEVE verificare** per **poter avere** una determinata conseguenza.

  Chiamando ancora A è la condizione e B la conseguenza, la condizione necessaria ha quindi la seguente formulazione:

  solo se A allora B.

  Essendo A necessaria per avere B, si può dedurre con certezza che:

  se non A allora non B

  e anche che:

  se B allora A.

  Una condizione necessaria si deve quindi sempre verificare per poter avere una determinata conseguenza, ma potrebbe anche non bastare, non essere cioè sufficiente (mentre al contrario, come visto, la condizione sufficiente, verificandosi, porta sempre alla sua conseguenza). È, quindi, possibile che la condizione A accada, ma non si abbia la conseguenza B.

- Esiste poi una terza condizione: la **sufficiente e necessaria** in cui, quindi, l'evento A è contemporaneamente sufficiente ma anche necessario affinché si verifichi la conseguenza B. Tale condizione ha quindi la seguente formulazione:

  se e solo se A allora B,

  da cui si può dedurre con certezza che:

  "se non B allora non A" (infatti A è sufficiente per avere B),

  ma anche:

  "se non A allora non "B e se "B allora A" (essendo A necessario per avere B).

Riassumendo: una condizione sufficiente è introdotta dal "se", un'affermazione necessaria, invece, è introdotta dal "solo se" e un'affermazione necessaria e sufficiente è, infine, introdotta dal "se e solo se". Per risolvere esercizi di questa tipologia è necessario ricordare che:

Condizione sufficiente: *se A allora B.*

L'unica cosa che è possibile dedurre con certezza è che: *se non B allora non A.*

Condizione necessaria: *solo se A allora B.*

È possibile dedurre con certezza solo che: *se B allora A;* se *non A allora non B.*

Condizione necessaria e sufficiente: *Se e solo se A allora B.*

È possibile dedurre con certezza solo che: *se non B allora non A; se B allora A; se non A allora non B.*

ESEMPI

---

1 È sufficiente che Fausto parli perché Giovanni si innervosisca.
Se la precedente affermazione è vera, allora è sicuramente vero che:

- **A** se Giovanni si è innervosito è perché Fausto ha parlato
- **B** se Giovanni non si è innervosito è perché Fausto non ha parlato
- **C** Fausto, qualunque cosa faccia, fa sempre innervosire Giovanni
- **D** Giovanni è un tipo nevoso
- **E** solo se Fausto parla allora Giovanni si innervosisce

In questo esercizio la condizione sufficiente è espressa in forma esplicita. La frase potrebbe essere letta anche nella seguente maniera: "se Fausto parla, allora Giovanni si innervosisce"; da ciò si ricava che se Giovanni non si è innervosito, allora Fausto non ha parlato. La soluzione al quesito è dunque fornita dall'alternativa **B**.

---

2 "La mia squadra vince se non gioca nella palestra dove si allena."
Se quanto affermato sopra è vero, allora è certamente vero che:

- **A** se la mia squadra gioca nella palestra dove si allena allora sicuramente non vince
- **B** se la mia squadra ha vinto allora non ha giocato nella palestra dove si allena
- **C** se la mia squadra non ha vinto è perché ha giocato nella palestra dove si allena
- **D** la mia squadra è la prima della classifica nel campionato che sta disputando

Per risolvere il quesito conviene dividere la frase nella parti A e B:

- parte A: se non gioca nella palestra dove si allena;
- parte B: la mia squadra vince.

Si osserva, inoltre, che la frase è del tipo *se A allora B;* ci si trova, quindi, di fronte a una condizione sufficiente. In questa situazione, l'unica cosa che si può dedurre con certezza è che *se non B allora non A*, cioè: *Se la mia squadra non ha vinto è perché ha giocato nella palestra dove si allena* (alternativa **C** soluzione del quesito). Il fatto di **non giocare** nella palestra dove si allena è, per la mia squadra, condizione sufficiente affinché questa vinca, per cui se non ha vinto è certamente perché ha giocato nella palestra dove si allena.

Si presti attenzione che la condizione sulla quale si deve concentrare l'attenzione è il **non giocare**, mentre nulla si può dire con certezza nel caso in cui la squadra **giochi** nella palestra dove si allena.

Si può dedurre che se non ha vinto è perché ha giocato nella palestra in cui si allena, ma **se ha giocato** nella palestra imputata, non si può dedurre nulla con certezza (potrebbe aver vinto o perso).

---

3 **"Se il rosso è spento l'azzurro è acceso. Se il rosa è acceso il verde brilla. Inoltre o il rosso è spento o il rosa è acceso". In base alle precedenti affermazioni è sicuramente vero che:**

A l'azzurro è acceso o il verde brilla
B il verde brilla
C l'azzurro e il rosa sono accesi
D l'azzurro è acceso e il verde brilla

L'esercizio afferma che si verifica sempre o una o l'altra condizione «o il rosso è spento o il rosa è acceso». Nel primo caso l'azzurro è acceso (infatti il "se" indica una condizione sufficiente: è sufficiente che il rosso sia spento, affinché l'azzurro sia acceso), mentre nel secondo il verde brilla. Si può dunque affermare che o l'azzurro è acceso o il verde brilla (alternativa **A** soluzione del quesito).

---

4 **Sara non piange la notte solo se Mariagrazia la culla prima di dormire.**
Se la precedente affermazione è vera, allora è sicuramente vero che:

A se Sara piange la notte è perché Mariagrazia non l'ha cullata prima di dormire
B se Sara non piange la notte è perché Mariagrazia non l'ha cullata prima di dormire
C se Mariagrazia non culla prima di dormire Sara, questa piange la notte
D se e solo se Mariagrazia ha cullato Sara prima di dormire, questa non dorme

L'esercizio propone al lettore di individuare una relazione causa-effetto che si fonda su una condizione necessaria. Questa, riconoscibile dal fatto di essere introdotta dal "solo se", è utilizzata in frasi del tipo "solo se A, allora B". Nel caso proposto la parte "A" è data da "Mariagrazia la culla prima di dormire", mentre la parte "B" da "Sara non piange la notte". In questi casi si può dedurre con certezza che:

- se B, allora A;
- se non A, allora non B.

L'unica affermazione che rispetta una di queste due forme è la **C** (se non A, allora non B), che rappresenta la soluzione del quesito.

Si faccia attenzione all'alternativa **D**: l'espressione "se e solo se" introduce una condizione necessaria e sufficiente, quindi non solo necessaria come quella della frase proposta dall'esercizio e risulta pertanto errata.

5 "Soltanto se il mio motociclo ha benzina può funzionare."
Se quanto affermato sopra è vero, allora quale delle seguenti affermazioni è vera?
I) Se il mio motociclo ha la benzina, allora funziona
II) Se il mio motociclo non funziona, allora non ha benzina
III) Se il mio motociclo funziona, allora ha benzina

A La I)
B La II)
C La III)
D La I) e la II)

La risposta corretta è la C. Infatti, questo esercizio presenta il tipico caso della *condizione necessaria ma non sufficiente*. In altre parole, il fatto di avere benzina è condizione necessaria, ma non sufficiente, per il funzionamento del motociclo. Dunque, le affermazioni I) e II) sono entrambe errate: la I) in quanto, essendo la presenza di benzina unicamente condizione necessaria, il motociclo potrebbe non funzionare per altri motivi; la II) in quanto il motociclo potrebbe non funzionare per motivi diversi dall'assenza di benzina.

6 Condizione necessaria e sufficiente affinché Marianna vada a correre è che non ci sia un bel film al cinema. Se la precedente affermazione è vera, quale tra le seguenti NON rappresenta una conclusione corretta?

A Se c'è un bel film al cinema, Marianna non va a correre
B Se Marianna non va a correre, allora c'è un bel film al cinema
C Se Marianna è andata a correre allora non c'è un bel film al cinema
D Se Marianna va a correre, allora c'è un bel film al cinema
E Se e solo se non c'è un bel film al cinema, Marianna va a correre

Il fatto che non ci sia un bel film al cinema è condizione sufficiente e necessaria affinché Marianna vada a correre. La frase potrebbe cioè essere espressa nel seguente modo: se e solo se non c'è un bel film al cinema allora Marianna va a correre. Volendo dividere in due parti la frase si ha:

- parte A: se non c'è un bel film;
- parte B: Marianna va a correre.

Nel caso di condizione sufficiente e necessaria, si può dedurre (data la frase se e solo se A, allora B):

- se non B, allora non A;
- se non A, allora non B;
- se B, allora A.

È dunque vero quanto affermato dalle alternative A, B, C, ed E, mentre risulta falsa l'alternativa D (soluzione del quesito).

10.2 Sillogismi

Gli esercizi che appartengono a questa tipologia presentano una serie di informazioni (solitamente tre) che propongono dei nessi logici tra gli elementi in esse contenute. Come nei sillogismi aristotelici, il lettore è chiamato a dedurre qualcosa dalle informazioni possedute.

ESEMPI

1 **Tutti i medici sono precisi; Alessandra ama il mare; tutte le persone che amano il mare sono precise.**

Se le affermazioni sopra riportate sono vere, quale delle seguenti è necessariamente vera?

A Alessandra è un medico

B Tutte le persone precise sono medici

C Tutti i medici amano il mare

D Alessandra è precisa

La risposta esatta è la D. Infatti, se Alessandra ama il mare e tutti coloro i quali amano il mare sono precisi, anche Alessandra è precisa.

L'alternativa A è errata in quanto Alessandra, amando il mare, è necessariamente precisa, ma ciò non implica che sia medico. Il fatto che tutti i medici siano precisi non implica necessariamente che tutte le persone precise siano medici. Per lo stesso motivo è dunque errata anche l'alternativa B.

L'alternativa C è errata in quanto l'unica informazione certa sui medici è che essi sono precisi e il fatto che anche le persone che amano il mare siano precise non consente di dedurre che tutti i medici amano il mare.

Alla soluzione dell'esercizio proposto si sarebbe potuti giungere anche in un modo "grafico", che a molti risulta spesso particolarmente utile ed efficace. Le tre affermazioni iniziali possono infatti essere graficamente riportate come segue:

$$\text{medici} \Rightarrow \text{persone precise}$$

$$\Uparrow$$

$$\text{Alessandra} \Rightarrow \text{persone che amano il mare}$$

Seguendo le frecce che riproducono le tre affermazioni è possibile giungere dall'insieme *Alessandra* all'insieme *persone precise*. Non è invece possibile giungere dall'insieme *Alessandra* all'insieme *medici*. Per far ciò sarebbe stata necessaria una freccia dall'insieme *persone precise* all'insieme *medici*. In altre parole, sarebbe stato necessario sapere che tutte le persone precise sono medici. Mancando tale informazione, ne segue che le alternative A e B sono errate.

Analogamente, per poter collegare l'insieme *medici* con l'insieme *persone che amano il mare*, ossia per poter affermare che tutti i medici amano il mare, sarebbe stato necessario avere una freccia dall'insieme *persone precise* all'insieme *persone che amano il mare*. In altre parole, sarebbe stato necessario sapere che tutte le persone precise amano il mare. Mancando tale informazione, ne segue che l'alternativa C è errata.

Altra possibilità di soluzione grafica è rappresentata dall'utilizzo degli "insiemi".

L'insieme "medici" (insieme M) è compreso nell'insieme "persone precise" (insieme P).

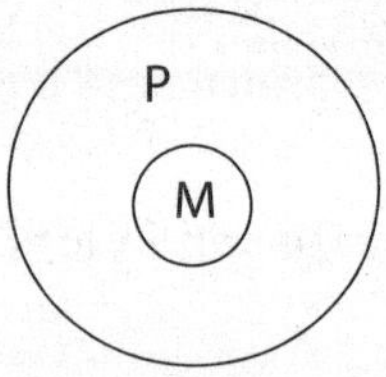

Anche l'insieme delle "persone che amano il mare" (insieme AM) è interamente compreso nell'insieme delle persone precise. Nulla si può dire sulla relazione tra l'insieme "persone che amano il mare" e l'insieme "medici".

Ci possono essere elementi in comune, possono essere totalmente separati o coincidenti. Non si può ipotizzare nulla di preciso.

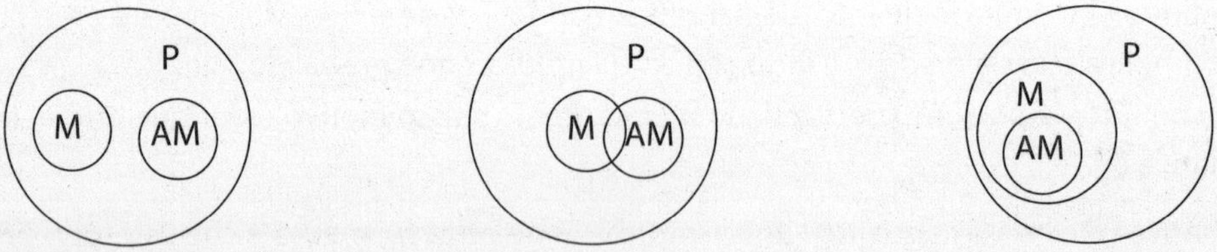

Alessandra è all'interno dell'insieme amanti del mare, quindi compreso tra le persone precise. Questa è l'unica cosa che si può dedurre con sicurezza.

---

2 Leggete attentamente i seguenti dati: nessun bolognese è juventino; qualche bolognese è interista; non tutti i bolognesi sono tifosi. In base ai dati presentati quale delle seguenti affermazioni è vera?

- **A** I bolognesi sono tutti tifosi del Bologna
- **B** Qualche bolognese è juventino
- **C** I bolognesi sono tutti tifosi
- **D** Alcuni bolognesi non sono tifosi

Volendo usare gli insiemi, si possono riassumere nel seguente modo le informazioni dell'esercizio:

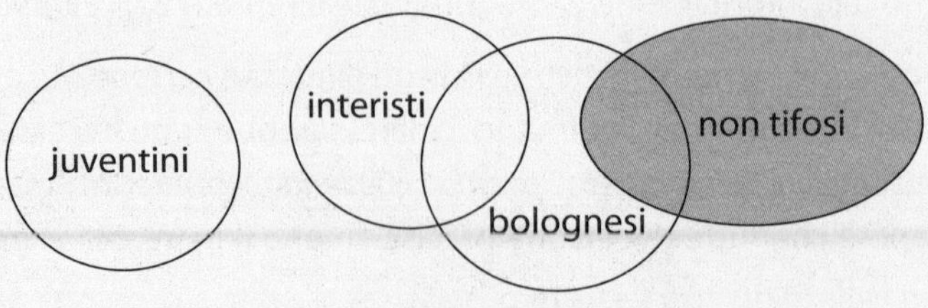

da cui si osserva che alcuni bolognesi non sono tifosi (**D** soluzione del quesito).

3 Paola è timida; le persone con i capelli rossi sono timide e alte.

Se le precedenti affermazioni sono vere, allora è possibile affermare con certezza che:

- **A** Paola è alta
- **B** Paola ha i capelli rossi
- **C** tutte le persone timide hanno i capelli rossi
- **D** alcune persone alte sono timide

Volendo rappresentare con gli insiemi queste relazioni, lo schema corretto è il seguente:

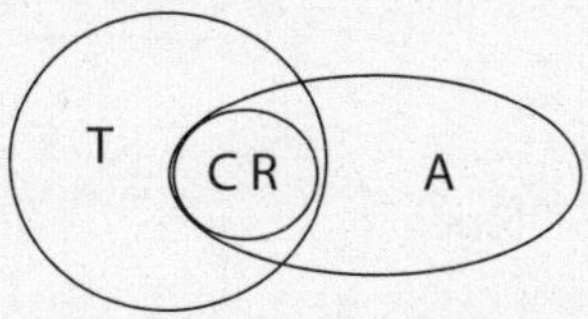

Paola sarà rappresentata da un punto qualunque all'interno dell'insieme dei timidi (T). Quello che non si può affermare con certezza è che sia anche all'interno dell'insieme delle persone con i capelli rossi (C R) o dell'insieme delle persone alte (A). Le alternative **A** e **B** sono, quindi, errate. Anche la **C** è errata, mentre sicuramente vera è la **D**, alcune persone alte (sicuramente tutte quelle che hanno i capelli rossi) sono anche timide.

4 "Coloro che bevono vino non mangiano patate, chi non mangia patate ha carenze di vitamine, Giovanni non mangia patate".

Se le precedenti affermazioni sono vere allora è sicuramente falso che:

- **A** chi beve vino non ha carenza di vitamine
- **B** Giovanni ha carenza di vitamine
- **C** non è detto che tutte le persone che hanno carenza di vitamine bevano vino
- **D** Giovanni non beve vino

Le relazioni fornite dall'esercizio possono essere esemplificate nel seguente modo:

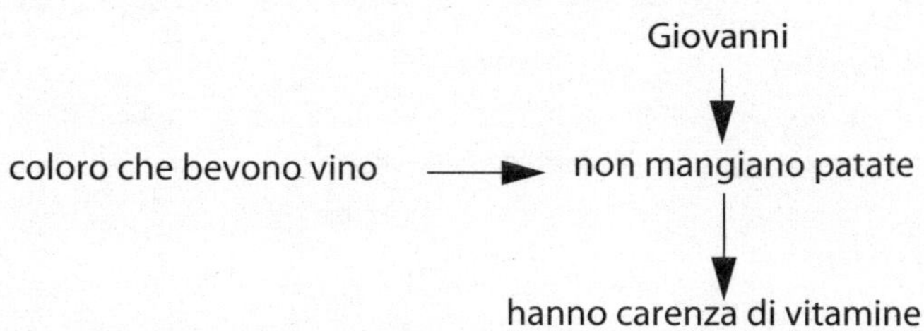

Sicuramente è falso che coloro che bevono il vino non abbiano carenza di vitamine, quindi la soluzione all'esercizio è rappresentata dall'alternativa **A**. Si presti attenzione a quanto affermato dall'alternativa **D**. Dalle relazioni espresse nell'esercizio non si può dedurre se Giovanni beva o meno il vino, ma non si può con sicurezza affermare che quanto riportato dall'alternativa sia falso.

5 Completare correttamente il seguente sillogismo: "I cani sono fedeli. I cani sono animali. Dunque .... sono fedeli".

A alcuni infedeli
B i cani
C tutti gli animali
D alcuni animali
E alcuni cani

Se tutti i cani sono fedeli ma sono anche animali:

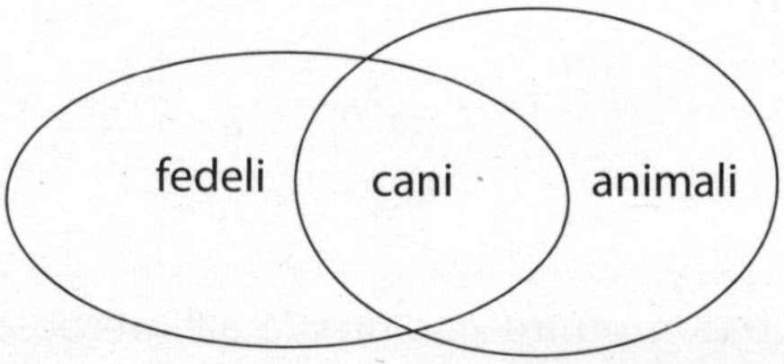

allora certamente alcuni animali sono fedeli (D soluzione del quesito). Si faccia attenzione all'alternativa B (tutti i cani) che non è un completamento del sillogismo, come richiesto dall'esercizio, ma una ripetizione di quando già detto da una delle premesse,

6 Quale fra le alternative seguenti risponde correttamente alla seguente domanda di logica?

Date le premesse, quale figura rappresenta la conclusione del sillogismo, corretta benché assurda?

- **Prima premessa: tutti i piloti sono fantini**
- **Seconda premessa: tutti i piloti sono intonati**

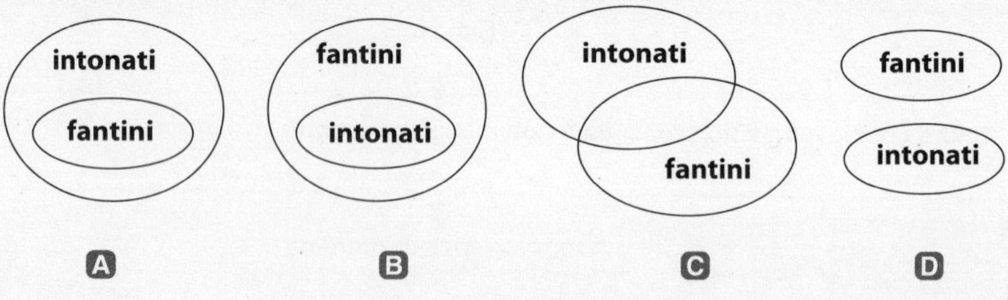

L'insieme dei piloti è interamente compreso nell'insieme dei fantini ed è anche interamente compreso nell'insieme degli intonati. Quello che non è noto è quale sia il rapporto tra gli intonati e i fantini. Si può per esempio dedurre che tutti i fantini siano intonati o tutti gli intonati fantini, come proposto dalle alternativa A e B? La risposta è no. L'unica cosa che si può dire è che poiché i piloti sono sia fantini sia intonati, ci sono alcuni fantini (i piloti) che sono intonati e viceversa. La figura che riporta correttamente la conclusione del sillogismo è quindi la C (soluzione del quesito) dove l'intersezione tra i due insiemi corrisponde all'insieme dei piloti.

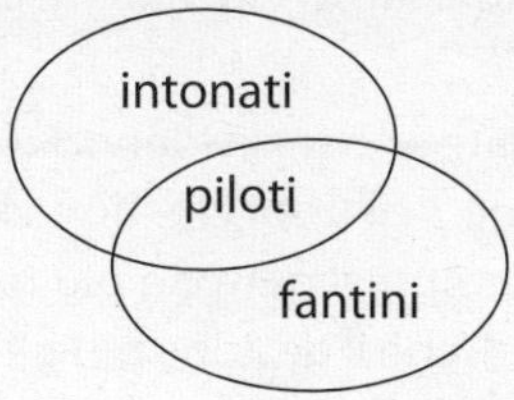

10.3 Strategie efficienti

Alcuni esercizi richiedono di individuare qual è la strategia più efficiente per ottenere un risultato, ossia quella che permette di minimizzare il numero di tentativi per raggiungerlo. Di solito in questi esercizi è conveniente provare a schematizzarsi le informazioni richieste in modo da avere sempre chiaro cosa ogni passo effettuato può permettere effettivamente di dedurre o meno.

ESEMPI

1 **Il piccolo Federico gioca con 550 tessere quadrate di legno colorato, tutte delle stesse dimensioni. Ha costruito con esse il quadrato più grande possibile; quante tessere ha avanzato Federico?**

A 21 B 19 C 25 D 23

Per capire il numero di tessere avanzate si deve capire quale è il quadrato più grande possibile che Federico può costruire con 550 tessere. Certamente non potrà essere un quadrato che ha il lato pari a 25 tessere, perché in quel caso avrebbe bisogno di 25 x 25 = 625 tessere. Federico non può neanche fare un quadrato di lato pari a 24 tessere, perché gli servirebbero 24 x 24 = 576 tessere per costruirlo, ma può farne uno di lato 23 utilizzando 23 x 23 = 529 tessere. Utilizzando 529 tessere gliene avanzeranno 21 (A soluzione del quesito).

2 **Martina possiede 11 gettoni apparentemente identici, uno dei quali è però più pesante degli altri. Avendo a disposizione una bilancia a due piatti, quante pesate saranno sufficienti per essere certi di individuarlo?**

A 5
B 6
C 3
D 10

Per risolvere l'esercizio si possono seguire due strade. Un modo è quello di pesare due gruppi da 5 gettoni sui due piatti della bilancia e lasciare fuori un gettone: se si è molto fortunati i piatti della bilancia rimangono in equilibrio e quindi il gettone più pesante è quello non pesato. Questo però è un caso particolare che non sempre avviene. L'esercizio chiede un modo che permette di essere sicuri di individuarlo: si deve quindi supporre che il gettone sia in uno dei due gruppi da 5 pesati. Dopo la prima pesata si scartano quindi i 5 gettoni del piatto che è salito e il gettone non pesato. A questo punto si mettono sulla bilancia due gruppi da 2 gettoni e se ne lascia fuori 1. Per lo stesso ragionamento visto prima si deve supporre che il gettone più pesante sia in uno dei due gruppi pesati. Si scartano quindi i due gettoni del piatto che è salito e il gettone non pesato. Sono rimasti due gettoni e quindi se ne mette uno su ogni piatto e con questa terza pesata si è sempre sicuri di individuare quello più pesante (**C** soluzione del quesito).

Si poteva decidere di iniziare le pesate anche dividendo gli 11 gettoni in tre gruppi: due da 4 gettoni che vengono pesati e uno da 3 gettoni che non viene pesato. Poiché si deve trovare un modo che permetta di trovare sempre il gettone più pesante si deve tenere in considerazione il caso meno fortunato e quindi che il gettone più pesante sia nel gruppo più numeroso (in uno di quelli da 4). Dopo la prima pesata si scarta quindi il gruppo da 4 che era sul braccio che è salito e il gruppo da 3 gettoni non pesato. Si rimane quindi con 4 gettoni e si pesano prima dividendoli in due gruppi da 2 e poi, dopo aver scartato uno dei due gruppi, mettendone uno su un piatto e uno sull'altro e vedendo quello che pesa di più. Come si vede, in questo caso, anche utilizzando questo procedimento si impiegano sempre 3 pesate. Si ricordi però che se il numero di oggetti iniziali dovesse essere più alto (ma anche se per esempio si parte con 8 o 9 oggetti), la divisione in tre gruppi iniziali, di cui due uguali e il terzo con un numero di oggetti molto simile (come fatto con questo secondo metodo) è da preferire SEMPRE a quello che prevede la divisione in soli due gruppi (come fatto col primo metodo in cui avanzava un solo oggetto non pesato) perché consente di ridurre il numero di pesate necessarie per individuare l'oggetto più pesante. Si pensi per esempio al caso in cui si hanno 9 oggetti e si veda l'esercizio successivo.

---

3 In un sacchetto sono contenute molte palline rosse, nere e bianche. Quante palline bisogna estrarre come minimo dal sacchetto, per essere sicuri di averne almeno due dello stesso colore?

A 4
B 6
C 3
D Tutte
E Per rispondere occorre conoscere il numero delle palline presenti

Diversamente da ciò che potrebbe sembrare inizialmente, per rispondere non è necessario conoscere il numero di palline contenute nel sacchetto. Si vuole mostrare che, estraendo quattro palline dalla scatola, certamente almeno due di queste avranno lo stesso colore (risposta esatta **A**).

Prima estrazione: la pallina estratta è bianca, rossa o nera.

Seconda estrazione: la seconda pallina estratta può essere dello stesso colore della prima pallina (nel qual caso si è già raggiunto l'obiettivo) o di uno degli altri due colori disponibili.

Terza estrazione: la terza pallina estratta può essere dello stesso colore di una delle prime due palline estratte (nel qual caso si è già raggiunto l'obiettivo) o del terzo e ultimo colore presente nella scatola.

Quarta estrazione: se le prime tre palline estratte erano di colori diversi (una rossa, una nera e una bianca), il colore della quarta pallina deve necessariamente coincidere con uno di quelli già estratti.

4 **Cinquanta famosi matematici sono riuniti a congresso. Non tutti sono distratti. Però, presi a caso due matematici, almeno uno dei due è distratto. Dunque necessariamente i congressisti distratti sono:**

- **A** almeno due, ma possono essere meno di 25
- **B** 49
- **C** più di 25, ma non si può dire quanti
- **D** 50
- **E** 25

Per risolvere il quesito è necessario prestare attenzione all'affermazione «presi a caso due matematici, almeno uno dei due è distratto». Questo significa, infatti, che qualunque coppia si prenda non si avranno mai due matematici non distratti e quindi al congresso sono presenti 49 matematici distratti (se fossero anche solo due quelli non distratti, almeno una volta prendendo due matematici a caso si avrebbero due non distratti, fatto escluso dal testo del quesito). La risposta esatta è dunque la **B**.

5 **Tre amici vanno a lezione di Logica dallo stesso insegnante. Non potendosi permettere lezioni individuali, essi prendono lezioni di gruppo da un'ora ciascuna, con due soli allievi per volta. Qual è il numero minimo di lezioni da predisporre, se ognuno dei tre amici vuole partecipare ad almeno due lezioni da un'ora ciascuna?**

- **A** Due
- **B** Tre
- **C** Quattro
- **D** Cinque
- **E** Sei

Siano A, B e C i tre amici. Per permettere a tutti e tre di partecipare ad almeno due lezioni, e frequentandole solo in coppia, si devono predisporre un minimo di tre lezioni (alternativa **B**), per esempio accoppiando gli amici nel seguente modo: AB, BC e AC. Si consiglia di risolvere il quesito partendo dalle alternative e considerando i valori dal più piccolo al più grande (se non possono in due lezioni, si prova con tre e così via).

6 **Una lumaca deve arrivare in cima a una parete alta 20 metri. Di giorno sale per 4 metri, ma di notte quando riposa scivola giù di 2 metri. Quanti giorni impiegherà la lumaca per arrivare in cima al muro?**

A 10 **B** 9 **C** 11 **D** 8 **E** 12

Il primo giorno la lumaca sale di 4 metri e poi scivola di 2 metri. Quindi, all'inizio del secondo giorno avrà percorso 2 metri. A questo punto salendo di 4 metri di giorno e scendendone 2 di notte all'inizio del terzo giorno si troverà a 4 metri di altezza. Continuando questo ragionamento, all'inizio del nono giorno la lumaca sarà a 16 metri di altezza. A questo punto salendo di 4 metri raggiunge la cima del muro. La lumaca impiega, dunque, nove giorni per arrivare al suo obiettivo e la soluzione è rappresentata dall'alternativa **B**.

7 L'obiettivo del quesito è quello di individuare la sequenza corretta sulla base di una serie di indizi forniti. Per ogni sequenza errata viene indicato se sono presenti caratteri BP (numero di caratteri corretti nella posizione corretta, ovvero "ben piazzati") o MP (numero di caratteri corretti, ma nella posizione sbagliata, ovvero "mal piazzati").

WOTT: 1 BP / 1 MP

WTMB: 2 BP / 1 MP

WOOB: 1 BP

MTTT: 3 BP

A MTTW

B WTTT

C WTTM

D MTTB

E MWWW

Per risolvere l'esercizio conviene partire dalle alternative cercando quella che risulta coerente con tutte le informazioni dell'esercizio. La serie MTTW proposta dall'alternativa A, per esempio, è coerente con la quarta informazione (rispetto a MTTT presenta tre elementi BP: la M, e le due T), ma non è coerente con la prima informazione, infatti rispetto a WOTT ha 1 BP (la prima T) ma 2 MP (la W e la seconda T) e non solo 1 MP come affermato dalla stessa. La A quindi non può essere la soluzione. Con lo stesso ragionamento si possono scartare le alternative B e C: rispetto alla serie WOTT della prima informazione la serie WTTT presenta ben 3 BP mentre la serie WTTM presenta ben 2 BP e 1MP (e non 1 BP e 1 MP).

Risulta invece coerente con tutte le informazioni dell'esercizio la serie MTTB (D soluzione del quesito) che è quindi quella cercata.

8 In un gruppo di 25 amici, tutti hanno l'hobby almeno della pittura o della recitazione. Se 12 dipingono e 20 recitano, quanti hanno entrambi gli hobby?

A 13

B 8

C 7

D 5

E 6

Se nessuno degli amici che dipingesse recitasse e viceversa, se quindi i due insiemi fossero composti da persone tutte diverse si avrebbero, in totale, 32 amici (12 + 20). Poiché però gli amici sono 25, vuol dire che ce ne sono 7 (32 –25) che sono stati contati due volte, che fanno cioè parte di entrambi i gruppi. La C è quindi la soluzione del quesito.

9 Nella città di Girotondo i 30 ragazzi che vanno a scuola studiano l'inglese, il francese o lo spagnolo. Di questi 30 ragazzi 18 studiano il francese, 12 lo spagnolo e 23 l'inglese. Sapendo che 5 ragazzi studiano sia l'inglese sia lo spagnolo e che nessuno studia sia il francese sia lo spagnolo, quale delle seguenti affermazioni è vera?

A Alcuni ragazzi studiano tutte e tre le lingue

B Nessuno dei ragazzi che studia l'inglese studia anche il francese

C Tutti i ragazzi che studiano l'inglese studiano anche il francese

D Tutti i ragazzi che studiano il francese studiano anche l'inglese

Per risolvere l'esercizio si ragioni nel seguente modo: se ognuno dei ragazzi studiasse una sola lingua, allora si avrebbero 18 + 12 + 23 = 53 studenti in totale. Ciò contrasterebbe con l'informazione che 30 è il numero totale di ragazzi. In realtà 23 di loro (la differenza tra 53 e 30) sono stati conteggiati due volte (studiano cioè più lingue) e vanno, quindi, sottratti nel computo totale. In particolare, sapendo che 5 ragazzi studiano l'inglese e lo spagnolo e che nessuno studia lo spagnolo e il francese (quindi nessuno studia le tre lingue – alternativa A errata), si può dedurre che a studiare l'inglese e il francese sono 18 ragazzi (53 – 5 – 18 = 30). Ciò significa che i 18 ragazzi che studiano il francese (quindi tutti) studiano anche l'inglese. La soluzione al quesito è fornita, dunque, dall'alternativa D.

10 Caterina è la nipote di Michele; Veronica è la mamma di Filippo e di Caterina; Dimitri è il nonno materno di Filippo. Da tali premesse è possibile dedurre che Michele potrebbe essere:

A il fratello di Veronica

B il cugino di Filippo

C il papà di Veronica

D il nipote di Veronica

E lo zio di Veronica

Poiché Caterina è la nipote di Michele allora questo è uno dei nonni (paterno o materno) o lo zio di Caterina. Inoltre, poiché Veronica è la mamma di Caterina e Filippo e Dimitri è il nonno materno di Filippo, allora lo è anche di Caterina, oltre ad essere il papà di Veronica. Michele, quindi, può essere o il nonno paterno o lo zio di Caterina. Potendo essere lo zio di Caterina, si può dedurre che Michele può essere il fratello di Veronica (A soluzione del quesito).

10.4 Negazioni di una totalità (o negazioni di affermazioni universali)

Perché risulti negata una totalità (o un'affermazione universale) del tipo «tutti gli x fanno/sono y», è sufficiente che esista un solo caso in cui l'affermazione non è valida, cioè che ci sia almeno un elemento nell'insieme x che non possieda la caratteristica y.

ESEMPI

1 **Se affermo «nessun pinguino ha tre zampe», allora deduco che:**

A almeno un pinguino ha tre zampe
B almeno un pinguino ha un numero di zampe diverso da tre
C tutti i pinguini hanno tre zampe
D tutti i pinguini hanno quattro zampe
E tutti i pinguini hanno un numero di zampe diverso da tre

Dall'affermazione «nessun pinguino ha tre zampe» è possibile dedurre che tutti i pinguini hanno un numero di zampe diverso da tre, come affermato dall'alternativa E.

2 **L'affermazione: «Tutti gli svedesi sono biondi» è falsa. Questo significa che:**

A nessuno svedese è biondo
B nessuno svedese non è biondo
C almeno uno svedese non è biondo
D almeno uno svedese è biondo
E se uno è biondo non è svedese

Perché un'affermazione sia falsa, non è necessario che sia vero il suo esatto opposto. In questo caso, infatti, la A non può essere accettata, mentre è sufficiente che un solo svedese non sia biondo per poter sostenere che l'affermazione di partenza è falsa: la risposta corretta è la C. Le restanti alternative servono a "confondere le acque": la B è uguale all'affermazione data; la D è l'opposto della risposta corretta e la E è una fallacia logica.

10.5 Negazioni multiple o concatenate

Questi esercizi propongono frasi in cui un concetto è espresso mediante una successione di negazioni che spesso si annullano tra loro. Compito del candidato è scoprire tra le alternative proposte quella che esprime il corretto significato della frase data. Per risolvere questi esercizi bisogna individuare le negazioni che si annullano tra loro.

ESEMPI

1 **È errato negare che è falso che il libro non è stato rubato da un ladro. Basandosi sulla precedente affermazione, individuare quale delle seguenti alternative è esatta.**

A Il libro non è stato rubato da un ladro
B Il libro non è scomparso
C Il libro è stato rubato da un ladro
D Non si conosce la causa della scomparsa del libro

La risposta esatta è la C. La soluzione si ottiene scomponendo l'affermazione in più parti, infatti, "È errato negare che è falso …" equivale a "è falso …". Analogamente "è falso che … non è stato rubato" equivale a "è stato rubato".

2 È sbagliato negare che è falso che l'opera non è stata progettata da Bernini.
Basandosi sulla precedente affermazione, individuare quale delle seguenti alternative è esatta.

- **A** L'opera non è stata progettata da Bernini
- **B** L'opera è stata progettata da Bernini
- **C** L'opera è stata progettata da un architetto sconosciuto
- **D** Non si può riconoscere quale architetto ha progettato l'opera

La risposta esatta al quesito è fornita dall'alternativa **B**. La soluzione si ottiene scomponendo l'affermazione in più parti. L'espressione "è errato negare che è falso ..." equivale, infatti, a "è falso ..."; analogamente l'espressione "è falso che ... non è stata progettata" equivale a "è stata progettata".

3 Interrogato dal magistrato, Francesco negò fermamente di non aver rifiutato di affermare il falso.
Basandosi sulla precedente affermazione, individuare quale delle seguenti alternative è esatta.

- **A** Francesco ha affermato il falso
- **B** Francesco si è rifiutato di dire il falso
- **C** Francesco ha detto la verità
- **D** Nessuna delle precedenti alternative è corretta

Il periodo "... negò ... di non aver rifiutato" equivale a "ha rifiutato". Dunque Francesco ha rifiutato di affermare il falso (risposta **B**). La **A** è dunque errata, così come è errata la **C**. Il fatto che Francesco abbia rifiutato di dire il falso non equivale infatti a concludere che abbia affermato il vero. Potrebbe infatti essersi semplicemente limitato a non dire nulla.

4 Alcune recenti ricerche hanno respinto l'impossibilità della non veridicità della tesi secondo la quale non esiste una correlazione negativa tra età media delle persone e quantità media di sigarette che tali persone hanno fumato.
Se quanto sopra riportato è vero, quale delle seguenti affermazioni è vera?

- **A** Il fumo accorcia la vita media delle persone
- **B** Non vi è correlazione negativa tra quantità di sigarette fumate e vita media delle persone
- **C** È impossibile che vi sia una correlazione negativa tra quantità di sigarette fumate e vita media delle persone
- **D** È possibile che vi sia una correlazione negativa tra quantità di sigarette fumate e vita media delle persone

È questo un esempio di quella tipologia di esercizi in cui bisogna tradurre e interpretare il significato di un'affermazione espressa in una forma tutt'altro che immediatamente comprensibile. La risposta esatta è la **D**. È possibile arrivare alla soluzione procedendo in modo sequenziale e trasformando le negazioni in affermazioni per semplificare e rendere più immediato il significato:

- alcune recenti ricerche hanno respinto l'impossibilità ... ⇒ *è possibile;*
- è possibile la non veridicità della tesi secondo la quale non esiste ⇒ *è possibile che esista ...*

5 Non vi è ragione di ritenere che in ufficio non vi sia nessuno.

La precedente affermazione è logicamente equivalente a:

A non vi è ragione di ritenere che in ufficio vi sia qualcuno

B è il caso di pensare che in ufficio non vi sia nessuno

C si può pensare che in ufficio vi sia qualcuno

D si può pensare che in ufficio non vi sia nessuno

Il testo contiene una doppia negazione: "Non vi è ragione di ritenere..." che "...non vi sia nessuno". La doppia negazione equivale a un'affermazione, per cui la frase può essere svolta sotto forma di affermazione, del tipo: "Si può ritenere che...". I due "non", in sostanza, si annullano a vicenda, trasformandosi in "si può...". La risposta esatta è quindi la C, perché esprime il medesimo concetto contenuto nel testo.

Suggerimenti

In questa tipologia di esercizi può essere utile segnare un "meno" sopra ogni parola con valenza negativa: *non*, *negare*, *impossibilità* ecc. Si ricorda che l'incontro di due "meno" ha come risultato un "più", l'incontro cioè di due negazioni equivale a un'affermazione.

10.6 Esercizi proposti

1 Annamaria deve seguire una cura medica, assumendo tre pastiglie al giorno a distanza di mezz'ora una dall'altra. In quanto tempo finisce la cura giornaliera?

A Un'ora e mezza B Mezz'ora C Un'ora D Due ore E Tre ore

2 "Solo se nevica, indosso sciarpa e cappello". In base alla precedente affermazione, è necessariamente vero che:

A se non indosso sciarpa e cappello, vuol dire che non sta nevicando

B mi piace seguire la moda

C se non nevica, non indosso sciarpa e cappello

D non mi piace l'inverno

E se nevica, sicuramente non indosso sciarpa e cappello

3 "Se fumo troppo mi viene mal di testa". Se l'affermazione precedente è vera, allora è vero anche che:

A se ho mal di testa significa che ho fumato troppo

B talvolta capita che non abbia mal di testa pur avendo fumato troppo

C non ho mal di testa pur avendo fumato troppo

D o fumo troppo o mi viene mal di testa

E se non mi viene mal di testa allora non ho fumato troppo

4 **"Se e solo se mangio la pizza, mi sento gonfio". In base alla precedente informazione, quale delle seguenti affermazioni è certamente vera?**

A Quando mi sento gonfio non è detto che io abbia mangiato la pizza
B A volte, anche se mangio la pizza, non mi sento gonfio
C Mi sento gonfio solo se mangio fuori casa
D Se mi sento gonfio è perché ho mangiato la pizza
E Se mi sento gonfio non ho mangiato la pizza

5 **Quale delle seguenti alternative è la negazione della frase: "Se l'Inter batte la Juventus arriva prima in classifica"?**

A L'Inter può non arrivare prima in classifica anche se batte la Juventus
B L'Inter può non battere la Juventus e non arrivare prima in classifica
C L'Inter può arrivare prima in classifica anche se non batte la Juventus
D Se l'Inter non batte la Juventus non arriva prima in classifica
E L'Inter non vince mai ogni volta che gioca contro la Juventus

6 **Negare la frase "Passerotto che becca non vola" significa affermare che:**

A tutti i passerotti che beccano volano
B esiste almeno un passerotto che becca e vola
C tutti i passerotti che non volano beccano
D esiste almeno un passerotto che non becca e vola
E tutti i passerotti che non beccano non volano

7 **La frase "Non c'è vaso senza fiori" implica una delle affermazioni elencate, indicare quale:**

A qualche vaso ha almeno un fiore
B ogni vaso ha due fiori
C nessun vaso ha fiori
D ogni vaso ha almeno un fiore
E almeno un vaso ha un fiore

8 **"Tutti gli audaci sono fortunati. Claudio è fortunato. Chi è fortunato è ricco". Quale, tra quelle elencate di seguito, NON rappresenta la conclusione corretta delle informazioni precedenti?**

A Claudio è ricco perché è fortunato
B Claudio è ricco
C Claudio è fortunato ma non è detto che sia audace
D Chi è audace è ricco
E Claudio è ricco perché è audace

9 **“Riccardo è una persona calma. Tutti i librai sono persone calme; Andrea è un libraio”. Quale affermazione può essere dedotta dalle frasi precedenti?**

- **A** Le persone calme sono librai
- **B** Riccardo è un libraio
- **C** Riccardo e Andrea sono librai
- **D** Andrea è una persona calma
- **E** Chi non è libraio è nervoso

10 **La frase “Non c’è libro senza pagine” implica una delle affermazioni seguenti, indicare quale:**

- **A** qualche libro non ha pagine
- **B** nessun libro ha pagine
- **C** ogni libro ha due pagine
- **D** almeno un libro ha una pagina
- **E** ogni libro ha almeno una pagina

11 **“È corretto negare che è vero che La Gerusalemme liberata non è stata scritta da Torquato Tasso”. Sulla base dell’affermazione precedente, quale delle alternative proposte di seguito NON è errata?**

- **A** Non si sa chi abbia scritto La Gerusalemme liberata
- **B** La Gerusalemme liberata non è stata scritta da Torquato Tasso
- **C** La Gerusalemme liberata non è un’opera letteraria
- **D** Non si può affermare che La Gerusalemme liberata sia stata scritta da Torquato Tasso
- **E** La Gerusalemme liberata è stata scritta da Torquato Tasso

12 **“È assurdo negare l’inesistenza di un tutore che si sia preso cura del minore”. Qual è il significato corretto dell’affermazione precedente?**

- **A** Il minore è tutelato da almeno una persona
- **B** È sicuro che non esiste una persona che non si sia presa cura della tutela del minore
- **C** Si è in presenza di un caso sociale molto delicato
- **D** Non esiste alcun tutore che si sia preso cura del minore
- **E** Del minore si occupano molti tutori

13 **Condizione necessaria e sufficiente affinché Francesco vada a vivere a Padova è che vinca il dottorato di ricerca.**
Se si individua con “B” la parte della frase “Francesco vada a vivere a Padova” e con “A” la parte della frase “vinca il dottorato di ricerca”, quale delle seguenti relazioni esprime in modo esatto quanto detto dalla frase proposta?

- **A** Solo se B, allora A
- **B** Se B, allora A
- **C** Solo se B, allora A e se A, allora B
- **D** Se e solo se A, allora B

14 **“Ogni qual volta si verifica una contrazione dell’offerta di petrolio dalla regione del Golfo, si registra un immediato aumento del prezzo del petrolio proveniente da quella regione”.**

Se l’argomentazione sopra riportata è vera, quale delle seguenti affermazioni è vera?

A Se c’è un incremento del prezzo del petrolio proveniente dalla regione del Golfo, ciò significa che vi è stata una contrazione dell’offerta di petrolio da quella regione

B Se non vi è alcuna contrazione dell’offerta di petrolio dalla regione del Golfo, allora non vi è alcun incremento del prezzo del petrolio proveniente da quella regione

C Ogni qual volta vi è una contrazione dell’offerta di petrolio, si verifica un immediato aumento del prezzo dello stesso

D Se non vi è alcun incremento nel prezzo del petrolio proveniente dalla regione del Golfo, ciò significa che non vi è stata alcuna contrazione dell’offerta del petrolio da quella regione

15 **Giovanni prenderà la patente se e solo se non commetterà errori durante la guida. Se la precedente affermazione è vera allora è certamente vero che:**

A Giovanni potrebbe prendere la patente anche commettendo un errore, purché non grave

B se Giovanni non commetterà errori durante la guida, non necessariamente prenderà la patente

C se Giovanni non prenderà la patente, vorrà dire che avrà commesso errori durante la guida

D se Giovanni non prenderà la patente, non necessariamente avrà commesso errori durante la guida

16 **“Non è impossibile che non esista una persona che non abbia negato di aver trovato il segreto per ottenere la vita eterna”.**

Basandosi sulla precedente affermazione, individuare quale delle seguenti alternative è esatta.

A È impossibile che qualcuno abbia già affermato di aver trovato il segreto per ottenere la vita eterna

B Almeno una persona ha già trovato il segreto per ottenere la vita eterna

C È possibile che non esista una persona che abbia affermato di aver trovato il segreto per ottenere la vita eterna

D È escluso che esista una persona che abbia negato di aver trovato il segreto per ottenere la vita eterna

17 **"Non si può affermare che chi non è stato condannato con sentenza passata in giudicato si possa considerare innocente".**

Se l'argomentazione precedente è corretta quale delle seguenti è certamente vera?

A. Finché una persona non è stata condannata con sentenza passata in giudicato viene considerata innocente
B. Non è detto che finché una persona non ha subito una condanna con sentenza passata in giudicato possa essere considerata innocente
C. Se si viene considerati colpevoli, ciò vuol dire che c'è stata sentenza di condanna passata in giudicato
D. Nessuna delle altre alternative è corretta

18 **"Non vi è motivo di escludere la possibilità di vita su Urano. Dunque dobbiamo intraprendere l'esplorazione di questo pianeta".**

L'argomentazione sopra riportata presuppone che:

A. la vita su Urano esiste
B. Urano è l'unico pianeta del Sistema Solare sul quale è possibile incontrare forme di vita
C. la ricerca della vita è una ragione sufficiente per l'esplorazione dei pianeti
D. nessuno ha mai tentato l'esplorazione di Urano

19 **Molti Delta sono Beta e anche molti Gamma sono Beta. Quale affermazione è sicuramente vera?**

A. Alcuni Delta sono Gamma
B. Tutti i Delta sono Gamma
C. Non è detto che ci siano Delta che siano anche Gamma
D. Molti Delta sono Gamma
E. Tutti i Beta sono o Delta o Gamma

20 **Lorenzo, Marco e Flavio, sospettati di una rapina in banca, fanno rispettivamente le seguenti dichiarazioni: "Non sono stato io"; "Il rapinatore è Flavio"; "Il rapinatore è Lorenzo". Se due di essi mentono e uno solo dice il vero, cosa si può dedurre con certezza?**

A. Il rapinatore è Marco
B. Il rapinatore è Lorenzo
C. Flavio è innocente
D. Flavio è il rapinatore
E. Marco è innocente

21 **Se l'affermazione «Tutti gli atleti corrono velocemente» è falsa, allora necessariamente:**

A. almeno un atleta corre velocemente
B. nessun atleta corre velocemente
C. tutti gli atleti corrono a passo lento
D. esiste almeno un atleta che non corre velocemente
E. tutti i calciatori sono più veloci dei corridori

22 **L'affermazione "A nessuno dei presenti piace il teatro o il cinema a meno che non abbia compiuto 20 anni e abbia il diploma di maturità" è falsa se, tra i presenti:**

A esiste un diplomato di 18 anni a cui piace il cinema
B non esiste un diplomato di 18 anni a cui piace il teatro
C esiste un diplomato di 40 anni a cui piace il teatro
D esiste un diplomato di 40 anni a cui non piace né il teatro né il cinema
E non esiste un ventunenne a cui piace il cinema

23 **"Chi pratica sport vive bene".**

"Vivere bene è una caratteristica di chi non fuma".

Se le precedenti affermazioni sono vere, allora è necessariamente vero che:

A solo chi pratica sport vive bene
B chi vive bene pratica sport
C chi fuma pratica sport
D chi non fuma vive bene

24 **Otto giocatori di tennis: M, N, O, P, Q, R, S, T si scontrano in un torneo a eliminazione diretta. Al primo si incontrano come segue: M contro N; O contro P; Q contro R; S contro T. Sapendo che:**

- **al primo turno vincono i primi in ordine alfabetico;**
- **al secondo turno perdono gli estremi in ordine alfabetico;**
- **in finale vince il secondo in ordine alfabetico;**

chi vince il torneo?

A O
B P
C Q
D R
E S

25 **Davide possiede 9 biglie nere; sembrano tutte uguali ma in realtà una pesa meno delle altre. Con una bilancia a due piatti, qual è il numero minimo di pesate che Davide deve necessariamente fare per individuare con certezza la sfera più leggera?**

A 1
B 2
C 3
D 4
E 5

26 **L'obiettivo del quesito è quello di individuare la sequenza corretta sulla base di una serie di indizi forniti. Per ogni sequenza errata viene indicato se sono presenti caratteri BP (numero di caratteri corretti nella posizione corretta, ovvero "ben piazzati") o MP (numero di caratteri corretti, ma nella posizione sbagliata, ovvero "mal piazzati").**

1234: 1 BP / 2 MP

3201: 1 BP / 1 MP

2430: 1 BP / 2 MP

2543: 3 BP

A 2043
B 1543
C 2243
D 3543

27 **La pagina dell'articolo di cronaca è posta 7 pagine prima rispetto alla rubrica dedicata alla cucina che è 3 pagine prima della pagina delle "lettere ai lettori" che è 6 pagine dopo quella dello sport che è a pagina 30. A che pagina è l'articolo di cronaca?**

A 28 B 26 C 27 D 29

28 **Che ora indicherà l'orologio proposto in figura dopo che la lancetta dei minuti avrà compiuto 11,25 giri? E dopo ulteriori 19,25 giri?**

A Rispettivamente le ore 3,35 e le ore 10,25
B Rispettivamente le ore 3,30 e le ore 10,45
C Rispettivamente le ore 3,15 e le ore 10,30
D Rispettivamente le ore 3,35 e le ore 10,40
E Rispettivamente le ore 3,30 e le ore 11,15

29 **Alla domanda: "Quanti cugini hai?", Luca risponde: "Se il numero dei miei cugini è divisibile per sei, allora è pari".**

Basandosi sulla precedente proposizione, individuare quale delle seguenti alternative è esatta.

A Il numero dei cugini di Luca è un multiplo di sei
B Il numero dei cugini di Luca è un numero pari
C Se il numero dei cugini di Luca non è divisibile per sei, è un numero dispari
D Non è possibile aggiungere alcuna informazione certa sul numero dei cugini di Luca

30 **Renato arriva alla stazione dei treni di Milano e osserva che:**

- **il treno proveniente da Monaco è partito alle 6,00 e dopo cinque ore è giunto in stazione a Milano da dove ripartirà per Roma dopo mezz'ora di sosta;**
- **il treno per Lione parte da Milano 50 minuti dopo la partenza per Roma del treno proveniente da Monaco;**
- **dopo aver sostato in stazione per 20 minuti, il treno proveniente da Vienna riparte per Bologna 10 minuti dopo la partenza del treno per Lione.**

In base alle informazioni precedenti, a che ora rispettivamente arriva a Milano e riparte per Bologna il treno proveniente da Vienna?

A 12,00; 12; 20
B 12,10; 12,30
C 12,10; 12,20
D 11,00; 11,20
E 11,10; 11,30

31 **Andrea è più alto di Donato, Fausto è più basso di Donato, Chiara è più bassa di Biagio ma è più alta di Andrea. Chi è la persona che occupa la posizione mediana in altezza?**

A Donato
B Andrea
C Chiara
D Biagio
E Fausto

32 **"L'analisi del tessuto non ha permesso di dimostrare l'impossibilità che l'abito risalga al primo Quattrocento". Qual è il significato corretto dell'affermazione precedente?**

A È impossibile che l'abito risalga al primo Quattrocento
B L'analisi del tessuto non ha dimostrato che l'abito non risale al primo Quattrocento
C L'analisi del tessuto ha dimostrato che l'abito non può risalire al primo Quattrocento
D L'analisi del tessuto ha dimostrato che l'abito risale al primo Quattrocento
E È molto probabile che l'abito risalga al primo Quattrocento

33 **Negare la frase "Almeno uno degli hotel di Londra ha la Spa" significa affermare che:**

A a Londra tutti gli hotel hanno la Spa
B Londra è l'unica città senza un hotel con la Spa
C a Londra nessun hotel ha la Spa
D a Londra non vi sono hotel
E a Londra quasi tutti, ma non tutti, gli hotel hanno la Spa

34 **Enrica è la sorella di Lorenzo; Francesco è il figlio di Bernardo; Lorenzo è il figlio di Francesco. Da tali premesse è possibile dedurre che Francesco è:**

- A il figlio di Lorenzo
- B il fratello di Lorenzo
- C il fratello di Enrica
- D il figlio di Enrica
- E il padre di Enrica

35 **Tiziano è il fratello di Lanfranco; Lanfranco è il figlio di Leandro; Leandro è il papà di Simona; Fabio è il figlio di Lanfranco. Da tali informazioni è possibile dedurre che:**

- A Simona è sorella di Tiziano
- B Fabio e Tiziano sono fratelli
- C Leandro è zio di Fabio
- D Fabio e Simona sono fratelli
- E Fabio è lo zio di Simona

36 **In un gruppo di 12 amici, c'è chi sa suonare la chitarra, suonare il piano o fare entrambe le cose. Se 9 suonano la chitarra e 7 il piano, quanti sono gli amici che sanno suonare entrambi gli strumenti?**

- A 2
- B 4
- C 7
- D 6
- E 3

37 **In un gruppo di 24 amici, c'è chi pratica calcio, tennis, pallavolo. Se 18 giocano a calcio, 15 a tennis, 17 a pallavolo, quanti sono, al minimo, gli amici che praticano tutti e tre gli sport?**

- A 16
- B 8
- C 4
- D 12
- E 2

38 **Completare correttamente il seguente sillogismo: "Tutti gli acrobati sono atletici. Tutti gli acrobati sono uomini. Dunque .... sono atletici".**

- A alcuni uomini
- B tutti gli acrobati
- C gli uomini che non sono acrobati
- D alcuni acrobati
- E tutti gli uomini

39 **"Tutti i calciatori sono sportivi; Marco è sportivo; tutti gli sportivi sono educati e gioviali; tutte le persone che amano gli scacchi sono gioviali".**

Se le precedenti affermazioni sono vere, quale delle seguenti non è possibile dedurre con certezza?

- A Marco è educato
- B I calciatori sono gioviali
- C Marco è gioviale
- D Marco ama gli scacchi
- E I calciatori sono educati

40 **Negare la frase "Nessun minore di 18 anni può entrare in discoteca dalle 23:00 alle 4:00" significa affermare che:**

- A la discoteca è chiusa dalle 23:00 alle 4:00
- B tutti i minori di 18 anni possono entrare in discoteca dalle 23:00 alle 4:00
- C almeno un minore di 18 anni può entrare in discoteca dalle 23:00 alle 4:00
- D soltanto i maggiorenni possono entrare in discoteca dalle 23:00 alle 4:00
- E chiunque paghi il biglietto può entrare in discoteca

10.7 Soluzioni e commenti

1 La risposta corretta è la C: in un certo istante Annamaria inizia la cura assumendo la prima pastiglia; dopo 30 minuti assume la seconda e dopo altri 30 minuti assume la terza. Pertanto il tempo intercorso tra l'assunzione della prima pastiglia e l'ultima è pari a un'ora.

2 "Solo se" indica che si è in presenza di una condizione necessaria, per cui "A" (nevicare) è necessario per avere "B" (indossare sciarpa e cappello). In questo caso si può affermare sempre con certezza che se non accade "A" non si può avere "B" e che se "B" è accaduto allora certamente prima si è verificato "A". La soluzione è quindi la C: se non nevica, non indosso sciarpa e cappello.

3 La frase ha una struttura del tipo "se A allora B", quindi "A" è una condizione sufficiente, cioè basta, per avere sicuramente "B". In questo caso, quindi "A" da sola non si può presentare, perché "ogni volta" che accade "A" (fumare troppo) allora certamente accade anche "B" (avere mal di testa). Si può, quindi, dedurre con certezza che se la conseguenza "B" non si è verificata, allora certamente non si è verificata neanche la condizione "A" (che se ci fosse stata avrebbe avuto certamente "B" come conseguenza). Se quindi "se non mi viene mal di testa allora non ho fumato troppo": la E è la soluzione del quesito.

4 L'espressione "se e solo se" indica che si è in presenza di una condizione sia sufficiente, sia necessaria: mangiare la pizza è sufficiente, ma anche necessario per sentirsi gonfio. Certamente è quindi vera l'alternativa D (soluzione del quesito): se mi sento gonfio è perché ho mangiato la pizza.

5 Per negare una condizione sufficiente si deve poter affermare che "A" non è sufficiente, cioè non porta sempre a "B". Si deve quindi poter affermare che non tutte le volte che accade "A" allora si ha "B" come conseguenza, perciò, almeno una volta si è avuto "A" senza "B": quindi quanto affermato dall'alternativa **A** (soluzione del quesito) e cioè "anche se batte la Juventus l'Inter potrebbe non arrivare prima".

6 Si vuole negare il fatto che tutti i passerotti che beccano non volano (quindi che è condizione sufficiente essere un passerotto che becca per non volare). Per poterlo negare si deve poter affermare che esiste almeno un passerotto che becca e che vola (**B** soluzione del quesito).

7 Dire che "non c'è vaso senza fiori" vuol dire che tutti i vasi hanno almeno un fiore, quindi l'alternativa **D** è la soluzione del quesito.

8 Si può rappresentare la relazione tra i termini proposti nel seguente modo:

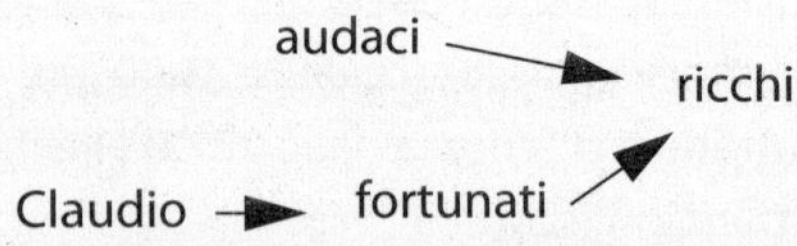

da cui si osserva come i due gruppi audaci e fortunati (tra cui Claudio) sono entrambi ricchi, ma nulla si può dire sul rapporto che li lega tra loro (potrebbero essere due gruppi distinti, che si intersecano, oppure addirittura essere uno completamente inserito nell'altro). Si può dedurre che Claudio, essendo fortunato è ricco, ma non è detto che sia audace, come si può dedurre che chi è audace è ricco. Non si può, invece, dedurre che Claudio è audace (alternativa **E** soluzione).

9 Considerando la seconda e la terza affermazione, si può rappresentare la relazione tra i termini proposti nel seguente modo:

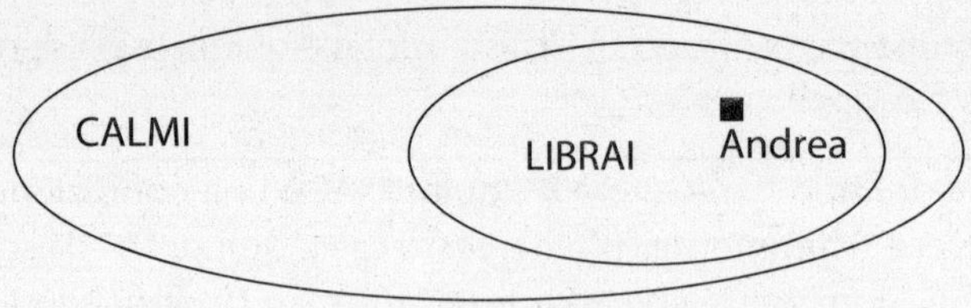

Di Riccardo si sa solo che è una persona calma, ma non si sa se fa o meno parte dei librai:

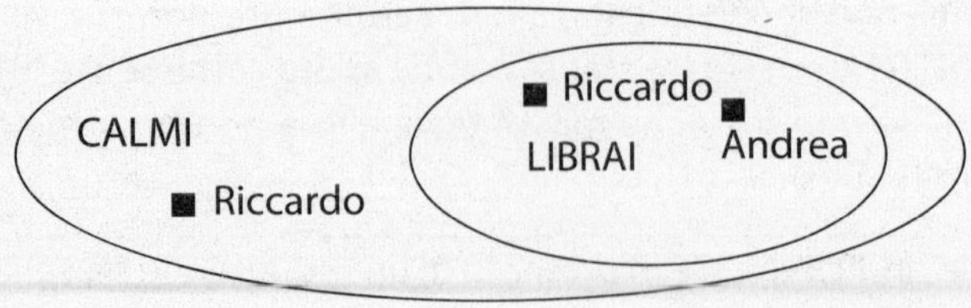

Si può, comunque, dedurre che Andrea, essendo libraio, è certamente calmo (**D** soluzione del quesito).

10 Se non esistono libri senza pagine, allora tutti i libri hanno almeno una pagina (E soluzione del quesito).

11 Se è corretto negare vuol dire che si deve negare, quindi "è falso che La Gerusalemme liberata non sia sta scritta da Torquato Tasso", per cui è vero che "è stata scritta". L'alternativa E è la soluzione del quesito.

12 Se è "assurdo negare" vuol dire che "si deve affermare" ciò che segue: si afferma che non esiste (l'inesistenza) di un tutore che si sia preso cura del minore (D soluzione del quesito).

13 Dire che "A" è la condizione necessaria e sufficiente affinché avvenga "B" è equivalente a dire che "se e solo se A allora B".

La soluzione al quesito è rappresentata quindi dall'alternativa D, che riporta correttamente tale forma.

Nel caso di condizione necessaria e sufficiente, cioè nel caso si abbia una frase del tipo "se e solo se A allora B" le cose che si possono dedurre sono:

- se non B allora non A;
- se B allora A;
- se non A allora non B.

14 La risposta corretta è la D. Si tratta infatti di un'affermazione del tipo: se è vero X, allora è vero Y. In questo tipo di affermazioni, X è *condizione sufficiente, ma non necessaria* affinché si verifichi Y. Ciò significa che dall'affermazione presentata si può dedurre: *se non è vero Y, allora non è vero X*. Con riferimento all'esercizio, si può solo dedurre quanto riportato dall'alternativa D. Non è invece possibile dedurre: *se è vero Y, allora è vero X* (cioè: se vi è un immediato incremento del prezzo del petrolio proveniente dalla regione del Golfo, allora vi è una contrazione dell'offerta dello stesso). Ciò equivarrebbe infatti a considerare X condizione necessaria e sufficiente affinché si verifichi Y (alternativa A).

Analogamente, non è possibile dedurre: *se non è vero X, allora non è vero Y*, che è quanto presentato dall'alternativa B. L'alternativa C è errata perché generalizza il concetto al di là del caso della regione del Golfo e dunque non può essere considerata come una logica deduzione di quanto affermato nel testo dell'esercizio.

15 Non commettere errori è condizione necessaria (quindi si deve verificare affinché si abbia anche la conseguenza) ma è anche sufficiente (quindi se si verifica certamente si ha la conseguenza) affinché Giovanni prenda la patente. Questo vuol dire che se commette errori (NON si verifica la condizione) non può prendere la patente e se l'ha presa certamente non ha commesso errori (infatti la condizione è necessaria), ma anche che se non ha preso la patente (non si è verificata la conseguenza) certamente ha commesso errori (non si è verificata la condizione): era infatti sufficiente non commettere errori per prendere la patente. La C è la soluzione del quesito.

16 La frase riportata nel testo dell'esercizio può essere riscritta come quella riportata nell'alternativa **C**, che è dunque la soluzione del quesito. Infatti, l'espressione "non è impossibile" equivale a "è possibile" e l'espressione "non abbia negato" corrisponde a "abbia affermato".

17 L'esercizio è molto particolare, perché, oltre a proporre la distinzione tra *condizione necessaria* e *condizione sufficiente*, mette in risalto come si debba fare molta attenzione a limitarsi, nel risolvere l'esercizio, alle nozioni proposte dal brano, senza far ricorso a nozioni o conoscenze esterne. In questo caso, infatti, il testo chiede di partire dalla premessa *assumendola per vera*, senza cioè verificare la sua corrispondenza alla realtà. Per l'ordinamento giuridico italiano, infatti, fino alla sentenza passata in giudicato l'imputato si presume innocente; questa consapevolezza, tuttavia, può essere nociva nel caso in esame e portare a conclusioni sbagliate. La risposta **A** è errata perché deduce dalla premessa la *necessaria conseguenza* che una persona viene necessariamente considerata innocente se non è ancora stata giudicata con sentenza definitiva, il che non è vero, data la premessa di cui sopra. La risposta **C** è sbagliata perché, capovolgendo il discorso, deduce dalla premessa che se una persona viene giudicata colpevole *necessariamente* c'è stata sentenza di condanna passata in giudicato, il che non è vero, dal momento che (sempre secondo l'argomentazione iniziale) si può essere considerati colpevoli anche prima che la sentenza lo stabilisca definitivamente. La risposta corretta è dunque la **B**: la premessa indica che si può essere considerati colpevoli anche se non si viene condannati con sentenza definitiva e quindi non è detto che si possa essere considerati innocenti finché non si è stati condannati.

18 L'argomentazione è composta da una constatazione (*Non vi è motivo di escludere la possibilità di vita su Urano*) e da una conclusione (*Dunque dobbiamo intraprendere l'esplorazione di questo pianeta*). Essendo le due strettamente legate, la logica sottostante è che se esiste la possibilità di vita su un pianeta, allora tale pianeta deve essere esplorato. In altre parole, la ricerca della vita è una ragione sufficiente per l'esplorazione dei pianeti (la risposta esatta è la **C**).

19 La soluzione al quesito è fornita dall'alternativa **C**. Infatti, sia l'insieme dei Delta sia quello dei Gamma appartengono in parte a quello dei Beta, ma la relazione fra Delta e Beta non è affatto certa. Volendo esemplificare con degli insiemi si può osservare che le relazioni possono dar luogo a diverse possibili configurazioni.

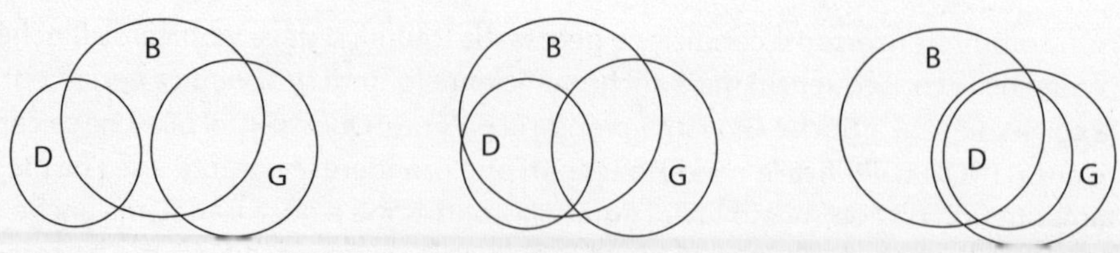

L'unica cosa che si può dedurre con certezza è, quindi, che "non è detto che ci siano Delta che siano anche Gamma".

20 In questo tipo di esercizi si procede per tentativi. Si deve sempre avere in mente che ci sono due persone che mentono e una, una sola che dice il vero. Si trova la soluzione quando si trova l'unica persona che dice il vero.

Si possono schematizzare le affermazioni dei tre nel seguente modo:

Lorenzo	$\nRightarrow$	Lorenzo
Marco	Þ	Flavio
Flavio	Þ	Lorenzo

La cosa che appare subito evidente è che l'affermazione di Marco deve essere per forza falsa. Qualora fosse vera, infatti, sarebbe vera anche quella di Lorenzo – non sono io il rapinatore – e si avrebbero così due affermazioni vere (conclusione che contraddice quanto riportato dal testo del quesito). Nulla di certo si può dire, invece, sulle altre due affermazioni, quella di Lorenzo e quella di Flavio. Se è vera quella di Lorenzo, allora le altre due sono false (ed è rispettata la condizione posta dall'esercizio), mentre se è falsa, allora quella di Flavio è vera (e quella di Marco è comunque sempre falsa). Stesso ragionamento si può fare analizzando l'affermazione di Flavio. Essendo l'affermazione di Marco l'unica identificabile come sicuramente falsa, l'alternativa **C** sarà la soluzione del quesito.

21 Perché risulti falso affermare che tutti gli atleti corrono velocemente, non è necessario che sia vero l'esatto opposto (cioè che nessun atleta sia veloce o tutti siano lenti come nelle risposte **B** o **C**). Per falsificare l'affermazione data, basta che esista almeno un atleta che non corre velocemente. La risposta corretta è la **D**.

22 Il testo dell'esercizio afferma che a nessuna persona sotto i 20 anni e in possesso di un diploma piace il teatro o il cinema. Quindi per poter dire che ciò è falso, è necessario che esista una persona che abbia meno di 20 anni in possesso di diploma a cui piace o il cinema o il teatro (è indifferente quale dei due). La soluzione al quesito è quindi fornita dall'alternativa **A**.

23 È possibile schematizzare le informazioni riportate nel testo nel seguente modo:

praticare sport ⟶ vivere bene ⟵ non fumare

Si osserva facilmente che l'unica alternativa che può fornire la soluzione del quesito è la **D**, infatti tutti coloro che non fumano vivono bene (essendo, quella di vivere bene, una caratteristica dei non fumatori).

24 Al primo turno gli incontri:

M vs N;
O vs P;
Q vs R;
S vs T;

vedono l'eliminazione dei secondi di ogni coppia (N, P, R e T). Al secondo turno, gli estremi in ordine alfabetico che perdono sono S ed M. In finale vince il secondo in ordine alfabetico e quindi tra O e Q la spunta quest'ultimo.

La soluzione al quesito è la **C**.

25 Se le biglie sono 9, conviene dividerle in tre gruppi da tre. Con la prima pesata di due gruppi si individua subito quello che contiene la biglia più leggera: infatti se i due piatti rimangono in equilibrio, la biglia cercata sarà nel gruppo non pesato, altrimenti sarà nel gruppo il cui piatto sale rispetto all'altro. A questo punto si prendono due delle biglie del gruppo individuato e si pesano; se i piatti rimangono in equilibrio, allora la più leggera è la biglia non pesata, altrimenti sarà quella il cui piatto sale rispetto all'altro. Con 2 pesate, quindi, Davide riesce a individuare la biglia cercata. La soluzione al quesito è fornita dall'alternativa **B**.

26 Partendo dalle alternative si nota come la serie proposta dall'alternativa **A**: 2043 non può essere la soluzione perché, sebbene sia coerente con la quarta informazione e quindi presenti 3 BP rispetto a 2543, è incoerente con la prima informazione avendo 3 MP rispetto a 1234 e non 1BP e 1MP. Seguendo lo stesso ragionamento è possibile scartare l'alternativa **B** (incoerente con la seconda informazione) e l'alternativa **D** (incoerente con la prima informazione). La soluzione è, invece, fornita dall'alternativa **C** che è coerente con tutte le informazioni fornite.

27 Si parta dal fondo: la pagina dello sport è la numero 30; le "lettere ai lettori" è sei pagine dopo, quindi a pagina 36, mentre la rubrica dedicata alla cucina è tre pagine prima, quindi a pagina 33. Poiché la pagina dell'articolo di cronaca è sette pagine prima di quest'ultima, allora tale pagina sarà la numero 26 (**B** soluzione del quesito).

28 Ogni volta che la lancetta dei minuti compie un giro, quella delle ore si sposta di un'ora. Ogni frazione di giro deve essere invece considerata in minuti (che non hanno una scala in centesimi ma in sessantesimi). Dire, per esempio, che la lancetta dei minuti compie 0,25 cioè 1/4 di giro, significa che si sposta di 1/4 di ora, cioè di 15 minuti. Se quindi si parte come nella figura dalle 4 e un quarto, dopo 11 giri e un quarto saranno le 3 e 30 minuti. Dopo ulteriori 19 giri e un quarto saranno, invece le 10 e 45 (infatti se si parte dalle 3 e 30 – il testo parla di ulteriori giri – dopo 19 giri saranno le 10 e 30 e a cui va sommato un altro quarto di giro). La soluzione al quesito è, dunque, correttamente proposta dall'alternativa **B**.

29 La risposta di Luca (*Se il numero dei miei cugini è divisibile per sei, allora è pari*) rappresenta una tautologia: è evidente che un numero divisibile per sei è anche pari. Trattandosi inoltre di un'ipotesi ("Se ...") tale risposta non offre alcuna informazione utile. Sono dunque da scartare sia l'alternativa **A** che la **B**. L'alternativa **C** è errata in quanto affermare che "Se il numero è divisibile per sei, allora è pari", non significa che se il numero non fosse divisibile per sei tale numero non sarebbe pari. In altre parole, potrebbe darsi il caso che il numero dei cugini di Luca sia pari pur non essendo divisibile per sei. La risposta esatta è quindi la **D**.

30 Il treno che viene da Monaco, partendo alle 6,00 e impiegando 5 ore giunge a Milano alle 11,00 e quindi riparte per Roma alle 11,30. Il treno per Lione, quindi, parte da Milano alle 12,20 e quello per Bologna alle 12,30. Quest'ultimo, avendo sostato per 20 minuti in stazione è giunto da Vienna alle 12,10. La **B** è la soluzione del quesito.

31 Per risolvere l'esercizio, si possono schematizzare le informazioni contenute nel seguente modo (le lettere corrispondono all'iniziale del nome):

$$B > C > A > D > F,$$

infatti Chiara è più bassa di Biagio ma più alta di Andrea che è più alto di Donato, a sua volta più alto di Fausto.

Poiché l'esercizio richiede chi, in termini di altezza, occupa la posizione mediana (Andrea) la soluzione al quesito è fornita dall'alternativa **B**.

32 È impossibile che l'abito risalga al primo Quattrocento? Sicuramente quindi l'abito non risale a quel periodo? L'analisi non ha permesso di dimostrarlo. L'analisi del tessuto, quindi, non ha dimostrato che l'abito non risale al primo Quattrocento (**B** soluzione del quesito).

33 Negare che "almeno uno degli Hotel di Londra ha la Spa", vuol dire affermare che nessun Hotel a Londra ha la Spa (**C** soluzione del quesito).

34 Francesco è il figlio di Bernardo ma anche il papà di Lorenzo e Enrica (**E** soluzione del quesito).

35 Leandro è il papà di Simona, di Lanfranco e quindi anche di Tiziano che sono quindi tre fratelli. Fabio, che è il figlio di Lanfranco, ha come zii Simona e Tiziano e come nonno Leandro.

È, dunque, vero quanto affermato dall'alternativa **A** (soluzione del quesito) e cioè che Simona è la sorella di Tiziano.

36 Se nessuno degli amici che suonasse il piano suonasse anche la chitarra e viceversa, allora i due gruppi sarebbero composti da persone tutte differenti. In questo modo, però si avrebbero 16 amici (9 + 7), mentre in realtà gli amici sono solo 12. Ci sono quindi 4 amici (16 – 12) che sono stati contati in entrambi i gruppi e suonano quindi entrambi gli strumenti. La **B** è la soluzione al quesito.

37 Si provi ad immaginare il numero massimo di persone che non fanno almeno uno sport. Se 18 ragazzi giocano a calcio allora sui 24 sono in 6 i ragazzi che non giocano a calcio. Se 15 sono quelli che giocano a tennis allora sono 9 quelli che non giocano a tennis e se 17 giocano a pallavolo sono 7 quelli che non giocano a pallavolo. Se anche i ragazzi che non fanno uno dei tre sport sono diversi da quelli che non ne fanno un altro, se cioè i tre gruppi da 6, 9 e 7 ragazzi fossero composti da tre gruppi di persone diverse si avrebbero in tutto al massimo 6 + 9 + 7 = 22 ragazzi che non fanno almeno uno sport. Essendo però i ragazzi 24 ce ne devono essere minimo 2 che li fanno tutti e tre (**E** soluzione del quesito).

38 Se tutti gli acrobati sono atleti ma sono anche uomini:

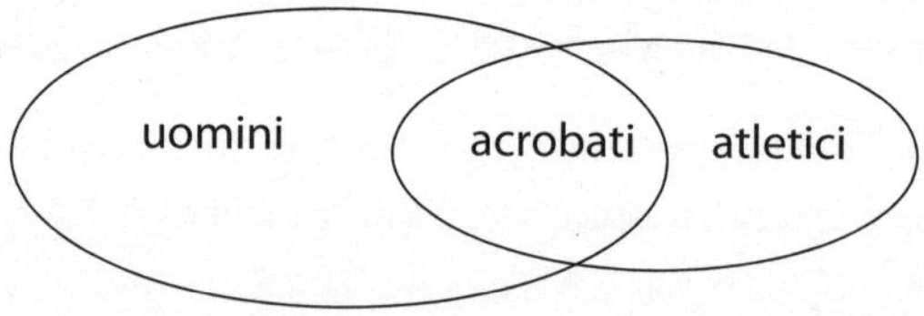

allora certamente alcuni uomini sono atletici (A soluzione del quesito). Si faccia attenzione all'alternativa B (tutti gli acrobati) che non è un completamento del sillogismo, come richiesto dall'esercizio, ma una ripetizione di quando già detto da una delle premesse,

39 Anche in questo caso, per risolvere rapidamente l'esercizio è utile rappresentare le informazioni contenute nel testo del quesito in modo schematico:

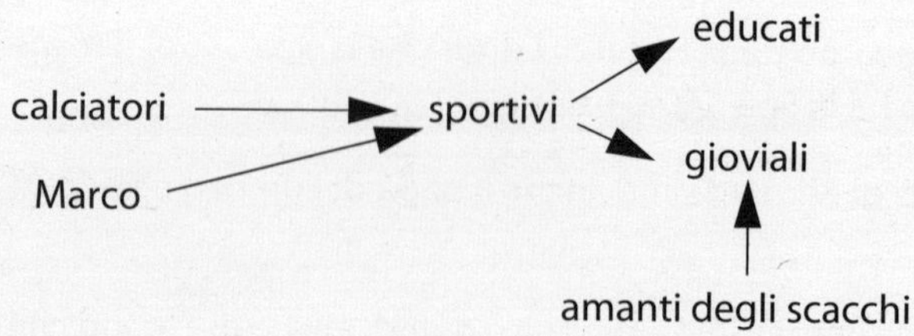

Da questo schema si può facilmente dedurre che Marco è educato e gioviale (A e C vere) e che i calciatori sono gioviali ed educati (B ed E vere). Ciò che non è possibile affermare con certezza è che Marco ami gli scacchi (non è infatti detto che tutte le persone gioviali amino gli scacchi). La soluzione al quesito è quindi fornita dall'alternativa D.

40 Se è è falso che nessun minore di 18 anni può entrare in discoteca dalle 23:00 alle 4:00 allora almeno un minore di 18 anni può entrare in quella fascia oraria (C soluzione del quesito).

10.8 Esercizi proposti

1 Francesco possiede 7 palline che sembrano tutte uguali ma in realtà una ha un peso maggiore rispetto alle altre. Con una bilancia a due piatti, qual è il numero minimo di pesate che Francesco deve necessariamente fare per individuare con certezza la sfera più pesante?

A 2
B 3
C 1
D 4

2 L'autopsia eseguita non ha permesso di eliminare la possibilità che la morte del paziente non fosse dovuta all'infezione post-operatoria.

La precedente affermazione è logicamente equivalente a:

A il paziente è sicuramente morto a causa dell'infezione post-operatoria
B il paziente non può in alcun caso essere morto a causa dell'infezione post-operatoria
C è escluso che il paziente sia morto a causa dell'infezione post-operatoria
D l'infezione post-operatoria è l'unica causa di morte dei pazienti operati
E è possibile che il paziente non sia morto a causa dell'infezione post-operatoria

3 "Se Marina sta parlando al telefono, allora Mauro e Franco stanno guardando la televisione". Se l'affermazione precedente è vera, allora è necessariamente vero che:

A se Marina non sta parlando al telefono, allora Franco e Mauro non stanno guardando la televisione
B se Franco non sta guardando la televisione, allora Marina non sta parlando al telefono
C se Mauro sta guardando la televisione, allora Marina sta parlando al telefono
D se Marina non sta parlando al telefono, allora Franco o Mauro non stanno guardando la televisione

4 In un gruppo di amici, c'è chi ha l'hobby del cinema, chi ha l'hobby del teatro o entrambi gli hobby. Se il 70% degli amici ha l'hobby del cinema, il 60% ha l'hobby del teatro, quale percentuale degli amici ha entrambi gli hobby?

A 40% B 15% C 30% D 20% E 10%

5 La madre di Gustavo gli ha chiesto di andare dal fruttivendolo a ritirare 9 cassette di mele. Potendo portare sulla bici solo due cassette alla volta, quante volte Gustavo deve andare e tornare dal negozio?

A 4,5
B 6
C 5
D 4

6 "Prima di andare a Milano, Nicoletta deve trovare un alloggio". Se l'argomentazione precedente è vera, quale delle seguenti è certamente vera?

A Se Nicoletta va a Milano, allora ha trovato un alloggio
B Se Nicoletta non trova un alloggio, potrebbe comunque andare a Milano
C Se Nicoletta non va a Milano, allora non ha trovato un alloggio
D Se Nicoletta trova un alloggio, allora andrà a Milano

7 "In tutti i negozi d'Italia con almeno due commessi vi è certamente un commesso straniero". Se l'affermazione precedente è vera, è necessariamente vero che:

A nei negozi italiani, se un commesso è italiano e non ha come collega un commesso straniero, allora è l'unico commesso del negozio
B nei negozi italiani ogni commesso straniero ha come collega un commesso italiano
C nei negozi italiani, se un commesso è straniero e non ha come collega un commesso italiano, allora è l'unico commesso del negozio
D non è possibile che in Italia un negozio abbia due commessi italiani

8 Il piccolo Alessio sta giocando con 529 tessere di legno colorato, tutte a forma di triangolo equilatero e aventi le stesse dimensioni. Costruisce con tutte le tessere, affiancandole, un grande triangolo equilatero. Considerando il lato di ogni tessera come unità di misura u, quanto vale il perimetro del triangolo ottenuto?

A 46 u
B 23 u
C 69 u
D 72 u

9 Francesca è alta. Le bionde sono tutte carine. Le persone alte sono agili.
Se le precedenti informazioni sono corrette, quale delle seguenti informazioni addizionali non consentirebbe di concludere che Francesca è carina?

A Francesca è agile
B Francesca è bionda
C Le persone alte sono bionde
D Le persone agili sono bionde
E Nessuna delle altre alternative proposte

10 Alberto è più alto di Davide, Eugenio è più basso di Davide, Carla è più bassa di Basilio ma è più alta di Alberto. Chi è la persona che occupa il posto intermedio in altezza?

A Davide
B Alberto
C Carla
D Basilio
E Eugenio

11 **Un ragno deve superare un muro alto 30 metri. Di giorno sale per 3 metri, ma di notte quando dorme scivola giù di 2 metri. Quanti giorni impiegherà il ragno ad arrivare in cima al muro?**

- A 30
- B 28
- C 24
- D 31
- E 33

12 **La maestra dice a Pierino: "Se risolvi correttamente due esercizi su cinque, ti darò la sufficienza". Pierino non prende la sufficienza. Dunque, necessariamente Pierino:**

- A ha risolto correttamente un esercizio
- B ha risolto correttamente un esercizio e ne ha sbagliato un altro
- C non ha risolto correttamente nessun esercizio
- D ha risolto due esercizi, ma con errori
- E ha risolto correttamente al più un esercizio

13 **Quando esce di casa, la signora Pazzerelli porta con sé l'ombrello se splende il sole e gli occhiali da sole se nevica. Si può dedurre allora che:**

- A se la signora Pazzerelli non porta con sé gli occhiali da sole, non nevica
- B se la signora Pazzerelli non porta con sé l'ombrello uscendo di casa, nevica
- C se la signora Pazzerelli porta con sé l'ombrello uscendo di casa, allora splende il sole
- D se non splende il sole, la signora Pazzerelli non porta con sé l'ombrello uscendo di casa
- E se non splende il sole e non nevica, la signora Pazzerelli porta con sé ombrello ed occhiali da sole

14 **Carlo, Dario, Paolo e Ugo sono quattro atleti che partecipano a una gara di velocità su pista. Se:**

- **Paolo arriva prima di Carlo;**
- **Carlo arriva prima di Dario;**
- **Ugo arriva prima di Carlo;**
- **la corsa non è stata vinta da Ugo;**

quale, tra le seguenti affermazioni, NON è corretta?

- A Paolo è il vincitore della corsa
- B Ugo non è arrivato per ultimo
- C Ugo è arrivato dopo Dario
- D Ugo è arrivato prima di Dario
- E L'ordine di arrivo non è alfabetico

15 **«Nel liceo di Fausto ogni ragazzo gioca a calcio e a pallavolo».**

Se la precedente affermazione è falsa allora è sicuramente vero che:

A esiste almeno un ragazzo del liceo di Fausto che non gioca né a calcio né a pallavolo
B esiste almeno un ragazzo del liceo di Fausto che non gioca a calcio
C esiste almeno un ragazzo del liceo di Fausto che non gioca a pallavolo
D esiste almeno un ragazzo del liceo di Fausto che non gioca a calcio o a pallavolo
E nessun ragazzo del liceo di Fausto gioca a calcio o a pallavolo

16 **«In base alle informazioni in suo possesso, l'investigatore non può non negare che è falso quanto affermato dal suo informatore, il quale dichiarò di non conoscere l'autore della rapina di ieri».**

Basandosi sulla precedente affermazione, individuare quale delle seguenti alternative è esatta.

A L'informatore conosce l'autore della rapina di ieri
B L'informatore non conosce l'autore della rapina di ieri
C Non è possibile sapere se l'informatore conosce l'autore della rapina di ieri
D Nessuna delle precedenti alternative è corretta

17 **Il giorno in cui domani sarà ieri, l'oggi disterà tanti giorni da sabato quanti ne distava l'oggi il giorno in cui ieri era domani. Che giorno è oggi?**

A Domenica
B Sabato
C Lunedì
D Mercoledì
E Martedì

18 **A una festa partecipano 8 studenti, i quali complessivamente possiedono 17 cellulari. Determinare quale delle seguenti affermazioni è sicuramente vera.**

A C'è un unico ragazzo che possiede almeno 3 cellulari
B Almeno un ragazzo possiede esattamente 3 cellulari
C C'è un unico ragazzo che possiede esattamente 3 cellulari
D Almeno un ragazzo possiede almeno 3 cellulari
E Nessun ragazzo possiede più di 3 cellulari

19 **Se è vero che «tutti i fiori che ho comprato sono rose eccetto tre; tutti i fiori che ho comprato sono gladioli eccetto tre; tutti i fiori che ho comprato sono orchidee eccetto tre; tutti i fiori che ho comprato sono primule eccetto tre», quanti fiori ho?**

A Uno
B Due
C Tre
D Quattro
E Cinque

20 Quale fra le alternative seguenti risponde correttamente alla seguente domanda di logica?

Date le premesse, quale figura rappresenta la conclusione del sillogismo, corretta benché assurda?

- **Prima premessa: tutti i piloti sono calvi**
- **Seconda premessa: alcuni alpini sono piloti**

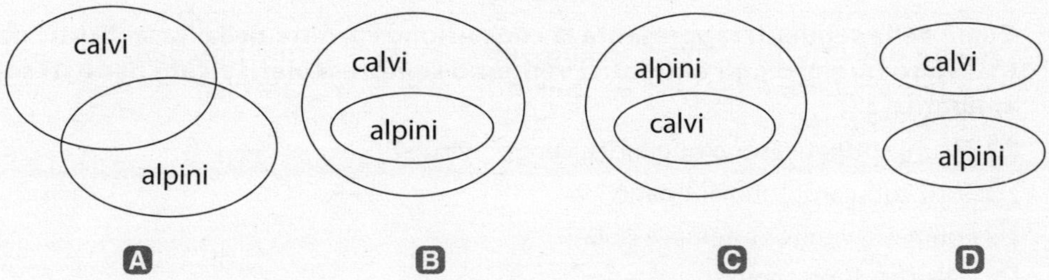

21 Negare la frase "Ogni gatto miagola" significa affermare che:

A se un animale non miagola allora non è un gatto
B almeno un gatto non miagola
C nessun gatto miagola
D c'è almeno un gatto che miagola
E ogni gatto non miagola

22 "È sbagliato negare che è falso che il poliziotto non abbia sparato". Sulla base dell'affermazione precedente, quale delle alternative proposte di seguito è certamente vera?

A Si può affermare con certezza che il poliziotto non ha sparato
B Il poliziotto ha sparato
C Non si sa se il poliziotto abbia sparato
D La frase proposta non ha senso
E Il poliziotto è stato verosimilmente punito per la sua condotta

23 "Tutti i familiari di Benedetta amano i dolci e tutti gli amanti dei dolci sono diabetici". Sulla base di queste informazioni, quale delle seguenti deduzioni è corretta?

A Mario è diabetico, quindi è un familiare di Benedetta
B Mario non è un amante dei dolci, quindi non è diabetico
C Mario non è familiare di Benedetta, quindi non è diabetico
D Mario è un amante dei dolci diabetico, quindi è un familiare di Benedetta
E Mario non è diabetico, quindi non è uno degli familiari di Benedetta

24 **La frase "Quando vado a lavoro mi diverto" implica una delle affermazioni elencate, indicare quale:**

- **A** se non mi diverto allora non sono andato a lavoro
- **B** se mi diverto allora sono andato a lavoro
- **C** può succedere che non mi diverto anche se sono andato a lavoro
- **D** non mi diverto pur essendo andato a lavoro
- **E** se mi diverto allora non sono andato a lavoro

25 **Quale delle seguenti rappresenta la conclusione corretta della frase "Tutti i dentisti sono bugiardi; gli antipatici vengono sempre isolati; alcuni dentisti sono antipatici"?**

- **A** Alcuni antipatici sono bugiardi e vengono isolati
- **B** Tutti i bugiardi sono antipatici
- **C** I bugiardi vengono sempre isolati
- **D** I dentisti sono sempre antipatici
- **E** Tutti i dentisti sono bugiardi e vengono sempre isolati

26 **"Affinché Paola risponda correttamente al test, occorre che si eserciti almeno 10 minuti al giorno". Se l'affermazione precedente è vera, quale delle seguenti deve essere vera?**

- **A** È sufficiente che Paola si eserciti almeno 10 minuti al giorno perché risponda correttamente al test
- **B** Se Paola si esercita almeno 10 minuti al giorno, allora risponde correttamente al test
- **C** Se Paola non ha risposto correttamente al test, allora non si è esercitata almeno 10 minuti al giorno
- **D** Se Paola non si esercita almeno 10 minuti al giorno, non risponde correttamente al test
- **E** Anche se Paola si esercita almeno 10 minuti al giorno, non risponde correttamente al test

27 **"Roberto avrà come regalo di compleanno lo smartphone nuovo se e solo se verrà promosso". Se la precedente affermazione è vera, allora è certamente vero che:**

- **A** se Roberto non verrà promosso, avrà come regalo di compleanno lo smartphone nuovo
- **B** se Roberto non avrà come regalo di compleanno lo smartphone nuovo, vorrà dire che non è stato promosso
- **C** condizione necessaria, ma non sufficiente, perché Roberto abbia come regalo di compleanno lo smartphone nuovo è che venga
- **D** anche se non viene promosso, Roberto riceverà in regalo lo smartphone nuovo
- **E** se Roberto verrà promosso, non avrà come regalo di compleanno lo smartphone nuovo

28 "Se fa caldo non indosso i calzini". Se la precedente affermazione è vera, allora è anche vero che:

A se non fa caldo, allora indosso i calzini
B non è sufficiente che faccia caldo perché non indossi i calzini
C se indosso i calzini, allora non fa caldo
D se non indosso i calzini, allora fa caldo
E non indosso i calzini solo quando fa caldo

29 Se Costanza è sorella di Marianna e Ludovico è figlio di Marianna e Gianfranco, quale tra le seguenti affermazioni è sicuramente vera?

A Gianfranco è figlio unico
B Costanza e Ludovico sono cugini
C Gianfranco e Costanza sono fratelli
D Ludovico è figlio unico
E Costanza è zia di Ludovico

30 Completare correttamente il seguente sillogismo: "Tutti gli imprenditori sono ricchi. Nessun ricco è una persona forte. Dunque .... è un imprenditore".

A qualche ricco
B soltanto un ricco
C qualche persona forte
D ogni ricco
E nessuna persona forte

31 In una casa editrice, in cui lavorano 125 redattori, stanno per essere pubblicate due nuove collane: Ammissioni universitarie e Concorsi pubblici. Sapendo che 80 redattori si occuperanno della collana Ammissioni universitarie, 70 della collana Concorsi pubblici, 15 di nessuna delle due collane, quanti redattori si occuperanno di entrambe le collane?

A 25
B 110
C 40
D 59
E 51

32 In un gruppo di 37 amici, c'è chi ha l'hobby della musica, della pallavolo o di entrambe. Se 15 fanno musica e 28 fanno pallavolo, quanti sono gli amici che fanno entrambe le cose?

A 15
B 12
C 6
D 14
E 9

33 **"Non c'è torta che non piaccia ai bambini. Non tutti i biscotti piacciono ai bambini. Ogni crostata è una torta. Ciò che Giada sta mangiando è una crostata". Queste informazioni implicano necessariamente che:**

A qualche torta non piace ai bambini
B ciò che Giada sta mangiando piace ai bambini
C Giada è una bambina
D alcune crostate non piacciono ai bambini
E Giada sta mangiando biscotti

34 **La frase "Chi va al mare sa nuotare" implica una delle affermazioni elencate, indicare quale:**

A almeno una delle persone che non sanno nuotare non va al mare
B soltanto i nuotatori vanno al mare
C almeno una delle persone che vanno al mare non sa nuotare
D chi non sa nuotare non va al mare
E chi non va al mare non sa nuotare

35 **La frase "Non c'è scarpa senza lacci" implica una delle affermazioni elencate, indicare quale:**

A tutte le scarpe hanno almeno un laccio
B non tutte le scarpe hanno i lacci
C ogni scarpa non ha un laccio
D non esiste almeno una scarpa senza lacci
E almeno una scarpa ha un laccio

36 **"Se Fabiana guarda la TV, allora Livia va a lavare i piatti". Se l'affermazione precedente è vera, quale delle seguenti deve essere vera?**

A Se Fabiana non guarda la TV, allora Livia va a lavare i piatti
B Se Livia non va a lavare i piatti, allora Fabiana guarda la TV
C Se Livia va a lavare i piatti, allora Fabiana guarda la TV
D Se Livia non va a lavare i piatti, allora Fabiana non guarda la TV
E Se Fabiana non guarda la TV, allora Livia non va a lavare i piatti

37 **L'affermazione "Ogni notaio ha superato almeno due concorsi pubblici", è falsa se e solo se:**

A esiste almeno un notaio che ha superato più di due concorsi pubblici
B esiste almeno un notaio che ha superato meno di due concorsi pubblici
C nessun notaio ha superato due concorsi pubblici
D qualche notaio ha sostenuto più di due concorsi pubblici
E ogni notaio ha superato almeno un concorso pubblico

38 **"Se Ezio torna a casa stanco, allora Michela prepara subito la cena". Se l'affermazione precedente è vera, quale delle seguenti è certamente vera?**

- A Michela prepara subito la cena solo se Ezio torna a casa stanco
- B Se Ezio non torna a casa stanco, allora Michela non prepara subito la cena
- C Se Michela non prepara subito la cena, vuol dire che Ezio non è stanco
- D Se Ezio torna a casa stanco, allora Michela non prepara la cena
- E Se Michela prepara subito la cena, allora Ezio è tornato a casa stanco

39 **Condizione sufficiente, ma non necessaria, affinché alla palestra "Tutti in forma" l'anno si concluda con un saggio dimostrativo è che le lezioni terminino entro la fine del mese di giugno. Determinare quale delle seguenti situazioni è incompatibile con l'affermazione precedente.**

- A Nel 2012 le lezioni sono terminate ad aprile, e poi non v'è stato nessun saggio dimostrativo
- B Da quando esiste la palestra "Tutti in forma" il saggio dimostrativo si è tenuto ad anni alterni
- C Nel 2002 un istruttore della palestra ha tenuto l'ultima lezione il 6 luglio, e poi non v'è stato nessun saggio dimostrativo
- D Nel 2014 un istruttore della palestra ha tenuto l'ultima lezione il 4 maggio e poi non v'è stato alcun saggio dimostrativo
- E Nel 2007 un istruttore della palestra ha tenuto l'ultima lezione il 6 luglio, e poi v'è stato il saggio dimostrativo

40 **"È necessario che il taxi sia in orario affinché Marco arrivi in tempo in aeroporto". Se l'affermazione precedente è vera, quale delle seguenti deve essere vera?**

- A Se Marco non arriva in tempo all'aeroporto, allora il taxi non è in orario
- B Se il taxi è in orario, allora Marco arriva in tempo all'aeroporto
- C Se il taxi non è in orario, allora Marco non arriva in tempo all'aeroporto
- D Se Marco arriva in tempo all'aeroporto, allora il taxi non è in orario
- E Se il taxi non è in orario, allora Marco arriva in tempo all'aeroporto

10.9 Tabella delle risposte

Domanda	Risposta	Domanda	Risposta
1	A	21	B
2	E	22	B
3	B	23	E
4	C	24	A
5	C	25	A
6	A	26	D
7	A	27	B
8	C	28	C
9	A	29	E
10	B	30	E
11	B	31	C
12	E	32	C
13	A	33	B
14	C	34	D
15	D	35	A
16	B	36	D
17	B	37	B
18	D	38	C
19	D	39	A
20	A	40	C

11 PROVE SIMULATE

Svolgere ognuna delle due seguenti simulazioni in un tempo massimo di 50 minuti.

11.1 Prima prova

1 **Sei dottori (Otorino, Oculista, Geriatra, Neurologo, Dermatologo, Diabetologo) siedono ad una tavola rettangolare, due da un lato, due dall'altro e due ai capitavola. L'Otorino è di fronte all'Oculista, il Neurologo è di fronte al Dermatologo. Se né il Neurologo, né l'Oculista siedono a capotavola, chi siede a capotavola?**

A Diabetologo e Otorino
B Otorino e Dermatologo
C Diabetologo e Geriatra
D Dermatologo e Geriatra

2 **Edoardo parla troppo. Adelaide è noiosa. Chi è noioso parla troppo. Se le precedenti affermazioni sono corrette, quale delle seguenti affermazioni NON rappresenta una conclusione corretta?**

A Tutti coloro che parlano troppo sono noiosi
B Adelaide parla troppo
C Non si può escludere che Edoardo sia noioso
D Chi parla poco non è noioso

3 **Completare la sequenza: .... – 251 – BBR – 112 – ZRB – 521**

A RZB
B ZBR
C BZR
D RRZ

4 **Fiorenzo dice il falso solo a Pacifico, che solo a lui dice il vero. Lucio dice il falso, ma non a Pacifico. Se uno dei tre dice all'altro "Sei veramente integerrimo" ciò è:**

A vero, se Fiorenzo lo dice a Lucio
B falso, se Pacifico lo dice a Fiorenzo
C vero, se Lucio lo dice a Fiorenzo
D vero, se Fiorenzo lo dice a Pacifico

5 **Se la sequenza è "maiuscolo minuscolo", quale riga è scritta in modo corretto?**

A YbFvDiHjLoNhHvgTxWsZwAm
B FtKgBigTxDeQsAwFrCgTvSmBi
C TsEvFsXiUhYoLnGvZwSqArSw
D TeSaDuiRbTfUmNoYjHtRplIMk

6 **Se H=32, R=4, N=40, S=64, E=4, quanto vale (N+S+H)/(R+E)?**

A 17 B 14 C 18 D 19

7 **Gli scrutini sono iniziati alle 9,25, sono stati sospesi alle 13,12, sono ripresi alle 15,45 e si sono conclusi con 11 minuti di anticipo sul previsto orario delle 17,30. Quanto sono durati gli scrutini?**

A 6 ore e 11 minuti
B 5 ore e 21 minuti
C 7 ore e 11 minuti
D 5 ore e 32 minuti

Nei seguenti esercizi, individuare la serie di numeri che segue la stessa logica proposta nelle righe contraddistinte dal "più" ma non dalle righe contraddistinte dal "meno".

8

34	12	più
55	25	più
18	9	meno
22	11	meno

A 26, 8
B 43, 12
C 24, 12
D 11, 9
E 56, 15

9

73	74	75	73	meno
84	94	95	84	meno
30	31	41	30	più
47	48	58	47	più
62	63	73	63	meno
98	99	99	98	meno

A 18, 19, 20, 18
B 71, 81, 82, 71
C 25, 26, 36, 25
D 23, 23, 24, 23
E 56, 57, 67, 67

10

21	65	25	16	più
18	22	82	12	meno
14	26	12	46	meno
17	41	11	74	più

- **A** 15, 38, 13, 58
- **B** 36, 52, 32, 65
- **C** 43, 36, 33, 46
- **D** 59, 13, 51, 93
- **E** 87, 19, 71, 89

11

49	13	più
77	14	più
66	19	meno
71	9	meno
19	10	più

A 61, 26 **B** 64, 11 **C** 94, 13 **D** 24, 66 **E** 11, 4

12

5	5	10	15	meno
3	7	10	21	meno
1	5	5	6	più
5	16	80	21	più

- **A** 18, 2, 20, 36
- **B** 2, 9, 11, 20
- **C** 25, 2, 50, 27
- **D** 14, 7, 21, 98
- **E** 9, 3, 12, 15

13 Individuare il termine mancante:

tentare	**magnificare**
?	**rinunciare**

- **A** lodare
- **B** provare
- **C** esagerare
- **D** riprovare
- **E** desistere

14 Individuare il termine mancante:

coro	**orco**
lirica	**?**

A orcio B carica C musica D larici E mostro

15 Individuare il termine mancante:

?	**addotto**
portato	**addomesticato**

A prestato
B tradotto
C posteriore
D regalato
E ammansito

16 Individuare il termine mancante:

pigrizia	**?**
tirchieria	**accidia**

A invidia
B denaro
C solerzia
D superbia
E avarizia

17 Individuare il termine mancante:

buono	**ottimo**
grande	**?**

A massimo
B maggiore
C più grande
D migliore
E sommo

18 Completare la seguente serie di numeri: 62, 66, 60, ?, 58
A 61
B 57
C 56
D 69
E 64

19 Completare la seguente serie di numeri: 1, ?, 18, 162, 171
A 25 B 19 C 23 D 9 E 1

20 **Completare la seguente serie di numeri: 972, 324, ?, 18, 3**

A 63
B 60
C 58
D 54
E 72

21 **Completare correttamente la seguente successione numerica: 29; 87; 75; 225; 213; 639; ?; ?**

A 627; 1.881
B 1.881; 626
C 627; 1.883
D 626; 1.886

22 **Individuare i numeri che completano correttamente la seguente successione: 13; 21; 10; 26; 7; 31; 4; 36; ?; ?**

A 41; 3
B 1; 39
C 40; 1
D 1; 41

Presso l'azienda ospedaliera Alfa la distribuzione del personale è riportata nel seguente grafico:

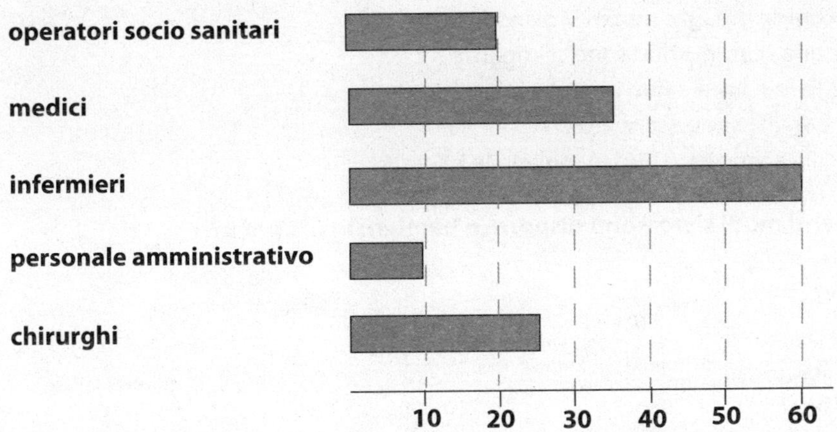

23 **Qual è il rapporto tra operatori socio sanitari e chirurghi?**

A 4/5
B 3/8
C 4/8
D 3/5

24 Che percentuale sono gli infermieri sul totale del personale dell'ospedale?

A 20%
B 70%
C 30%
D 60%
E 40%

25 Il personale amministrativo che percentuale è rispetto ai chirughi?

A 10%
B 25%
C 40%
D 50%
E 30%

26 "Se Lisa continua a fare di testa sua, prima o poi fallirà". Se l'affermazione precedente è vera, allora è vero anche che:

A se Lisa fallirà, sarà a causa di un passo falso
B se Lisa non fallirà, vuol dire che ha smesso di fare di testa sua
C se Lisa fallirà, sarà a causa della sua testardaggine
D se Lisa smette di fare di testa sua, avrà successo nella vita
E se Lisa non fallirà, significa che non ha smesso di fare di testa sua

27 Completare correttamente il seguente sillogismo: "Tutti gli scimpanzé mangiano le banane. Alcune scimmie non mangiano le banane. Dunque ....".

A alcuni scimpanzé non mangiano frutta
B alcune scimmie non sono scimpanzé
C tutte le scimmie non mangiano le banane
D le banane sono scimpanzé
E alcuni scimpanzé non mangiano le banane

28 In quanti modi si possono disporre 6 bambini in fila per 6?

A 216
B 120
C 36
D 720
E 776

29 Indicare in quale delle seguenti alternative è presente una sola volta il gruppo di lettere "kklm" (esattamente come riportato tra virgolette).

A dfgtreklkmszdwrdfdgfg
B dfgtrekklmszdwrdfdgfg
C dfgtrekkldszdwrdfdgfg
D dfgtreldkkszdwrdfdgfg

30 Quale delle seguenti parole conserva senso compiuto se preceduta dalle lettere C, M, N, P?

A Atrio
B Iva
C Alma
D Anna

31 Il contrario di *stabilità* è:

A fermezza
B insicurezza
C stabilito
D solidità

32 Un sinonimo di *baldanzoso* è:

A veloce
B balconato
C tirannico
D fiero

33 Se EONE = 1, FANGA = 3 e BATATA = 3 allora a quale numero corrisponde CASISTICA?

A 4 B 6 C 5 D 3

34 In una scuola di ballo, 11 uomini sono invitati dall'insegnante a stringere la mano delle 11 donne con cui dovranno ballare il tango. Quante saranno complessivamente le strette di mano?

A 66
B 22
C 88
D 121
E 100

35 Un gruppo di amici, composto da 17 maschi e 11 femmine, è in viaggio. Per un errore nella prenotazione, 3 persone non possono alloggiare in albergo. Avendo una tenda da campeggio da 3 posti, decidono di estrarre i nomi di 3 amici per sistemarli in tenda. In quanti modi può avvenire l'estrazione per avere 3 femmine?

A 187
B 121
C 990
D 165
E 110

36 **"Marcello è italiano. Tutti gli artisti hanno molta fantasia. Tutti gli italiani hanno molta fantasia". Se le precedenti informazioni sono vere, quale ulteriore affermazione permetterebbe di concludere che Marcello è un artista?**

- **A** Chi ha molta fantasia è un artista
- **B** Nessuna: sono sufficienti le affermazioni fornite
- **C** Marcello ha molta fantasia
- **D** Chi ha molta fantasia è italiano

37 **"Se il tasso di inflazione scende sotto il 2%, allora il governatore della Banca Centrale europea abbassa il Tasso Ufficiale di Sconto". Se l'argomentazione precedente è vera, quale delle seguenti è certamente vera?**

- **A** Se il governatore della Banca Centrale europea alza il Tasso Ufficiale di Sconto, allora il tasso di inflazione sale
- **B** Se il governatore della Banca Centrale europea abbassa il Tasso Ufficiale di Sconto, significa che il tasso di inflazione è sceso sotto il 2%
- **C** Se il governatore della Banca Centrale europea non ha abbassato il Tasso Ufficiale di Sconto, vuol dire che il tasso di inflazione non è sceso sotto il 2%
- **D** Se il tasso di inflazione resta al 2%, allora il governatore della Banca Centrale europea non modifica il Tasso Ufficiale di Sconto

38 **Un segmento di 42 cm è diviso in due parti proporzionali ai numeri 2 e 5. Quanto misura la parte più corta?**

- **A** 30 cm
- **B** 21 cm
- **C** 12 cm
- **D** 6 cm

39 **Un maglione costava 56 euro e con i saldi il suo prezzo attuale è pari ai 3/4 del prezzo iniziale. A quanto ammonta lo sconto applicato?**

- **A** 42 euro
- **B** 14 euro
- **C** 25 euro
- **D** 40 euro

40 **Grazia ha tre sorelle: Sofia, Martina e Nadia e due fratelli: Dario e Valerio. Si sa che: I) Dario è il maggiore di tutti; II) Valerio è più grande di Martina e Nadia (non necessariamente in quest'ordine) ma più piccolo di Grazia e Sofia (non necessariamente in quest'ordine). In base alle informazioni precedenti è FALSO affermare che:**

- **A** Grazia è più grande di Nadia ma più piccola di Valerio
- **B** Grazia è più grande di Martina
- **C** Sofia è più grande di Nadia
- **D** Martina è più piccola di Sofia

41 **Se "Vagare di fiore in fiore = 20.000" E "Se son rose, fioriranno = 19.000" ALLORA "Essere un fiore di serra = ?".**

A 19.000
B 20.000
C 21.000
D 22.000

42 **Quanti anagrammi distinti si possono formare con le lettere della parola ORO?**

A 3
B 9
C 27
D 2
E 6

43 **Individua tra i seguenti un contrario di "rivelare":**

A occultare
B proteggere
C agevolare
D mostrare
E denunciare

44 **La distanza tra due località è di 45 km. Su una cartina con scala di 1:300.000, quanto distano le due località?**

A 60 cm
B 3 cm
C 45 cm
D 15 cm
E 6 0cm

45 **Andrea e Marco sono due podisti. Corrono al parco e procedono in versi opposti. Si incrociano rispettivamente alla velocità di 11 e 7 km/h. Quale distanza li separa dopo 40 minuti?**

A 16 km
B 5 km
C 6 km
D 18 km
E 12 km

46 Perché la biologia è differente?

Nonostante i sensazionali sviluppi di cui si è resa protagonista - come la genetica, la teoria dell'evoluzione e la biologia molecolare - la biologia ha continuato a essere trattata alla stregua di un mero derivato delle scienze fisiche. Ben pochi filosofi hanno capito che tanto la meccanica quanto tutte le discipline scientifiche postgalileiane possedevano due tipi di caratteristiche. Si tratta, nel primo caso, di caratteristiche condivise da tutte le discipline scientifiche autentiche, tra cui l'organizzazione e la sistematizzazione delle conoscenze sulla base di principi esplicativi. Gli altri attributi rappresentano caratteristiche che risultano specifiche di un particolare settore scientifico o gruppo di discipline scientifiche. Nel caso della meccanica tra gli attributi salienti potremmo includere il ruolo rilevante della matematica, il fatto che le sue teorie si basino su leggi naturali, una tendenza assai più marcata di quella che si rinviene nella biologia al determinismo, al ragionamento tipologico e al riduzionismo. Nessuna di queste caratteristiche specifiche della meccanica, però, svolge un ruolo di primo piano in biologia, quando si tratta di formulare una teoria.

Quando iniziò a svilupparsi la filosofia della scienza, gli specialisti del campo diedero apparentemente per scontato che tutti i tipi di scienza fossero equivalenti, quanto al contenuto filosofico. Questo è il motivo per cui Galileo, Kant e, di fatto, la stragrande maggioranza dei filosofi della scienza hanno applicato alla biologia, senza modificazione alcuna, una filosofia che era stata plasmata sulla meccanica. Anzi, la stessa procedura è stata usata per tutte le scienze: antropologia, psicologia, sociologia e altre ancora, Invece, bisognerebbe analizzare accuratamente ogni disciplina, per riuscire a determinare se i suoi principi di base e le sue componenti siano adeguatamente coperti dalle spiegazioni della meccanica e, in senso lato, da quelle della fisica (da E. Mayr, *L'unicità della biologia*, Raffaello Cortina Editore).

Dalla lettura del brano precedente si evince che:

A ogni disciplina ha caratteristiche fondalmentalmente specifiche
B in biologia non serve la matematica
C la biologia deriva in tutto dalla fisica
D le varie discipline scientifiche non hanno nulla in comune tra di loro
E nessuna delle altre alternative proposte è corretta

47 In quale alternativa è presente la seguente sequenza di elementi?

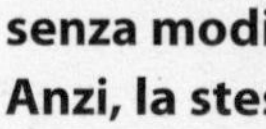

A >1IÂ>ÂRI>QRR
B ÂÂÂ1>Â7QQ77
C 1II>7R<R77I
D 1I,QI>Â7R<<

48 **Quale delle figure proposte integra la serie?**

- **A** Ø¶ÆÅ®
- **B** ®ØÅÆ¶
- **C** ¶ÅÆ®Ø
- **D** Ø¶ÅÆ®

49 **Individuare tra le alternative proposte quella che contiene una differenza rispetto alle righe seguenti:**

AF23-41XC-XXC4-SDFG

6387-GR19-9816-4484

1214-6789-HFGG-JJKN

- **A** AF23-41XC-XXC4-SDFG
- **B** 1214-6789-HFGG-JJKN
- **C** 6387-GR19-9816-4484
- **D** 1214-6789-HFGG-IIKN

50 **Quale dei seguenti termini, sostituito ai puntini, forma parole di senso compiuto? SENT(...) – (...)TTIVO.**

- **A** INA
- **B** ITO
- **C** ORE
- **D** ENZA

11.2 Tabella delle risposte

Domanda	Risposta	Domanda	Risposta
1	C	26	B
2	A	27	B
3	A	28	D
4	A	29	B
5	C	30	D
6	A	31	B
7	B	32	D
8	B	33	C
9	C	34	D
10	B	35	D
11	C	36	A
12	C	37	C
13	D	38	C
14	D	39	B
15	E	40	A
16	E	41	A
17	A	42	E
18	E	43	A
19	D	44	D
20	D	45	E
21	A	46	A
22	D	47	D
23	A	48	D
24	E	49	D
25	C	50	A

11.3 Seconda prova

1 **Achille, Brunilde, Cesare, Dafne e Raimondo siedono ad una tavola rotonda: Brunilde è tra Cesare e Achille. Se Achille non può sedere accanto a Dafne, chi siederà vicino a Raimondo?**

A Achille e Cesare
B Brunilde e Cesare
C Achille e Dafne
D Brunilde e Dafne

2 **Individuare la serie che risulti esattamente il contrario della seguente:**
150319722412197416067 3

A 37606149712142279130 51
B 37606147912142297130 51
C 37606147912142279130 51
D 37660147912142279130 51

3 **In quale sequenza di lettere le "G" sono meno numerose delle "S"?**

A GTGNVTGNSVTS
B GPTGHSPTHSPS
C GVHGTGTSHSTS
D GGFGHSPHHSPS

4 **Completare la sequenza: PBF – 314 – FFP – .... – BPF – 134**

A 114
B 331
C 443
D 334

5 **Se ELEO = 1, FASTO = 3 e BACINO = 3 allora a quale numero corrisponde CADENZARE?**

A 6 B 4 C 5 D 3

Nei seguenti esercizi, individuare la serie di numeri che segue la stessa logica proposta nelle righe contraddistinte dal "più" ma non dalle righe contraddistinte dal "meno".

6

43	38	più
66	61	più
52	24	meno
32	29	meno

A 21, 14 B 46, 37 C 99, 90 D 25, 20 E 55, 44

7

20	8	7	18	meno
73	65	61	68	più
21	11	24	42	meno
15	7	3	10	più

- A 34, 26, 20, 27
- B 11, 21, 17, 23
- C 64, 54, 50, 57
- D 15, 7, 17, 28
- E 56, 48, 44, 51

8

42	31	32	22	meno
19	12	54	27	più
57	47	29	19	meno
24	18	61	50	più

- A 18, 9, 12, 6
- B 17, 13, 55, 51
- C 28, 41, 62, 12
- D 84, 16, 57, 29
- E 75, 25, 50, 15

9

5	9	3	7	più
2	6	2	10	meno
8	12	4	8	più
7	11	9	13	meno

- A 14, 18, 6, 10
- B 4, 8, 2, 6
- C 9, 14, 7, 11
- D 12, 16, 4, 8
- E 3, 8, 4, 7

10

35	55	41	49	più
37	39	40	36	più
45	55	41	48	meno
12	17	13	16	più

- A 41, 10, 36, 26
- B 41, 10, 35, 26
- C 41, 9, 49, 12
- D 51, 9, 35, 26
- E 51, 10, 35, 26

11 Individuare il termine mancante:

?	tardato
attardo	rimette

A tramite
B toglie
C termite
D tramuta
E tremate

12 Individuare il termine mancante:

?	terremoto
termometro	temperatura

A bussola
B altimetro
C velocimetro
D sismografo
E normografo

13 Individuare il termine mancante:

licenziato	licenzioso
?	assunto

A morigerato
B accettato
C depravato
D estromesso
E assente

14 Individuare il termine mancante:

grammo	?
miglio	peso

A tempo
B volume
C lunghezza
D forza
E muscolo

15 **Individuare il termine mancante:**

?	calmiere
tono	noto

A stalliere
B nota
C calmerei
D clamore
E cantiere

16 **Completare la seguente serie di numeri: 4, 8, ?, 80, 400**

A 60 B 24 C 50 D 40 E 14

17 **Completare la seguente serie di numeri: 62, 72, ?, 89, 96**

A 86
B 14
C 85
D 79
E 19

18 **Utilizzando l'alfabeto italiano, completare correttamente la seguente successione di lettere: B, C, Q, M, N, C, ?, ?**

A V; Z
B Q; M
C L; M
D L; H

19 **Utilizzando l'alfabeto italiano, completare correttamente la seguente successione di lettere: C, D, R, N, O, D, ?, ?**

A M; N B Z; A C M; I D R; N

Nel rispondere alle domande che seguono si considerino i dati riportati nella seguente tabella:

Prezzo di alcuni prodotti venduti nel negozio Motolandia, prima e dopo l'applicazione di uno sconto (prezzi espressi in euro).

Prodotti	Prezzo intero	Prezzo scontato
Parabrezza	180,00	126,00
Giacca	270,00	230,00
Guanti	28,00	18,20
Casco moto	300,00	260,00
Catena sicurezza	65,00	55,25

20 Quale percentuale di sconto è stata applicata al parabrezza?

A 20%
B 25%
C 30%
D 35%
E 40%

21 Quale percentuale di sconto è stata applicata ai guanti?

A 35%
B 20%
C 30%
D 50%
E 15%

22 Quale percentuale di sconto è stata applicata alla catena di sicurezza?

A 20%
B 17,5%
C 12,5%
D 15%
E 10%

23 Due treni procedono in versi opposti, si incrociano rispettivamente alla velocità di 170 e 70 km/h. Quale distanza li separa dopo 30 minuti?

A 120 km
B 45 km
C 30 km
D 240 km
E 60 km

24 Se un treno procede con 4 minuti di ritardo e perde tre secondi al minuto, quanti minuti occorreranno al treno per avere 1 ora di ritardo?

A 1.200
B 1.120
C 1.230
D 1.600
E 1.400

25 In una carta topografica, la distanza tra due località è 44 cm. Se la scala è di 1:1.000.000, quanto distano nella realtà le due località?

A 1.290 km
B 440 km
C 44 km
D 450 km
E 45 km

26 **Il contrario di *rude* è:**

- A rozzo
- B burbero
- C raffinato
- D grossolano

27 **Quale tra le seguenti è un sinonimo di *remissivo*?**

- A Superficiale
- B Docile
- C Semplice
- D Aggressivo
- E Astuto

28 **Riordinare le azioni proposte secondo la logica sequenza temporale: Rullare sulla pista = 1 – Avviare il motore = 2 – Atterrare = 3 – Entrare nella cabina di pilotaggio = 4 – Volare = 5 – Decollare = 6**

- A 5 – 3 – 4 – 1 – 2 – 6
- B 4 – 2 – 3 – 5 – 6 – 1
- C 4 – 2 – 1 – 6 – 5 – 3
- D 4 – 2 – 1 – 5 – 6 – 3

29 **Se le persone che frequentano un corso di pittura sono complessivamente 51, di cui 27 hanno un'età pari o superiore a 36 anni e 24 hanno un'età compresa tra 32 e 35, la percentuale di persone che ha 36 anni o più è circa il:**

- A 55,47%
- B 52,94%
- C 50,68%
- D 47,05%

30 **Se il valore di A è 56, quello di B è 2 diviso 4, quello di C è 43 e quello di D è 9 diviso 3, quanto vale A per B più il prodotto di C per D?**

- A 157
- B 119
- C 129
- D 167

31 **Per la festa di compleanno di Luigi, Alessandra ha acquistato 80 dolci tra sfogliatelle, cannoli, cassatine e babà. 46 non sono cannoli, 55 non sono babà e le sfogliatelle sono 3 in più delle cassatine. Quante sono le sfogliatelle?**

- A 4
- B 12
- C 11
- D 6
- E 5

32 **Silvia e Germano sono sposati da 15 anni. Silvia è la nuora di Giada e Luca è il nonno materno dei figli della coppia. Da tali premesse è possibile dedurre che:**

A Giada è la nuora di Silvia
B Luca e Giada sono cognati
C Luca è il padre di Germano
D Giada e Luca sono consuoceri
E Germano è il genero di Giada

33 **"Tutti i fioristi sono gentili. Mario è gentile. Tutti i fioristi sono pazienti". In base alle precedenti affermazioni, quale delle seguenti è necessariamente vera?**

A Mario è un fiorista
B Nessun fiorista è paziente e scortese
C Mario è paziente
D Tutte le persone pazienti sono gentili

34 **"Per avere la busta paga, è sufficiente rivolgersi in segreteria". Se l'affermazione precedente è vera, quale delle seguenti è certamente vera?**

A Per avere la busta paga, è necessario rivolgersi in segreteria
B Chi non si reca in segreteria non potrà avere la busta paga
C Rivolgendosi in segreteria è possibile avere la busta paga
D L'unico ufficio autorizzato alla consegna della busta paga è la segreteria

35 **La prossima settimana Anna deve incontrare: Loredana, Roberta, Marisa, Paola, Gianni e Simona e ha a disposizione solo le sere di venerdì, sabato e domenica. Anna decide quindi di incontrare due amici ogni sera. Per organizzare gli appuntamenti si deve, però, ricordare che: I) Roberta e Simona non vogliono incontrarsi tra di loro; II) Paola non può uscire il venerdì sera; III) Gianni può solo la domenica sera; IV) Marisa e Loredana escono solo insieme. In base alle precedenti affermazioni, per poter incontrate tutti e sei gli amici, quale delle seguenti persone Anna NON incontrerà sicuramente il sabato?**

A Simona
B Marisa
C Paola
D Roberta

36 **Una gonna costava 45 euro e con i saldi il suo prezzo attuale è pari ai 3/5 del prezzo iniziale. A quanto ammonta lo sconto applicato?**

A 30 euro
B 18 euro
C 27 euro
D 10 euro

Osservare il grafico seguente e rispondere alle relative domande.

Vendita delle copie di un volume nel primo semestre dell'anno a Milano

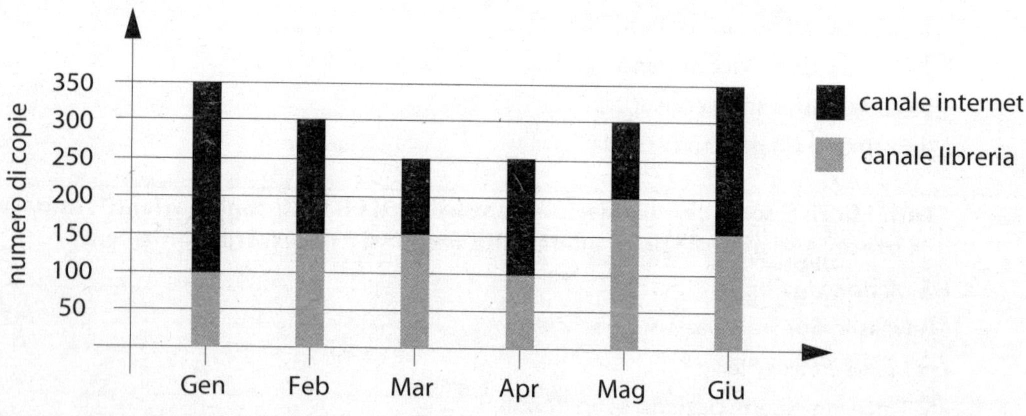

37 **Rispetto al totale di copie vendute del volume a Milano nel primo semestre dell'anno, il canale internet ha venduto un numero di copie:**

- **A** inferiore alla metà del totale delle copie vendute
- **B** pari alla metà del totale delle copie vendute
- **C** pari a 850
- **D** pari a più della metà del totale delle copie vendute
- **E** inferiore a quelle vendute nel canale libreria

38 **A febbraio la riduzione delle vendite del volume attraverso il canale internet è stata pari al:**

- **A** 40% delle copie vendute a gennaio nello stesso canale
- **B** 60% delle copie vendute a gennaio nel canale libreria
- **C** 30% delle copie vendute a gennaio nel canale internet
- **D** 65% delle copie vendute a gennaio in tutti i canali
- **E** 40% delle copie vendute a gennaio in tutti i canali

39 **A maggio le copie totali del volume vendute a Milano sono state pari a:**

- **A** 1/5 delle copie totali del volume vendute a Milano nei primi sei mesi dell'anno
- **B** 1/4 delle copie totali del volume vendute a Milano nel secondo trimestre dell'anno
- **C** 1/6 delle copie totali del volume vendute a Milano nei primi sei mesi dell'anno
- **D** 1/2 delle copie totali del volume vendute a Milano nel secondo trimestre dell'anno
- **E** alla metà delle copie totali del volume vendute a Milano nel mese precedente

40 **A una maratona si sono iscritte 235 persone, di cui: 183 uomini, 190 italiani, 204 biondi e 214 allenati. Qual è il numero minimo di uomini italiani?**

- A 45
- B 104
- C 138
- D 21
- E 31

41 **Per comprare un regalo a una loro comune amica, 4 amiche hanno deciso di lavorare, stabilendo che il guadagno sarebbe stato diviso equamente tra loro. Alessandra ha guadagnato 70 euro; Beatrice ha guadagnato 43 euro; Carla ha guadagnato 68 euro; Donatella ha guadagnato 119 euro e quindi deve dei soldi alle altre amiche. Quanto deve ricevere Beatrice da Donatella?**

- A 16 euro
- B 75 euro
- C 24 euro
- D 44 euro
- E 32 euro

42 **In una palestra ci sono 50 iscritti; non tutti sono maschi. Se però si prendono due iscritti qualsiasi, almeno uno dei due è maschio. Quanti sono i maschi iscritti in palestra?**

- A 47
- B 46
- C 45
- D 49
- E 48

43 **Le matite dei pittori antichi contenevano, come materiale base, piombo legato a stagno. [...] Erano di una lega tenerissima e [...] composte da una parte di stagno pestato e da due parti di piombo. Invece le nostre matite sono del tutto prive di piombo; sono fatte di grafite pestata. Poiché le prime miniere di grafite furono scoperte [...] attorno alla metà del Quattrocento, e poiché questo minerale non entrò subito nel commercio europeo, i disegni eseguiti con la grafite non possono essere anteriori al 1560-70 circa. Il falsario che voglia imitare disegni anteriori a quest'epoca può, quindi, cercar di evitare di essere scoperto fabbricandosi una matita di piombo e stagno fusi insieme secondo le antiche ricette; ma ben difficilmente la composizione dei due metalli sarà uguale a quella del piombo e dello stagno del Medioevo, che erano estratti con metodi primitivi e che rimanevano alquanto impuri. [...] A partire dalla metà dell'Ottocento, i metalli fondamentali che si trovano in commercio sono di una purezza sempre maggiore; e il**

tipo del piombo e dello stagno usati per la lega può così permettere una datazione. Anche la finezza dei tratti del disegno può costituire un indizio prezioso, poiché soltanto i materiali più recenti permettono di fare delle matite a punte finissime [...] (da Frank Arnau, *Arte della falsificazione dell'arte,* traduzione italiana Feltrinelli, Milano, 1961).

Stando alle indicazioni di Arnau, QUATTRO delle caratteristiche seguenti, tipiche di un disegno del XV secolo, deporrebbero per la sua falsità; si INDIVIDUI QUELLA CHE, di per sé, NON ESCLUDEREBBE l'autenticità.

A Presenza di grafite pressata nella matita con cui è stato eseguito
B Particolare finezza dei tratti con cui è stato eseguito il disegno
C Presenza minoritaria di stagno nella matita con cui è stato eseguito
D Presenza di piombo di notevole purezza nella matita con cui è stato eseguito
E Presenza di stagno particolarmente puro nella matita con cui è stato eseguito

44 In quale alternativa è presente la seguente sequenza di elementi?

A <,Â&"Q:>>„
B <Â&"Q:I<,Â&
C >ÂÂ&":I&>&>
D 1"QI1>&><<<

45 Quale delle figure proposte integra la serie?

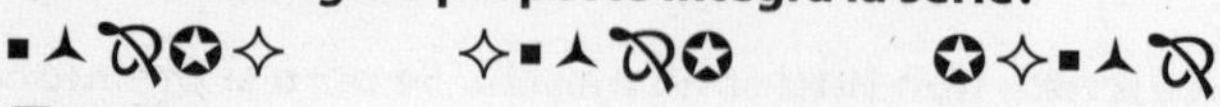 **?**

A ^{2}§©Îµ
B µ^2§©Î
C Îµ^2§©
D Îµ§©^{2}

46 Individuare tra le alternative proposte quella che contiene una differenza rispetto alle righe seguenti:

1234-67G5-DF56-4567

345F-SD34-7890-76TG

2345-DFT5-S345-2346

A 1234-67G5-DF56-4567
B 2345-DFT5-S345-2346
C 2345-DeT5-S345-2346
D 345F-SD34-7890-76TG

47 Indicare quale gruppo di lettere sostituito al posto dei puntini forma parole di senso compiuto.

MATR(...) – (...)VIA.

A ONA
B IGNA
C ICE
D OTTO

48 **Quali, tra i termini proposti, completano correttamente la seguente proporzione verbale?**
Normale : anomalo = X : Y

- A X = anormale; Y = inconsueto
- B X = anormalità; Y = normalità
- C X = eccezione; Y = regola
- D X = regolare; Y = inconsueto

49 **Individuare l'alternativa da scartare.**

- A Vile
- B Pauroso
- C Vigliacco
- D Impavido

50 **Nel parco giochi, lo scivolo sta tra l'altalena e la fontana. L'altalena si trova tra la fontana ed il dondolo. Conseguentemente:**

- A lo scivolo è più vicino all'altalena che al dondolo
- B la fontana si trova tra il dondolo e l'altalena
- C la fontana si trova tra il dondolo e lo scivolo
- D il dondolo è più vicino alla fontana che allo scivolo

11.4 Tabella delle risposte

Domanda	Risposta	Domanda	Risposta
1	C	26	C
2	C	27	B
3	B	28	C
4	C	29	B
5	C	30	A
6	D	31	B
7	E	32	D
8	B	33	B
9	A	34	C
10	E	35	B
11	C	36	B
12	D	37	D
13	A	38	A
14	C	39	C
15	C	40	C
16	D	41	E
17	D	42	D
18	A	43	C
19	B	44	B
20	C	45	C
21	A	46	C
22	D	47	B
23	A	48	D
24	B	49	D
25	B	50	A

APPENDICE

Di seguito si riportano tre argomenti: quesiti logici complessi, logica insiemistica e logica figurale che, sebbene non sono stati oggetto negli anni passati dei quesiti gestiti dal RIPAM, sono comunque stati utilizzati in altri concorsi.

Poiché le banche dati possono cambiare e arricchirsi anche di queste tipologie, si consiglia comunque la lettura delle pagine seguenti.

12 ESERCIZI LOGICI COMPLESSI

12.1 Relazioni mancanti

A questa tipologia di esercizi fanno riferimento quei quesiti che presentano alcuni enunciati che definiscono una serie di relazioni tra loro strettamente interdipendenti. Tali relazioni sono, però, prive di contenuto informativo, o quantomeno incomplete, se considerate isolatamente.

Il candidato deve, quindi, collegare tra loro le informazioni presentate, valutarne le relazioni e dedurre poi i dati non esplicitati.

Il problema è, dunque, quello di comprendere la struttura delle relazioni presentate e di dedurre da esse nuove informazioni, ossia le relazioni mancanti. Le tipologie di relazioni più frequenti sono:

successione temporale (esempio: X arriva prima di Y ma dopo di Z);

collocazione spaziale (esempio: X è a ovest di Y e a est di Z);

posizione gerarchica (esempio: X è superiore a Y ma subordinato a Z);

causa ed effetto (esempio: l'avvenimento X causa sempre l'avvenimento Y).

Alcune relazioni sono fisse o costanti (X è situato a est di Y), altre sono variabili (X deve essere assegnato a Y o a Z). In generale, le relazioni mancanti possono essere dedotte da quelle esplicitamente date.

Un esempio banale per chiarire il meccanismo: se X è alla sinistra di Y e Z è alla sinistra di X, allora anche Z è alla sinistra di Y.

ESEMPI

Leggere il testo del seguente problema e rispondere alle relative domande.

Sergio deve scegliere alcuni dei suoi sei amici (M, N, O, P, Q, R) con cui affrontare una escursione. Sergio non può portarli tutti e sa inoltre che:

- se sceglie M deve portare anche O;
- se sceglie N deve portare anche P;
- se sceglie Q deve portare anche R;
- M e Q non verranno mai insieme;
- N e O hanno litigato e non vogliono più fare un'escursione insieme.

---

1 Se le precedenti affermazioni sono vere, quanti possibili gruppi di tre amici (escluso lui), in cui sia presente N, potrà formare come possibili compagni di escursione?

A 1 **B** 2 **C** Nessuno **D** 3 **E** 4

Per risolvere il quesito, risulta utile semplificare le informazioni contenute nel testo nel seguente modo:

$M \rightarrow O$
$N \rightarrow P$
$Q \rightarrow R$
$M \not\leftrightarrow Q$
$N \not\leftrightarrow O$

Si presti attenzione alla direzionalità delle frecce. Dire, per esempio che M → O, significa dire che se si sceglie M si deve prendere anche O, ma non per forza il contrario (cioè se si sceglie O si può non prendere M).

Se si prende N, si deve prendere anche P. Quali altri amici possono far parte di questa squadra da 3 elementi che deve essere formata?

M non può perché porterebbe con sé O (incompatibile con N e si avrebbe inoltre un gruppo da 4 elementi); O non può perché è incompatibile con N; Q non può perché a quel punto si dovrebbe prendere anche R e si avrebbe un gruppo da 4 elementi e non da 3 come richiesto dall'esercizio.

L'unico gruppo da tre persone (ed è quindi uno solo) che si può formare con N come elemento, è quello composto da N, P e R. Si presti attenzione a quanto detto prima. Il fatto che se si sceglie Q si debba scegliere R non implica il suo contrario, per cui si può prendere R da solo, senza prendere anche Q. La soluzione al quesito è fornita dall'alternativa **A**.

---

2 In base alle informazioni contenute nel testo, quale delle seguenti affermazioni è sicuramente vera?

A Se Sergio sceglie N potrà sicuramente portare anche O
B Se Sergio sceglie Q non potrà sicuramente portare anche O
C Se Sergio sceglie P non potrà sicuramente portare anche R
D Se Sergio sceglie M non potrà portare anche N
E Se Sergio sceglie R deve portare anche Q

La **A** è palesemente errata. La **B** e la **C** sono errate in quanto non esistono preclusioni alla contemporanea presenza di Q e O da una parte e di P e R dall'altra. La **E** è errata in quanto se si sceglie Q si deve portare R, ma non è vero il contrario. La soluzione al quesito è fornita dall'alternativa **D**. Infatti, se Sergio sceglie M deve portare anche O, che è incompatibile con N.

Leggere il testo del seguente problema e rispondere alle domande successive.

Cecilia non sa quale attività avviare essendo indecisa tra l'aprire una pasticceria, un ristorante etnico, un ristorante macrobiotico o una pizzeria. Dopo una scrupolosa indagine di mercato ha stimato i costi di affitto locali ed arredi in: euro 21.000, euro 35.000, euro 40.000 e euro 43.000, non necessariamente in questo ordine e i costi per le attrezzature e i macchinari in: euro 15.000, euro 24.000, euro 33.000 e euro 37.000, non necessariamente in questo ordine.

Cecilia quantifica anche il personale di cui ha bisogno per l'avvio dell'attività in uno, tre, cinque e sette addetti, non necessariamente in questo ordine. È inoltre noto che:

- per l'avvio dell'attività per la quale occorrono tre addetti i costi stimati di affitto locali e arredi sono di euro 21.000 e quelli per le attrezzature e i macchinari sono inferiori a euro 24.000;
- gli addetti necessari per l'avvio del ristorante macrobiotico sono sette e i costi stimati per le attrezzature e i macchinari sono superiori a euro 33.000;
- l'apertura della pizzeria ha come costi stimati di affitto locali e arredi euro 43.000 e per questa non occorrono cinque addetti;
- per l'apertura del ristorante etnico i costi stimati di affitto locali e arredi sono euro 35.000 mentre quelli per le attrezzature e i macchinari non sono euro 24.000.

3 Quale attività richiede tre addetti?

A Il ristorante etnico
B La pizzeria
C Quella che ha come costi stimati per le attrezzature e i macchinari euro 24.000
D Quella che ha come costi stimati per le attrezzature e i macchinari euro 15.000

Per risolvere l'esercizio si costruisca una tabella che ha quattro colonne: tipo negozio, costo per arredi, costo per attrezzature e addetti:

Attività	Costo locali	Costo attrezzature	Addetti

Si provi ora e inserire le prime due informazioni, tenendo presente che, tra quelli proposti, i costi per attrezzature inferiori a 24.000 sono solo i 15.000 e quelli superiori a 33.000 sono solo 37.000:

Attività	Costo locali	Costo attrezzature	Addetti
	21.000	15.000	3
macrobiotico		37.000	7

Per l'apertura della pizzeria, che ha 43.000 euro di costi per locali, non occorrono 5 addetti (ma neanche 3, che occorrono al negozio che ha 21.000 euro di costi per locali, o 7 che occorrono al ristorante macrobiotico) e quindi ne serve certamente solo 1. Per l'apertura del ristorante etnico (i cui costi per locali sono 35.000) non occorrendo 24.000 euro per le attrezzature (ma neanche 15.000 o 37.000 euro) serviranno, per coprire tali costi, 33.000 euro:

Attività	Costo locali	Costo attrezzature	Addetti
	21.000	15.000	3
macrobiotico		37.000	7
pizzeria	43.000		1
etnico	35.000	33.000	

Per esclusione si può, quindi, completare la tabella nel seguente modo:

Attività	Costo locali	Costo attrezzature	Addetti
pasticceria	21.000	15.000	3
macrobiotico	40.000	37.000	7
pizzeria	43.000	24.000	1
etnico	35.000	33.000	5

è dunque vero quanto affermato dall'alternativa **D**, soluzione del quesito.

---

4 Sulla base delle informazioni fornite, occorre un solo addetto per l'avvio:

A dell'attività che ha come costi stimati di affitto locali e arredi euro 40.000

B del ristorante etnico

C l'attività che ha come costi stimati per le attrezzature e i macchinari euro 33.000

D della pizzeria

E nessuna delle altre alternative è corretta

Osservando la tabella costruita per rispondere al primo quesito si vede come sia la pizzeria l'attività il cui avvio necessita di un solo addetto (**D** soluzione del quesito).

---

5 Quale attività ha avviato Cecilia sapendo che è stata scelta quella che, in base ai costi stimati di affitto locali e arredi, è ultima in ordine decrescente?

A La pizzeria

B Il ristorante macrobiotico

C Il ristorante etnico

D La pasticceria

E nessuna delle altre alternative è corretta

È la pasticceria (**D** soluzione del quesito) l'attività che richiede il più basso esborso per l'affitto locali e arredi.

---

6 L'attività per cui i costi stimati per le attrezzature e i macchinari sono maggiori è:

A la pasticceria

B il ristorante etnico

C il ristorante macrobiotico

D l'attività per la quale occorrono cinque addetti

I costi più alti per le attrezzature (37.000 euro) sono quelli stimati per il ristorante macrobiotico (**C** soluzione del quesito).

Leggere il testo e rispondere alle domande seguenti.

Ognuna delle cinque case di produzione cinematografiche (Boss, Weather, Spoon, River e Eye) produce uno dei seguenti film: thriller, sentimentale, giallo, comico e drammatico (non necessariamente in quest'ordine) ciascuno con una durata diversa: 2 ore, 1 ora e 45 minuti, 1 ora e 30 minuti, 1 ora e 15 minuti e 1 ora (non necessariamente in quest'ordine).

Si sa inoltre che:

- la casa cinematografica Spoon ha prodotto il film drammatico;
- il film comico è quello che dura di più;
- il film prodotto dalla casa cinematografica River dura di più solo del thriller;
- il film sentimentale prodotto dalla casa cinematografica Boss dura 1 ora e 30 minuti.

7 In base alle precedenti informazioni, il film giallo:

A dura 1 ora e 45 minuti
B è stato prodotto dalla casa cinematografica Eye
C dura 1 ora e 15 minuti
D è stato prodotto dalla casa cinematografica Weather
E dura 1 ora

Per risolvere il quesito è utile riportare le informazioni del testo in una tabella con tre colonne, come la seguente:

Casa produzione cinematografica	Film	Durata

Così, se nella prima riga si possono inserire i dati relativi alla casa Spoon che ha prodotto il film drammatico, nella seconda si riportano i dati relativi al film comico che dura due ore (essendo il più lungo):

Casa produzione cinematografica	Film	Durata
Spoon	drammatico	
	comico	2 ore

La terza affermazione implica che il film dalla durata minore è il thriller (che dura quindi 1 ora) mentre il successivo, in termini di durata, è il file prodotto dalla River (che dura pertanto 1 ora e 15 minuti). Infine il film sentimentale, prodotto dalla casa Boss, dura 1 ora e 30 minuti:

Casa produzione cinematografica	Film	Durata
Spoon	drammatico	
	comico	2 ore
River		1 ora e 15 minuti
	thriller	1 ora
Boss	sentimentale	1 ora e 30 minuti

Per deduzione si possono quindi completare le colonne dei film e della durata:

Casa produzione cinematografica	Film	Durata
Spoon	drammatico	1 ora e 45 minuti
	comico	2 ore
River	giallo	1 ora e 15 minuti
	thriller	1 ora
Boss	sentimentale	1 ora e 30 minuti

L'affermazione corretta riguardante il film giallo è, quindi, quella fornita dall'alternativa **C** (soluzione del quesito).

---

8 In base alle informazioni del testo, quale delle seguenti affermazioni è certamente falsa?

A Il film drammatico dura 1 ora e 45 minuti
B Il film comico potrebbe essere stato prodotto dalla casa cinematografica Eye
C Il giallo è stato prodotto dalla casa cinematografica River
D Il thriller dura più del film sentimentale
E Una sola delle altre affermazioni è falsa

In base alla tabella costruita nel commento precedente, si osserva che il film drammatico dura effettivamente 1 ora e 45 minuti e che il film giallo è stato prodotto dalla casa cinematografica River. Dalla tabella non si ricava quale casa abbia effettivamente prodotto il film comico, ma certamente è una tra le case mancanti: la Weather e la Eye. Le affermazioni **A**, **B** e **C** sono quindi corrette.

È invece certamente errata l'alternativa **D** (soluzione del quesito) in quanto il thriller è il film che dura meno tra i cinque. Poiché la **D** è l'unica falsa allora è vera (e non è la soluzione cercata) anche la **E**.

9 Quale affermazione aggiuntiva consentirebbe di dedurre con certezza la casa cinematografica che ha prodotto il thriller?

- **A** Non servono affermazioni aggiuntive, quelle proposte dal testo sono sufficienti per individuare con certezza la casa produttrice
- **B** Il thriller non dura 1 ora e 45 minuti
- **C** La Eye non ha prodotto il film che dura di più
- **D** La Weather non ha prodotto il film che dura 1 ora e 45 minuti
- **E** La Spoon ha prodotto il film più lungo

Il thriller potrebbe essere stato prodotto o dalla casa cinematografica Eye o dalla Weather. Tra le alternative proposte, quella che consente di individuare con certezza la casa cinematografica del film è la **C** (soluzione del quesito). Infatti se la Eye non ha prodotto il film che dura di più (quello comico), allora ha prodotto sicuramente il thriller.

Leggere il testo del seguente problema e rispondere alle domande successive.

Otto ragazzi: Alberto, Barbara, Carlo, Dario, Enrico, Federica, Giovanna e Laura vanno al cinema insieme e si siedono in una fila i cui posti, partendo dal corridoio fino al muro, sono contrassegnati in modo progressivo da sinistra a destra dai numeri dall'1 all'8.

Si sa inoltre che:

- Federica occupa il posto 1 e siede due posti più a sinistra di Carlo;
- Enrico occupa il posto 8, quello più a destra;
- Giovanna siede tra Barbara e Laura;
- Dario, seduto accanto a Federica è tre posti più a sinistra di Giovanna.

10 Chi siede al posto contrassegnato dal numero 7?

- **A** Alberto
- **B** Barbara
- **C** Giovanna
- **D** Laura
- **E** Carlo

Per rispondere al quesito è opportuno utilizzare un grafico come il seguente, dove andare a inserire le diverse informazioni fornite dall'esercizio:

N. posto	1	2	3	4	5	6	7	8
persona								

Si sa per esempio che il primo posto a sinistra, quello contrassegnato dal numero 1 è occupato da Federica e il posto 3 da Carlo (prima informazione – Federica siede due posti più a sinistra di Carlo) mentre Enrico occupa l'estremo opposto (seconda informazione). Si può, quindi iniziare a riempire il grafico:

N. posto	1	2	3	4	5	6	7	8
persona	F		C					E

Dall'ultima informazione si sa, inoltre, che Dario occupa il posto 2 e che tre posti più a destra è seduta Giovanna.

N. posto	1	2	3	4	5	6	7	8
persona	F	D	C		G			E

A questo punto sapendo che Giovanna è seduta tra Barbara e Laura (non si sa però chi delle due è a destra e chi a sinistra di Giovanna), sicuramente si arriva a concludere che Alberto occupa il posto contrassegnato col numero 7. La soluzione al quesito è, quindi, fornita dall'alternativa **A**.

N. posto	1	2	3	4	5	6	7	8
persona	F	D	C	B o L	G	B o L	A	E

11 Quale delle seguenti affermazioni è certamente falsa?

- **A** Laura occupa il posto 6
- **B** Barbara occupa il posto 4
- **C** Laura occupa il posto 4
- **D** Barbara occupa il posto 5

Osservando il grafico utilizzato per rispondere al primo quesito ci si accorge che le prime tre affermazioni **A**, **B**, **C** potrebbero essere false, ma potrebbero anche essere vere.

L'unica certamente falsa è l'affermazione **D**, perché il posto 5 è occupato sicuramente da Giovanna e non da Barbara.

12 Dopo il primo tempo del film gli amici decidono di risistemarsi in modo che ci sia una perfetta alternanza uomo/donna. Per non disturbare troppo decidono che si possono fare solo due scambi di posto (ogni scambio coinvolge due persone) e che ognuno dei due scambi potrà essere fatto solo tra persone sedute vicine.

Chi tra i seguenti amici rimarrà fermo al proprio posto?

- **A** Carlo, Laura, Beatrice, Alberto
- **B** Carlo, Federica, Beatrice, Giovanna
- **C** Federica, Dario, Giovanna, Enrico
- **D** Federica, Laura, Dario, Alberto
- **E** Alberto, Laura, Dario, Giovanna

Per poter ottenere una perfetta alternanza uomo/donna rispettando i vincoli posti dall'esercizio, è necessario che a scambiarsi siano Carlo e Alberto con Laura o Barbara (a seconda di chi delle due occupa i posti 4 e 6). In questo modo la configurazione che si ottiene è la seguente:

N. posto	1	2	3	4	5	6	7	8
persona	F	D	B o L	C	G	A	B o L	E
Sesso	F	M	F	M	F	M	F	M

Si presti però attenzione a cosa chiede l'esercizio. Il quesito, infatti, prevede di individuare non chi si sposta (persone citate dall'alternativa **A** che è quindi errata), ma quelle che rimangono ferme e cioè: Federica, Dario, Giovanna, Enrico (alternativa **C** soluzione del quesito).

Leggere il testo del seguente problema e rispondere alle domande successive.

Nella conferenza medica svoltasi a Milano lo scorso mese sono intervenute cinque personalità della ricerca scientifica che hanno relazionato al pubblico presente i risultati dei loro esperimenti. Nella conferenza, che si è tenuta per tutta la giornata terminando in tarda serata, il dott. Caputi ha parlato prima del dott. Andretti ma dopo il prof. Domini. Il dott. Epifani, arrivato da Genova, ha parlato dopo il dott. Caputi ma per un tempo più lungo di quest'ultimo, mentre il prof. Bassetti, parlando per primo, ha tenuto il discorso più breve di tutti. Il dott. Andretti, giunto in ritardo per un problema alla sua auto, ha parlato per ultimo per un tempo inferiore a quello del prof. Domini, ma maggiore rispetto a quello dott. Epifani.

---

13 In base a quanto riportato dal testo, quale delle seguenti affermazioni è vera?

- **A** Il dott. Caputi ha parlato prima e per un tempo maggiore del dott. Andretti
- **B** Il dott. Epifani ha parlato dopo e per un tempo inferiore del prof. Bassetti
- **C** Il prof. Domini, pur parlando dopo il dott. Epifani, ha tenuto il discorso più lungo
- **D** Il prof. Bassetti e il prof. Domini hanno tenuto un discorso di uguale lunghezza
- **E** Il dott. Andretti, pur essendo stato l'ultimo a parlare, ha tenuto un discorso più corto solo del prof. Domini

Il testo dell'esercizio presenta una serie di informazioni inutili alla risoluzione del quesito. Il lettore deve focalizzare la propria attenzione solo sulla sequenza di interventi dei vari personaggi e sulla durata degli stessi. Per individuare la soluzione è conveniente provare a schematizzare le relazioni logiche presentate nel testo, utilizzando due diverse rappresentazioni, una per l'andamento degli interventi e l'altra per la loro durata.

Osservando quanto detto nel testo si sa che il prof. Bassetti ha parlato per primo e il dott. Andretti per ultimo. Inoltre il dott. Epifani ha parlato dopo il dott. Caputi che a sua volta ha parlato dopo il dott. Domini.

La sequenza degli interventi risulta, quindi, la seguente:

$B \Rightarrow D \Rightarrow C \Rightarrow E \Rightarrow A$.

Inoltre, dal testo si ricava che il prof. Domini ha parlato per un tempo superiore a quello del dott. Andretti che a sua volta ha tenuto un discorso più lungo rispetto al dott. Epifani. Quest'ultimo ha parlato per un tempo maggiore del dott. Caputi, mentre il prof. Bassetti ha tenuto il discorso più corto di tutti.

La sequenza che individua la lunghezza degli interventi risulta, quindi, la seguente:

$D > A > E > C > B$.

L'unica alternativa coerente con queste due sequenze è la **E** che rappresenta la soluzione al quesito.

14 In base a quanto riportato dal testo, quale delle seguenti affermazioni è falsa?

A Il dott. Caputi ha parlato dopo il prof. Bassetti

B Il dott. Epifani, pur parlando meno del prof. Domini, ha parlato prima del dott. Andretti

C Il prof. Bassetti è stato il primo a parlare e per un tempo inferiore a tutti gli altri colleghi

D Il prof. Domini ha parlato per un tempo inferiore al dott. Andretti ma prima del dott. Caputi

E Il dott. Andretti ha parlato per ultimo e per un tempo superiore al prof. Bassetti

Utilizzando le sequenze logiche precedentemente costruite, si individua facilmente l'affermazione falsa nell'alternativa D (soluzione del quesito). Infatti, se è vero che il prof. Domini ha parlato prima del dott. Caputi, non è vero che lo ha fatto per un tempo inferiore a quello del dott. Andretti.

15 La pausa per il pranzo si è tenuta dopo il terzo intervento, quindi nel pomeriggio hanno parlato:

A il prof. Domini e il prof. Bassetti

B il dott. Andretti e il prof. Domini

C il dott. Epifani e il dott. Andretti

D il dott. Caputi e il dott. Andretti

E il prof. Bassetti e il dott. Caputi

Nel risolvere questo esercizio è solo necessario prestare attenzione alla sequenza che indica l'ordine degli interventi e vedere quali sono stati gli ultimi due. Avendo parlato per ultimi il dott. Epifani e il dott. Andretti, la soluzione al quesito è fornita dall'alternativa C.

Leggere il testo del seguente problema e rispondere alle relative domande.

Una strada è composta da dieci case numerate da 1 a 10. La strada ha un solo accesso ed entrando nella strada le case con il numero dispari si trovano sulla destra (a partire dal numero 1), mentre quelle con il numero pari sulla sinistra (a partire dal numero 2). Le case sono poste una di fronte all'altra, quindi la numero 1 ha di fronte la numero 2, la numero 3 ha di fronte la 4 ecc. Le case sono abitate da A, B, C, D, E, F, G, H, I, L. Inoltre si sa che:

1) H abita al numero 5 e nella casa di fronte abita E;

2) C e L abitano nella case agli estremi della fila di sinistra entrando nella strada;

3) D è nella casa di fronte a L e nella stessa fila di A che abita nella casa situata, entrando nella strada, subito prima;

4) I e G vivono nello stesso lato della strada e non in due case adiacenti.

16 Quale delle seguenti persone possono abitare al numero 3 della strada?

A B o F

B G o I

C A

D Solo I

Per risolvere il quesito conviene cercare di schematizzare le informazioni contenute nell'esercizio. Si può rappresentare graficamente la strada nel seguente modo.

	2	4	6	8	10
➔					
	1	3	5	7	9

Si sa inoltre che H abita nella casa 5 e ha di fronte E (casa 6).

C e L abitano nella case agli estremi della fila di sinistra (fila dei numeri pari). Per sapere chi dei due è nella casa 10 e chi nella 2, basta considerare l'informazione successiva.

L ha, infatti, di fronte D. Nella casa che precede quella di D entrando nella via abita A. Allora L non può abitare nella casa 2 (dove abita C) perché sarebbe impossibile avere allora di fronte D. L abita quindi nella casa 10, nella 9 abita D e nella 7 abita A.

	C	4	E	8	L
➔					
	1	3	H	A	D

Dall'ultima informazione si sa infine che I e G vivono nello stesso lato della strada e non in due case adiacenti e quindi non potranno che vivere nella case 4 e 8 (nell'altra fila 1 e 3, le uniche case libere sono adiacenti).

Lo schema finale sarà quindi il seguente:

	C	G o I	E	G o I	L
➔					
	B o F	B o F	H	A	D

da cui risulta che la soluzione al quesito è fornita dall'alternativa **A**.

17 In base alle informazioni contenute nel testo, quale delle seguenti affermazione è sicuramente falsa?

A Nella casa 4 abita G

B Nella prima casa a destra entrando nella via abita F

C I abita di fronte ad A

D C abita di fronte a G

Dallo schema costruito si vede come l'unica affermazione certamente falsa è quella proposta dall'alternativa **D**. Le altre sono infatti possibili e quindi non certamente false.

18 Nella casa 6 e 9 abitano rispettivamente:

- **A** E e D
- **B** B e L
- **C** E e C
- **D** L e D
- **E** Nessuna delle altre alternative è corretta

Si osserva facilmente dallo schema costruito che la soluzione al quesito è fornita dall'alternativa **A**, essendo rispettivamente E e D a occupare la casa 6 e la 9.

19 Tenendo conto solo delle prime tre informazioni, quale delle seguenti affermazioni è sicuramente vera?

- **A** Nella seconda casa a sinistra entrando nella via abita G
- **B** Di fronte ad A abita I
- **C** Non è possibile dedurre chi abita a sinistra e chi a destra di E
- **D** Nella casa 3 abita F
- **E** Nessuna delle altre alternative è corretta

Per risolvere l'esercizio è necessario utilizzare il penultimo schema costruito, quello, cioè, che non teneva conto dell'ultima informazione.

	C	4	E	8	L
➔					
	1	3	H	A	D

L'unica cosa che si può affermare osservando lo schema è che non è possibile in alcun modo dedurre, dalle informazioni che si hanno, chi abita a sinistra e a chi destra di E. La soluzione al quesito è, quindi, fornita dall'alternativa **C**.

12.2 Analisi di situazioni complesse

A questa tipologia di esercizi fanno riferimento quei quesiti che presentano una serie di domande tutte riferite a una stessa situazione in cui vengono via via introdotti elementi nuovi da valutare. Si parte quindi dalla presentazione di un problema a cui segue la relativa domanda e si prosegue, sempre tenendo conto dei risultati ottenuti dalla soluzione della domanda proposta, presentando al candidato altri elementi su cui vengono poste nuove domande.

In questi esercizi, quindi, è necessario tenere a mente quanto riportato dal quesito precedente, dalle soluzioni a cui si è giunti e dai dati presentati nelle domande o nelle tabelle via via proposte.

ESEMPI

Sei amici vogliono organizzare una gita di tre giorni in montagna, nel mese di giugno. Il gruppo parte da Firenze, la destinazione è Sassopiatto, una località alpina che dista 350 chilometri. Un primo giro di telefonate evidenzia vincoli e disponibilità in merito alle date

Anna	è impegnata con la scuola fino al 5/6
Beppe	ha impegni solo il 15/6
Carlo	i suoi impegni di lavoro sono nei giorni 1-5-17-25-26/06
Dante	tutte le domeniche frequenta un corso di specializzazione
Elisa	da venerdì 14 e nei successivi venerdì ha una terapia da seguire in day hospital
Francesca	non ama la montagna e non è sicura di voler partire, non ha comunque impegni

1 **Quale fra i seguenti periodi può andare bene per tutti gli amici?**

A Dal 20 al 22 B Dal 10 al 12 C Dal 8 al 10 D Dal 12 al 14

Molto importante ai fini della soluzione del quesito l'informazione riguardante Elisa perché permette di stabilire la corrispondenza tra i giorni del mese e i giorni della settimana: essendo venerdì 14, gli altri venerdì del mese sono: il 7, il 21 e il 28 (le alternative A e D, quindi non possono essere la soluzione del quesito). Inoltre, dalla stessa informazione si ricavano le date delle domeniche del mese: 2, 9, 16, 23 e 30 (questa informazione permette quindi di scartare l'alternativa C perché Dante la domenica non può). L'unico intervallo possibile, quindi, tra quelli proposti è dal 10 al 12 e la B è la soluzione del quesito.

Per il viaggio, gli amici decidono di ricorrere all'auto in affitto. Hanno le seguenti opzioni:

Tipo di auto	Condizioni di noleggio		
Utilitaria 4 posti	km illimitati, consumo di 6 litri di benzina ogni 100 Km	Km Forfait 3 gg 100 euro	compresa assicurazione obbligatoria
Auto media 5 posti	km illimitati, consumo di 8 litri di gasolio ogni 100 Km	Km Forfait 3 gg 150 euro	compresa assicurazione obbligatoria
Monovolume 7 posti	sono compresi 100 Km al giorno (i Km in più si pagano 0,50 euro/Km), consumo di110 litri di gasolio ogni 100 km	Km Forfait 3 gg 180 euro	assicurazione obbligatoria non compresa, costo 30 euro/giorno

Costi (euro)	**benzina** 1,800 al litro	**gasolio** 1,600 al litro	**autostrada** 50 a tratta

2 In relazione ai costi complessivi di viaggio dei sei amici, quale tra le seguenti affermazioni è falsa?

- **A** La soluzione più economica è affittare due utilitarie
- **B** Con la monovolume, il costo di viaggio a persona è superiore a 100 euro
- **C** Affittando due utilitarie, il costo dell'autostrada incide per oltre il 30%
- **D** Il costo della monovolume è inferiore al costo di due auto medie

Per risolvere il quesito si ricordi, innanzi tutto, che i km da percorrere (andata e ritorno) sono 700 in totale: (la località alpina dista 350 chilometri).

Se si affitta l'utilitaria servono due auto (gli amici sono 6 e i posti su ognuna sono 4).

Per ciascuna utilitaria si spende:

- 75,6 euro di benzina: 1,8 euro per i 42 litri consumati (6 litri ogni 100 km);
- 100 euro per il forfait;
- 100 euro per l'autostrada: 50 euro a tratta;

per un totale di 275,6 euro.
Essendo due le auto necessarie, la spesa totale è pari a 551,2 euro.

Anche se si affitta la media occorrono due auto e per ciascuna si spende:

- 89,6 euro di gasolio: 1,6 euro per i 56 litri consumati (8 litri ogni 100 km);
- 150 euro per il forfait;
- 100 euro per l'autostrada: 50 euro a tratta;

per un totale di 339,6 euro.
Essendo due le auto necessarie, la spesa totale è pari a 679,2 euro.

Se si affitta una unica monovolume si spende invece:

- 250 euro di noleggio: 0,5 euro per 500 km (quelli in più rispetto ai 100 compresi al giorno compresi):
- 112 euro di gasolio: 1,6 euro per i 70 litri consumati;
- 180 euro per il forfait;
- 90 euro di assicurazione: 30 euro al giorno per tre giorni (dall'esercizio precedente si sa che i giorni del giro in montagna sono 3);
- 100 euro per l'autostrada: 50 euro a tratta;

per un totale di 732 euro.

È quindi vero che affittare le due utilitarie è la soluzione più economica (**A** vera e quindi non soluzione del quesito), e che il costo dell'autostrada (200 euro totali per le due auto) incide per oltre il 30% sul costo totale – infatti 200 euro è più di 1/3, cioè il 33% di 551,2 euro – (**C** vera), come è vero che usando la monovolume si spende più di 100 euro a persona (**B** vera) avendo per 6 persone un costo totale di 732 euro. È invece falso quanto affermato dall'alternativa **D**, soluzione del quesito.

3 Francesca ha deciso di non partecipare alla gita, quindi il gruppo si riduce a 5 persone. In base a ciò, quale tra le seguenti affermazioni è falsa?

- **A** I cinque amici possono affittare una sola auto media, realizzando un risparmio pro capite di circa il 45% rispetto al costo che avrebbero sostenuto viaggiando in sei con la monovolume
- **B** Scegliendo la soluzione più economica, il costo di viaggio a persona è inferiore a 70 euro
- **C** I cinque amici possono affittare una sola auto media, realizzando un risparmio pro capite di oltre il 25% rispetto al costo che avrebbero sostenuto viaggiando in sei con 2 utilitarie
- **D** In ogni caso, il costo pro capite del viaggio aumenta

Rimanendo in 5 gli amici possono decidere di: utilizzare ancora 2 auto utilitarie a un costo totale pari a 551,2 euro (110,24 euro a testa, contro i 91,87 euro a testa spesi se fossero rimasti in 6), utilizzare una sola auto media al costo totale di 732 euro (146,4 euro, contro i 122 euro a testa spesi se fossero rimasti in 6) oppure utilizzare una sola macchina medi invece di due con un costo totale di 339,6 euro (67,92 euro a testa contro i 116,2 euro a testa spesi se fossero rimasti in 6 e avessero dovuto usare due macchine medie).

Osservando le alternative si può vedere facilmente come la **D** sia falsa (e quindi la soluzione cercata), infatti il costo pro capite (quindi quello sostenuto da ciascun amico) non aumenta in ogni caso, ma diminuisce se si decide di usare una sola macchina media.

È vero quanto affermato dall'alternativa **B**, e cioè che la soluzione più economica costa meno di 70 euro a persona (utilizzando l'unica macchina media). È anche vero quanto affermato dall'alternativa **A**, infatti spendendo circa 68 euro a testa, contro i 122 che avrebbero speso in 6 con la monovolume, i cinque amici realizzano un risparmio pari a 54 euro che è circa il 44% di 122. È infine vero quanto affermato dall'alternativa **C**, infatti spendendo circa 68 euro a testa, contro i circa 92 che avrebbero speso in 6 con due utilitarie, i cinque amici realizzano un risparmio pari a 24 euro che è circa il 26% di 92.

Il gruppo dei cinque amici deve ora scegliere l'alloggio, valutando le seguenti possibilità:

Struttura	Disponibilità	Trattamento	Prezzo euro
Garnì	camere doppie camere triple camere singole	camera e colazione camera e colazione camera e colazione	70 a camera 85 a camera 40 a camera
Pensione	camere doppie camere singole	1/2 pensione (cena) 1/2 pensione (cena)	60 a persona 70 a persona
Trattoria con menù a prezzo fisso (a pasto)			20 a persona

4 Tenendo conto dell'esigenza di 2 pernottamenti e 4 pasti per 5 persone, qual è il costo minimo che debbono sostenere?

A 540 B 380 C 580 D 710

Volendo trovare il costo minimo da spendere si devono prendere in considerazione le soluzioni più economiche. Nella struttura Garnì, per esempio, è più conveniente prendere una doppia rispetto a due singole e ancora di più una tripla rispetto a tre singole, mentre nella Pensione le doppie sono più convenienti delle singole.

Andando nella struttura Garnì, quindi, conviene prendere una tripla e una doppia spendendo 155 euro a notte e quindi 310 euro per due notti. A questa cifra vanno aggiunti 20 pasti in tutto (4 pasti per 5 persone) per un totale di 400 euro. La spesa complessiva è quindi pari a 710 euro.

Andando nella struttura Pensione, invece, conviene prendere due doppie (120 euro a stanza) e una singola (70 euro a stanza) per una spesa pari a 310 euro a notte e quindi 620 euro totali (già a questo punto si può capire che tra le alternative proposte 710 è la più bassa, perché quella immediatamente inferiore è 580 euro che è più basso dei 610 euro che si devono pagare a prescindere dai pasti). A questa cifra vanno aggiunti 10 pasti in tutto (2 cene a testa sono comprese e quindi rimangono da coprire solo 2 pranzi a testa) per un totale di 200 euro. La spesa complessiva è quindi pari a 810 euro.

Come si vede la prima soluzione è la più conveniente possibile e quindi la D è la soluzione del quesito.

5 Al mattino, in sala colazioni, al gruppo dei cinque viene assegnato un tavolo rotondo.

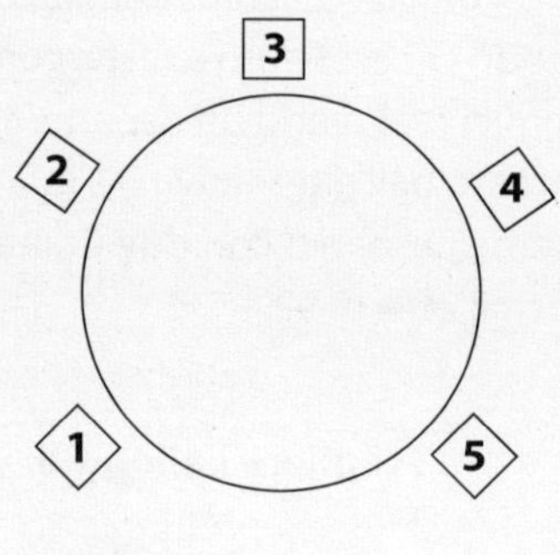

Posto che:

- **Anna siede di fianco a Beppe;**
- **Carlo siede in un posto dispari, subito alla destra di Dante;**
- **Elisa siede al posto 4**

dove siede Dante?

A Al posto 1
B Al posto 2
C Al posto 3
D Al posto 4

Elisa siede al posto 4

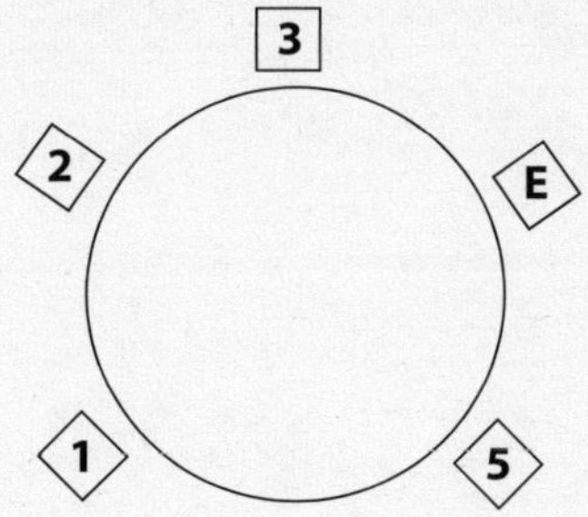

mentre Carlo in un posto dispari (1, 3 o 5) subito alla destra di Dante (quindi Carlo ha alla sua sinistra Dante). Carlo non può quindi sedere nel posto 3, altrimenti alla sua sinistra avrebbe Elisa e non Dante. Carlo non può sedersi neanche perché in tale caso Dante si siederebbe al posto 2, ma questo impedirebbe a Anna e Beppe di sedere vicini. Carlo deve quindi essere seduto al posto 5, Dante al posto 1 e Anna e Beppe nei posti 2 e 3 (non necessariamente in quest'ordine). La **A** è quindi la soluzione del quesito.

13 LOGICA INSIEMISTICA

Le relazioni esistenti tra due classi di oggetti o insiemi possono essere di tre tipi.

- **Estraneità**: le due classi di oggetti costituiscono due insiemi distinti e sono quindi rappresentate da due linee chiuse staccate tra loro. Si considerino per esempio i termini *uomini* e *madri*: tali termini vengono correttamente rappresentati da due insiemi tra loro completamente separati e distinti, come illustrato nella figura. Non esistono infatti *uomini* che siano anche *madri* e viceversa.

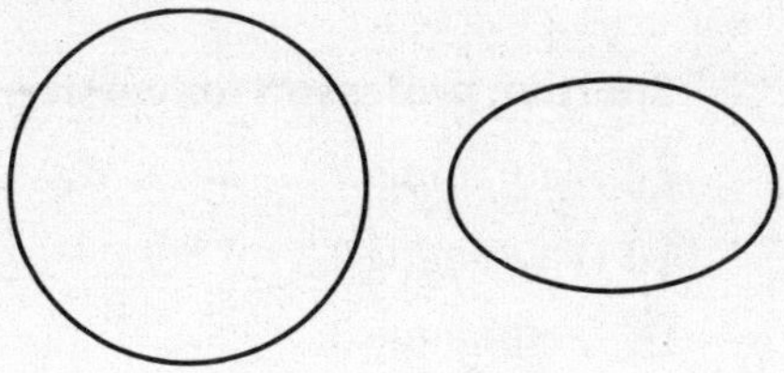

- **Intersezione**: le due categorie di oggetti costituiscono due insiemi che condividono alcuni elementi e sono quindi rappresentati da due linee chiuse che si intersecano, avendo in comune una porzione di piano. Si pensi, per esempio, ai due termini *madri* e *sorelle*: nel diagramma qui raffigurato il cerchio potrebbe rappresentare l'insieme *madri* e l'ellisse l'insieme *sorelle*; l'area comune alle due figure rappresenta l'*area intersezione* dei due insiemi. Il diagramma soddisfa la relazione tra i due termini dati, dal momento che esistono *madri* che sono anche *sorelle* e *sorelle* che sono anche *madri* (area comune). Vi sono poi anche *madri* che non sono *sorelle* così come *sorelle* che non appartengono all'insieme *madri* (parti del cerchio e dell'ellisse non sovrapposte tra loro).

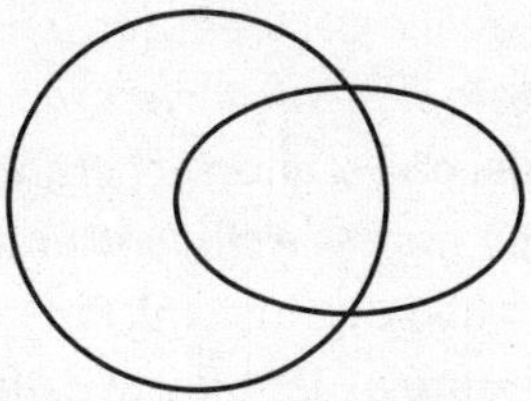

- **Inclusione (o subordinazione)**: tutti gli elementi di uno dei due insiemi fanno parte dell'altro, ma non viceversa. Si pensi, per esempio, ai termini *donne* e *madri*: tutte le *madri* (insieme più piccolo) sono comprese nell'insieme più grande delle *donne*; non esistono infatti *madri* che non siano *donne*, mentre esistono *donne* che non sono *madri*.

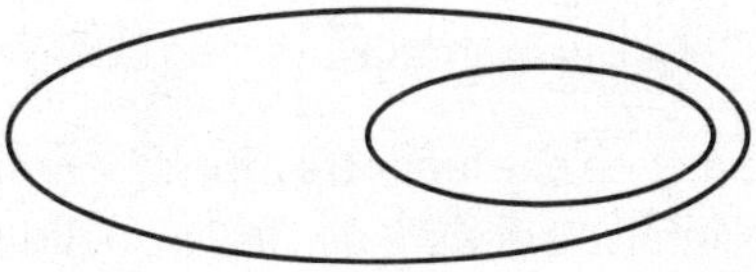

ESEMPI

Per ciascuno degli esercizi seguenti, indicare la rappresentazione (A, B, C, D o E) che soddisfa la relazione insiemistica esistente tra i tre termini dati (le alternative proposte per ciascun esercizio sono quelle raffigurate qui di seguito).

Diagramma 1

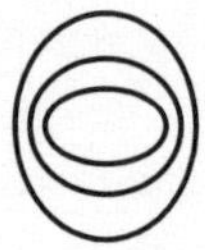
Diagramma 2

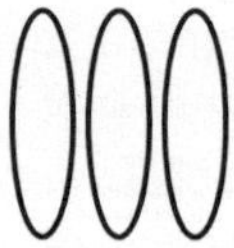
Diagramma 3

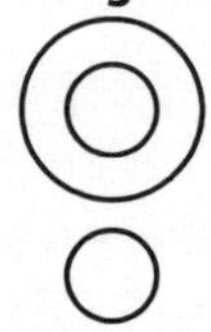
Diagramma 4

Diagramma 5

1 Sportivi, professori universitari, studenti universitari.

- A Diagramma 1
- B Diagramma 2
- C Diagramma 3
- D Diagramma 4
- E Diagramma 5

In questo caso particolare si può partire dalla considerazione che l'insieme degli *studenti universitari* e quello dei *professori universitari* sono tra di loro incompatibili, nel senso che non possono esistere *studenti universitari* che siano anche *professori universitari* e viceversa. I due insiemi, dunque, non si intersecheranno mai. Al contrario, possono esistere *studenti universitari* che sono anche *sportivi* e *studenti universitari* che non sono *sportivi*: in questo caso esisterà una intersezione tra i due insiemi. Passando all'esame dei tre insiemi contemporaneamente, la relazione esistente è identificata dalla risposta E: al centro è posto l'insieme degli *sportivi* e ai lati gli insiemi degli *studenti universitari* e dei *professori universitari*.

2 Libri, giornali, quotidiani.

- A Diagramma 1
- B Diagramma 2
- C Diagramma 3
- D Diagramma 4
- E Diagramma 5

La relazione che lega i tre insiemi è rappresentata dal diagramma 4 (risposta D). Se si considerano, infatti, il genere dei *libri* e quello dei *quotidiani,* si deve concludere che tra di essi non esiste alcun rapporto, in quanto i *libri* e i *quotidiani* sono due generi completamente diversi tra loro quanto a natura e modalità di diffusione. Tra *giornali* e *quotidiani*, invece, la relazione è di inclusione, poiché tutti i *quotidiani* sono anche *giornali*, mentre solo alcuni *giornali* sono anche *quotidiani* (esistono anche i settimanali, i mensili ecc.).

3 Pianeti, galassie, comete.

A Diagramma 1
B Diagramma 2
C Diagramma 3
D Diagramma 4
E Diagramma 5

In questo caso bisogna prestare attenzione a non farsi trarre in inganno dal fatto che le *galassie* comprendono *pianeti* e *comete*. I tre generi risultano tra loro separati: i *pianeti*, infatti, non appartengono al genere delle *comete* e delle *galassie*, come le *comete* non appartengono al genere delle *galassie*. Il diagramma che rappresenta graficamente la relazione tra gli insiemi proposti è dunque il n. 3 (risposta C).

Per ciascuno degli esercizi seguenti, indicare la rappresentazione (A, B, C, D o E) che soddisfa la relazione insiemistica esistente tra i tre termini dati (le alternative proposte per ciascun esercizio sono quelle raffigurate qui di seguito).

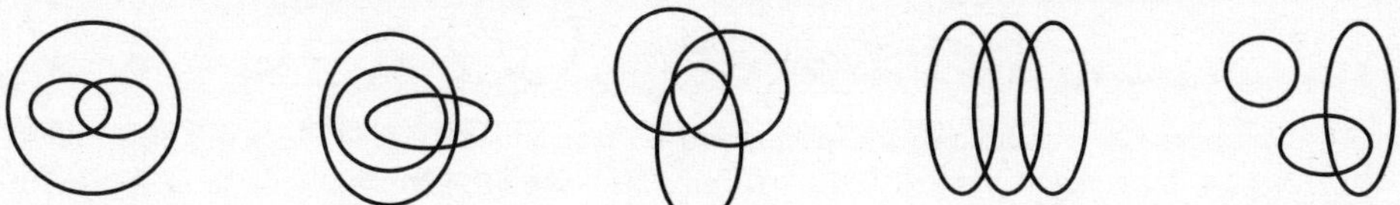

Diagramma 1 Diagramma 2 Diagramma 3 Diagramma 4 Diagramma 5

4 Donne, impiegate, madri.

A Diagramma 1
B Diagramma 2
C Diagramma 3
D Diagramma 4
E Nessuna delle precedenti

Sia il termine *impiegate* che il termine *madri* sono al femminile e quindi devono essere totalmente compresi nella categoria *donne* (altrimenti significherebbe ammettere l'esistenza di una madre o di un'impiegata uomo). Tale considerazione è sufficiente per scartare le alternative B, C e D. I due termini *impiegate* e *madri* sono inoltre tra loro in una relazione di intersezione, nel senso che esistono madri che sono anche impiegate e impiegate che sono anche madri ma vi sono anche madri che non sono impiegate e impiegate che non sono madri. La risposta A rappresenta dunque correttamente tutte le possibili relazioni esistenti tra i termini proposti.

5 Direttori d'orchestra, musicisti, amanti della musica lirica.

- A Diagramma 1
- B Diagramma 2
- C Diagramma 3
- D Diagramma 4
- E Diagramma 5

La risposta corretta è la B. È il diagramma 2 a rappresentare nel modo più corretto la relazione esistente tra le categorie proposte: tutti i *direttori d'orchestra*, infatti, sono anche *musicisti*, per cui l'insieme dei *direttori d'orchestra* è contenuto in quello dei *musicisti*, ma non tutti i *direttori d'orchestra* sono anche *amanti della musica lirica,* così come non tutti gli *amanti della musica lirica* sono anche *musicisti*.

Per ciascuno degli esercizi seguenti, indicare la rappresentazione insiemistica che soddisfa la relazione esistente tra i 3 termini dati (le alternative proposte per ciascun esercizio sono quelle raffigurate qui di seguito).

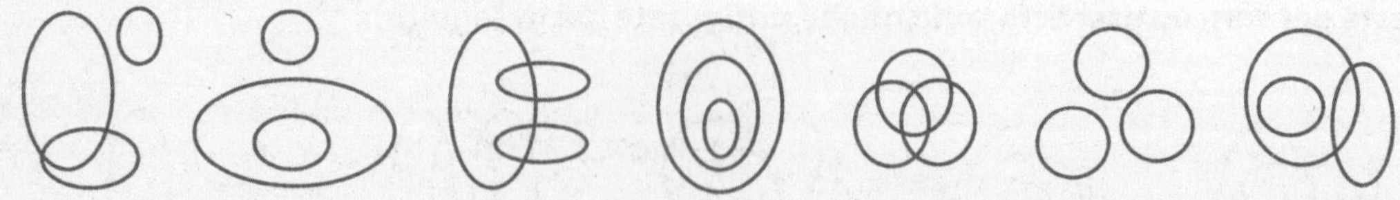

diagramma 1 diagramma 2 diagramma 3 diagramma 4 diagramma 5 diagramma 6 diagramma 7

6 Individuare il diagramma che soddisfa la relazione insiemistica esistente tra i termini dati: Pasticceri, Anziani, Texani

- A Diagramma 3
- B Diagramma 5
- C Diagramma 6
- D Diagramma 4

Alcuni *pasticceri* sono *texani* (ma non tutti) e alcuni sono *anziani* (ma non tutti). Possono esistere anche dei *pasticceri* che sono contemporaneamente *texani* e *anziani*, come esistono dei *texani* che sono *anziani* ma non *pasticceri*. I tre insiemi si intersecano come correttamente mostrato dal diagramma 5 (B soluzione del quesito).

7 Individuare il diagramma che soddisfa la relazione insiemistica esistente tra i termini dati: Numeri compresi tra 3 e 7, Numeri compresi tra 5 e 18, Numeri compresi tra 9 e 14

- A Diagramma 2
- B Diagramma 4
- C Diagramma 6
- D Diagramma 7

L'insieme dei numeri compresi tra 9 e 14 è completamente all'interno dell'insieme dei numeri tra 5 e 18. Quest'ultimo insieme si interseca anche con quello dei numeri compresi tra 3 e 7 che però non ha alcun elemento in comune con quello dei numeri compresi tra 9 e 14. La rappresentazione corretta è quindi quella fornita dal diagramma 7 (D soluzione del quesito).

---

8 Individuare il diagramma che soddisfa la relazione insiemistica esistente tra i termini dati: Librerie, Quadri, Lampade

A Diagramma 4

B Diagramma 1

C Diagramma 6

D Diagramma 2

Pur essendo tutti oggetti che si possono trovare insieme in uno stesso ambiente i *libri*, i *quadri* e le *lampade* sono tre insiemi che non hanno elementi in comune e sono quindi separati. Il diagramma 6 (C soluzione del quesito) rappresenta quindi correttamente la relazione tra gli insiemi.

---

9 Individuare il diagramma che soddisfa la relazione insiemistica esistente tra i termini dati: Pescatori tarantini, Pescatori con più di trentadue anni, Pescatori bruni

A Diagramma 3

B Diagramma 6

C Diagramma 5

D Diagramma 1

Alcuni *pescatori tarantini* (ma non tutti) hanno *più di 32 anni* (ma non tutti i *pescatori con più di 32 anni* sono *tarantini*) e alcuni sono *bruni* (ma non tutti). Esistono anche *pescatori* che sono contemporaneamente *tarantini, con più di 32 anni* e *bruni*, come ne esistono alcuni che hanno una sola di queste caratteristiche. I tre insiemi in esame si intersecano e il diagramma corretto è il 5 (C soluzione del quesito).

---

10 Individuare il diagramma che soddisfa la relazione insiemistica esistente tra i termini dati: Fiori, Vegetali, Camelie

A Diagramma 4

B Diagramma 5

C Diagramma 1

D Diagramma 2

Tutte le *camelie* sono *fiori* (ma non tutti i *fiori* sono *camelie*) e tutti i *fiori* sono *vegetali* (ma non tutti i *vegetali* sono *fiori*) per cui la relazione che lega i tre insiemi è quella proposta dal diagramma 4 (dove le *camelie* sono l'insieme più piccolo, i *fiori* quello medio e i *vegetali* il più grande) e la A è la soluzione del quesito.

14 RAGIONAMENTO FIGURALE

Anche le *successioni di figure* sono quesiti di carattere attitudinale e, in particolare, intendono valutare la **capacità logico-spaziale**, intesa come *capacità di ragionamento che individua i rapporti quantitativi, qualitativi e spaziali esistenti tra più oggetti o figure astratte.*

Nella generalità dei casi, l'esercizio presenta una successione di figure e viene chiesto al candidato di scegliere, tra le alternative proposte, quella che completa la successione data. I quesiti *si differenziano tra loro a seconda del tipo di figure utilizzate e della disposizione spaziale delle stesse*. Sulla base di tali differenze, si distinguono le sette tipologie.

14.1 Figura da scartare

In questo tipo di esercizi viene presentata una sequenza di figure (generalmente quattro o cinque) tra le quali il candidato deve indicare quella da scartare perché estranea rispetto alle altre. Occorre quindi individuare la logica che accomuna tutte le figure date a eccezione di una.

ESEMPI

---

1 Scartare una delle quattro rappresentazioni grafiche.

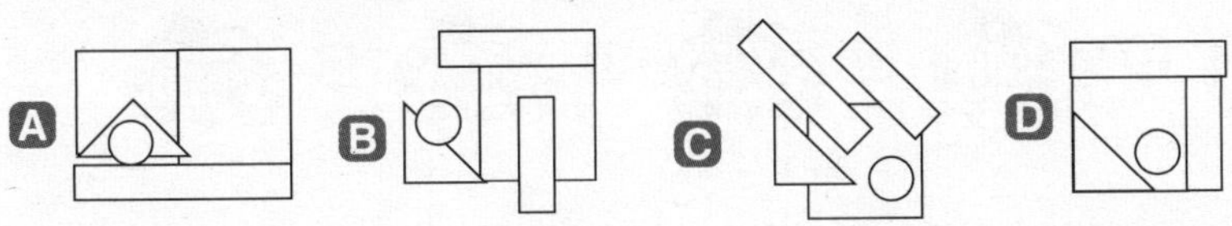

Le figure B, C e D sono costituite dalle stesse cinque figure geometriche: due rettangoli, un quadrato, un triangolo e un cerchio. La risposta esatta è la A in quanto non rispetta questa logica (a un rettangolo è stato sostituito un quadrato).

---

2 Individuare la figura da scartare.

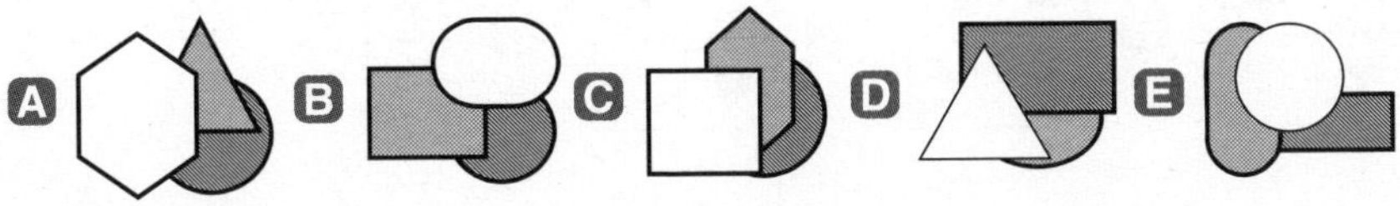

La figura da scartare è la D. Questo infatti è l'unico caso che non rispetta la seguente regola: la figura in primo piano è bianca, quella in secondo piano è riempita con una griglia diagonale e quella in terzo piano con delle linee diagonali.

---

3 Scartare una delle cinque rappresentazioni grafiche.

Tra le cinque figure è possibile individuare due coppie (A e C; B ed E) i cui elementi rappresentano il positivo e il negativo della stessa immagine. La figura da scartare è quindi quella individuata dall'alternativa D, l'unica che non si accoppia a un'altra figura all'interno della successione.

4 Individuare la figura da scartare.

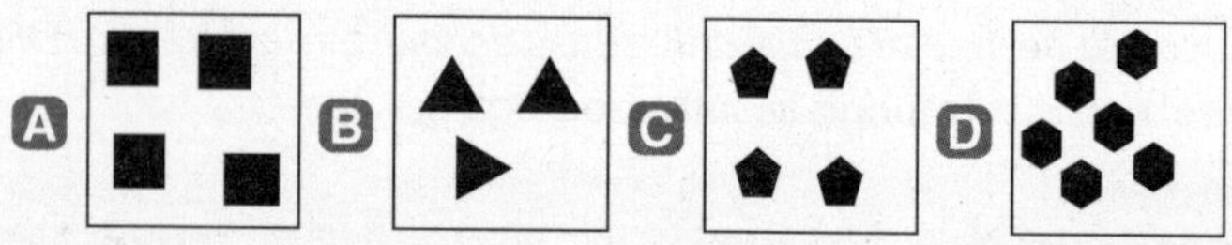

Le alternative A, B e D hanno un numero di poligoni pari al numero dei lati del poligono rappresentato (4 quadrati – cioè quattro figure con 4 lati –, 3 triangoli, 6 esagoni). L'unica alternativa che non rispetta questa logica (e che quindi va scartata) è la C che propone una figura con 4 pentagoni (cioè 4 figure con 5 lati) ed è quindi la soluzione del quesito.

5 Individuare la figura da scartare.

Tutte le figure proposte sono tra loro identiche a eccezione della B, nella quale il cerchietto grigio posto in alto, leggermente a destra, all'interno della parte nera è colorato di bianco. La risposta corretta è quindi la B.

6 Individuare la figura da scartare.

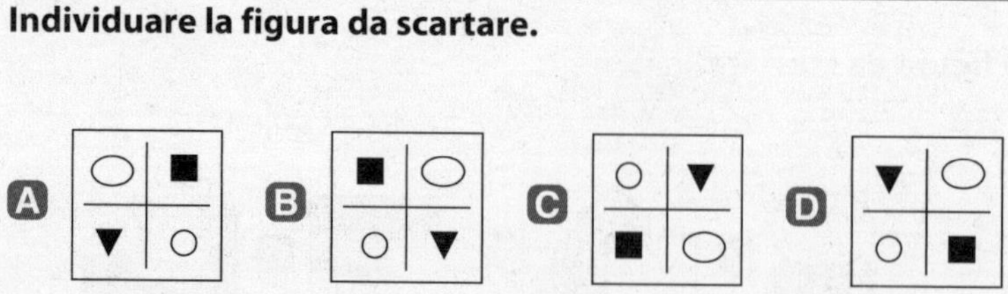

Tutte le figure sono composte dagli stessi elementi geometrici, ma quello che cambia è l'ordine con il quale sono sistemati nella figura. Iniziando dall'ellisi e andando in senso orario, tutte le figure tranne la B (figura da scartare) hanno: l'ellissi, il quadratino nero, il cerchio e il triangolino nero.

14.2 Sequenze di figure

Tali esercizi richiedono di scoprire con rapidità il criterio in base al quale le figure sono disposte all'interno di una sequenza data. In questi esercizi viene fornita una serie incompleta di figure nella quale compare un'incognita che il candidato deve sostituire scegliendo, tra le alternative proposte, la figura che soddisfa il criterio logico che governa l'intera sequenza. Vengono analizzati di seguito alcuni esempi che mostrano i criteri logici alla base di questa tipologia di esercizi.

ESEMPI

1 Individuare la figura che completa correttamente la seguente serie.

Per risolvere l'esercizio si deve prestare attenzione al rapporto esistente, in ogni singola figura, tra i due poligoni che la compongono (quello nero e quello bianco al suo interno). Contando il numero di lati di ogni figura nera, ci si accorge che è sempre uguale al numero dei lati della figura bianca interna. La prima figura nera da sinistra ha, infatti, nove lati come pure la rispettiva interna bianca, la seconda e la terza hanno otto lati (come pure i poligoni bianchi al loro interno) e la quarta ne ha sei. Ci si aspetta, quindi, che la figura che completa la serie sia composta da una figura nera e da una bianca con lo stesso numero di lati. L'alternativa che propone una figura così costruita è la C, che rappresenta, dunque, la soluzione al quesito.

2 Individuare la figura che completa correttamente la seguente serie.

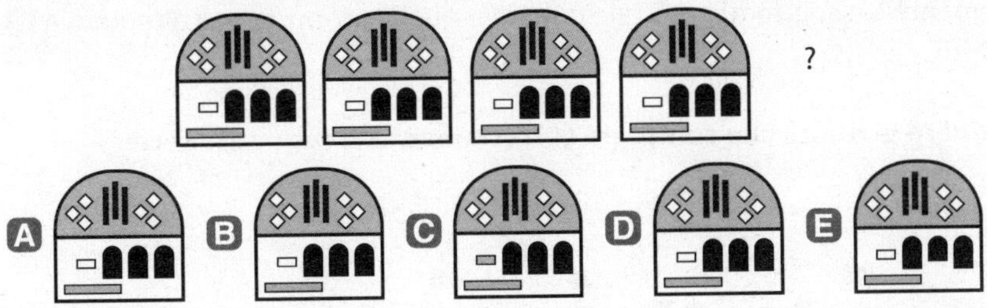

Le quattro figure date sono tra loro identiche. Tra le alternative proposte, la figura A presenta i tre quadrati bianchi in alto a destra rovesciati orizzontalmente ed è errata, come pure la B che ha lo stesso problema con quelli in alto a sinistra. Sono anche errate la C che ha il rettangolo bianco in basso colorato di grigio e la E che presenta una delle tre figure nere in basso più piccola delle altre. L'unica figura perfettamente uguale a quelle proposte nel testo è la D che è dunque la soluzione esatta.

3 Individuare la figura che completa correttamente la seguente serie.

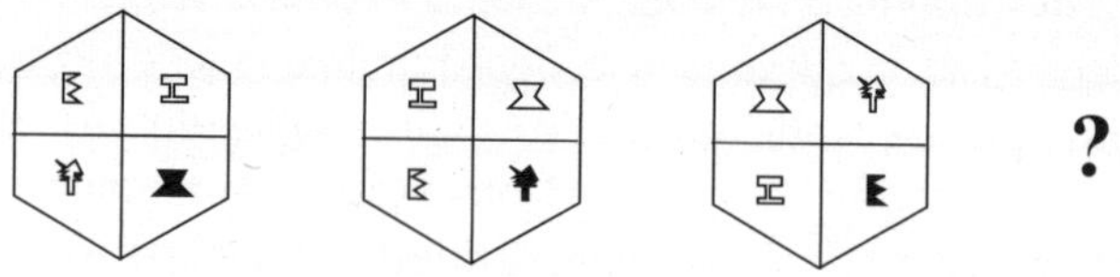

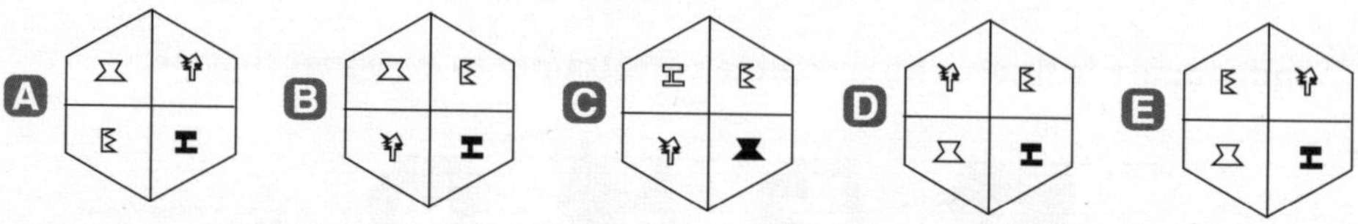

Passando da una figura alla successiva, i quattro elementi contenuti all'interno dell'esagono si spostano di una posizione in senso antiorario. L'elemento che viene così a trovarsi in basso a destra è l'unico a essere colorato. La figura mancante è quindi quella presente nell'alternativa **D**.

4 Individuare la figura che completa la serie seguente.

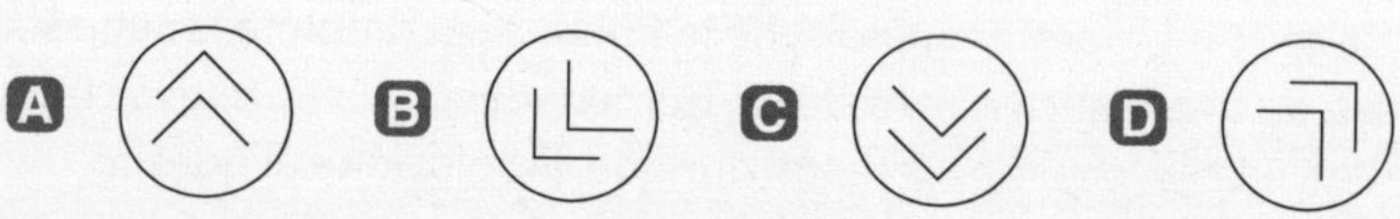

L'esercizio si basa sulla rotazione delle figure proposte di 5° in senso orario. La figura che completa correttamente la serie seguendo tale criterio è quella proposta dall'alternativa **A**, soluzione del quesito.

5 Individuare la figura che completa correttamente la seguente serie.

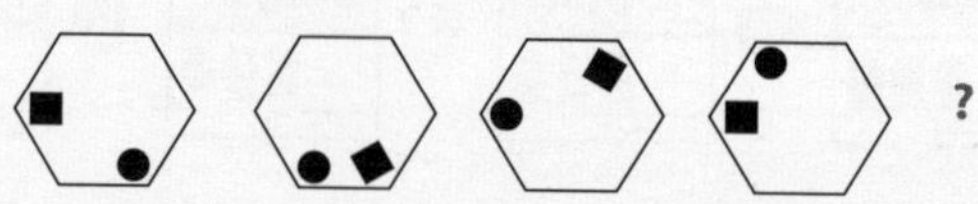

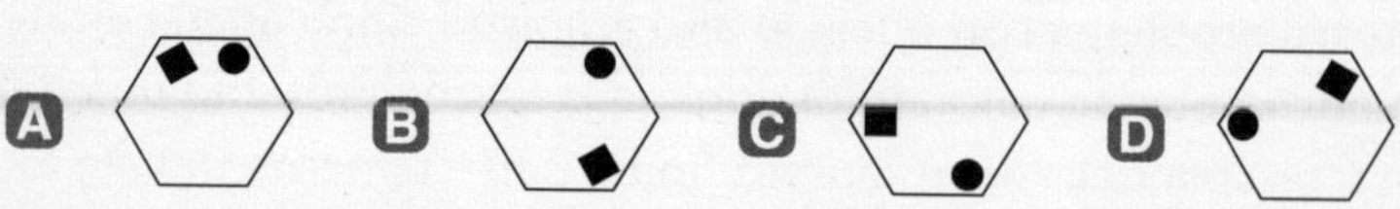

In questo esempio, ogni figura è costituita da un esagono contenente un cerchio e un quadrato. Analizzando le quattro figure della sequenza, si osserva che passando da una figura alla successiva il cerchio e il quadrato cambiano posizione: in particolare il cerchio si sposta (in senso orario) sul vertice successivo dell'esagono, mentre il quadrato si sposta (in senso antiorario) di due vertici. L'unica alternativa che, sostituita al punto di domanda, consente di rispettare tale logica è la **B**.

6 Individuare la figura che completa correttamente la seguente serie.

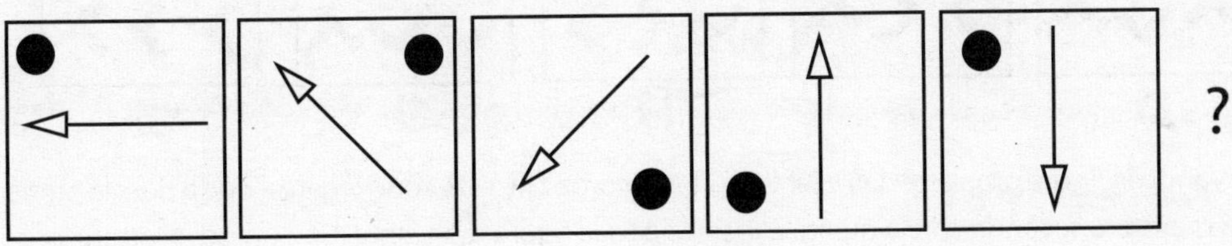

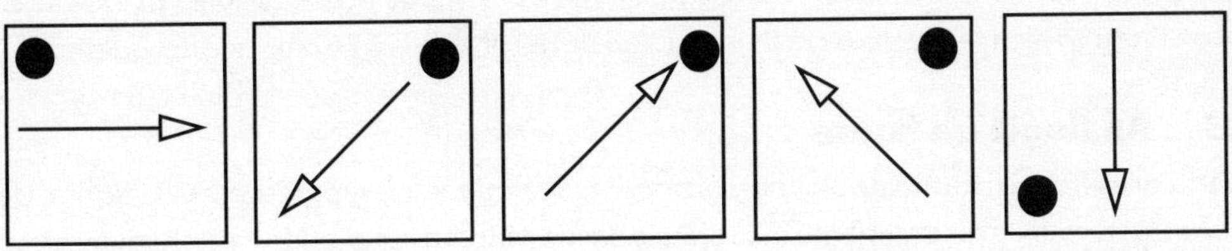

A **B** **C** **D** **E**

Per risolvere il quesito è necessario osservare come si comportano i due elementi grafici che compongono le figure: il pallino nero e la freccia bianca. Il pallino nero, passando da una figura alla successiva, si muove in senso orario occupando uno dopo l'altro gli angoli del riquadro: nella figura mancante si deve quindi trovare nell'angolo in alto a destra. Per osservare il movimento della freccia bianca, invece, conviene considerare separatamente da una parte la prima, la terza e la quinta figura e dall'altra la seconda e la quarta (si provi cioè a considerare la successione di figure proposta come composta da due serie diverse di figure). Osservando la prima, la terza e la quinta figura (la prima serie) ci si accorge che, passando da una figura alla successiva, la freccia bianca sta ruotando in senso antiorario di 45 gradi, mentre osservando la seconda e la quarta figura (la seconda serie) ci si accorge che la stessa freccia sta ruotando sempre di 45 gradi ma in senso orario. Poiché la figura mancante (essendo la sesta) segue quest'ultimo criterio, la freccia deve essere ruotata di 45 gradi in senso orario rispetto alla posizione occupata nella quarta figura (puntando quindi verso l'angolo in alto a destra). La soluzione al quesito è fornita dall'alternativa **C**.

7 Individuare la figura che completa correttamente la seguente serie.

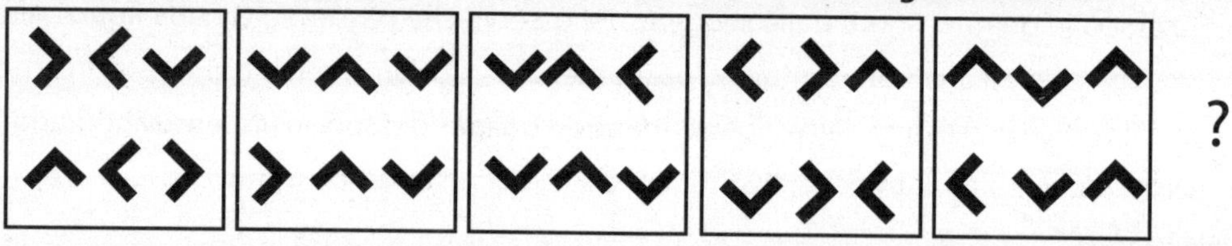

A

B
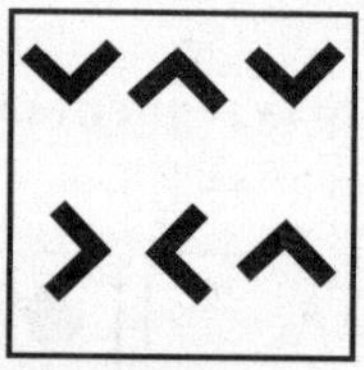

C
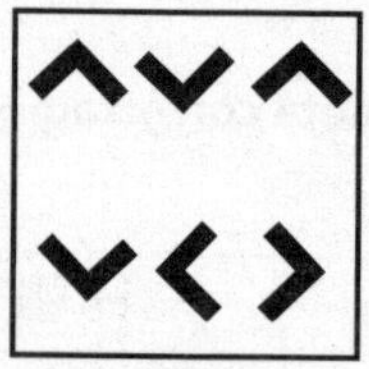

D

E
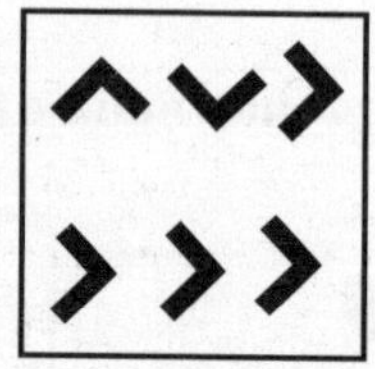

Osservando le figure proposte dall'esercizio, ci si accorge che esse sono legate a due a due: la prima con la quarta, la seconda con la quinta e la terza con la figura mancante. Con un po' di attenzione, infatti, si può notare che la quarta figura presenta gli stessi elementi della prima ma ruotati di 180 gradi (quindi ribaltati) e la stesso criterio lega la quinta alla seconda figura. La figura mancante che propone tutti gli elementi della terza figura ruotati di 180 gradi è la **A** (soluzione del quesito).

14.3 Analogie tra figure

Si tratta di esercizi costituiti da una *proporzione* i cui *termini* sono rappresentati da figure. Uno dei quattro termini è naturalmente incognito e va individuato scegliendo l'alternativa corretta tra quelle proposte. Trattandosi di una proporzione, la condizione da rispettare (e che deve guidare il candidato nella scelta della risposta) è *l'equivalenza* della relazione esistente tra le due figure del *primo membro* con quella esistente tra le due figure del *secondo membro*.

ESEMPI

1 Individuare la figura mancante.

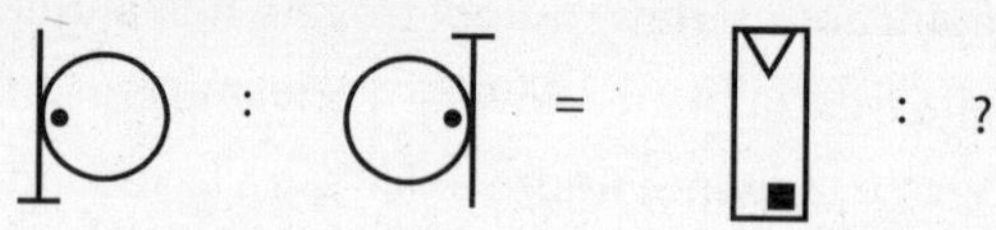

A

B
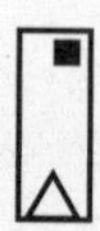

C

D

Si osservi la relazione tra le figure del *primo membro*: la seconda è uguale alla prima ma è stata rovesciata sia verticalmente che orizzontalmente. Affinché la stessa relazione venga mantenuta anche al *secondo membro*, è necessario ripetere le stesse operazioni sul rettangolo che contiene il quadratino nero e il triangolo. La risposta corretta è dunque la **D**.

2 Individuare la figura mancante.

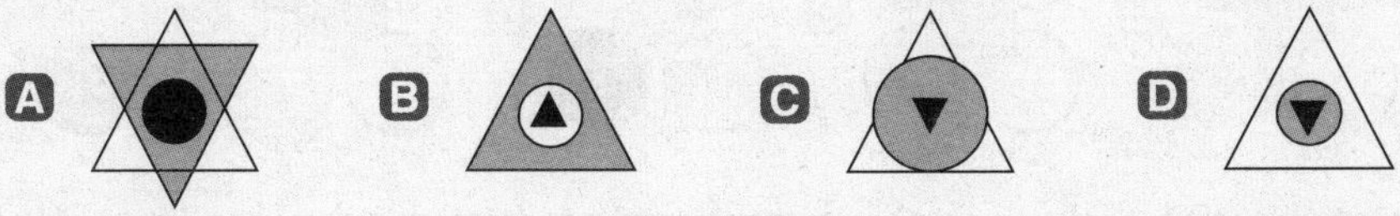

L'esercizio propone una proporzione tra figure. Per risolverla è necessario trovare prima il criterio che lega le due figure della coppia di sinistra per poi applicarlo alla coppia di figure alla destra del segno uguale.

Passando dalla prima alla seconda figura della coppia di sinistra della proporzione ci si accorge che:

- il colore della circonferenza e quello della figura in cui è contenuta si scambiano tra loro;
- l'altro elemento geometrico contenuto nella figura più grande viene spostato all'interno della circonferenza mantenendo il proprio colore.

La figura che rispetta queste condizioni è quella presentata dall'alternativa B, che è la soluzione al quesito.

3 Individuare la figura mancante.

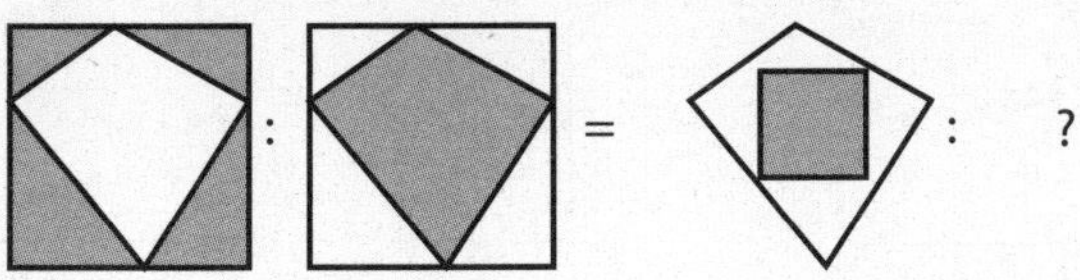

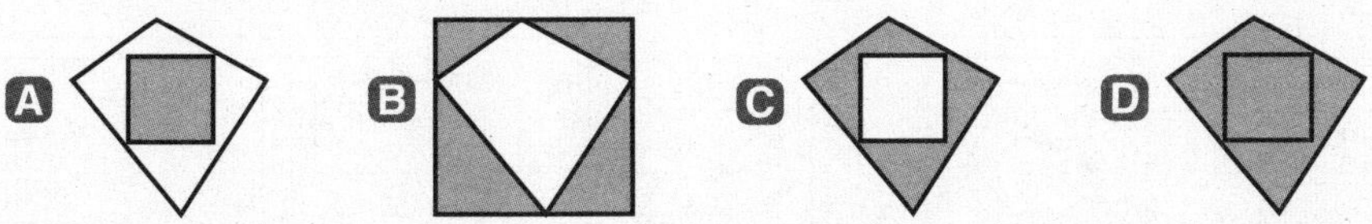

Il primo membro della proporzione è composto da due figure: la prima in positivo e la seconda in negativo. Applicando la stessa logica al secondo membro della proporzione si ottiene la soluzione dell'esercizio (risposta C).

4 Individuare la figura mancante.

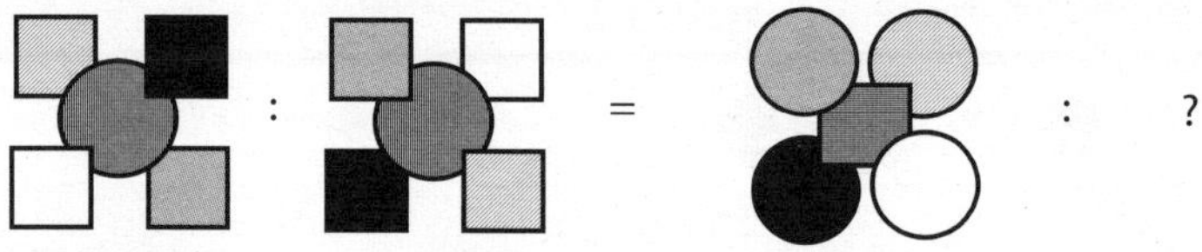

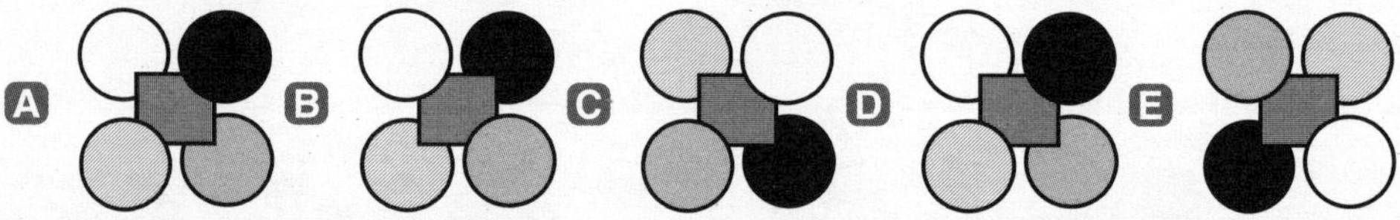

La prima figura è composta da un cerchio con quattro quadrati, due in primo piano rispetto al cerchio e due in secondo piano. Nella seconda figura del primo membro il cerchio presenta la stessa colorazione, mentre variano posizione e colori dei quadrati. Quelli che erano in primo piano passano in secondo e si scambiano le colorazioni (i quadrati bianco e nero), e così quelli che erano in secondo piano passano in primo scambiandosi, anche loro, colorazione.

Osservando la prima figura del terzo membro, si può concludere che l'alternativa che propone la stessa logica è la D, soluzione del quesito. Si faccia attenzione all'alternativa A. L'andamento dei colori e delle posizioni dei cerchi è corretta, ma il quadrato centrale cambia erroneamente colorazione (le righe diventano verticali) rendendo l'alternativa errata.

5 Individuare quale tra le alternative indica le due figure mancanti.

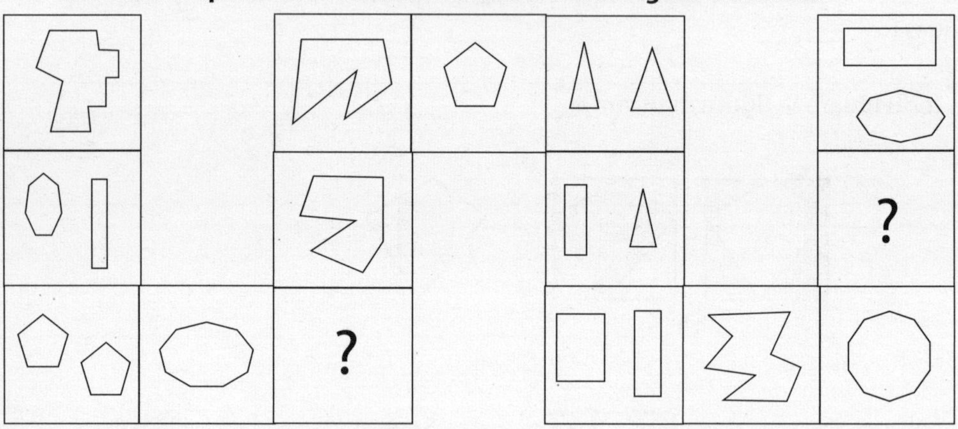

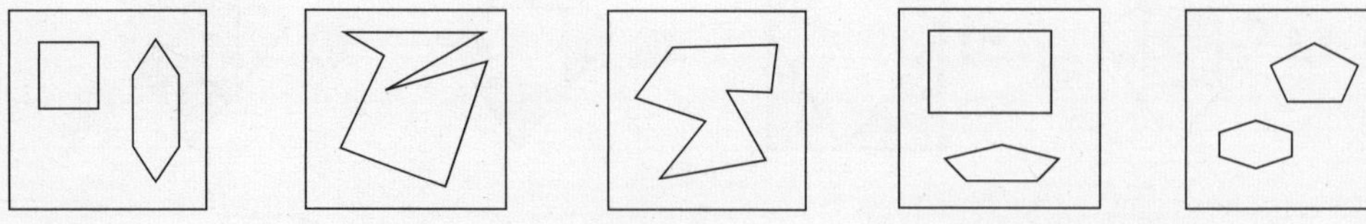

1 2 3 4 5

A 1 – 2   B 1 – 5   C 3 – 4   D 4 – 2   E 3 – 5

Si provi a partire dalla figura in alto a sinistra: passando da un riquadro al successivo, il numero totale dei lati delle figure diminuisce sempre di un valore pari a uno (si parte con una figura con 12 lati, poi ne seguono due la cui somma di lati è pari a 11, poi altre due la cui somma di lati è pari a 10 ecc.), fino al pentagono dopo il quale, passando da un riquadro al successivo, il numero totale dei lati delle figure aumenta sempre di un valore pari a uno (si osserva che partendo dalla figura in alto a destra si ha lo stesso andamento visto) arrivando alla fine a due figure la cui somma di lati è di nuovo pari a 12. Per completare la serie è quindi necessario avere una o più figure la cui somma di lati è pari a 8 (la figura 3) e una o più figure la cui somma di lati è pari a 11 (la figura 5). La E è la soluzione del quesito.

14.4 Matrici di Raven

Questo tipo di esercizio si presenta come una serie di figure (rappresentate da *motivi astratti, geometrici* o *soggetti stilizzati*), generalmente disposte su più righe, in cui un elemento è incognito e va individuato tra le alternative proposte.

ESEMPI

1 Individuare la figura mancante.

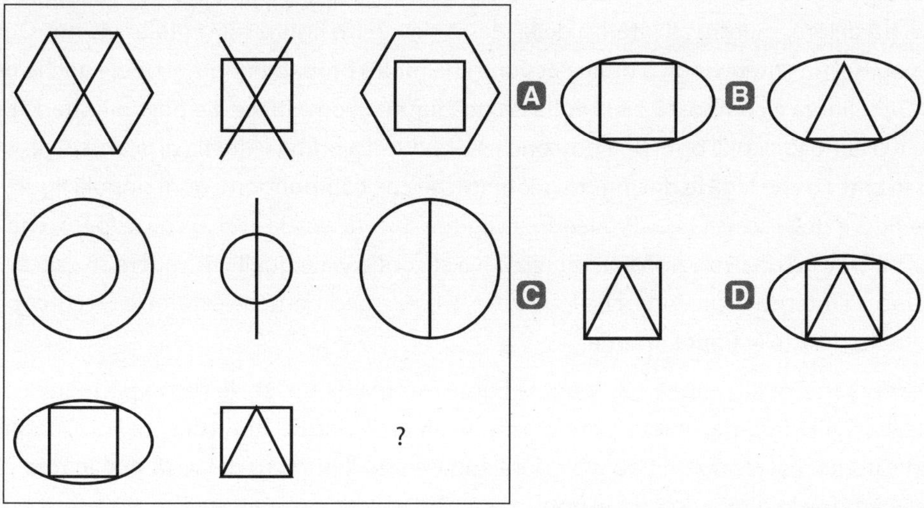

Questo esercizio prevede, come criterio logico, *la sovrapposizione con eliminazione degli elementi comuni*. Nelle prime due righe, infatti, la figura più a destra è ottenuta sovrapponendo le due figure che la precedono e contemporaneamente eliminando gli elementi grafici che esse hanno in comune. Allo stesso modo, la figura da sostituire al punto di domanda si ottiene sovrapponendo l'ellisse al triangolo ed eliminando il quadrato che le due figure hanno in comune.

La risposta corretta è quindi la B.

2 Individuare la figura che completa la serie seguente.

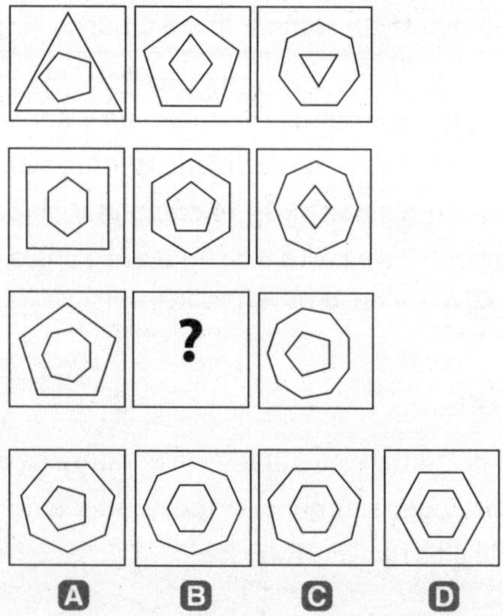

L'esercizio propone una matrice di nove figure di cui una è incognita. Osservando la matrice ci si accorge che le figure possono essere suddivise per riga (visivamente le tre righe sono distanziate tra di loro, mentre all'interno della stessa riga le tre figure sono molto vicine). Ogni riga avrà quindi un criterio logico di successione che molto probabilmente si ripete anche nelle altre. Ogni figura è composta a sua volta da due figure geometriche. Le possibili strade per cercare il criterio logico di ogni riga possono essere due. La prima è quella di vedere se esiste uno stesso criterio che lega le due figure geometriche che compongono ogni singola figura in tutte le figure della stessa riga. Provando a seguire questa strada ci si accorge, però, che non si riesce a trovare una soluzione all'esercizio. La seconda via è quella di vedere se esiste una relazione, all'interno di una riga, che lega tutte le figure geometriche esterne e un criterio analogo che lega tutte le figure interne.

Si osserva che, nella prima riga, la prima figura esterna ha tre lati, le seconda cinque e la terza sette. Le figure interne, invece, hanno rispettivamente cinque, quattro e tre lati. Dunque, le figure esterne, passando da figura a figura aumentano il numero di lati di due in due, mentre quelle interne lo diminuiscono di uno.

Lo stesso criterio è ripetuto nella seconda riga e, quindi, per essere rispettato anche nella terza la figura mancante deve essere formata da una figura esterna con sette lati e da una interna con sei lati. La soluzione all'esercizio è allora fornita dall'alternativa **C**.

Si fa notare come la particolare scelta delle figure che compongono la matrice consenta di ottenere lo stesso risultato (la **C** come soluzione) dividendo le nove figure per colonna (anche se si è detto che la disposizione grafica favorisce la divisione per riga della matrice) e seguendo un criterio logico simile a quello proposto.

14.5 Test del domino

Il nome di questa tipologia dipende dal fatto che le figure utilizzate in questi esercizi rappresentano *tessere di domino*, cioè rettangoli divisi in due parti uguali. All'interno di ogni parte compare un numero di punti variabile, compreso tra 0 e 6. Le due parti della tessera di domino possono avere lo stesso valore oppure valori differenti.

Negli esercizi vengono presentate più tessere in successione, secondo disposizioni spaziali differenti (*croce*, *linea*, *corona*, *rettangolo* e così via), ma sempre rispondenti a un preciso ordine logico. I valori di una delle tessere della serie sono sconosciuti e vanno individuati tra le alternative proposte.

ESEMPI

1 Individuare la tessera mancante.

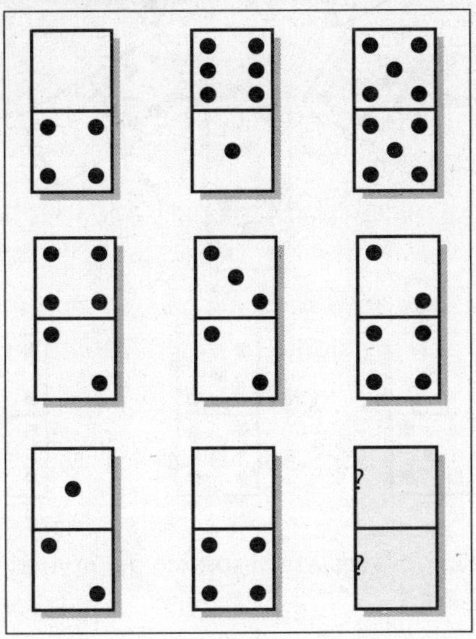

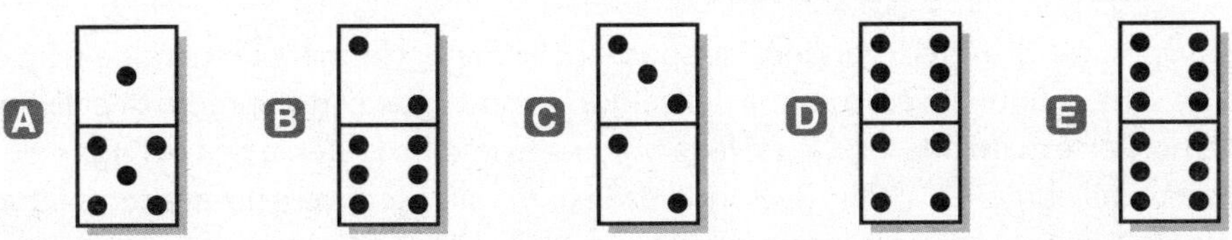

In questo caso le tessere sono disposte su 3 righe orizzontali. Per capire la logica della successione si analizzano le righe di tessere interamente note e si osserva che i valori delle metà superiori delle tessere sono in *ordine decrescente* (con differenza pari a 1) e che nelle metà inferiori *la somma dei primi due valori è pari al terzo* (4 + 1 = 5; 2 + 2 = 4). Affinché la stessa logica venga rispettata nella terza riga, la tessera incognita deve essere rappresentata dai valori 6 (superiore) e 6 (inferiore) e quindi l'alternativa corretta è la **E**.

È importante osservare che si tratta di una combinazione di due leggi differenti: una per la parte superiore e una per la parte inferiore. D'altronde, senza considerare tra loro indipendenti la parte superiore e la parte inferiore delle tessere, non si sarebbe giunti ad alcuna logica soluzione dell'esercizio. Si osservi che nel test del domino anche lo zero (corrispondente all'assenza di punti) occupa, nella successione dei numeri, una posizione ben precisa, compresa tra 6 e 1.

---

2 Individuare la tessera mancante.

A 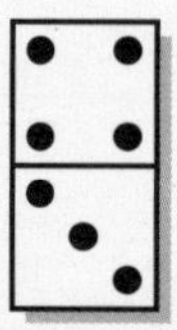 B 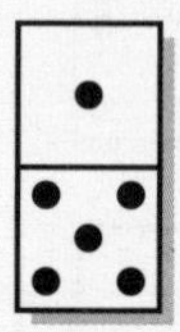 C 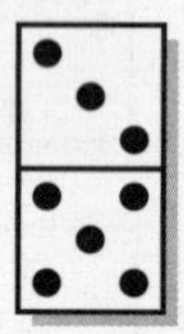 D 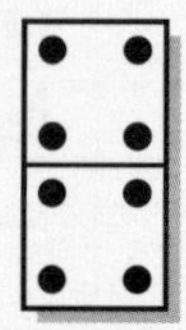 E 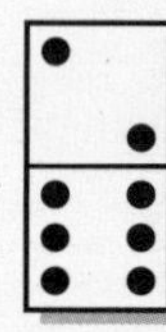

In questo caso si osserva che in ogni tessera la somma dei numeri presenti è sempre pari a 6. La risposta corretta è dunque la **B**.

14.6 Matrici e serie numeriche

In questa tipologia di esercizi vengono proposte delle matrici formate di tre righe e tre colonne oppure serie di figure in cui ognuna delle figure propone un certo numero di pallini al proprio interno. Per le matrici, la logica che lega le figure è di solito la stessa riga per riga e riguarda l'andamento del numero di pallini passando dalla prima alla seconda e poi alla terza figura della riga stessa. Così, per esempio, contando i pallini delle figure che compongono la prima riga ci si potrebbe accorgere che si hanno prima 10, poi 8 e poi 12 pallini (la logica sarebbe – 2, + 4). Se si osserva l'altra riga completa ci si accorgerà che il criterio è lo stesso. A quel punto si deve individuare tra le alternative proposte quella che permette di ripetere lo stesso criterio logico nella serie incompleta. Per le serie di figure, invece, le logiche riprendono quelle viste nel capitolo riguardante le serie numeriche. L'esercizio appare visivamente molto simile a quelli del domino, ma in queste serie non esistono ciclicità e il numero di pallini può essere anche superiore al 6, numero massimo contenuto nel domino.

ESEMPI

1 Individuare la figura che completa la serie.

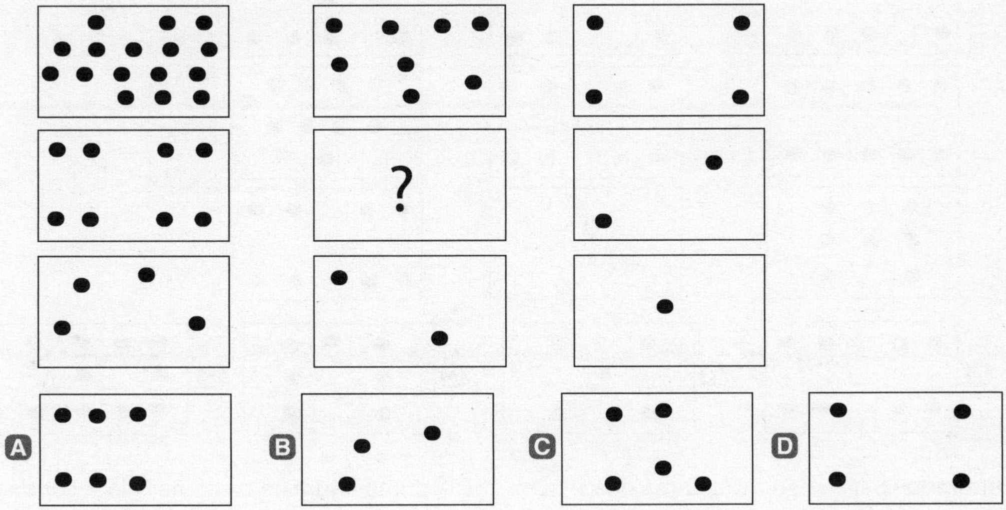

Nella prima riga si hanno prima 16 pallini, poi 8 e poi 4: passando da una figura all'altra, quindi, il numero dei pallini si dimezza. Si nota che la stessa regola è presente anche nella terza riga (4, 2, 1). Affinché tale regola venga rispettata anche nella seconda riga è necessario che la seconda figura abbia 4 pallini (8, 4, 2) e quindi la soluzione è la D.

2 Individuare la figura che completa la serie.

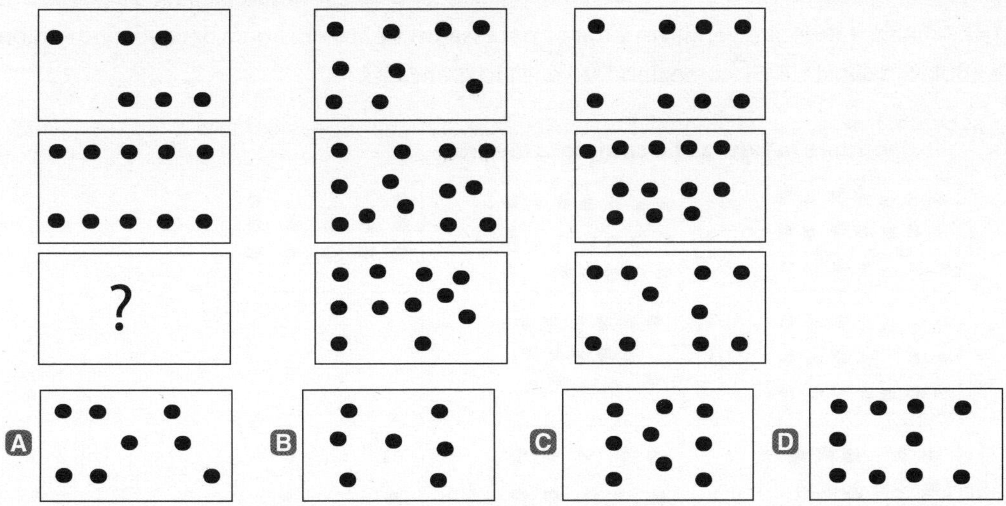

Osservando la prima riga ci si accorge che la serie di pallini ha il seguente andamento: 6, 9, 8, quindi la logica è + 3, – 1. Osservando la seconda serie ci si accorge anche questa è caratterizzata dalla stessa logica: 10, 13, 12. Affinché tale logica sia rispettata anche nella terza riga, dove la seconda figura propone 11 pallini e la terza 10, è necessario scegliere la A come soluzione: con 8 pallini la serie è: 8, 11, 10 e rispetta la regola + 3, –1.

3 Individuare la figura che completa la serie.

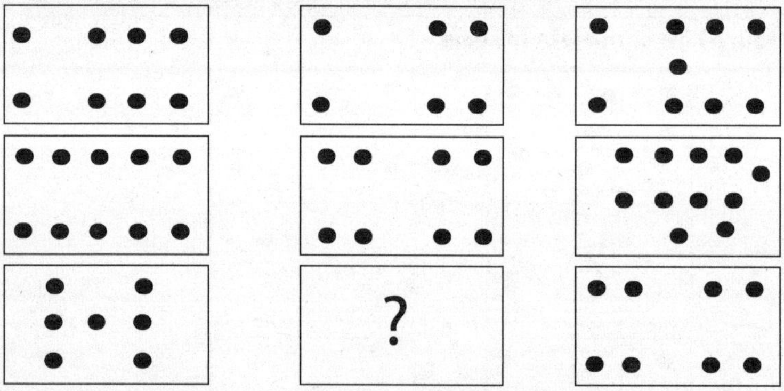

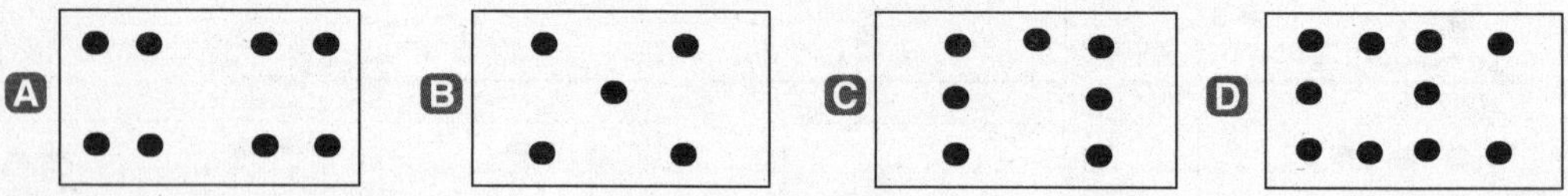

Contando i pallini neri nella prima riga si trova che la prima figura ne contiene 8, la seconda 6 e la terza 9. La logica che lega quindi queste figure è: – 2, + 3. Nella seconda riga tale logica viene ripetuta, infatti si hanno 10 pallini nella prima figura, 8 nella seconda e 11 nella terza. Affinché anche nella terza riga sia rispettata tale regola è necessario che la figura mancante abbia 5 pallini (B soluzione del quesito). Si fa notare come, anche lavorando per colonna, è possibile trovare un criterio univoco per ogni terna di figure. La prima colonna propone 8 pallini, poi 10 e poi 7 (la logica è quindi + 2, –3) e la stessa logica è seguita dalle figure della terza colonna: 9, 11, 8. Affinché tale logica venga rispettata è necessario che la terza figura della seconda colonna abbia 5 pallini (4, 7, 5), come riportato dall'alternativa B.

4 Individuare la figura che completa la serie.

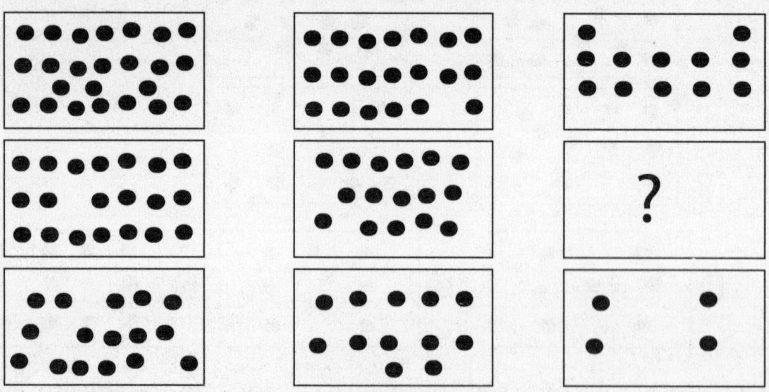

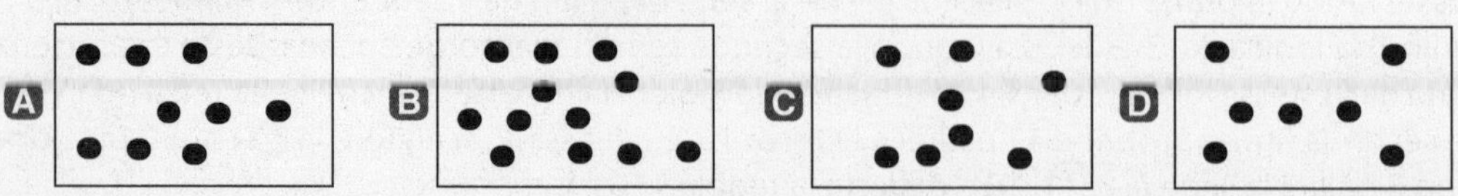

La prima riga è composta da tre figure che propongono rispettivamente da sinistra a destra: 24, 20 e 12 pallini neri. Nella terza riga sono invece proposti (sempre da sinistra a destra) 16, 12 e 4 pallini.

Si vede come la logica che lega le figure di queste righe è nel numero di pallini che prima diminuisce di 4 unità (per esempio da 24 a 20 nella prima o da 16 a 12 nella terza) e poi di 8 unità (da 20 a 12 nella prima e da 12 a 4 nella terza). Per avere la stessa logica anche nella seconda riga è necessario scegliere come soluzione la **C** che propone 8 pallini (così la riga presenterà in ordine 20, 16 e 8 pallini).

5 Individuare la figura che completa la serie.

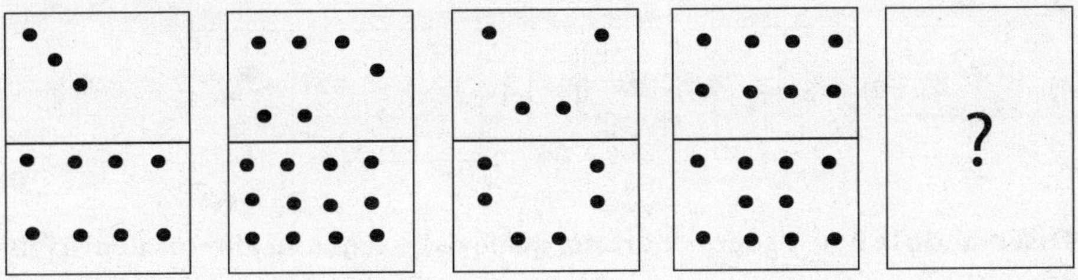

A 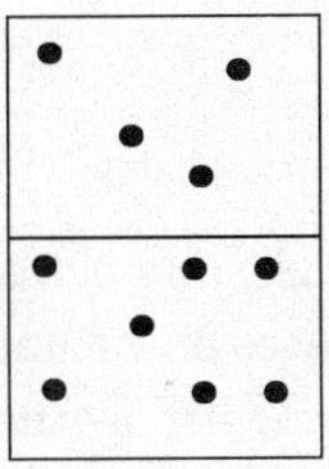 **B** 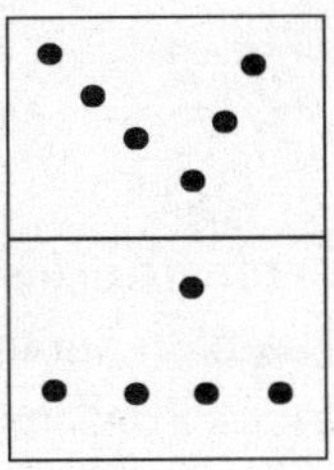 **C** 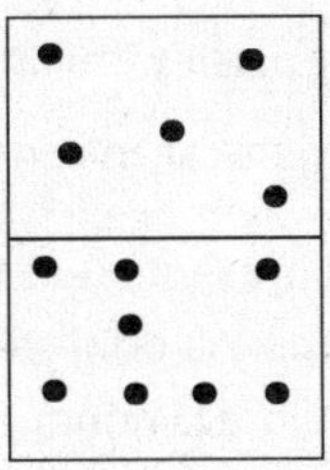 **D** 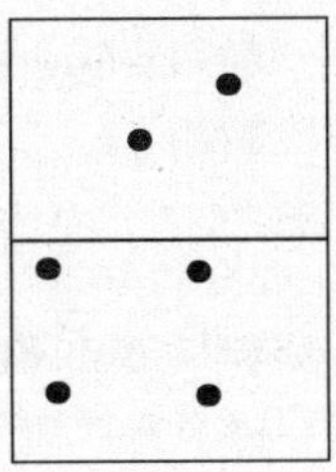

Contando i pallini nella parte alta delle figure si ha questa serie di numeri: 3, 6, 4, 8 con una logica che è: x 2, – 2. L'andamento dei pallini nella parte bassa è invece: 8, 12, 6, 10 e segue la logica: + 4, /2. La figura che completa la serie deve avere quindi 6 pallini nella parte alta (8 – 2) e 5 nella bassa (10/2) ed è quindi la **B**.

14.7 Ragionamento astratto

Questa tipologia di esercizi presenta una serie di figure seguite da alcune domande. Per risolvere questi esercizi non si deve solo trovare la figura che completa la proporzione o che deve essere scartata, ma è necessario fare un ulteriore ragionamento per individuare la soluzione alle domande presentate.

ESEMPI

1

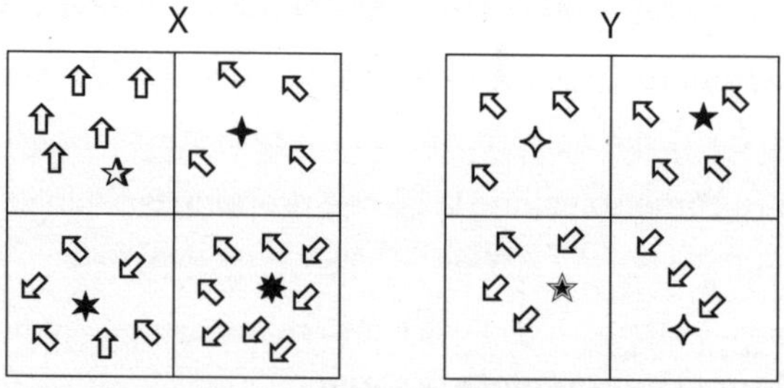

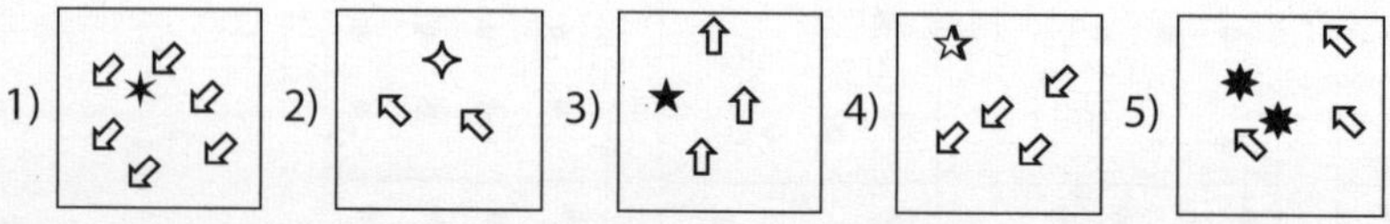

Osservando le figure sopra riportate, quale delle seguenti affermazioni è falsa?

A La figura 4) appartiene all'insieme Y

B La figura 3) non appartiene all'insieme Y

C La figura 1) appartiene all'insieme X e la figura 4) all'insieme Y

D La figura 5) non appartiene all'insieme X

E La figura 2) appartiene all'insieme Y

Ogni quadrato del gruppo X presenta una stella e un numero di frecce pari al numero di punte della stella, mentre nel gruppo Y a ogni stella è associato un numero di frecce pari al numero delle sue punte meno uno. Allora la figura 1) segue la logica dell'insieme X, mentre la 4) dell'insieme Y. Le altre figure proposte, invece non soddisfano né l'uno, né l'altro criterio. Ciò significa che l'affermazione falsa, e quindi la soluzione del quesito è l'alternativa **E**.

2 **Osservando le figure sopra riportate, la figura 4) appartiene:**

A all'insieme X

B all'insieme Y

C allo stesso insieme a cui appartiene la figura 3)

D allo stesso insieme a cui appartiene la figura 5)

E allo stesso insieme a cui appartiene la figura 1)

La figura 4), che presenta una stella con cinque punte e quattro elementi, appartiene all'insieme Y. La soluzione al quesito è, quindi, fornita dall'alternativa **B**.

3

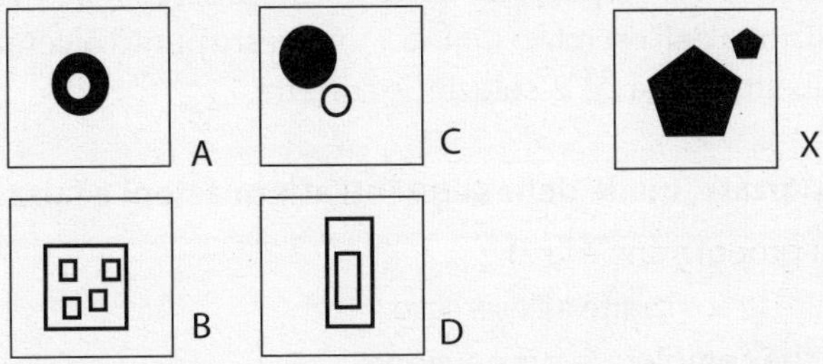

Osservando le figure sopra riportate, quale delle seguenti affermazioni è falsa?

- **A** La figura X non appartiene allo stesso insieme della figura A
- **B** La figura X non appartiene allo stesso insieme della figura C
- **C** La figura X appartiene allo stesso insieme della figura B
- **D** La figura X non appartiene allo stesso insieme della figura D
- **E** Una sola delle altre alternative è falsa

Il criterio A mostra due figure della stessa forma, con colori opposti, una dentro l'altra; il criterio B, invece mostra una figura che contiene un numero di figure al suo interno dello stesso colore della figura grande e in numero pari al numero dei suoi lati; il criterio C mostra due figure della stessa forma separate e con colori opposti e infine il criterio D propone due figure della stessa forma e dello stesso colore una dentro l'altra. La figura X non segue alcuno dei quattro criteri, prevedendo, infatti due figure con la stessa forma separate ma anche dello stesso colore (nel criterio C il colore era diverso). La soluzione al quesito è, quindi l'alternativa **D**, l'unica falsa.

Osservare le figure sotto riportate e rispondere alle relative domande.

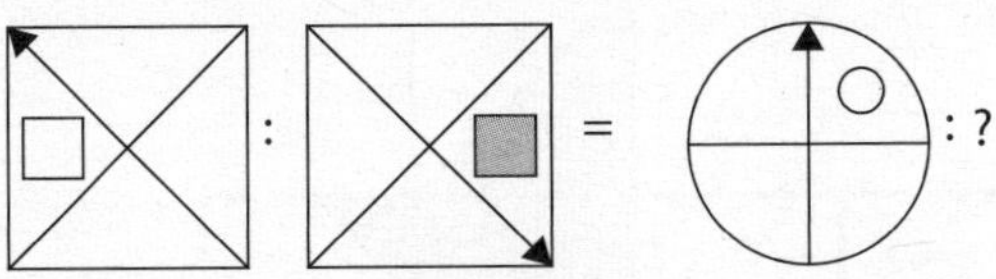

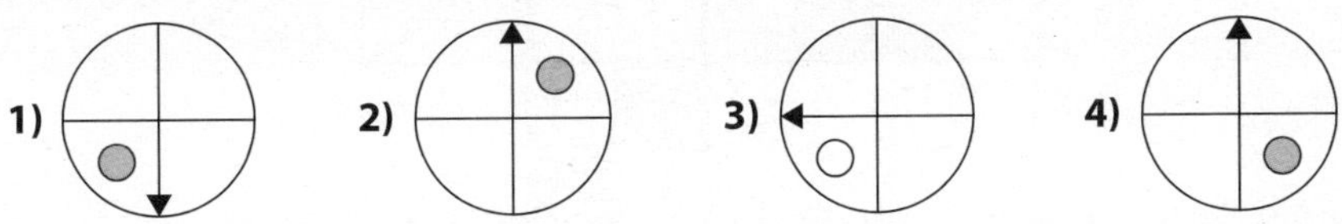

4 **In base alle figure sopra riportate, quale delle seguenti affermazioni è esatta?**

- **A** La figura che completa la proporzione è la 3)
- **B** La figura 1) non può fornire la soluzione all'esercizio
- **C** La figura 2) non è quella che completa la proporzione
- **D** La figura che completa la proporzione è la 4)

Per risolvere questa tipologia di esercizi è necessario, da una parte individuare la figura che completa la proporzione, e dall'altra individuare la risposta corretta al quesito posto. In questo caso si nota come la figura che completa la proporzione è la 1). Infatti, passando dal primo quadrato al secondo si osserva che il verso della freccia è cambiato e che il quadratino interno è stato invertito come posizione e come colore. Applicando la stessa logica al secondo membro della proporzione si giunge alla soluzione dell'esercizio (figura 1). A questo punto diventa agevole rispondere all'esercizio individuando nella **C** la soluzione corretta.

---

5 In base alle figure sopra riportate, quale delle seguenti affermazioni è falsa?

- **A** La figura che completa la proporzione è la 2)
- **B** La figura 3) non può fornire la soluzione all'esercizio
- **C** La figura 4) non è quella che completa la proporzione
- **D** La figura che completa la proporzione è la 1)

Seguendo quanto visto nella domanda precedente la soluzione è la **A**.

14.8 Costruzione di figure solide

Una variante di questo tipo di esercizi presenta una figura solida, solitamente molto squadrata, che viene tagliata lungo i suoi spigoli e aperta sul piano in modo da mostrare tutte le sue facce. Il candidato deve individuare tra i solidi proposti quello che può essere ricostruito piegando la figura data lungo gli spigoli. Solitamente, salvo indicazioni diverse, **la figura di partenza mostra le facce esterne del solido.**

ESEMPI

---

1 Quale dei cinque cubi (A, B, C, D ed E) corrisponde alla composizione volumetrica della figura piana sottoriportata?

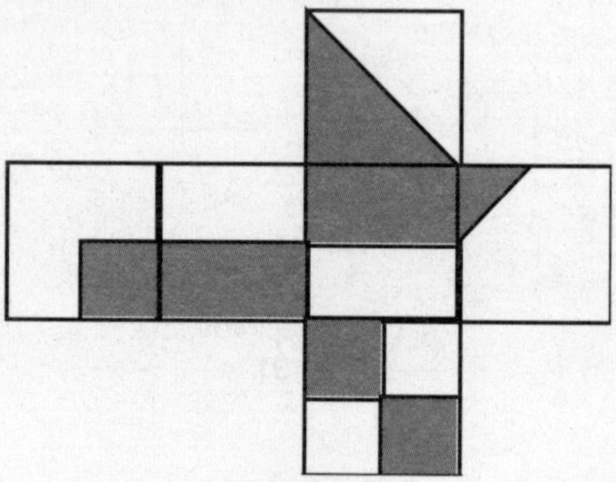

A 

B 

C 

D 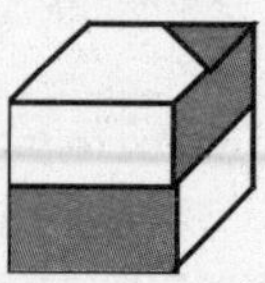

E 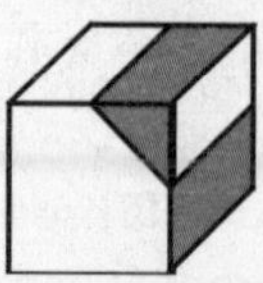

Nella figura **A** i quadratini neri e quelli bianchi dovrebbero essere invertiti di posizione; nella **C** la barra nera della faccia superiore dovrebbe essere vicina alla faccia laterale; nella **D** la faccia superiore dovrebbe contenere o i due quadratini neri o il triangolo grosso nero; nella **E** la faccia laterale dovrebbe contenere il triangolo grosso nero. La risposta esatta è quindi la **B**.

2 **Quale dei cinque cubi (A, B, C, D e E) corrisponde alla composizione volumetrica della figura piana sottoriportata?**

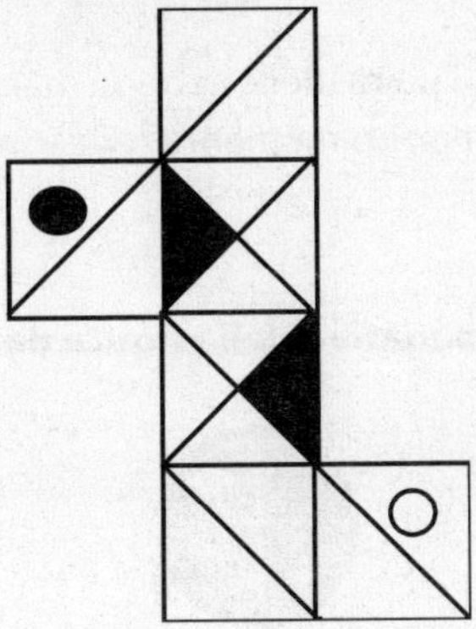

A
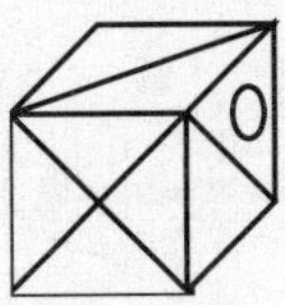

B
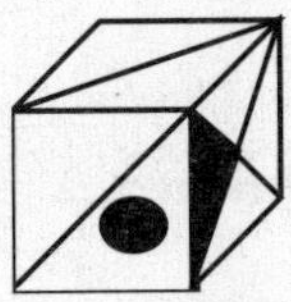

C
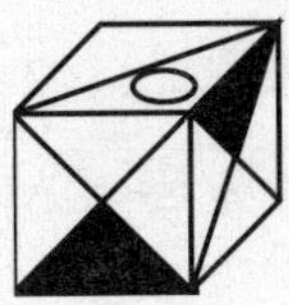

D

E

La figura **A** è errata in quanto presenta una faccia bianca con due diagonali; la figura **B** è errata per il pallino nero adiacente al triangolo nero; la **D** è sbagliata in quanto vi sono due triangoli neri adiacenti; infine la **E** è sbagliata in quanto prevede una faccia totalmente nera. Quindi la risposta esatta è la **C**.

Spesso in questi esercizi alcune facce del solido sono colorate o contraddistinte da simboli grafici: nella composizione del solido, questi elementi devono conservare il loro corretto rapporto reciproco e, allo stesso tempo, possono essere di estremo aiuto per il riconoscimento della risposta esatta.

Anche in questi esercizi la figura ottenuta dalla ricomposizione può essere orientata nello spazio o ruotata nel piano in qualunque modo e quindi tra le risposte proposte bisogna considerare esatte anche eventuali rotazioni della figura ricostruita.

14.9 Figure negative e speculari

La figura negativa rispetto a quella fornita deve essere composta dagli stessi elementi posti nelle stesse posizioni, ma deve anche avere invertiti i colori bianco e nero.

Una figura è detta speculare rispetto a un'altra quando è ottenuta ribaltando lungo l'asse orizzontale o verticale la figura data. Non si deve confondere il concetto di specularità con quello di sovrapponibilità. Due figure speculari se sovrapposte così come sono non sempre risultano coincidenti. Per farle coincidere è necessario a volte rovesciarne una verticalmente oppure orizzontalmente.

Per fare un esempio, se si guardano i palmi delle proprie mani, risultano speculari rispetto a un asse verticale, cioè essi si sovrappongono mediante rovesciamento orizzontale.

ESEMPI

1 Individuare la versione in negativo della figura data.

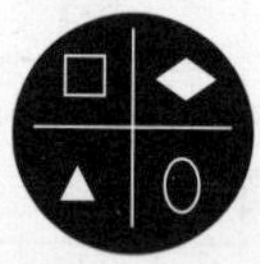

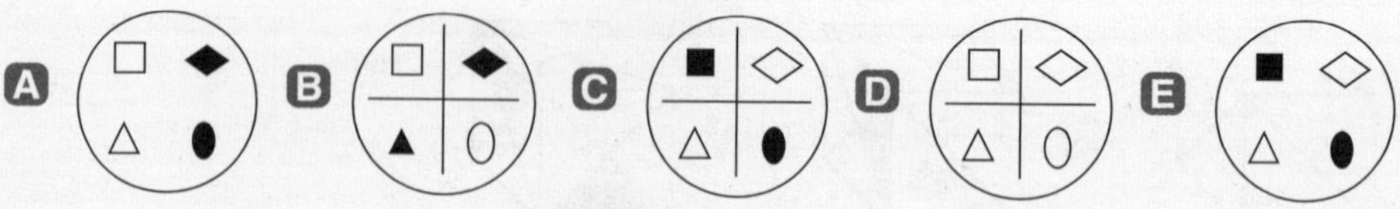

La soluzione al quesito è fornita dall'alternativa B. Infatti questa figura ha tutti gli elementi caratterizzati da un colore opposto e collocati nelle stesse posizioni rispetto a quelli della figura proposta. Si presti attenzione all'alternativa E che risulta errata, in quanto mancano i due segmenti a croce all'interno del cerchio, e all'alternativa C, anch'essa errata avendo i colori degli elementi interni uguali e non negativi rispetto a quelli della figura proposta.

2 Quale, tra le cinque figure seguenti, è speculare rispetto a quella proposta?

La soluzione al quesito è fornita dall'alternativa **A**. La figura proposta da questa alternativa è infatti speculare a quella dell'esercizio rispetto all'asse verticale. Rovesciando cioè orizzontalmente la figura del quesito si ottiene proprio la figura dell'alternativa **A**. Si deve fare attenzione all'alternativa **E**, errata in quanto propone una figura quasi completamente speculare a quella dell'esercizio tranne che per il triangolo alla base che risulta capovolto rispetto a come invece dovrebbe essere.